रुपये की समस्या

उद्भव और समाधान

लेखक

डॉ. बी. आर. आम्बेडकर

डायमंड बुक्स

www.diamondbooks.in

प्रकाशक : डायमंड पॉकेट बुक्स (प्रा.) लि.
X-30 ओखला इंडस्ट्रियल एरिया, फेज-II
नई दिल्ली - 110 020
फोन : 011- 40712200
ई-मेल : wecare@diamondbooks.in
वेबसाइट : www.diamondbooks.in
संस्करण : 2025
मुद्रक : रेप्रो इंडिया

Rupay Ki Samasya
By : Dr. B. R. Ambedkar

दो शब्द

बाबासाहेब डॉ. आम्बेडकर उच्च कोटि के विद्वान व मनीषी हुए हैं। उन्होंने स्वतंत्र भारत के संविधान लिखने का महती, जटिल एवं चुनौतीपूर्ण कार्य अपनी जान हथेली पर रखकर किया था। भारत का वर्तमान गणतंत्र उन्हीं की सूझबुझ की महान देन है। उनके महान साहित्य को छोटी-छोटी पुस्तिकाओं के माध्यम से बहुजन समाज के घर-घर तक पहुचाने का अभियान सम्यक प्रकाशन ने बहुत प्रतिबद्धता के साथ छेड़ा हुआ है। डॉ. आम्बेडकर द्वारा लिखी हुई पुस्तकें बहुत बड़े आकार की होने के कारण ऊंचे मूल्यों पर उपलब्ध होती हैं, जिन्हें प्रत्येक व्यक्ति खरीद पाने में समर्थ नहीं है। अत: जनता की इस कठिनाई को दृष्टिगत रखते हुए हमने बाबासाहेब के सम्पूर्ण साहित्य को छोटी-छोटी पुस्तकों के रूप में भी जनता के समक्ष प्रस्तुत करने का अभियान चला रखा है। भारत की जनता को वैज्ञानिक दृष्टि से परिपूर्ण करने के लिए आरंभ किया गया कार्य सफलता प्राप्त करता जा रहा है। हमारी मान्यता है कि यदि बाबासाहेब का यह अमर साहित्य भारत में घर-घर तक पहुंचा दिया जाय, तो पाखंडवाद तथा जातिवाद का गगनचुम्बी भवन देखते ही देखते भरभराकर धराशायी हो जाएगा। बाबासाहेब के मतानुसार चरित्र निर्माण के बिना राष्ट्र निर्माण की आशा व्यर्थ है। अत: राष्ट्र निर्माण की दिशा में बाबासाहेब के कल्याणकारी व मंगलकारी साहित्य को सर्वसाधारण तक पहुंचाने में सम्यक प्रकाशन अपने समस्त साधनों सहित सेवारत है। हर्ष का विषय है कि आज भारत की समस्त समस्याएं चाहे वे धार्मिक हों या

राजनीतिक, सामाजिक हों या आर्थिक, सभी का समाधान बाबासाहेब के साहित्य में खोजा जा रहा है। इस तथ्य से ज्ञात होता है कि बाबासाहेब के साहित्य की प्रासंगिकता आज पहले से कहीं अधिक मजबूत होकर उभरी है। हमारे द्वारा अभी तक छोटी-बड़ी केवल 43 पुस्तकें ही हिन्दी अनुवाद के रूप में प्रकाशित हो सकी हैं, किन्तु शेष पुस्तकें भी शीघ्र ही पाठकों के हाथों में होगीं। प्रत्येक देशभक्त को बाबासाहेब डॉ. आम्बेडकर के अमर साहित्य का आद्योपांत अध्ययन करना चाहिए।

द्वितीय संस्करण की भूमिका

द प्रॉब्लम ऑफ रुपी अर्थात् रुपये की समस्या नामक मेरी यह पुस्तक पहली बार सन् 1923 में प्रकाशित हुई थी। इसके प्रकाशित होते ही पाठकों की ओर से इसकी इतनी अधिक मांग आयी कि केवल एक या दो वर्ष के अन्तराल में ही यह पुस्तक अप्राप्य हो गयी। हालांकि इस पुस्तक की मांग पूर्ववत् जारी रही लेकिन दुर्भाग्य से मैं इस पुस्तक के द्वितीय संस्करण का प्रकाशन करने में असमर्थ रहा जिसका कारण था मेरा अपने कार्यक्षेत्र को अर्थशास्त्र से परिवर्तित कर कानून और राजनीति को अपना लेना। अत: समय की कमी के कारण मैं इस कार्य को पूर्णता नहीं प्रदान कर सका। इसलिये, मैंने एक और योजना का निर्माण किया कि मैं इस योजना के तहत "भारतीय मुद्रा और बैंकिंग के इतिहास' को नवीनतम जानकारी सहित दो खण्डों में पाठकों के लिये प्रस्तुत करूं। रुपये की समस्या इन दो खण्डों का प्रथम खण्ड है। द्वितीय खण्ड में वर्ष 1923 "भारतीय मुद्रा और बैंकिंग के इतिहास' का समावेश होगा। इसलिये, अब पाठकों के अध्ययन हेतु प्रस्तुत खण्ड "रुपये की समस्या" एक भिन्न नाम से केवल एक पुनर्मुद्रित खण्ड ही है। मुझे यह बताते हुए अत्यंत हर्ष। हो रहा है कि अर्थशास्त्र के अध्यापन कार्य में लगे मेरे कुछ मित्रों ने मुझे आश्वस्त करते हुए बताया है कि सन् 1923 के पश्चात् भारतीय मुद्रा के क्षेत्र में न तो कुछ कहा गया है और न ही इस विषय पर कुछ लिखा गया है जिससे रुपये की समस्या के 1923 के संस्करण में मुझे किसी प्रकार के बदलाव अथवा संशोधन करने की आवश्यकता ही प्रतीत नहीं हुई। मुझे उम्मीद है कि पुनर्मुद्रित इस संस्करण से बेशक पाठक पूर्णरूपेण न सही किंतु आंशिक रूप से तो अवश्य संतुष्ट होंगे। इस संबंध में मैं निश्चित रूप से उन्हें आश्वस्त कर सकता हूं कि उन्हें पुस्तक के द्वितीय खण्ड के लिये बहुत अधिक इंतज़ार नहीं करना पड़ेगा। मैं उसे शीघ्रातिशीघ्र पाठकों के समक्ष प्रस्तुत करने के लिये दृढ़संकल्प हूं।

- बी. आर. आम्बेडकर

राजगृह
बम्बई
07.05.1947

प्रथम संस्करण की भूमिका

मैंनै आगामी पृष्ठों में उन घटनाओं की व्याख्या करने की कोशिश की है जिनका संबंध विनिमय के मानकों को स्थापित करने और उनके सैद्धांतिक आधार की जांच-पड़ताल से है।

इस मुद्दे के ऐतिहासिक पक्ष का विवेचन करने के प्रयत्न में मैंने इस बात का पूरा ध्यान रखा है कि इस विषय में अन्य विद्वानजनों ने जो बातें बतायी हैं, यहां उनको दोहराया न जाये। उदाहरण के लिये, विनिमय के मानक की वास्तविक कार्यप्रणाली की व्याख्या हेतु मैंने स्वयं को केवल सामान्य व्याख्या तक ही सीमित रखा है और मात्र उतने ही विवरण दिये हैं जिनसे पाठक मेरे द्वारा प्रस्तुत उस आलोचना का अनुसरण कर सकें। यदि और अधिक विवरणों की आवश्यकता महसूस की जाती है तो ऐसे विवरण विस्तार से अन्य ग्रन्थों में विपुल मात्रा में उपलब्ध हैं, उन्हें यहां दोहराने की आवश्यकता नहीं है। इसके अतिरिक्त, इस दोहराव से मेरे तर्क का प्रस्तुतिकरण भी स्पष्ट नहीं हो पाता। परंतु दूसरे मामलों में, मेरे लिये यह एक बाध्यता थी कि मैं अन्य लेखकों की अपेक्षा ऐतिहासिकता की पृष्ठभूमि को व्यापक स्तर पर प्रस्तुत करूं। भारतीय मुद्रा पर उपलब्ध ग्रंथों से कम से कम उन परिस्थितियों का पर्याप्त संकेत नहीं मिलता जिनके कारण वर्ष 1893 में किये गये सुधारों की आवश्यकता महसूस की गयी। मेरा विचार है कि पाठकों को, एक दृष्टिकोण के साथ प्रारंभिक इतिहास का वर्णन प्रस्तुत करने की अधिक आवश्यकता है, ताकि वह मुद्रा संकट और उनके प्रस्तावित समाधानों में शामिल मुद्दों के बारे में स्वयं निर्णय लेने में सक्षम हो सके। इसी बात को ध्यान में रखते हुए मैंने सन् 1800 से 1893 के मध्य की भारतीय मुद्रा के इतिहास की सबसे उपेक्षित अवधि का अध्ययन किया है। अन्य लेखकों ने न केवल विनिमय मानक की कहानी का अकस्मात रूप से वर्णन करना शुरू कर दिया था बल्कि उन्होंने हर ओर इस विचार को भी प्रचलित कर दिया कि विनिमय-मानक मूलत: भारत सरकार के विचार की उपज है। किन्तु मुझे लगता है कि यह एक गम्भीर

भूल है। दरअसल, भारतीय मुद्रा के बारे में सबसे दिलचस्प बात यह है कि स्वर्ण मानक किस तरह से स्वर्ण विनिमय मानक में परिवर्तित हो गया। इस गम्भीर भूल को उजागर करने के लिये मुझे कुछ पुराने, लेकिन लोगों द्वारा अब भुला दिये गये तथ्यों को एक बार फिर से सामने लाने के लिये मजबूर होना पड़ा।

यदि हम सैद्धांतिक पक्ष की दृष्टि से देखें तो इस विषय पर कोई पुस्तक उपलब्ध नहीं है, सिवाय प्रो. केनेस की पुस्तक के जिसमें वैज्ञानिक आधार पर इसकी जांच-पड़ताल करने का प्रयास किया गया है। किन्तु मेरे और उनके निष्कर्ष बिल्कुल भिन्न हैं। उन्होंने विनिमय मानक संबंधी जो मान्यतायें प्रस्तुत की हैं, लगभग प्रत्येक मान्यता में मेरी उनसे मतभिन्नता है। यह मतभिन्नता उस आधारभूत तथ्य से उत्पन्न हुई है जो प्रो. केनेस द्वारा पूरी तरह से नज़रंदाज़ कर दी गयी प्रतीत होती है कि जब तक रूपये की सामान्य क्रय-शक्ति को स्थिरता प्रदान नहीं की जाती, तब तक कुछ भी स्थिर हो पाना सम्भव नहीं होगा। और यह भी कि विनिमय-मानक ऐसा नहीं करता कि यह मानक केवल किसी रोग के लक्षण को ही दर्शाता है, उस रोग को नहीं पकड़ता। निश्चित ही, जैसा कि मैंने स्पष्ट किया है कि यदि यह कुछ करता भी है तो केवल रोग को बढ़ाने का काम ही करता है।

जब मैं इसके समाधान को लेकर बात करता हूं तो यहां एक बार फिर मेरा मत उन अधिकांश लोगों से भिन्न है जो मेरी तरह ही विनिमय - मानक का विरोध करते हैं। ऐसा माना जाता है कि रुपये को स्थिर करने का सबसे श्रेष्ठ तरीका है, उसे प्रभावपूर्ण ढंग से सोने (स्वर्ण) में तब्दील कर देना। मैं इस बात से बिल्कुल भी इंकार नहीं करता कि ऐसा करने का यह एक उपाय है। लेकिन मैं यह मानता हूं कि अपरिवर्तनीय रूपये (Inconvertible Rupee) के साथ इसे एक निर्धारित मात्रा में जारी करना अधिक बेहतर उपाय हो सकता है। दरअसल, इस संबंध में यदि मेरी राय ली जाये तो मैं यह परामर्श दूंगा कि भारत सरकार को रूपये को गला कर सोने-चांदी की तरह बेच देना चाहिये तथा इस प्रकार प्राप्त राशि का राजस्व के उद्देश्य से उपयोग करना चाहिये और रिक्त स्थान की पूर्ति अपरिवर्तनीय कागजी मुद्रा द्वारा करनी चाहिये। किन्तु यह एक अति बदलावकारी कदम होगा और इसलिये मैं इसे लागू करने की सिफारिश नहीं करूंगा हालांकि इस प्रस्ताव को मैं मूल रूप से एक सार्थक प्रस्ताव मानता हूं। बहरहाल, सबसे महत्त्वपूर्ण मुद्दा टकसालों को बंद करने का है, न केवल जनता के

लिये, जैसा कि वह है बल्कि सरकार के लिये भी। एक बार यदि ऐसा हो जाता है तो मैं यह कहने का साहस कर सकता हूं कि इस मामले में निर्धारित रूपये की मुद्रा के साथ भुगतान के वैध माध्यम के रूप में सोने पर आधारित भारतीय मुद्रा अंग्रेजी मुद्रा प्रणाली में शामिल उन सिद्धान्तों के अनुरूप हो जायेगी।

यहां यह बात ध्यान देने योग्य होगी कि मैं पुन: फ़ाउलर समिति की सिफारिशों की ओर लौटने का सुझाव नहीं देता। भारतीय मुद्रा के स्वर्ण मानक (Gold Standard) से स्वर्ण विनिमय-मानक (Gold Exchange Standard) में परिवर्तित होने पर खेद प्रकट करने वाले सभी लोगों का विचार है कि यदि सरकार ने उस समिति की सिफारिशों को पूरी तरह से कार्यान्वित किया होता तो सभी कुछ बिल्कुल ठीक हो गया होता। मैं इस विचार से सहमत नहीं हूं। दूसरी ओर, मैंने यह पाया है कि भारतीय मुद्रा को उस परिवर्तन से गुज़रना पड़ा क्योंकि सरकार ने उन सिफारिशों को पूरी तरह से लागू किया। हालांकि कुछ लोग उस रिपोर्ट को अपने विवेक की दृष्टि से अत्यंत उत्तम मानते हैं जबकि मैं उस रिपोर्ट को निरर्थक समझता हूं। क्योंकि मैंने देखा है कि यह वही समिति थी जिसने स्वर्ण मानक की सिफारिश करते हुए हर्शेल समिति के प्रस्तावों की सिफारिश की थी और इस तरह हर्शेल समिति की अज्ञानता को जारी रखते हुए सुझाव दिया था कि सरकार को मुद्रा के सबसे सरल सिद्धान्तों के अनुसार और जनता की आवश्यकताओं की पूर्ति के लिये बिना यह महसूस किये कि बाद की सिफारिश पहले की सिफारिश की अपेक्षा हानिकारक थी, अपने ही खाते से रूपये की ढलाई करे। दरअसल, जैसा कि मैंने तर्क दिया है, कि यदि हमें भारतीय मुद्रा को ठोस आधार प्रदान करना है तो हमें फाउलर समिति के सिद्धांतों को त्याग देना चाहिए।

मुद्रा के सिद्धान्तों पर हुई कुछ लम्बी चर्चाओं के संबंध में मुझे ज्ञात है जिनमें इस विषय के संबंध में मैंने भाग लिया है। इस प्रक्रिया के लिये मेरे तर्क के दो पहलू हैं। सर्वप्रथम, चूंकि भारतीय मुद्रा के संबंध में अन्य लेखकों के विचारों से मेरे व्यापक रूप से मतभेद रहे हैं, इसलिये, मैंने यह आवश्यक समझा कि इस संबंध में मैं अपने दृष्टिकोण को साबित करूं, चाहे इसके लिये मुझे तथ्यों को आवश्यकता से अधिक विस्तार देने का दोष ही अपने सिर पर क्यों न लेना पड़े। परंतु यह मेरा दूसरा तर्क है जो मुझे एक बड़ी सुरक्षा प्रदान करता है। यह इस तथ्य में समाहित है कि मैंने मुख्यत: भारतीय जनता के हित के लिये लिखा है और चूंकि मुद्रा के सिद्धान्तों पर उनकी समझ इतनी अच्छी नहीं है, जितनी होनी चाहिये, इसलिये इस बात पर सब सहमत

होंगे कि किसी विषय को कम शब्दों में व्यक्त करने की तुलना में उसे विस्तार से समझाना ज़्यादा बेहतर है और यही तर्क मेरे निष्कर्षों का आधार है।

सन् 1913 तक, भारतीय मुद्रा के मामले में स्वर्ण विनिमय मानक भारत सरकार का कोई स्वीकृत लक्ष्य नहीं था। हालांकि उसी वर्ष नियुक्त चैम्बरलेन आयोग ने अपनी रिपोर्ट में इसे जारी रखने की सिफारिश की थी लेकिन फिर भी भारत सरकार ने युद्ध की समाप्ति तक इन सिफारिशों को व्यवहार में न लाने का वचन दिया था और देश की जनता को यह सुअवसर प्रदान किया था कि इस दौरान वह इस संबंध में अपनी आलोचनात्मक प्रतिक्रिया व्यक्त कर सके। लेकिन जब युद्ध के अंतिम दिनों के दौरान विनिमय मानक की नींव हिल गयी तो भारत सरकार अपने वायदे से पीछे हट गयी और बार-बार विरोध प्रदर्शन के बावजूद स्मिथ समिति के ऐसे उपायों की सिफारिश करने की शर्तों को सीमित कर दिया जिनकी विनिमय मानक की स्थिरता सुनिश्चित करने के लिये ऐसे गणना की गयी थी जैसे कि इस मानक को भारतीय मुद्रा के संबंध में अंतिम शब्द के रूप में स्वीकार कर लिया गया हो। अब जबकि स्मिथ समिति के उपायों से विनिमय मानक की स्थिरता सुनिश्चित नहीं हो सकी है, अब यह भरोसा दिया गया है कि सरकार और जनता भारतीय मुद्रा पद्धति को एक मजबूत आधार देने की इच्छुक है। इस समय मेरे इस अध्ययन को पुस्तक के रूप में प्रकाशित करने का मेरा मंतव्य है इस प्रयोजन को अंतिम रूप देने के लिये एक आधार सुझाना।

इस भूमिका को मैं अपने शिक्षक, लंदन विश्वविद्यालय (स्कूल ऑफ इकनॉमिक्स) के प्रोफेसर एडविन कैनन के प्रति अपना गहरा आभार प्रकट किये बिना अंतिम रूप नहीं दे सकता। उन्होंने मेरे प्रति जो सहानुभूति दर्शायी और मेरे इस कार्य में गहरी रूचि प्रकट की, उससे मैं इतना अनुग्रहित हूं कि मैं कभी उनकी कृतज्ञता से ऋणमुक्त नहीं हो सकता। मुझे यह कहते हुए अत्यंत खुशी हो रही है कि मेरी यह पुस्तक उनकी गहन देखरेख में लिखी गयी है। हालांकि इस पुस्तक में मैंने अपने जो विचार व्यक्त किये हैं, उनके लिये उन्हें कदापि उत्तरदायी नहीं ठहराया जा सकता। मैं केवल इतना अवश्य कह सकता हूं कि मेरी सैद्धान्तिक चर्चाओं पर उनकी गम्भीर जांच-पड़ताल ने मुझे कई त्रुटियों से बचा लिया है। मैं विल्सन कॉलेज के प्रोफेसर वाडिया का भी आभारी हूं कि उन्होंने इस पुस्तक के प्रूफ में संशोधन के नीरस कार्य को अत्यंत उत्साहपूर्ण ढंग से संपन्न किया।

प्राक्कथन

प्रोफेसर एडविन कैनन में

मुझे अत्यंत हर्ष हो रहा है कि मि. आम्बेडकर ने अपनी पुस्तक के संबंध में मुझे कुछ शब्द कहने का अवसर दिया है।

उन्हें यह एहसास है कि मैं उनकी आलोचना से काफी हद तक सहमत नहीं हूं। सन् 1893 में, मैं उन कुछेक अर्थशास्त्रियों में से एक था जिनका मानना था कि उस समय की प्रस्तावित विधि से रुपये को एक निर्धारित अनुपात में सोने के साथ रखा जा सकता है और अब जबकि कुछ वर्षों के बीत जाने के पश्चात् भी इसके वांछित परिणाम दिखायी नहीं दिये हैं, मैं अपने उसी विश्वास पर अडिग हूं। (देखें इकनॉमिक रिव्यू, जुलाई 1898, पृष्ठ 400-403)। मैं इस व्यवस्था के प्रति मि. आम्बेडकर के प्रतिकूल दृष्टिकोण से सहमत नहीं हूं और न ही इसके और इसके समर्थकों के विरुद्ध उनके अधिकांश तर्कों को स्वीकार करता हूं। किंतु उन्होंने इस समस्या के केंद्र में कुछ तीखे प्रहार किये हैं और यह जानते हुए भी कि कुछ स्थान पर उनका दृष्टिकोण बिल्कुल गलत है, फिर भी मैंने उनके विचारों और उनके तर्कों में एक प्रेरणादायक ताज़गी महसूस की है। मेरे जैसा अनुभवी शिक्षक भी ऐसे मौलिक विचारों को धैर्य से स्वीकार करना सीखता है, बेशक वे "गहन जांच-पड़ताल" के विरोध में ही क्यों न हों, जैसा कि मि. आम्बेडकर कहते हैं।

मैं यहां यह कहने के लिये बाध्य हूं कि अपने व्यावहारिक निष्कर्षों में वह ठीक हैं। साधारण स्वर्ण मानक के स्थान पर स्वर्ण विनिमय प्रणाली को अपनाने का केवल एक ही लाभ है और वह यह है कि यह सस्ता है। यह सस्ता इन मायनों में है कि स्वर्ण मानक की तुलना में धातु की मुद्रा में थोड़ी कम लागत आती है। लेकिन इस तरह से केवल एक छोटी सी राशि ही बचायी जा सकती है, एक अत्यंत ही न्यून राशि, अपेक्षाकृत एक ऐसी मुद्रा से मिलने वाले लाभ के जिसे प्रशासकों एवं विधायकों के लिये परिवर्तित करवाना कठिन है। युद्ध में शामिल और में तटस्थ, दोनों ही क्षेत्रों के हाल ही के अनुभवों से निश्चित रूप यही पता चलता है कि एक स्वर्ण मानक दोष से मुक्त और निष्प्रभावी नहीं है, जैसा कि युद्ध से पूर्व यह हमें प्रतीत होता था लेकिन स्वर्ण-विनिमय मानक की तुलना में इसमें कम दोष हैं और यह अधिक विश्वसनीय है। दु:ख की बात यह है कि स्वर्ण मानक को समझने वाले प्रशासकों और विधायकों का अनुपात बहुत कम है। किन्तु यह संख्या स्वर्ण-विनिमय प्रणाली को समझने वालों की अपेक्षा दस से बीस गुना अधिक है और अधिक रहेगी। साधारण स्वर्ण मानक के विकृत होने की सम्भावना की तुलना में स्वर्ण-विनिमय प्रणाली के कुछ ग़लत उद्देश्यों के अनुकूल विकृत हो जाने की अधिक सम्भावना है।

श्री आम्बेडकर जिस योजना को अपनाने की हिमायत करते हैं, वह यूरोप के उदाहरणों के अनुरूप है। इसमें कहा गया है कि रुपये की समस्या को भविष्य में और अधिक बढ़ने से स्थायी रूप से रोका जाये और टकसालों को स्वर्ण के आयातकों और अन्य विक्रेताओं के लिये निर्धारित कीमत पर खोल दिया जाये ताकि इस दौरान भारत के पास रुपये के निश्चित भंडार के अलावा सोने के सिक्कों का भी भंडार हो, जिसे पिघलाया जा सके एवं निर्यात किया जा सके। अठारहवीं शताब्दी में, इंग्लैंण्ड ने स्वर्ण मानक की शुरुआत की क्योंकि विधायकों ने ऐसे अनुपात की अनुमति दे दी थी जिससे वे चांदी के सिक्कों के प्रतिकूल बने रह सकें। उन्नीसवीं शताब्दी में, फ्रांस और दूसरे देशों ने स्वर्ण मानक को आगे बढ़ कर अपनाया क्योंकि इन देशों के विधानमंडलों ने चांदी ढालने की टकसालों को बंद कर दिया था, जबकि अधिकांश मत चांदी के सिक्कों के पक्ष में थे। सिद्धांत रूप से चांदी और सोने के सिक्कों का बड़ी मात्रा में एक साथ पूर्णत: वैध मुद्रा के रूप में जारी रखना कोई नयी बात नहीं होगी, हालांकि फ्रांस, जर्मनी और अमरीका में छोटे स्तर पर ऐसा हो चुका है।

कभी-कभी यह आरोप लगाया जाता है कि भारत सोने के सिक्कों का इच्छुक नहीं है। मेरे लिये यह विश्वास कर पाना कठिन है कि भारत जैसे देश की परिस्थितियां और वातावरण उपयुक्त आकार के सोने के सिक्कों के अनुकूल नहीं होंगे। यह आरोप भी इस पुराने आरोप जैसा ही है कि "अंग्रेज लोग कागजी मुद्रा की तुलना में सोने के सिक्के अधिक पसंद करते हैं।" इसका कोई तार्किक आधार नहीं है, सिवाय इस तथ्य के कि 5 पाउंड से कम के नोटों को इंग्लैंड और वेल्स में जारी करने पर कानूनी रूप से प्रतिबंध था जबकि स्कॉटलैंड, आयरलैंड और लगभग अंग्रेजी बोलने वाले सभी देशों में एक पाउंड या उससे कम मूल्य के नोटों के जारी करने की अनुमति थी और वे धड़ल्ले से संचलन (Circulation) में थे। ऐसा प्रतीत होता है कि भारत में चांदी की स्थिति स्वर्ण मानक प्रणाली के आरम्भ होने से पूर्व अंग्रेजी शासन द्वारा लिये गये निर्णय पर आधारित थी और टोकन के रूप में चांदी के प्रतीकों (Token Silver) की शुरुआत इंग्लैंड में सन् 1816 में बिना किसी योजनाबद्ध तरीके से अकस्मात ही हुई थी। बहुत पहले कभी इस बारे में सोचा गया था और वह स्थिति आज भी पूर्ववत् बनी हुई है। ऐसा इसलिये नहीं है कि भारतीय लोग सोने को पसंद नहीं करते बल्कि इसलिये कि यूरोप के लोग सोने को इतना अधिक पसंद करते हैं कि वे दूसरों को इस व्यवस्था का भागीदार नहीं बनाना चाहते।

इच्छा के विपरीत सोने को पूर्वी देशों में जाने देना केवल नैतिक दृष्टि से ही निंदनीय नहीं है, बल्कि यह संसार भर के आर्थिक हितों के विपरीत होने के साथ-साथ उन अधिकांश देशों के विरुद्ध भी है, जहां युद्ध से पूर्व स्वर्ण मानक अस्तित्व में था और आज भी उसका संचलन है या शीघ्र ही इसके बहाल होने की सम्भावना है। इन देशों में सोना कोई उपभोग की वस्तु नहीं है। निकट भविष्य में इन देशों के लिये यह आवश्यक होगा कि या तो वे इसके प्रयोग पर प्रतिबंध लगा दें या फिर इसका प्रयोग कम कर दें। पिछली शताब्दी के अंतिम वर्षों में इसका अत्यधिक मात्रा में उत्पादन हुआ है जिससे कि इसकी क्रय-शक्ति को बनाये रखा जा सके और इसके मूल्य मानक को स्थायित्व प्रदान किया जा सके, जब तक कि इसके मौजूदा धारक बड़ी मात्रा में सोना रखने के इच्छुक न हों या नये धारक इसका नया भंडार रखने को तैयार न हों। युद्ध से पूर्व, यूरोप के विभिन्न केंद्रीय बैंकों ने अपने खजाने के भंडारण में सोने की नयी आपूर्ति को रोक दिया। इस प्रकार उन्होंने सामान्य उपभोग की वस्तुओं की कीमतों में होने वाली

वृद्धि को रोक दिया जो अन्यथा बहुत बढ़ सकती थीं, हालांकि यह काफी जोखिम भरा कदम था। युद्ध के बाद से, फेडरल रिज़र्व बोर्ड ने, जिसे अमेरीका के लोगों का समर्थन प्राप्त था, वस्तुओं की कीमतों को बढ़ने देना नहीं चाहते थे, सोने की खानों के उत्पादों को खपाने की "गोरे लोगों की नयी जिम्मेदारी" को अपने ऊपर ले लिया लेकिन जिस प्रकार अमेरीका चांदी ख़रीद कर उसकी कीमत को गिरने से रोक नहीं सका, इसी तरह वह अन्तत: सोने की कीमतों को भी ऊपरी स्तर पर स्थिर नहीं रख सका। उच्च अधिकारियों के परामर्श के बावजूद, ऐसी कोई सम्भावना नहीं है कि यूरोप के केंद्रीय बैंकों द्वारा सोने के रिज़र्व की नयी मांग से उसे कोई सहायता मिलेगी। वित्तदाताओं के बड़ी मात्रा में मौजूद होने के बावजूद इस अनुभव से धीरे-धीरे यही शिक्षा लेनी चाहिये कि गोदामों में "सुरक्षित या सहायक भंडार' पड़े होने की कहानियों के बाद भी कागजी मुद्रा की कीमत को स्थिर नहीं रखा जा सका। ऐसा इसलिये हुआ क्योंकि मुद्रा के लिये कागज़ की आपूर्ति बहुत सीमित थी। सोने के सिक्कों में, जिन्हें आसानी से गलाया और निर्यात किया जा सकता है, पूर्ण परिवर्तनीयता द्वारा लागू उचित सीमा के साथ सैद्धांतिक रूप से और अनुभव से यह सिद्ध हो गया कि सोने का थोड़ा सा भंडार भी देशीय और अन्तर्राष्ट्रीय सभी प्रकार की मांगों की पूर्ण रूप से पूर्ति कर सकता है। बैंकों की तुलना में व्यक्तिगत रूप से लोगों द्वारा अधिक मांग की सम्भावना है। यह बात विचार करने योग्य है कि जिन कुछेक देशों ने कागजी मुद्रा के भंडार को हास्यास्पद स्तर तक कम कर दिया है, हो सकता है कि वहां के लोग कागज लेने से इंकार कर दें और सोने के सिक्कों पर ज़ोर दें। परंतु इसकी सम्भावना अधिक दिखायी देती है कि वर्तमान में जो कागज लोगों को मिल रहा है, वे उसकी अपेक्षा अच्छी गुणवत्ता वाले कागज की मुद्रा स्वीकार कर अधिक प्रसन्नता का अनुभव करें और धातु के सिक्कों के लिये ज़्यादा आग्रह न करें। कुल मिला कर, निश्चित रूप से ऐसा प्रतीत होता है कि यूरोप और यूरोप के उपनिवेशीय देशों में युद्ध से पहले सोने की मांग बढ़ने की अपेक्षा कम हो। यदि यह बढ़ेगी भी तो बहुत धीरे-धीरे या फिर बिल्कुल भी नहीं बढ़ेगी।

इस तरह, कुल मिला कर, यह डर है कि सोने की कीमतें कम होंगी और सामान्य कीमतों में वृद्धि होगी बजाय इसके विपरीत होने के। इसका एक स्पष्ट समाधान यह है कि अन्तर्राष्ट्रीय अनुबंध के द्वारा सोने के उत्पादन को सीमित किया जाये और खानों

में संसार के संसाधनों को आने वाली पीढ़ियों के लिये सुरक्षित रखा जाये। इसका दूसरा उपाय यह है कि एक अन्तर्राष्ट्रीय आयोग की स्थापना करके उसके ज़रिये एक अन्तर्राष्ट्रीय कागजी मुद्रा जारी की जाये और उसकी राशि को इस प्रकार नियंत्रित किया जाये कि उसके अनुमानित मूल्य को स्थिर रखा जा सके। यह सुझाव किसी प्रोफेसर की कक्षा में पढ़ाने के लिये तो बढ़िया है लेकिन व्यावहारिक राजनीति में न तो यह आज किसी भी तरह व्यवहार्य है और न ही किसी अन्य समय। इस कठिनाई से बाहर निकलने का एक व्यावहारिक मार्ग यह है कि पूर्वी देशों में सोने की मुद्रा की शुरुआत कर दी जाये। यदि आगामी वर्षों में पूर्व के देश सोने के उत्पादन का अधिकांश भाग लेने को तैयार हो जायें तो इस अवधि के दौरान इससे हमें इस समस्या से पार पाने में मदद मिल जायेगी जो कि मौजूदा उपयोगी संसाधनों का पता लग जाने तक ख़त्म हो जानी चाहिये। उसके बाद तो हम बिना किसी बदलाव के कार्य करते रह सकते हैं या फिर किसी बेहतर व्यवस्था की सम्भावना का पता लगा सकते हैं। यह तर्क उन लोगों के गले नहीं उतरेगा जो केवल मूल्य वृद्धि के दौरान प्राप्त होने वाले अतिरिक्त लाभ के बारे में सोचते हैं। लेकिन मुझे आशा है कि यह तर्क उन लोगों को अवश्य पसंद आयेगा जो अपने मन में उस अधिकांश आबादी के हितों के लिये कुछ भावना रखते हैं जो बहुत अधिक और बिना मेहनत किये लाभ कमाने वाले लोगों से पीड़ित हैं। अन्ततः मानव समुदाय के लिये स्थिरता ही सर्वश्रेष्ठ स्थिति है।

-प्रोफेसर एडविन कैनन

विषय सूची

उनकी रचना उन्हीं को भेंट

अध्याय एक

दोहरे मानक से रजत मानक तक

किसी समाज में व्यापार एक महत्त्वपूर्ण प्रणाली है जो निजी सम्पत्ति और वैयक्तिक लाभ के लक्ष्य पर आधारित है। इसके बिना समाज के सदस्यों के लिये उनकी मेहनत से निर्मित विशेष प्रकार के उत्पादों का वितरण कठिन होगा। निश्चित रूप से लॉटरी या प्रशासकीय उपकरण इसकी प्रकृति से मेल नहीं खाते। यदि इसे वास्तव में अपनी विशेषताओं को बनाये रखना है तो एक अलग उद्योग के उत्पादों के अनिवार्य वितरण के लिये एकमात्र माध्यम निजी व्यापार ही है। परंतु एक व्यापार पर आधारित समाज अनिवार्य रूप से आर्थिक गतिविधियों अर्थात् धन पर आधारित समाज होता है। यह एक ऐसा समाज होता है जो अपनी आवश्यकता के मुताबिक अपना सारा लेन-देन धन के माध्यम से करता है। वास्तव में, यह वितरण मुख्यत: उत्पादों के प्रतिफल में उत्पादों की अदला-बदली न होकर मुद्रा के बदले उत्पादों का विनिमय होता है। इसलिये ऐसे समाज में, मुद्रा एक ऐसी धुरी का रूप धारण कर लेती है जिसके इर्द-गिर्द सब कुछ घूमता है।

मनुष्य के तमाम प्रयासों, हितों, इच्छाओं और महत्त्वाकांक्षाओं का केंद्र बिंदु है धन और व्यापारिक समाज को प्रत्येक वस्तु की कीमत वाली दुनिया में धन के साथ ही अपने व्यापारिक कार्य करने होते हैं, जहां व्यापारिक सफलतायें और असफलतायें मूल्य - उत्पाद के विरुद्ध मूल्य - लागत की सूक्ष्म गणनाओं पर निर्भर होती हैं।

अर्थशास्त्रियों को इसमें कोई संदेह नहीं है कि “मूलभूत रूप से कोई भी अन्य वस्तु धन से अधिक उल्लेखनीय नहीं हो सकती” जो अपने सर्वोत्तम रूप में केवल “एक ऐसा विशाल चक्र है जिसके ज़रिये समाज में प्रत्येक व्यक्ति को एक उचित अनुपात में और नियमित रूप से उसकी आजीविका, सुख-सुविधाओं और मनोरंजन के साधन प्राप्त होते हैं।’ आर्थिक वितरण, धन के इस्तेमाल के बिना गतिविधियों की निश्चित शर्त मुद्रा के रूप में उनका मूल्य है या नहीं, यह एक खुली चर्चा का विषय है। किन्तु इतना निश्चित है कि “आजीविका, सुख-सुविधाओं और आमोद-प्रमोद के साधनों की

यह प्राप्ति दूर की बात है। धन के इस्तेमाल के बिना यदि यह वितरण पूरी तरह से बेशक रुकेगा नहीं भी तो अत्यंत दुखद स्थिति में बाधित अवश्य हो जायेगा। धन के बिना उत्पादों का व्यापार कैसे सम्भव हो सकता है? सभी अर्थशास्त्रियों के लिये वस्तु विनिमय की कठिनाइयां सदैव एक चुनौती बन कर खड़ी रही हैं जिनमें वे अर्थशास्त्री भी शामिल हैं जिन्होंने पूरी दृढ़ता से कहा था कि मुद्रा मात्र एक आवरण है। मुद्रा न केवल वस्तु विनिमय की प्रणाली की कठिनाइयों को दूर करके व्यापार को सुविधाजनक बनाने के लिये ज़रूरी है, बल्कि व्यापार को विशिष्टता प्रदान करके उत्पादन को बनाये रखने के लिये भी ज़रूरी है, क्योंकि यदि व्यापारी अपने वांछित पक्षों के साथ अपने उत्पादों का व्यापार नहीं कर सकता तो वह उसे विशिष्टता प्रदान करने के बारे में सोचेगा ही क्यों। व्यापार वस्तुत: उत्पादन के अधीन होता है। और यदि व्यापार फले-फूलेगा नहीं तो उत्पादन में भी कमी आ जायेगी। इसलिये यह स्पष्ट है कि यदि व्यापारी समाज अनियंत्रित नहीं होना चाहता और विशिष्टता प्राप्त उद्योग में आपसी लेन-देन में स्वत: सामंजस्य बिठा कर व्यापार में अनगिनत लाभों का त्याग नहीं करना चाहता तो उसे मुद्रा की ठोस प्रणाली अपनानी ही होगी।

मुगल साम्राज्य की समाप्ति पर, यदि समय की कसौटी पर आकलन किया जाये तो भारत आर्थिक रूप से एक उन्नत देश था। इसका व्यापार बहुत फैला हुआ था, इसकी बैंकिंग संस्थायें बहुत ही विकसित थीं और इनके लेन-देन में साख की एक उल्लेखनीय भूमिका थी। परंतु जब भारत पर अठारहवीं शताब्दी के मध्य में ब्रिटिश शासन का आधिपत्य स्थापित हुआ तो उस समय अन्य बातों के अलावा विनिमय के माध्यम और मूल्य के आम मानक की भारतीय लोगों की अर्थव्यवस्था में सबसे अधिक ज़रूरत महसूस की गयी। इस घटना से पूर्व, भारत की मुद्रा में सोने और चांदी दोनों का ही इस्तेमाल किया जाता था। हिंदू राजाओं के शासन में सोने पर ज़ोर दिया गया जबकि मुसलमान राजाओं के शासनकाल में मुद्रा अधिकांशत: चांदी से ही बनी होती थी। भारत में मुगल साम्राज्य की आर्थिक प्रणाली के जनक, अकबर के शासनकाल से ही मुद्रा की इकाई सोने की मोहरें तथा चांदी का रुपया थे। मोहरों और रुपयों, दोनों ही सिक्कों का वजन एक बराबर अर्थात् 175 ग्रेन ट्रॉय था और दोनों ही सिक्कों को बिना किसी धातु के मिश्रण के ढाला जाता था या कम से कम ऐसा करने का इरादा किया जाता था। लेकिन उनके मूल्य का समान मानक बनता था या नहीं, इसमें संदेह है। ऐसा माना जाता है कि मोहर और रुपया, जिनका मूल्य उस समय

समान था, दोनों ही किसी निश्चित विनिमय अनुपात के बिना ही चलते थे। इसलिये, इस मानक की प्रकृति ऐसी थी जिसे जेवांस ने दोहरे मानक की अपेक्षा समानान्तर मानक कहा है। इतना तो स्पष्ट है कि व्यवहार में थोड़ी बहुत हानि के बिना अनुपात की कमी का आकलन नहीं किया जा सकता था। किन्तु इस बात पर ध्यान दिया जाना चाहिये कि ऐसे अभूतपूर्व उपाय में आरामदायक स्थिति मौजूद थी जिसके द्वारा मोहर और रुपया, हालांकि दोनों एक-दूसरे से असंबद्ध थे, साम्राज्य के तांबे के सिक्के *दाम* के एक निर्धारित अनुपात में थे।

इसलिये यह बात स्वीकार की जा सकती है कि एक ही चीज़ से जुड़े होने के फलस्वरूप मोहर और रुपया, दोनों ही सिक्के निर्धारित अनुपात में चलन में थे।

दक्षिण भारत में, जहां मुगलों का अधिक प्रभाव नहीं था, मुद्रा प्रणाली के एक भाग के रूप में चांदी के सिक्के को कोई नहीं जानता था। वहां प्राचीन हिंदू राजाओं का सोने का सिक्का, पैगोडा (Pagoda) अर्थात् भारतीय मुद्रा मानक मूल्य में प्रचलित था तथा लेन-देन का माध्यम था और यह ईस्ट इंडिया कम्पनी के भारत में आने तक संचलन में था।

मुगल सम्राटों ने सिक्के ढालने के अधिकार को हमेशा "संप्रभुता का अधिकार' (Inter Jura Majestatis) समझा और इसका श्रेय उन्हें जाता है कि इस अधिकार को उन्होंने पूरी उत्तरदायित्व की भावना से इस्तेमाल किया। मुगल सम्राटों ने अपने सिक्कों में मिलावट न होने देकर उसकी गुणवत्ता को कभी नीचे नहीं गिरने दिया। मुगल सम्राटों ने सिक्का ढालने की त्रुटिपूर्ण तकनीक के साथ भी अपने साम्राज्य के सबसे दूरदराज के हिस्सों में स्थित विभिन्न टकसालों से जारी किये गये सिक्कों के मानक से अलग नहीं होने दिया। नीचे दी गयी तालिका में मुगल रुपयों की खरे-खोटे की कसौटियों को दिखाया गया है कि कैसे समूचे मुगल साम्राज्य के दौरान सिक्के का मानक 175 ग्रेन शुद्ध वजन के स्तर तक रखा गया था।

रुपये का नाम	**वजन (शुद्ध ग्रेन में)**	**रुपये का नाम**	**वजन (शुद्ध ग्रेन में)**
लाहौर की अकबरी	175.0	दिल्ली सोनत	175.0
आगरे की अकबरी	174.0	दिल्ली आलमगीर	175.0
आगरे की जहांगीरी	174.6	पुराना सूरत	174.0

रुपये का नाम	वजन (शुद्ध ग्रेन में)	रुपये का नाम	वजन (शुद्ध ग्रेन में)
इलाहाबाद की जहांगीरी	173.6	मुर्शिदाबाद	175.9
कंधार की जहांगीरी	173.9	1745 का फारसी रुपया	174.5
आगरे की शाहजहानी	175.0	पुराना ढाका	173.3
अहमदाबाद की शाहजहानी	174.2	मुहम्मदशाही	170.0
दिल्ली की शाहजहानी	174.2	अहमदशाही	172.8
दिल्ली की शाहजहानी	175.0	शाहआलम (1772)	175.8
लाहौर की शाहजहानी	174.0		

जब तक मुगल साम्राज्य ने अपना अधिपत्य बनाये रखा, तब तक टकसालों की बहुलता में लाभ ही था अपेक्षाकृत किसी जोखिम के, क्योंकि वे एक ही शासन के एक ही विभाग की कई शाखायें थीं। परंतु मुगल साम्राज्य के पतन के उपरांत उसके कई साम्राज्यों में विभाजित हो जाने के साथ ही शाही टकसाल के विभिन्न केंद्रों में स्थापित ये शाखायें सिक्के ढालने के लिये अपने आप में स्वतंत्र कारखानों में तब्दील हो गयीं। मुगल साम्राज्य के पतन के बाद हुए स्वतंत्रता के इस सामान्य संघर्ष में, सिक्का ढालने का अधिकार, जो संप्रभुता का सबसे बड़ा प्रतीक बन गया था, तत्कालीन राजनेताओं के लिये सर्वोच्च अधिकार बन चुका था। यह भी राजवंश का अंतिम विशेषाधिकार था, जिससे पतन की ओर जा रहे राजवंश मोहवश चिपके हुए थे और यह सत्ता के उभरते हुए खिलाड़ियों के लिये भी सबसे बड़ी महत्त्वाकांक्षा बन गया था। इसी का नतीजा था कि जो अधिकार किसी समय पूरी ईमानदारी के साथ अमल में लाया जा रहा था, उसको अब अनियंत्रित ढंग से अंजाम दिया जा रहा था। हर जगह टकसालें पूरे जोशो-खरोश के साथ चलायी जा रही थीं। जल्द ही पूरे देश में विभिन्न प्रकार के सिक्के प्रचुर मात्रा में आ गये जिससे विनिमय का एक अद्भुत माध्यम भी लोगों के सामने प्रकट हुआ जबकि इस दौरान राजवंशों का निरंतर उत्थान तथा पतन हो रहा था। यदि पैसे के सौदागर इन राजाओं ने अपनी मुद्राओं को मुगल सम्राटों के मूल मानकों के स्तर के बराबर बनाये रखा होता तो समान मूल्य के सिक्कों की बहुलता कोई चिंता का विषय नहीं था। परंतु ऐसा प्रतीत होता है कि उन्होंने अपने मन में यह

धारणा बनी ली थी कि उनकी प्रजा द्वारा इस्तेमाल में लायी जाने वाली मुद्रा उनके द्वारा बनायी गयी है और वे जो चाहें कर सकते हैं। उन्होंने अपने सिक्कों में बड़ी मात्रा में मिलावट करके उन्हें घटिया बना दिया लेकिन उन्होंने उनके मूल्य में कोई बदलाव नहीं किया। इन सिक्कों में की गयी मिलावट के कारण अनिवार्य रूप से मुद्रा ने अपनी पहले वाली गुणवत्ता खो दी थी और उसकी पहले जैसी स्वीकार्यता भी नहीं रही थी।

ऐसी स्थिति में सामने आने वाले बुरे परिणामों की कल्पना अच्छी तरह से की जा सकती थी। जब सिक्कों की सामग्री ने उन पर अंकित मूल्य को झूठा सिद्ध कर दिया तो वे मात्र व्यापारिक माल ही बन कर रह गये और अब वे मुद्रा नहीं रह गये थे जो विनिमय के माध्यम के रूप में काम करते। अंतिम औपचारिकता के लिये स्वीकार किये जाने से पूर्व प्रत्येक सिक्के का सर्राफा मूल्य सुनिश्चित किया जाता था। इस तरह निर्धन और अनपढ़ लोगों को धोखा देने का यह अवसर इंग्लैंड में 1696 के चांदी के सिक्कों को बदलने की तुलना में किसी भी प्रकार से कम नहीं रहा होगा। हालांकि सिक्कों में मिश्रित धातुओं की परख करने और उन्हें निरंतर तोलने और उनका मूल्यांकन करने से इसका केवल एक ही पहलू उजागर हुआ था जिसमें इस स्थिति की भयानकता को स्वयं महसूस किया गया। उन्होंने इसका एक और भयंकर पहलू भी प्रस्तुत किया। साम्राज्य की समाप्ति के साथ ही समूचे भारत में शाही वैध मुद्रा जैसी चीज़ का अस्तित्व समाप्त हो गया। इसके स्थान पर संप्रभु साम्राज्य के टूट कर बने विभिन्न राज्यों में स्थानीय मुद्रा की शुरुआत हुई। इन परिस्थितियों में, इसके बदले में भुगतान में चुकाये गये सिक्कों से प्राप्त आवश्यक सर्राफा मूल्य से वस्तु विनिमय को समाप्त नहीं किया गया था। व्यापारियों को पहले सुनिश्चित होना पड़ता था कि सिक्के उनके क्षेत्र में भुगतान की एक वैध मुद्रा हैं। इस संबंध में बंगाल मुद्रा अधिनियम 35, 1793 की प्रस्तावना बहुत अच्छी तरह से स्पष्ट करते हुए कहती है-

> "बंगाल, बिहार और उड़ीसा के मुख्य जिलों की अपनी एक विशिष्ट चांदी की मुद्रा है जो उन जिलों में, जहां यह क्रमश: संचलन में है, सभी प्रकार के लेन-देन में मूल्य का एक सर्वस्वीकृत माप है।
>
> * * *
>
> "रैयतों (Ryots) अर्थात् किसानों द्वारा यदि रुपये की किसी विशेष किस्म में अपना लगान अदा करना होता तो वे निश्चित ही अपने निर्माताओं से अपने

अनाज अथवा कच्चे माल का भुगतान इसमें ही करने का प्रस्ताव रखते थे जबकि निर्माता भी रैयतों के इन्हीं सिद्धान्तों के आधार पर उन व्यापारियों से रुपये की वही किस्में स्वीकार करते थे जो उनसे कपड़े अथवा सामान आदि ख़रीदने आते थे।

"इन्हीं सिद्धान्तों के अनुसार, जल्द ही विभिन्न प्रकार के पुराने रुपये कुछ विशेष जिलों की स्थापित मुद्रा बन गये और उनके एक आवश्यक परिणामस्वरूप प्रत्येक रुपये का मूल्य उस जिले में बढ़ा दिया गया जिसमें उसका संचलन था, क्योंकि सभी प्रकार के लेन-देनों में उसकी ही मांग की जाती थी। इसका एक अन्य परिणाम यह हुआ कि जिले में लाया गया प्रत्येक प्रकार का रुपया उस रुपये के मूल्य से भिन्न होने के कारण स्वीकार नहीं किया जाता था जिसके आधार पर निवासी अपनी संपत्तियों का मूल्यांकन करने के आदी हो चुके थे या इसे स्वीकार भी किया जाता तो इस पर एक बट्टा देना ज़रूरी होता था, जो उतना होता था जितना कि उस जिले में प्रचलित रुपये के लिये सर्राफ के घर पर विनिमय के लिये प्राप्तकर्ता द्वारा भुगतान किया जाता था अथवा किसी अन्य व्यक्ति को भुगतान करने के बदले में उसे दिया जाता था।

* * *

"एक जिले में प्रचलित सिक्के की इस अस्वीकृति के कारण जब किसी दूसरे जिले में भुगतान करना पड़ता तो देश के विभिन्न भागों के महाजनों, व्यापारियों, भूस्वामियों और भूमिहरों को एक-दूसरे के साथ अपने व्यापारिक लेन-देन में विनिमय द्वारा समान हानि उठानी पडती थी तथा उन तमाम असुविधाओं का सामना करना पड़ता था जो इस कारण अनिवार्यत: उत्पन्न हो जाती थीं। ऐसा अलग और स्वतंत्र सरकारों के अधीन उन कई जिलों में होता था जिनमें प्रत्येक जिले का अपना एक अलग सिक्का था।'

यहां एक ऐसी स्थिति थी जहां व्यापार वस्तुओं के विनिमय तक सीमित रह गया था, फिर चाहे कोई व्यक्ति वस्तु विनिमय प्रणाली को विनिमय के एक आम माध्यम की अनुपस्थिति माने अथवा विनिमय के माध्यमों की बहुलता की उपस्थिति कहे, लेकिन किसी भी मामले में, यह तो साफ जाहिर कि व्यापार करने वाले लोगों ने "दोहरे मेल' की कमी को महसूस कर लिया होगा। कोई व्यक्ति यह भी सोच सकता है कि यह ऐसा मामला नहीं हो सकता था, क्योंकि विनिमय का माध्यम धातु के सिक्के थे। लेकिन यहां यह अवश्य याद रखना चाहिये कि भारत में चलने वाले सिक्कों की, उनकी

विशुद्धता और वैधता में भिन्नता के कारण, भिन्न-भिन्न प्रकार की इतनी किस्में हो चुकी थीं कि किसी विशेष किस्म के सिक्कों से यह ज़रूरी नहीं था कि विनिमय द्वारा लेन-देन पूरा हो ही जाये। कुछ विशेष परिस्थितियों में सिक्का एक ऐसा माध्यम होना चाहिये जिससे पुनः किसी अन्य वस्तु से भी विनिमय हो सके और यह प्रक्रिया तब तक चलती रहनी चाहिये, जब तक कि सिक्के की वांछित किस्म हासिल न हो जाये। यह पर्याप्त संकेत है कि समाज पूरी तरह से वस्तु विनिमय प्रणाली में लिप्त हो चुका था। यदि इस स्थिति में केवल यही एकमात्र कमी थी तो यह कमी सिक्कों की भिन्नता के अन्तर्गत अन्तर्राष्ट्रीय व्यापार के जितनी ही ख़राब होती। किन्तु इसे इस तथ्य ने और भी अधिक जटिलता प्रदान कर दी कि यद्यपि सिक्कों का मूल्य समान था लेकिन फिर भी सिक्कों में धातुओं की मिलावट में बहुत फ़र्क था। इस वजह से, एक सिक्के पर उसी किस्म के व उसी श्रेणी के सिक्के की तुलना में छूट या लाभ निर्धारित होता था। यह छूट या लाभ कितना होगा, इसकी जानकारी न होने की स्थिति में प्रत्येक व्यक्ति को इस बात का ध्यान रखना होता था कि उसे उसी प्रकार के सिक्के प्राप्त हों जिन्हें वह जानता है तथा जो उसके राज्य में चल रहे हैं। समग्र रूप से, वाणिज्य के लिये ऐसी स्थिति से उत्पन्न रुकावटें उन रुकावटों से बिल्कुल भी कम नहीं हो सकी थीं जो लाइकुर्गस के शासन आदेशों के कारण उत्पन्न हुई थीं जिसने लैसेडेमोनिया के लोगों को केवल इसलिये लोहे की मुद्रा का प्रयोग करने के लिये मजबूर कर दिया था कि उसके भार के कारण लोग बहुत अधिक व्यापार न कर सकें। यह स्थिति तकलीफदेह होने के अलावा क्षोभ की मौजूदगी के कारण बहुत अधिक जटिल हो गयी थी। मुद्रा की आपूर्ति करने में निवेश के रूप में लगायी गयी पूंजी समुदाय के उत्पादक संसाधनों पर लगाया गया "कर" होती है। फिर भी, जेम्स विल्सन ने इस संबंध में जो कुछ भी लिखा है, उस पर प्रश्न नहीं उठाया जा सकता-

> "कि वस्तु विनिमय प्रणाली की तुलना में सिक्के के आदान-प्रदान से समय और श्रम की जो बचत होती है, उससे उत्पादक संसाधनों से मिली पूंजी के लिये पर्याप्त प्रतिफल प्राप्त होता है जिससे वस्तुओं के लेन-देन के एकमात्र माध्यम के रूप में कार्य किया जा सके और देश की शेष बची पूंजी को और अधिक उत्पादक बनाया जा सके।"

तो फिर उस मौद्रिक व्यवस्था के संबंध में क्या कहा जा सकता है जिससे वस्तु विनिमय प्रणाली के दुष्परिणामों को दूर नहीं किया जा सका जबकि उत्पादक संसाधनों

से बहुत बड़ी मात्रा में पूंजी हटा ली गयी थी ताकि वह वस्तुओं के लेन-देन के एकमात्र माध्यम के रूप में कार्य कर सके? मुद्रा के अभाव की तुलना में दोषपूर्ण मुद्रा कहीं अधिक हानिकारक होती है। मुद्रा के न होने से कम से कम उसकी लागत की बचत तो होती है। लेकिन समाज के पास मुद्रा होनी बहुत ज़रूरी है और वह भी अच्छी मुद्रा। इसलिये, ख़राब मुद्रा से अच्छी मुद्रा पैदा करने का दायित्व ईस्ट इंडिया कम्पनी के कंधों पर आ पड़ा था, जिसके हाथों में मुगल साम्राज्य के बाद भारत में शासन करने का अधिकार आ गया था।

सर्वप्रथम 25 अप्रैल, 1806 को ईस्ट इंडिया कम्पनी के निदेशकों ने अपनी प्रसिद्ध आधिकारिक रिपोर्ट के द्वारा सुधार की पद्धतियां निर्धारित कीं और जिसे उन्होंने भारत में अपने शासन क्षेत्र के प्रशासकीय अधिकारियों के पास भेजा। इस ऐतिहासिक रिपोर्ट में कम्पनी के निदेशकों ने कहा-

> "17. यह एक राय है, जिसको सर्वोत्तम अधिकारियों ने अपना समर्थन प्रदान किया है और अनुभव से भी यह सिद्ध हुआ है कि निश्चित सापेक्ष मूल्यों पर सोने तथा चांदी के सिक्कों को बिना हानि उठाये... भुगतान करने की वैध मुद्रा के रूप में नहीं चलाया जा सकता। इस हानि का कारण सिक्कों के निर्माण में इस्तेमाल धातुओं के मूल्य में समय-समय होने वाले उतार-चढ़ाव हैं। सोने और चांदी के सिक्के का अनुपात इनमें इस्तेमाल धातुओं के मूल्य के अनुसार कानून द्वारा निर्धारित किया जाता है और ऐसा सबसे न्यायसंगत सिद्धान्तों के आधार पर किया जा सकता है। परंतु जिस समय यह अनुपात निर्धारित किया गया था, उसकी तुलना में बदली हुई परिस्थितियों के कारण चांदी की अपेक्षा सोने का मूल्य अधिक हो सकता है। इसलिये चांदी या सोने का यह आदान-प्रदान लाभदायक हो जाता है, इस कारण उस धातु का सिक्का संचलन (Circulation) से हटा लिया जाता है और यदि सोने की अपेक्षा चांदी के मूल्य में बढ़ोतरी हो तो ऐसी ही परिस्थितियों में चांदी के सिक्कों के संचलन में भी कमी हो जायेगी। चूंकि धातुओं के मूल्य में होने वाले उतार-चढ़ाव को रोक पाना सम्भव नहीं होता, इसलिये इन धातुओं से निर्मित सिक्कों के परिणामों को रोक पाना भी उतना ही अव्यावहारिक है, क्योंकि धातुओं के मूल्यों में होने वाले उतार-चढ़ाव के अनुसार सोने और चांदी के सिक्कों के तुलनात्मक मूल्यों को समायोजित करने में निरंतर

कठिनाइयां पैदा होंगी और ऐसे सिद्धान्तों के बनाने से हमेशा ही असुविधा और हानि होगी।"

अत: उन्होंने भविष्य में बनायी जाने वाली भारतीय मुद्रा के लिये एक ही धातु के बने सिक्कों के पक्ष में अपना मत दिया और यह कहा कि-

"21... कि (भारत में) लेखा-जोखा के लिये चांदी ही सर्वव्यापी मुद्रा होनी चाहिये और वे सभी लेखे रुपये, "आने' और 'पैसे' के एक ही मूल्य वर्ग में रखे जाने चाहियें।

लेकिन रुपया वैसा नहीं था जैसा कि वह भार और शुद्धता की दृष्टि से मुगल साम्राज्य में था। प्रस्ताव है कि

"9... नये रुपये... का सकल भार होगा-

ट्राय ग्रेन 180

घटायें 1/12 मिश्र धातु..............15

और ट्राय ग्रेन में शुद्ध चांदी का मिश्रण...165"

यही वे प्रस्ताव थे जो भारतीय मुद्रा में सुधार हेतु निदेशक मंडल (कोर्ट ऑफ डायरेक्टर्स) ने पेश किये थे।

भारत की भावी मुद्रा प्रणाली के लिये 180 ग्रेन ट्राय के वजन के रुपये तथा यूनिट के रूप में 165 ग्रेन शुद्ध चांदी का मिश्रण एक तर्कपूर्ण चुनाव था।

ऐसा प्रतीत होता है कि रुपये के लिये इस विशेष वजन को चुनने का प्रमुख कारण यह इच्छा थी कि उसे प्रचलित व्यवहार से कम से कम अलग बनाया जाये। दो धातुओं का आधार प्रदान करके मुगलों द्वारा सौंपी गयी अव्यवस्थित मुद्राओं को व्यवस्थित करने के अपने प्रयास में, तीन सूबों की सरकारों ने पहले ही बड़ी प्रगति कर ली थीं और उन्होंने यह प्रगति अपने-अपने क्षेत्रों में विनिमय के एकमात्र माध्यम के रूप में सोने और चांदी के सिक्कों की किस्म को देश में चला कर असंख्य सिक्कों का चुनाव करके की थी। मुद्रा की प्रमुख इकाइयों के रूप में चुने गये सिक्कों के भार और शुद्धता को, अन्य विवरणों के साथ सार तालिका 1 (पृष्ठ 30) में देखा जा सकता है-

तालिका I

मुद्रा की मुख्य इकाइयां

			चांदी के सिक्के			सोने के सिक्के		
जारी करने वाली सरकार	क्षेत्र जिसमें यह जारी की गयी	जारी करने वाला प्राधिकरण और तारीख	नाम	कुल वजन ट्रॉय ग्रेन	शुद्ध अंश ट्रॉय ग्रेन	नाम	कुल वजन ट्रॉय ग्रेन	शुद्ध अंश ट्रॉय ग्रेन
बम्बई	प्रेसीडेंसी		सूरत रुपया	179.0	164.740	मोहर	179	164-740
मद्रास	प्रेसीडेंसी		आर्कोट रुपया	176.4	166.477	स्टार पैगोडा	52.40	42.55
बंगाल	बंगाल, बिहार और उड़ीसा कटक	अधिनियम 1793 का XXXV, 1805 का XII	सिक्का रुपया (19वां सन्)	179.66	175.927	मोहर	190.804	189.40
	सत्ताहस्तांतरित प्रांत, विजित प्रांत	अधिनियम XIV 1803	फर्रुखाबाद रुपया (लखनऊ 45वें सन् का सिक्का)	173	166.135	—	—	—
	बनारस प्रांत	1806 का अधिनियम III	बनारस रुपया (मचलीधर)	175	168.875	—	—	—

भिन्न-भिन्न सूबों की मुख्य इकाइयों को एकमात्र प्रमुख इकाई में बदलने के लिये सबसे करीबी और सबसे कम असुविधाजनक वजन की ऐसी मात्रा स्पष्ट रूप से 180 ग्रेन है जो इसके साथ-साथ एक अनिवार्य संख्या भी होगी, क्योंकि किसी विशिष्ट मात्रा में किसी भी प्रचलित इकाई के वजन से किसी भी तरह से अलग नहीं थी। इसके अलावा, यह भी माना गया कि 180 अथवा 179.5511 ग्रेन उस रुपये के सिक्के का मानक वजन था जो मूल रूप से मुगल टकसालों से जारी किया गया था। इसलिये यह वास्तव में एक नयी इकाई की शुरुआत न होकर पुरानी इकाई को ही पुन: संचलन में लाना था।

180 ग्रेन की इकाई के पक्ष में एक और लाभ होने का यह दावा भी किया गया कि मुद्रा की ऐसी इकाई फिर से बनायी जा सकेगी जो बंद कर दी गयी थी, और इस इकाई का वजन भी वही होगा। यह भी सहमति हुई कि भारत में वजन की इकाई अतीत में मुख्य सिक्के की इकाई से जुड़ी हुई थी क्योंकि सेर और हाथ से किये जाने वाले वजन रुपये के गुणांक थे जिनका वजन मूल रूप से 179.6 ग्रेन ट्रॉय था। अब यदि मुख्य सिक्के के तय किये जाने वाले वजन को 180 ग्रेन ट्रॉय रखा जाना था तो ऐसा माना गया था कि यह बदलाव प्राचीन परंपरा से अच्छा नहीं होता जिसमें सिक्के के वजन को अन्य वजनों और मापों का आधार बनाया गया था। इसके अतिरिक्त, 180 ग्रेन की इकाई का यह वजन न केवल इस दृष्टि से उपयुक्त था बल्कि इसके पक्ष में एक बात यह भी थी कि वजन की अंग्रेजी इकाई के साथ भारतीय इकाई के वजन को मिला देना एक अतिरिक्त सुविधा थी।

हालांकि मुद्रा की मुख्य इकाई के वजन को 180 ग्रेन ट्रॉय रखने के पक्ष में ये कारण थे, फिर भी 165 ग्रेन शुद्ध वजन की योजना अपने आप में अनुचित नहीं थी। शुद्धता के मानक के रूप में 165 ग्रेन का चुनाव करने में, जैसा कि मानक वजन के निर्धारण के समय किया गया था, सरकारी निर्णय से मौजूदा व्यवस्था में कोई परेशानी पैदा होने की कोई सम्भावना नहीं थी। माना जाता है कि शुद्धता का यह मानक चांदी के सिक्कों के मानक से बिल्कुल भी भिन्न नहीं था जिन्हें भारत में विभिन्न सरकारों ने अपनी मुद्रा की मुख्य इकाइयों के रूप में मान्यता दी थी जिसे निम्नलिखित तुलनात्मक विवरण में देखा जा सकता है-

तालिका II

मान्यता प्राप्त मुख्य रुपयों से शुद्धता के प्रस्तावित मानक की भिन्नता

इकाइयों के रूप में मान्य चांदी के सिक्के तथा उनकी शुद्धता		प्रस्तावित चांदी के रुपये की मानक शुद्धता ट्रॉय ग्रेन	प्रस्तावित रुपये की तुलना में अधिक मूल्यवान		प्रस्तावित रुपये की तुलना में कम मूल्यवान	
सिक्के का नाम	उसका शुद्ध अंश ट्रॉय		ग्रेन में	पी.सी. द्वारा	ग्रेन में	पी.सी. द्वारा
सूरत रुपया	164.74	165	....	....	.26	.157
आर्कोट रुपया	166.477	165	1.477	.887	....	....
सिक्का रुपया	175.927	165	10.927	6.211	....	....
फर्रुखाबाद रुपया	166.135	165	1.135	.683	....	....
बनारस रुपया	169.251	165	4.251	2.511	....	....

इस तरह यह देखा जायेगा कि सिक्के और बनारस के रुपये को छोड़ कर स्वीकृत शुद्धता का प्रस्तावित मानक अन्य रुपयों से इतना अधिक मिलता-जुलता था कि बिना किसी बहुत ज़्यादा अव्यवस्था के पूरी समानता हासिल करने की इच्छा ने उसे अपनाने के मार्ग में आने वाली सभी सम्भव आपत्तियों को समाप्त कर दिया था। एक अन्य विचार जो शुद्धता के मानक के रूप में 165 ग्रेन को चुनने में निदेशक मंडल की बैठक में प्रबल दिखायी दे रहा था, वह यह था कि मानक भार के रूप में 180 ग्रेन के साथ मिलकर ऐसा प्रबंध किया गया कि रुपये की शुद्धता को 11/12 किया गया। एक विशेष शुद्धता को तय करने का विचार निदेशक मंडल के लिये अत्यंत तकनीकी बात थी। हालांकि 1803 में ब्रिटिश समिति का, जो टकसाल और सिक्कों को ढालने के लिये नियुक्त की गयी थी, विचार था कि "1 / 12 मिश्रित धातु और 11/12 की शुद्धता के अनुपात व्यापक अनुभवों के आधार पर सबसे उत्तम सिद्ध हुए थे या फिर कम से कम इतने अच्छे तो थे ही कि जिन्हें शुद्धता के अनुपात के रूप में चुना जा सकता था।" इस मानक को निदेशक मंडल अत्यंत आधिकारिक तौर पर भारतीय मुद्रा संबंधी अपनी नयी योजना में शामिल करना चाहता था। इसलिये वह रुपये को 11 /

12 शुद्ध रखने के लिये इच्छुक था। किन्तु ऐसा करने के लिये उसे रुपये में 165 ग्रेन की शुद्धता को बरकरार रखना ज़रूरी था, जैसा कि उपरोक्त विचार को देखते हुए वे रुपये में ऐसी शुद्धता चाहते थे। भविष्य के नज़रिये से यदि कोई व्यक्ति एकल धातु के लिये निदेशकों की पसंद की समीक्षा करे तो वह इसे एक अत्यंत अदूरदर्शिता भरा निर्णय मान सकता है। फिर भी उस समय इसे एक तर्कपूर्ण पसंद माना गया। इस संबंध में सबसे पहले उपायों में से एक उपाय था मुगलों के समानान्तर मानक को मोहर, पैगोडा, और रुपये के बीच विनिमय के वैध अनुपात स्थापित करके उसे दोहरे मानक में परिवर्तित कर देना जिसे तीनों प्रांतों ने, जिनका प्रशासन के लिहाज़ से प्रांतों के रूप में विभाजन किया गया था, देश की सरकार बनते ही इसे स्वीकार कर लिया था। लेकिन किसी भी प्रांत में यह प्रयोग पूरी तरह से सफल नहीं हो सका।

2 जून, 1766 को सरकार ने तय किया कि बंगाल' में 179.66 ग्रेन ट्राय के भार की सोने की मोहर जारी की जाये जिसमें 149.92 ग्रेन ट्राय शुद्ध धातु थी। इस मोहर को रुपये के 14 सिक्के के मूल्य का वैध सिक्का माना गया जिससे खजानों में राजस्व वसूलियों को रोकने की अपनी ही कार्यवाही से पैदा हुई मुद्रा की कमी समाप्त हो सके जो व्यापार की दृष्टि से बहुत हानिकारक थी। यह 16.45:1 का अनुपात एक वैध अनुपात था और चूंकि यह 14.81:1 के बाज़ार के अनुपात से पूरी तरह से अलग था, इसलिये इन दोनों सिक्कों को एक साथ चलाने की यह कोशिश पूर्णतः असफल सिद्ध हुई। चीन, मद्रास और बम्बई द्वारा बंगाल को चांदी भेजे जाने के कारण मुद्रा की स्थिति और भी ख़राब हो गयी। इतना ही नहीं, 20 मार्च, 1769 को सरकार द्वारा 190.773 ट्राय ग्रेन भार की एक और सोने की मोहर जारी कर दी गयी जिसमें 190.086 ट्राय ग्रेन शुद्ध सोना था। इसका मूल्य रुपये के 16 सिक्के के बराबर तय किया गया। यह 14.81:1 का वैध अनुपात था। लेकिन, चूंकि यह अनुपात भारत (14:1) और यूरोप (14.61:1) दोनों के उस समय के बाज़ार अनुपात से अधिक था, इसलिये सरकार का दोनों सिक्कों को एक साथ चलाने का यह दूसरा प्रयास भी पहले प्रयोग से कोई ज़्यादा सफल नहीं हुआ। सरकार को सही अनुपात रखने का यह कार्य इतना पेचीदा लगने लगा कि 3 दिसंबर, 1788 को सरकार ने सोने के सिक्के की ढलायी बंद कर दी और फिर से एक धातु के सिक्के को ढालने का काम शुरू कर दिया। जब मुद्रा की कमी का दबाव फिर से महसूस होने लगा और सरकार 1790 में

फिर से सोने का सिक्का ढालने को मजबूर होने लगी तो सरकार ने यही बेहतर समझा कि मोहर और रुपये में बिना किसी भी निर्धारित अनुपात में संबंध स्थापित करने के उन्हें बाज़ार मूल्य पर चलाया जाये। ऐसा 1793 में सरकार की ओर से तीसरे प्रयास के दौरान बंगाल में दोहरा मानक स्थापित करने तक चलता रहा। उस वर्ष सरकार द्वारा 190.895 ट्राय ग्रेन भार की एक नयी मोहर जारी की गयी जिसमें 189.4037 ग्रेन शुद्ध सोना था और इसे रुपये के 16 सिक्कों के तुल्य वैध सिक्का माना गया। इसका अनुपात 14.86 :1 था लेकिन चूंकि यह अनुपात उस समय बाज़ार में प्रचलित अनुपात के बराबर नहीं था, इसलिये बंगाल में सोने और चांदी दोनों धातुओं के सिक्के चलाने का तीसरा यह प्रयास भी 1766 और 1769 में किये गये प्रयासों के समान ही असफल हो गया।

मद्रास सरकार की ओर से किये गये ऐसे प्रयास बंगाल की सरकार के प्रयासों से कहीं अधिक निरर्थक साबित हुए। उस प्रांत में ब्रिटिश सरकार के अन्तर्गत 1749 में प्रथम बार दो धातुओं के सिक्के ढालने का प्रयास किया गया था, जब 350 आर्कोट रुपये को वैधानिक रूप से 100 स्टार पैगोडा मूल्य के समान माना गया था। इस अनुपात में पैगोडा जो प्रांत का सोने का सिक्का था, की कीमत तत्कालीन प्रचलित बाज़ार मूल्य के अनुपात की तुलना में कम आंकी गयी थी। पैगोडा का चलन समाप्त हो जाने से मुद्रा की बहुत कमी हो गयी और सरकार दिसंबर, 1750 में इसे मुद्रा के रूप में फिर से चलन में लाने के लिये मजबूर हो गयी। यह कार्य दोसूत्री योजना को अपना कर किया गया, जिसमें सरकार के खाते में एक ओर तो सोने का आयात किया गया ताकि टकसाल के अनुपात को बाज़ार के अनुपात के बराबर लाया जाये जबकि दूसरी ओर सरकारी खजानों में केवल पैगोडा के ज़रिये ही प्राप्तियां और भुगतान किया जाये। दूसरा उपाय बहुत ज़्यादा प्रभावशाली सिद्ध नहीं हुआ लेकिन पहला उपाय अपनी विशाल मात्रा के कारण स्थिति को ठीक करने में बहुत सहायक साबित हुआ। दुर्भाग्यवश, यह मामला पूर्णत: अस्थायी था। 1756 और 1771 की अवधि में रुपये और पैगोडा में बाज़ार के अनुपात में काफी बदलाव हुआ। 1756 में यह अनुपात 364:100 था जबकि 1768 में यह अनुपात 370:100 था। 1768 के बाद भी बाज़ार का अनुपात 1749 में निर्धारित वैध अनुपात के समान नहीं बन सका था और 12 वर्ष तक यह स्थिति बरकरार रही, लेकिन चांदी के आयात में बढ़ोतरी

होने के कारण यह ज़रूरी समझा गया कि द्वितीय मैसूर युद्ध को जारी रखा जाये जिसके कारण एक बार फिर यह अनुपात बिगड़ गया और अन्ततः के समाप्त हो जाने के पश्चात् यह अनुपात 100 स्टार पैगोडा के मुकाबले 400 आर्कोट रुपये रह गया। युद्ध की समाप्ति के पश्चात्, मद्रास सरकार द्वारा रुपये और पैगोडा को साथ-साथ चलाने की एक अन्य कोशिश की गयी लेकिन बाज़ार अनुपात 400:100 को वैध अनुपात बनाने की अपेक्षा उस समय प्रांत में सोने के आयात में वृद्धि के कारण यह सम्भावना बंध गयी थी कि बाज़ार का अनुपात बढ़ कर 1749 में निर्धारित वैध अनुपात के बराबर हो जायेगा। इस तरह से बनी उत्साह की स्थिति में 1790 में यह निर्णय किया गया कि इस अनुपात को पहले 365:100 में निर्धारित किया जाये। इसका परिणाम वांछित परिणाम से अलग होना ही था क्योंकि पैगोडा का मूल्यांकन कम था लेकिन इस ग़लती में सुधार करने के बजाय 1797 में सरकार ने 350:100 के अनुपात में ज़्यादा वृद्धि कर स्थिति को और भी ख़राब कर दिया जिसका दुष्परिणाम यह हुआ कि पैगोडा का संचलन पूरी तरह से बंद हो गया और इस प्रकार दो धातु की यह आखिरी कोशिश बुरी तरह असफल सिद्ध हुई।

ऐसा लगता है कि बम्बई की सरकार दो धातुओं की प्रक्रिया के बारे में अपेक्षाकृत ज़्यादा जानकारी ले चुकी थी हालांकि इससे इस प्रणाली की व्यावहारिक कठिनाइयों को दूर करने में कोई मदद नहीं मिली। जब प्रथम बार प्रांत में द्विधातु के सिद्धांत पर कार्य शुरू किया गया था तो उस समय एक मोहर और रुपये का मूल्य 15.70: 1 के अनुपात में रखा गया था। लेकिन इस अनुपात पर मोहर का मूल्यांकन अधिक पाया गया और उसी के अनुसार, टकसाल के अधिकारी को अगस्त, 1774 में वेनिस की मुद्रा की शुद्धता से सोने की मोहरों को ढालने का निर्देश दिया गया और कहा गया कि उनका भार चांदी के रुपये के भार के बराबर होना चाहिये। इस बदलाव से वैध अनुपात 14.83:1 पर आ गया जो उस समय प्रचलित बाज़ार अनुपात 15:1 के बराबर तो नहीं था लेकिन उसके बहुत नज़दीक अवश्य था और इसका कोई प्रतिकूल प्रभाव नहीं हुआ, अतः धातु की धारणा को अन्य दोनों प्रांतों की अपेक्षा बम्बई में अधिक सफलता मिलनी चाहिये थी। लेकिन ऐसा देखने में नहीं आया। इसका कारण था सूरत के नवाब की बेईमानी जिससे स्थिति पूरी तरह बदल गयी थी, क्योंकि उसने अपने रुपये में, जो बम्बई के रुपये के समान भार तथा शुद्धता वाला था, 10, 12 से

लेकर 15 प्रतिशत भाग खोट मिलाने की अनुमति दे दी थी। खोट की इस मिलावट का बम्बई प्रांत के द्वि धातु पद्धति पर कोई प्रतिकूल असर नहीं होता, यदि कंपनी के क्षेत्र में बम्बई के रुपयों के समान ही सूरत के नवाब के रुपयों के संचलन के लिये समझौता नहीं किया गया होता। सूरत के रुपयों को कानूनी वैधता देने के परिणामस्वरूप, एक बार जब उनमें खोट की मिलावट करने के बाद उन्होंने न केवल बम्बई के रुपयों को संचलन से बाहर कर दिया बल्कि मोहरें भी संचलन से बाहर हो गयीं। इसका कारण यह था कि सूरत के रुपयों में खोट की मिलावट करने के बाद यह अनुपात सोने के लिये भी हानिकारक हो गया था और इस प्रकार सफल द्विधातु पद्धति का एक मौका हाथ से निकल गया था। जब सूरत के रुपयों को बम्बई की सरकार ने अपनी ही टकसाल में ढालने की इजाज़त दे दी तो पुन: मोहर और रुपये के बीच द्विधातु का अनुपात तय करने की समस्या उठ खड़ी हुई।

1744 के अधिनियम के अनुसार, सोने की मोहरें ढालने के कार्य को जारी रखने का कोई प्रश्न ही नहीं था। बम्बई की एक मोहर में शुद्ध सोने की मात्रा 177.38 ग्रेन थी और 1800 के मानक वाले सूरत के 15 रुपयों में चांदी 247.11 ग्रेन थी। इस अधिनियम के अनुसार, चांदी और सोने का अनुपात 247.11/177.38 अर्थात् 13.9:1 होता। यहां मोहर का मूल्य कम हो जाता। इसलिये सूरत के रुपये की तुलना में मोहर के मानक में बदलाव करने का निश्चय किया गया और इस तरह यह अनुपात 14.9:1 रखा गया। लेकिन बाज़ार का अनुपात अपेक्षाकृत 15.5: 1 था, जिसके कारण यह प्रयोग बिल्कुल ही सफल नहीं रहा।

उनसे पहले, इस अनुभव को ध्यान में रखते हुए, ईस्ट इंडिया कम्पनी के निदेशक मंडल ने भारत की भावी मुद्रा प्रणाली के आधार के रूप में एकल धातु की धारणा को अपनाने का एक अच्छा कार्य किया। मुद्रा से संबंधित सभी अधिनियमों का मुख्य उद्देश्य यह है कि मुद्रा की विभिन्न इकाइयों में पारस्परिक मूल्य का एक स्थायी संबंध होना चाहिये। मूल्य में स्थायित्व लाये बिना मुद्रा की स्थिति बहुत भ्रामक हो जायेगी और उस निर्धारण में अस्थायी रूप से गड़बड़ी होने पर भी कोई भी सावधानी कारगर नहीं होगी। मुद्रा के विभिन्न अवयवों के बीच मूल्य की स्थिरता सुनियमित मुद्रा प्रणाली इतनी आवश्यक है कि हमें यह देखकर हैरानी नहीं है कि निदेशक मंडल ने इस पर इतना अधिक महत्त्व दिया, विशेषरूप से तब जब वे मुद्रा को एक ठोस और स्थायी

आधार प्रदान करने के कार्य में लगे हुए थे। हम ऐसा भी नहीं कह सकते कि एकल धातु को चुनने का उनका यह निर्णय किसी गलत परामर्श का नतीजा था, क्योंकि यह मानना होगा कि दोहरे मानक की अपेक्षा इस प्रकार का एकल मानक इस स्थिरता के लिये अपेक्षाकृत कहीं ज़्यादा गारंटी प्रदान करता है। एकल मानक में यह गारंटी स्वाभाविक रूप से प्रस्तुत होती है जबकि दोहरे मानक में विवशत: ऐसा करना पड़ता है।

निदेशक मंडल ने इन सिफारिशों को लागू करने का निर्णय भारत की विभिन्न सरकारों के विवेक पर छोड़ दिया ताकि वे अपने समय और कार्यान्वित करने के तरीके के अनुसार इसे प्रभाव में ला सकें। इन आदेशों के अनुसार एकसमान मुद्रा की स्थापना करने के लिये उपाय करने और मंडल के कार्यक्रम को पूर्ण करने पर कुछ समय लगा। इसमें पहले विभिन्न सरकारों द्वारा की जाने वाली कोशिशों पर ध्यान केंद्रित किया गया।

मुद्रा की वर्तमान इकाइयों को निदेशक मंडल द्वारा प्रस्तावित मुद्रा में परिवर्तित करने का काम सबसे पहले मद्रास में अंजाम दिया गया। सरकार ने 7 जनवरी, 1818 के दिन एक घोषणा की जिसके ज़रिये मुद्रा की पुरानी इकाइयों, आर्कोट रुपया और स्टार पैगोडा के स्थान पर नयी इकाइयां अर्थात् एक चांदी का रुपया और एक सोने का रुपया चलाया गया जिनमें से प्रत्येक रुपये का भार 180 ट्राय ग्रेन था और जिसमें 165 ग्रेन शुद्ध धातु थी। इसके 6 वर्ष पश्चात्, 6 अक्तूबर, 1824 को एक घोषणा' द्वारा बम्बई द्वारा भी मद्रास की इस नीति को अपनाया। इसके अनुसार बम्बई द्वारा यह घोषणा की गयी कि मद्रास के नये मानकों वाला सोने व चांदी का रुपया ही समूचे प्रांत में एक मात्र वैध मुद्रा होगा। बंगाल की सरकार के सामने इससे कहीं ज़्यादा बड़ी समस्या का समाधान करने की चुनौती थी। उसके पास वास्तव में चांदी की मुद्रा की तीन अलग-अलग मुख्य इकाइयां थीं जिन्हें निदेशक मंडल द्वारा सुझाये गये मानकों के आधार पर परिवर्तित किया जाना था। उसने एक मुद्रा को समाप्त करके उसे परिवर्तित करने की प्रणाली द्वारा मुद्रा के पुनर्गठन का यह कार्य आरम्भ किया। वर्ष 1819 में, उसने बनारस का रुपया ढालने का कार्य रोककर उसके स्थान पर फर्रूखाबाद का रुपया ढालना शुरू किया जिसके भार तथा शुद्धता को बदल कर क्रमश: 180.234 और 135.215 ग्रेन ट्राय कर दिया गया। देखने में तो यह सही दिशा में उठाया गया

कदम प्रतीत नहीं होता था। लेकिन यहां भी, जहां तक शुद्धता का संबंध था, एकरूपता रखने का प्रयोजन साफ था कि फर्रूखाबाद का रुपया 11/12 की शुद्धता के साथ मद्रास और बम्बई के नये रुपयों के समान ही बनाया गया था। बनारस के रुपये को बंद करने के बाद, अगला कदम था फर्रूखाबाद रुपये के मानक को मद्रास और बम्बई के मानक के अनुसार बना देना जैसा कि आगे दी गयी तालिका में दिखाया गया है।

इस तरह निदेशक मंडल ने दो धातु प्रणाली को निरस्त किये बिना प्रस्तावित आदर्श यूनिट (इकाई) को अस्तित्व में लाने के लिये ठोस उपाय किये जैसा कि आगे दी गयी तालिका में दिखाया गया है।

तालिका III

सन् 1833 के अन्त तक सिक्का निर्माण की एक समानता

सिक्का जारी करने वाली सरकार	चांदी के सिक्के			सोने के सिक्के			वैध अनुपात
	मूल्य	भार	शुद्धता	मूल्य	भार	शुद्धता	
	सिक्का रुपया	192	176 अथवा 11/12	मोहर	204.710	187.651	1 से 15 तक
बंगाल	फर्रूखाबाद रुपया	180	165 अथवा 11/12	....	....	....	....
बम्बई	चांदी का रुपया	180	165 अथवा 11/12	सोने का रुपया	180	165 अथवा 11/12	1 से 15 तक
मद्रास	चांदी का रुपया	180	165 अथवा 11/12	सोने का रुपया	180	165 अथवा 11/12	1 से 15 तक

यदि हम सन् 1833 के अन्त तक की स्थिति का अनुमान लगायें तो हम पाते हैं कि यदि हम बंगाल के सिक्का रुपया और सोने की मोहर को छोड़ दें तो निदेशकों की योजना के उस भाग को हासिल कर लिया गया था जो सिक्का ढालने की एकसमानता से संबंधित था। अब केवल सिक्का रुपये को हटाने और सोने का विमुद्रीकरण करने के अलावा इस कार्य को पूरा करने के लिये कुछ भी शेष नहीं बचा था। लेकिन, इस बिन्दु पर मंडल के निदेशकों और भारत की तीन सरकारों के मध्य एक मतभिन्नता

पैदा हो गयी। सोने का विमुद्रीकरण करने में काफी अरूचि दर्शायी गयी। मद्रास की सरकार ने, जिसने निदेशक मंडल की योजना के अनुरूप सबसे पहले अपनी मुद्रा में बदलाव किया, रुपये के ढालने के साथ-साथ सोने के सिक्के ढालने के कार्य को जारी रखने पर बिल्कुल ज़ोर नहीं दिया बल्कि उसने अपने क्षेत्रों में प्रचलित स्थायी अनुपात में, निदेशक मंडल द्वारा बार-बार इसका विरोध करने के बावजूद, दोहरी वैध मुद्रा प्रणाली से अलग हो जाने से पूरी तरह मना कर दिया।

बंगाल की सरकार उतनी ही मजबूती के साथ द्विधातु के सिद्धांत के अपने निर्णय पर अटल रही। सोने की मोहर का विमुद्रिकरण करने की अपेक्षा, उसने शुद्ध तत्वों को 189.4037 से घटाकर 187.651 ट्राय ग्रेन करके इसके मानक को ही बदलने के लिये कदम उठाये ताकि मद्रास द्वारा सन् 1818 में अपनाये गये अनुपात के आधार पर द्विधातु पद्धति की पुनर्स्थापना की जा सके। उसका द्विधातु मानक में इतना विश्वास था कि 1833 में उसने सिक्का रुपये के भार और शुद्धता को बदल कर क्रमश: 196 ट्राय ग्रेन और 176 ग्रेन (शुद्धता) कर दिया। सम्भवत: उसने यह, मोहर और रुपये में वैध और बाज़ार अनुपात के बीच के अन्तर को सुधारने के प्रयोजन से किया था।

किन्तु दूसरी ओर, भारत सरकार निदेशक मंडल की इच्छा से और अधिक आगे बढ़ कर कुछ करना चाहती थी। मंडल ने एक ऐसी मुद्रा का विचार किया था (अर्थात् ऐसी मुद्रा जिसे समान लेकिन स्वतंत्र इकाइयों द्वारा बनाया गया हो) जिसमें वे सब गुण थे जिनकी भारत को आवश्यकता थी। उन्होंने निस्संदेह सरकारों को यह समझाया कि वे मुद्रा के सरलीकरण के बारे में कुछ और कार्य नहीं करना चाहते थे और वे पूरी तरह से सिक्का और मोहर को अलग-अलग ही रहने देना चाहते थे। निस्संदेह एकसमान मुद्रा (Uniform Currency) का संचलन मुगलों के उत्तराधिकारियों द्वारा छोड़ी गयी व्यवस्था में एक बड़ा प्रयास था। लेकिन यह प्रयास काफी नहीं था और स्थितियों की ज़रूरतों के अनुसार यह मांग थी कि एकसमान मुद्रा के स्थान पर एकल इकाई पर आधारित एक साझा मुद्रा (Common Currency) हो। प्रत्येक प्रांत ने समान मुद्रा प्रणाली के अधीन अपनी मुद्रा का निर्माण किया और अन्य प्रांतों की टकसालों में ढाले गये सिक्के उसके क्षेत्र में वैध मुद्रा नहीं माने गये, सिवाय टकसालों के। यदि तीनों प्रांतों के मध्य वित्तीय स्वतंत्रता होती तो मौद्रिक स्वतंत्रता बहुत हानिकारक नहीं होती। वास्तव में, हालांकि प्रत्येक प्रांत में अपनी ही एक राजस्व प्रणाली थी लेकिन फिर भी

वे अपने घाटों के वित्तीय प्रबंधन के लिये एक-दूसरे पर निर्भर थे। उनके बीच "आपूर्ति" की एक नियमित पद्धति मौजूद थी और एक प्रांत के वित्तीय अधिशेष से निरंतर वित्त लेकर दूसरे प्रांतों के घाटे की पूर्ति की जाती थी। एक साझा मुद्रा की कमी के कारण संसाधनों के संचालन में काफी दिक्कत पेश आयी।"आपूर्ति" कार्यविधि के मार्ग में साझा मुद्रा की कमी से उत्पन्न कठिनाइयों को उन्होंने दो भिन्न तरीकों से अनुभव किया। अन्य प्रांतों की मुद्रा को वैध मुद्रा के रूप में इस्तेमाल न कर सकने के कारण प्रत्येक प्रांत को आत्मनिर्भर बनने के लिये अत्यधिक कार्यशील शेषों को, जो वाणिज्य के घाटे थे, बंद करने के लिये बाध्य होना पड़ा। उसी व्यवस्था ने, जिसने अत्यधिक शेषों की ज़रूरत को थोपा था, कम प्रभाव वाले अन्य प्रांतों से राहत प्रदान की। चूंकि "आपूर्ति" उस प्रांत की जिसने उसकी स्वीकृति दी थी, मुद्रा के रूप में एक ज़रूरत थी और इससे पहले कि उसका इस्तेमाल हो पाता, इसलिये ज़रूरतमंद प्रांत की मुद्रा को पुन: सिक्कों में ढालना पड़ता। सिक्कों को फिर से ढालने से होने वाले नुकसान के अलावा, इस पद्धति से स्पष्ट रूप से व्यापारियों को असुविधा हुई और सरकार को शर्मिंदगी उठानी पड़ी।

इसलिये, सन् 1833 के अन्त तक हालत यह थी कि निदेशक मंडल चांदी के एकल मानक के साथ एकसमान मुद्रा चाहता था जबकि भारत के उच्च अधिकारियों ने दो - धातु मानक वाली एक साझा मुद्रा की इच्छा दर्शायी थी। विचारों की यह भिन्नता बेशक कुछ भी रही हो, मुद्रा की वास्तविक स्थिति जारी रखी जा सकती थी क्योंकि दोनों ओर से कोई बहुत अधिक परिवर्तन नहीं किया गया था। लेकिन सन् 1833 में, भारत की तीनों प्रांतीय सरकारों के बीच प्रशासनिक संबंधों में एक महत्त्वपूर्ण संवैधानिक बदलाव देखा गया। उस वर्ष संसद के एक अधिनियम के माध्यम से प्रशासन में शाही व्यवस्था चालू की गयी जिसमें समूचे भारत में सभी विधायी और कार्यकारी शक्तियों का केंद्रीकरण कर दिया गया। इस प्रशासनिक प्रणाली में बदलाव होने के कारण प्रचलित मुद्रा पद्धतियों नें भी बदलाव करना पड़ा। इस नये बदलाव के अन्तर्गत स्थानीय सिक्कों के स्थान पर शाही सिक्के संचलन में लाये गये। दूसरे शब्दों में यह कहा जा सकता है कि इसने एकसमान मुद्रा के स्थान पर साझा मुद्रा को प्राथमिकता दी। भारत के शासकों ने इस बदलाव के लिये कोई सुस्ती नहीं दिखायी। संसद द्वारा स्थापित शाही सरकार इस बात से बिल्कुल संतुष्ट नहीं थी कि वह मुगलों

के दीवान अथवा दलाल के समान कार्य करे जैसा कि अंग्रेज शासक अभी तक करते आये थे। उन्हें यह बात कतई नापसंद थी कि पुराने मुगल सम्राटों के नाम पर उन सिक्कों को जारी किया जाये जो अब शासन नहीं करते। शाही सरकार झूठा लबादा उतार कर फेंक देने को बेताब थी और चाहती थी कि वह अपने ही नाम का शाही सिक्का जारी करे जो समूचे भारत की समान मुद्रा हो और जो समान अधिकार की प्रतीक हो। इसी विचार से इस नीति को मूर्त रूप देने के लिये शीघ्र ही कदम उठाये गये। शाही सरकार के सन् 1835 के अधिनियम 17 के द्वारा समूचे भारत के लिये एकमात्र वैध मुद्रा के रूप में एक साझा मुद्रा की शुरुआत की गयी। किन्तु शाही सरकार इससे भी आगे बढ़ गयी जैसे कि वह निदेशक मंडल को वैधानिक रूप से कोई छूट दे रही हो क्योंकि निदेशक मंडल ने सिक्का रुपये को हटाये जाने पर इस साझा मुद्रा के प्रति अपना ज़ोरदार विरोध दिखाया था। उसने सिक्का रुपये को हटा दिया और कानून बनाया *"कि ईस्ट इंडिया कम्पनी के किसी भी क्षेत्र में भविष्य में सोने के सिक्के को भुगतान की विधिमान्य मुद्रा के रूप में नहीं चलाया जायेगा"*

कहा जाता है कि शाही प्रशासन को आवश्यक होने के कारण समस्त भारत के लिये एक साझा मुद्रा की स्थापना के लिये बाध्य होना पड़ा, और यह बात समझी जा सकती थी। लेकिन यह स्पष्ट नहीं है कि उसने द्विधातु पद्धति को इतनी लम्बी अवधि तक जारी रखने के बाद उसे समाप्त क्यों कर दिया। निश्चित ही, जब हम याद करते हैं कि किस प्रकार अधिकारियों ने द्विधातु पद्धति को ख़त्म करने के विरुद्ध विद्रोह किया था और किस प्रकार उन्होंने सावधानी बरती थी कि सिक्कों की इस सुधार की प्रक्रिया से जहां तक सम्भव हो कोई बहुत बड़ा परिवर्तन न आये, तो उसे देखते हुए सोने का विमुद्रीकरण करने वाले अधिनियम का प्रावधान एक भयानक आश्चर्य की तरह था। हालांकि, इस व्यवहार में अचानक बड़ा बदलाव प्रदर्शित करने के लिये सन् 1835 का मुद्रा अधिनियम 17 भारतीय इतिहास के पन्नों में हमेशा याद किया जायेगा। यह मौद्रिक सुधार की एक लम्बी और कठिन प्रक्रिया के समापन बिंदु को दर्शाता है और इसने पूरे देश भर में एक साझा मुद्रा और एकमात्र वैधानिक मुद्रा के रूप में रुपये का भार 180 ग्रेन ट्राय और 165 ग्रेन शुद्धता के साथ भारत को चांदी के एक धातु वाले सिक्के का आधार प्रदान किया

ब्रिटिश भारत के किसी भी कानून ने आगामी वर्षों में इतना असंतोष नहीं उत्पन्न किया जितना सन् 1835 के अधिनियम 17 ने पैदा किया। जहां तक अधिनियम के

द्विधातु प्रणाली को समाप्त करने का सवाल है, सभी के द्वारा इसे बड़े आश्चर्यभाव के साथ देखा गया था। लेकिन इसके सभी आलोचक इस बात से परिचित नहीं हैं कि इस अधिनियम ने मुख्य रूप से द्विधातु- मुद्रा के स्थान पर एकल धातु मुद्रा का संचलन तय कर दिया था। इस अधिनियम के संबंध में एक सामान्य राय यह प्रतीत होती है कि इसके माध्यम से सोने के मानक का स्थान चांदी के मानक ने ले लिया था। परंतु यदि सच्चाई सामान्यतया यह भी होती तो भी इसके प्रति शत्रुतापूर्ण व्यवहार को किसी भी प्रकार उचित नहीं ठहराया जा सकता। इस संबंध में, यदि भारत ने अपनी द्विधातु पद्धति को सुरक्षित रखा था तो 19वीं शताब्दी के मध्य में केलिफोर्निया और आस्ट्रेलिया की सोने की खोजों का भारत को क्या लाभ होता? यह सर्वविदित है कि किस प्रकार चांदी की अपेक्षा सोने के उत्पाद में वृद्धि से टकसाल में और सन् 1850 के बाद दोनों धातुओं के बाज़ार- अनुपातों में विचलन पैदा हुई। चांदी का कम मूल्यांकन हालांकि बहुत अधिक नहीं था लेकिन फिर भी यह इतना तो था ही कि उसने द्विधातु अपनाने वाले देशों को एक ऐसी गम्भीर स्थिति का सामना करने के लिये मजबूर कर दिया था जिसमें छोटे सिक्कों के साथ-साथ चांदी की मुद्रा भी तीव्रता से संचलन से बाहर हो रही थी। सन् 1853 के कानून के कारण अमरीका अपने छोटे चांदी के सिक्के के मानक को बहुत अधिक कम कर देने के लिये विवश हो गया था ताकि उनकी लागत और मूल्य को देखते हुए उनके संचलन को जारी रखने के उद्देश्य से उन्हें उनके सोने के मूल्य से कम रखा जा सके। फ्रांस, बेल्जियम, स्विट्जरलैंड और इटली को भी, जिनकी पारस्परिक वैध मुद्रा के साथ फ्रांस के द्विधातु के मॉडल के आधार पर एकसमान मुद्रा थी, इसी प्रकार की कठिनाइयों का सामना करना पड़ा।

कहीं प्रत्येक राष्ट्र की ओर से अपनी चांदी की मुद्रा और विशेष रूप से छोटे सिक्कों को बचाने की अलग-अलग नीति अपनाने के कारण उनके बीच मुद्रा के तालमेल में कोई गड़बड़ न हो जाये, इसलिये वे 20 नवंबर, 1865 के दिन एक अधिवेशन में मिलने के लिये मजबूर हो गये ताकि सभी पक्षों को सामूहिक रूप से, जिसे लेटिन संघ कहा जाता था, सिक्कों को संचलन में रखने के लिये 2 फ्रैंक, 1 फ्रैंक, 50 सेंटाइम और 20 सेंटाइम के चांदी के सिक्कों की शुद्धता के मानकों को 900/1000 से कम करके 835 / 1000 तक कर लें और उन्हें सहायक सिक्के बना सकें।

यह सच है कि सोने और चांदी के पारस्परिक मूल्यों में बदलाव के परिणामस्वरूप भारत सरकार भी संकट में आ गयी थी लेकिन भारत सरकार को खुद अपने

मूर्खतापूर्ण कार्यों के कारण इस समस्या का सामना करना पड़ा था। सन् 1835 के मुद्रा कानून के कारण सोने के मुक्त सिक्कों की ढलाई के लिये टकसालों को बंद नहीं किया था, इसका कारण सम्भवत: यह था कि सोने के सिक्कों की ढलाई राजस्व की प्राप्ति का एक स्रोत था जिसे सरकार किसी भी हालत में छोड़ने को तैयार नहीं थी। चूंकि सोने का सिक्का कोई वैध मुद्रा नहीं था इसलिये सोने को सिक्कों की ढलाई के लिये टकसाल में नहीं लाया गया था और सिक्के की ढलाई से प्राप्त होने वाले सरकारी राजस्व में कमी आ गयी। सरकार ने राजस्व के इस नुकसान से बचने के लिये सोने के सिक्के को बढ़ावा देने के उपाय अपनाने शुरू कर दिये। उसने सबसे पहले उपाय के रूप में, सन् 1837 में सिक्के की ढलाई को 2 प्रतिशत से कम करके 1 प्रतिशत कर दिया। परंतु यह उपाय भी इतना पर्याप्त नहीं था कि इससे लोगों को टकसाल तक सोना लाने के लिये प्रोत्साहित किया जा सकता जिसके परिणामस्वरूप राजस्व में कोई बढ़ोतरी नहीं हो सकी। सरकार द्वारा इसी दिशा में एक और कदम उठाया गया जिसके अन्तर्गत 13 जनवरी, 1841 को सरकार द्वारा सार्वजनिक खजानों के प्रभारी अधिकारियों को यह अधिकार देने की घोषणा की गयी कि वे चांदी के 15 रुपये के बराबर सोने की एक मोहर की दर पर सोने के सिक्के प्राप्त कर सकते हैं। कुछ अवधि तक तो सोने की कोई प्राप्ति नहीं हुई क्योंकि इस घोषणा के द्वारा निर्धारित दर पर सोने का मूल्यांकन कम किया गया था। लेकिन आस्ट्रेलिया और कैलिफोर्निया में सोने की खोजों के कारण इस स्थिति में पूरी तरह बदलाव आ गया। सोने की मोहर, जिसका मूल्यांकन 15 रुपये की दर पर कम आंका गया था, अब उसका मूल्यांकन अधिक कर दिया गया था तथा सरकार जो कि सोना प्राप्त करने के लिये बहुत उत्सुक थी, वही अब भारी मात्रा में सोने की आवक से घबरा उठी। तब सरकार ने एक ऐसा मार्ग अपनाया जिसके अनुसार उसने एक ओर तो सोने के सिक्के को वैध मुद्रा न मानने की घोषणा को अपना लिया और दूसरी ओर सरकारी मांगों को समाप्त करने के लिये सोना लेना शुरू कर दिया गया। एक ऐसे सिक्के के कारण सरकार को एक शर्मनाक हानि की स्थिति से गुज़रना पड़ा था जिसका कोई मूल्य नहीं था और जिसका सामान्यतया उसके मूल्य से ज़्यादा भुगतान किया जाता था। जब सरकार को अपनी इस स्थिति का एहसास हुआ तो उसने सिक्कों की अधिक ढलाई के ज़रिये राजस्व में बढ़ोतरी करने के सभी विचार छोड़ दिये और 25 दिसंबर, 1852 को जल्द ही एक

और घोषणा कर दी जिसके परिणामस्वरूप उसने सन् 1841 की पूर्व में की गयी अपनी घोषणा को वापस ले लिया। सोने के सिक्के को एक वैध मुद्रा के रूप में अपना कर इस अपमानजनक स्थिति से बचने की अपेक्षा उसकी आंशिक वैध मुद्रा की शक्ति से उसे वंचित करना उचित था या नहीं, यह एक अलग बात है लेकिन जहां तक भारत का संबंध है, वह उन आज़माइशों और कष्टों से बचा रहा जिनका सामना द्विधातु पद्धति के मानने वाले देशों को करना पड़ा था जो अपनी मुद्रा के चांदी के सिक्कों को सुरक्षित करने को इच्छुक थे। ऐसी स्थिति में द्विधातु पद्धति को रद्द कर देना कोई कम फायदेमंद नहीं था। इस कदम में इन बदलावों के प्रति देश के पहले से तैयार रहने की विशेषता थी जो बेशक उस समय नज़र नहीं आयीं लेकिन शीघ्र ही वे सामने प्रकट हो गयी थीं।

भारत में द्विधातु की पद्धति को बन्द किये जाने का कार्य सन् 1835 के अधिनियम द्वारा अंजाम दिया गया। इसलिये इस कार्य को दोष का आधार नहीं बनाया जा सकता। लेकिन यह बात बहस का विषय हो सकती है कि द्विधातु पद्ध ति की निंदा स्वत: चांदी के एकल धातु पद्धति को उचित ठहराने का प्रमाण नहीं है। यदि एक ही धातु के सिद्धांत को अपनाना था तो सोना भी एकल धातु के रूप में स्वीकार्य हो सकता था। जब हम यह याद करते हैं कि एकल धातुवाद के पक्षधर लॉर्ड लिवरपूल के सिद्धांत को प्राधिकरण ने भारत में लागू करना चाहा था तो निश्चित रूप से चांदी के एकल धातुवाद को प्राथमिकता देना बिल्कुल भी अजीब नहीं लगता। उन्होंने इंग्लैंड में उस समय प्रचलित इसी प्रकार की मुद्रा के दोषों के प्रति सोने के एकल धातु के सिद्धांत का सुझाव दिया था। अधिकरण के विशेष रूप से इस मामले में अपनी सलाह से हटने से स्वाभाविकत: इस मार्ग से अलग होने के औचित्य पर बहुत अधिक और कड़ी आलोचना हुई। किसी की निष्ठा पर प्रारम्भ में ही अप्रिय इरादे से आग्रह करना बिल्कुल निराधार है। क्योंकि लार्ड लिवरपूल सोने पर तेजी से निवेश करने वाले कोई "स्वर्ण कीट" (Gold Bug) नहीं थे और न ही निदेशक मंडल "रजत मानवों" से बना कोई समूह था। दरअसल इस दृष्टि से इनमें से किसी ने भी इस प्रश्न पर विचार नहीं किया कि सोने या चांदी में से किसके मूल्य का मानक बेहतर था। असल में, जहां तक विचारणीय बात थी, वहां निदेशक मंडल की पसन्द, निस्संदेह तत्कालीन विचारधारा के अनुसार लॉर्ड लिवरपूल के विचार से बेहतर थी। न केवल सभी सिद्धांतवादी जैसे लोके, हैरिस और पैटी मानक मूल्य के रूप में चांदी के पक्ष में थे बल्कि व्यावहारिक

तौर पर समूचे विश्व में चांदी का ही समर्थन किया गया था। इसमें कोई शंका नहीं कि सन् 1816 में इंग्लैंड ने खुद को सोने के आधार पर रख लिया था। परंतु वह अधिनियम अंग्रेजी टकसाल बंद करने से कहीं दूर चांदी के सिक्के मुक्त भाव से ढालने के लिये शाही घोषणा द्वारा कार्यान्वित किये जाने के लिये बना रहा। यह सच है कि कभी भी इस प्रकार की कोई घोषणा नहीं की गयी लेकिन इससे यह नहीं मान लेना चाहिये कि इस कारण से तत्कालीन अंग्रेजों ने मानक के प्रश्न को निपटा लिया गया मुद्दा मान लिया था। सन् 1825 के संकट ने दिखाया कि सोने के मानक ने अंग्रेजी मुद्रा पद्धति के लिये निर्बाध ढंग से कार्य करने के लिये बहुत सीमित आधार प्रदान किया और तत्कालीन विशेषज्ञों के विचारानुसार, सोने का मानक इंग्लैंड की वाणिज्यिक श्रेष्ठता के मामले से परे उस देश की समृद्धि के लिये अपेक्षाकृत एक बाधा था, क्योंकि इसने स्वयं को शेष दुनिया से अलग कर लिया था जो मुख्यत: चांदी के आधार पर हुआ था। यहां तक कि तत्कालीन अंग्रेजी राजनेताओं ने सोने के मानक के लिये कोई प्राथमिकता भी निर्धारित नहीं की थी। सन् 1826 में, हस्किसन ने वास्तव में यह प्रस्ताव रखा कि सरकार को पूरी तरह से वैध मुद्रा के चांदी के प्रमाण-पत्र जारी करने चाहियें। यहां तक कि सन् 1844 तक भी मानक के संबंध में कोई समझौता नहीं हो सका क्योंकि हम पाते हैं कि पील ने, मंत्रिमंडल को दिये गये अपने ज्ञापन' में चांदी अथवा द्विधातु मानक के लिये सोने के मानक को छोड़ देने की सम्भावना पर विचार करते हुए किसी भी प्रकार से कोई पछतावा या पक्षपात से ऐसा किया था। वित्तीय पृथककरण की समस्यायें स्पष्टत: इतनी बड़ी नहीं थीं कि उनसे मानक में बदलाव करने के लिये बाध्य होना पड़े; परंतु वे इतनी विकराल अवश्य थीं कि पील को मजबूर होकर बैंक चार्टर एक्ट, सन् 1844 में आंशिक तौर पर हस्किसन की योजना को शामिल करके अपने प्रसिद्ध नियम की शुरुआत की थी और चांदी की अपेक्षा नोटों की कुल मुद्रा के एक चौथाई भाग तक जारी करने की आज्ञा' प्रदान की गयी। दरअसल, चांदी की स्थिरता के संबंध में इतना अधिक विश्वास था कि 1847 में हालैंड ने व्यावहारिक तौर पर सोने की एकल धातु पद्धति के स्थान पर चांदी के एकल धातुवाद को बदल लिया, क्योंकि उनके राजनेताओं का विश्वास था कि-

"हॉलैंड में इंग्लैंड की तरह मुद्रा प्रणाली के होने से उसके वाणिज्यिक और औद्योगिक हितों के लिये वह विनाशकारी साबित हुई। सोने के मानक की स्वीकृति के पश्चात् इस पद्धति के वित्तीय संबंधी आकस्मिक बदलाव किसी भी अन्य राष्ट्र की

अपेक्षा बारबार और गम्भीर हुए थे और इंग्लैंड की अपेक्षा हालैंड में इसके अनिष्टकारी प्रभाव शायद ही कम महसूस किये गये। उन्हें दृढ़ विश्वास था कि चांदी के मानक को अपनाने से इंग्लैंड इस प्रकार के आकस्मिक मूल्य परिवर्तन के दौरान मुद्रा में गिरावट आने से हालैंड में आंतरिक व्यवस्था की उथल-पुथल से बचा रहेगा और वह उन दोषों से दूर हो जायेगा जो हालैंड में उत्पन्न नहीं हुए थे और जिनके लिये हालैंड जिम्मेदार नहीं था।'

लेकिन स्थायित्व ही ऐसा एक कारण नहीं था जिसके आधार पर मंडल या लॉर्ड लिवरपूल ने अन्य धातुओं की अपेक्षा मानक धातु को अपनी पसंद बनाया था। यदि ऐसा ही होता तो दोनों ने सम्भवतः चांदी का ही चुनाव किया होता। जैसी कि उस समय स्थिति थी, दोनों पक्षों की पसंद में केवल ऊपरी तौर पर अन्तर था। निदेशक मंडल का लॉर्ड लिवरपूल से मतभेद था, इसमें कोई गुप्त मंतव्य नहीं था किन्तु वे दोनों एक बुनियादी प्रस्ताव पर एकमत हो गये थे कि मानक धातु के चुनाव में स्थायित्व नहीं, बल्कि लोकप्रिय वरीयता निर्णायक कारक थी। उनके अन्तर इस समझौते से तर्कसंगत रूप से आगे बढ़ने लगे। हालांकि, मुद्रा के सम्मिश्रण का विश्लेषण करने पर यह मालूम हुआ कि इंग्लैंड में अधिकतर मुद्रा का निर्माण सोने से किया गया था और भारत में अधिकांश मुद्रा चांदी से बनायी गयी थी। मुद्रा की वास्तविक संरचना चाहे लोकप्रिय वरीयता का प्रमाण नहीं हो सकती लेकिन यह स्पष्ट है कि इसे बड़ी दृढ़तापूर्वक कहा गया था जैसा कि निदेशक मंडल और लॉर्ड लिवरपूल द्वारा किया गया था। जहां तक इंग्लैंड का संबंध है, लॉर्ड लिवरपूल की व्याख्या पर महान अर्थशास्त्री डेविड रिकॉर्डो ने प्रश्न खड़ा किया है। रिकॉर्डो ने अपनी पुस्तक "हाई प्राइस ऑफ बुलियन" में लिखा है-

"लॉर्ड लिवरपूल द्वारा अनेक कारण दिये गये हैं जिनके अनुसार निर्विवाद रूप से यह प्रमाणित हो जाता है कि लगभग एक शताब्दी से सोने का सिक्का मूल्य का एक प्रमुख माध्यम रहा है लेकिन मेरे विचार से इसका श्रेय टकसाल के ग़लत अनुपातों को जाता है। सोने का मूल्य बहुत अधिक रखा गया, इसलिये चांदी अपने मानक पर भी संचलन में रह सकती है। यदि नया विनियामक बन जाता और चांदी का मूल्य ज़्यादा होता तो सोना अदृश्य हो जाता और उसके स्थान पर चांदी एक मानक सिक्का बन जाती।"

और यह सम्भव है कि लोकप्रिय वरीयता नहीं बल्कि टकसाल के अनुपात के कारण भारत में चांदी की बहुलता संचलन का कारण रही होगी।

यह एक विविदास्पद प्रश्न है कि क्या लोकप्रियता के अतिरिक्त कोई दूसरी कसौटी भी थी जो सोने के एकल धातुवाद की स्वीकृति के लिये वरीयता बनी। यहां यह कहना ही काफी है कि देश की ज़रूरतों के लिये चांदी के एकल धातु के सिद्धांत को स्वीकार करना पूर्णत: अपर्याप्त सिद्ध हुआ। हालांकि जिस समय यह अधिनियम बना, उस समय इसे अच्छा समर्थन प्राप्त हुआ था। यह बात ध्यान देने योग्य है कि ठीक इसी अवधि के दौरान भारत की अर्थव्यवस्था में बहुत बड़े परिवर्तन हो रहे थे। इस प्रकार का एक परिवर्तन था वस्तुओं के आदान-प्रदान की अर्थव्यवस्था के बदले रुपये के लेने-देने की अर्थव्यवस्था स्थापित करना। इस परिवर्तन में योगदान देने वाले मुख्य कारणों में पहला स्थान राजस्व और वित्त की ब्रिटिश पद्धति को दिया जाना चाहिये। भारतीय समाज को नकदी गठजोड़ में बदलने के इनके प्रभाव को पर्याप्त रूप से महसूस नहीं किया गया हालांकि वे प्रभाव बहुत ही वास्तविक थे। देशी शासकों के शासन में अधिकांश भुगतान वस्तुओं में किये जाते थे। सरकार द्वारा जो सैन्य बल रखा गया था और जिसके लिये नियमित रूप से भुगतान किया जाता था, वह सैन्य बल बहुत कम था। प्रादेशिक सेना के अधिकतर सिपाही जागीरदारों और अन्य जमींदारों द्वारा उपलब्ध कराये जाते थे तथा इन सामंतों के सैनिकों अथवा सेवकों को अधिकतर अनाज, भोजन और अन्य वस्तुयें उन जिलों द्वारा मुहैया करवायी जाती थीं, जहां वे रहते थे। परंपरागत राजस्व और पुलिस अधिकारियों को आम तौर पर सेवा की अवधि के अनुसार भूमि के अनुदान के ज़रिये भुगतान किया जाता था। खेतों में काम करने वाले सेवकों और मजदूरों को उनकी मजदूरी अनाज के रूप में दी जाती थी। राज्य के अधिकतर अधिकारियों को वस्तुओं के रूप में भुगतान किया जाता था और राज्य सरकार अपने करों की वसूली बहुत कम ही नकदी में कर पाती थी। ब्रिटिश शासन की राजस्व और वित्त संबंधी इस प्राचीन पद्धति में किये गये नये परिवर्तन बहुत व्यापक किस्म के थे। जैसे ही एक राज्य के बाद दूसरा राज्य अंग्रेजी शासन के अधीन आता गया, उन्होंने सबसे पहला कार्य यह किया कि जमींदारों के ग्रामीण सैनिकों को बदल कर नियमित रूप से गठित और अनुशासित स्थायी सेना की नियुक्ति कर दी तथा इस सेना को उन्होंने अलग-अलग सैन्य शहरों में तैनात कर दिया

और उन्हें नकदी में भुगतान किया। सेना की तरह ही असैनिक कर्मचारियों, पूर्व राजस्व तथा पुलिस अधिकारियों को उनके सेवकों के साथ, जिन्हें वे नकदी के बदले में अतिरिक्त सुविधाओं और प्राप्त अन्य अप्रत्यक्ष लाभों के माध्यम से भुगतान करते थे, इन अधिकारियों के स्थान पर राजस्व अधिकारियों और दंडाधिकारियों को उनके अधिक-से-अधिक कर्मचारियों के साथ बदल दिया गया और उनको चालू सिक्के दिये गये। अंग्रेजी सरकार ने सेना, पुलिस और अन्य कर्मचारियों को ही सिक्कों के आधार पर भुगतान नहीं किये थे बल्कि इन दायित्वों के अतिरिक्त अन्य दायित्व भी थे जो देशी सरकारों की जानकारी में नहीं थे जैसे "गृह प्रभार" और "सार्वजनिक ऋण पर ब्याज" और इन सबका नकद भुगतान किया जाता था। राज्य ने चूंकि नकदी में भुगतान करना आरम्भ कर दिया था, इसलिये वह भी सभी कर नकदी में वसूल करने के लिये मजबूर हो गया जिसके कारण हर नागरिक भी इनका भुगतान नकदी में करने को बाध्य हो गया। इस प्रक्रिया में, नागरिकों ने भी उन्हें नकद भुगतान करने का आग्रह किया। इस प्रकार समाज के समूचे ढांचे का ही पूरी तरह कायापलट हो गया।

उस समय भारत की अर्थव्यवस्था में एक महत्त्वपूर्ण बदलाव यह हुआ कि इस समय व्यापार में असाधारण वृद्धि हुई। काफी समय के लिये, ब्रिटेन की कर-नीति और नौपरिवहन संबंधी कानून ने भारतीय व्यापार के विस्तार पर भारी अंकुश लगा दिया। इंग्लैंड ने भारत को मजबूर किया कि वह इंग्लैंड को कपास और अन्य निर्मित वस्तुओं को नाममात्र (2 ½ प्रतिशत) शुल्क पर ले जबकि उसी दौरान, इंग्लैंड ने भारत की उन वस्तुओं के प्रवेश पर प्रतिबंध लगा दिया जो उसके क्षेत्रों में प्रतिस्पर्धा का कारण बनती थीं और जो भारत के राज्य क्षेत्रो में उत्पन्न होती थीं और ऐसा उसने उन वस्तुओं पर 50 से 500 प्रतिशत का निषेधात्मक शुल्क लगा कर किया। इंग्लैंड ने न केवल भारत के साथ पारस्परिक व्यापार पर रोक लगा दी बल्कि उसने अपने दूसरे उपनिवेशों के पक्ष में उन वस्तुओं के लिये भेद-भाव पूर्ण ढंग से काम लिया जो उन उपनिवेशों में तैयार की जाती थीं। इंग्लैंड के इस अनुचित व्यवहार के ख़िलाफ भारी आंदोलन शुरू हो गया और अन्ततः सर रॉबर्ट पील ने सन् 1842 की संशोधित कर - प्रणाली द्वारा भारतीय उत्पादों पर लगाये गये कम करों को मंजूर कर लिया। नौपरिवहन के कानून को रद्द कर देने से भारतीय वाणिज्य के विस्तार को और भी प्रोत्साहन मिला। इसी के साथ भारतीय उत्पादों की मांग में भी बढ़ोतरी होने लगी। सन्

1854 के क्रीमियन युद्ध के कारण रूस से आने वाले सामानों की आपूर्ति रुक गयी और उनके स्थान पर भारतीय उत्पादों की आपूर्ति होने लगीं व सन् 1853 में समूचे यूरोप भर में रेशम की फसल खराब हो जाने के कारण एशिया तथा भारत के रेशम की मांग बढ़ गयी।

मुद्रा की स्थिति पर इन दो बदलावों का असर स्पष्ट है। इन दोनों बदलावों के कारण नकदी की अधिक मांग होने लगी। लेकिन नकदी प्राप्त करना बहुत मुश्किल कार्य था। भारत बहुमूल्य धातुओं का उत्पादन बहुत बड़ी मात्रा में नहीं करता। इन धातुओं को प्राप्त करने के लिये उसे अपने व्यापार पर निर्भर रहना पड़ता था। यूरोपीय शक्तियों के आने के बाद भारत बहुमूल्य धातुओं के लिये पर्याप्त ख़रीदार नहीं जुटा पाया। उस समय यूरोप में प्रचलित बहुमूल्य धातुओं के निर्यात पर प्रतिबंध लगा हुआ था जिसके परिणास्वरूप उन्हें हासिल करने का एक रास्ता बंद हो गया था। लेकिन इस प्रतिबंध के न होने के बावजूद, यूरोप से बहुमूल्य धातुओं को प्राप्त करने का अवसर बहुत कम था और वास्तव में, जब ऐसे प्रतिबंधों पर लगी रोक हटा ली गयी, तब भी वे बहुमूल्य धातुयें भारत में नहीं आ सकीं।

"बहुमूल्य धातुओं के आगमन पर रोक लगाने के कारण को श्री पेट्री द्वारा अपने नवंबर, 1799 के विवरण- पत्र में मद्रास सुधार समिति (Madras Committee of Reforms) को बहुत अच्छी तरह से बताया गया है। श्री पेट्री के अनुसार, यूरोपवासियों ने, अपनी क्षेत्रीय सम्पत्तियों को हासिल करने से पहले, यूरोपीय धातुओं से निर्मित भारतीय वस्तुओं को खरीदा। लेकिन उन्होंने भारत की चांदी और सोने की इन ख़रीदारियों को करने में इतने आगे बढ़ गये कि उन्होंने विदेशी सोना-चांदी के स्थान पर राजस्व का भुगतान किया और अपने देशवासियों को अपनी मुद्रा ही अपने उद्योग का मूल्य अदा किया। आरम्भ में, वाणिज्य के सिद्धांतों में हुए इन क्रांतिकारी परिवर्तनों को बहुत कम महसूस किया गया लेकिन जब अंग्रेजों ने समृद्ध तथा बड़े उपनिवेशों को अपने अधीन कर लिया और जब युद्ध तथा वाणिज्यिक प्रतिस्पर्धा की सफलता ने पूर्व के समूचे व्यापार को आगे बढ़ाते हुए अन्य यूरोपीय राष्ट्रों पर श्रेष्ठता प्रदान की, जब पूर्व की निर्मित वस्तुओं के लिये यूरोप को प्रतिवर्ष लाखों की राशि का भुगतान करना था, तब भारत के हर हिस्से में इस क्रांति के गम्भीर प्रभावों को महसूस किया गया।

इतनी प्रचुर मात्रा वाली जल-धारा से वंचित होने के पश्चात् नदी तेजी से अपने ही किनारों से अलग हो गयी तथा उसने अपने बहते हुए जल से नज़दीक के खेतों को उर्वरता प्रदान करना बंद कर दिया।"

जब कीमती धातुओं को प्राप्त करने के लिये प्रतिबंधों को हटाया गया, तब कर की इस राशि की तुलना में अधिक सामान भेजने का यही एकमात्र रास्ता खुला था ताकि उनमें संतुलन स्थापित किया जा सके। और यह तभी हो पाया जब पील ने भारतीय सामान को कम कर पर मंजूर कर लिया तथा पहली बार देश अपनी बढ़ती हुई ज़रूरतों को पूरा करने के लिये कीमती धातुओं की एक बड़ी मात्रा लेने में सक्षम हो सका। लेकिन मुद्रा के रूप में काम करने के लिये इन कीमती पदार्थों की आपूर्ति की सुविधा केवल कुछ ही समय के लिये थी। हालांकि सन् 1850 के बाद की कठिनाइयां कीमती धातुओं को प्राप्त करने के लिये भारत के मार्ग में आने वाली रुकावटों के कारण नहीं थीं। रुकावटें होने के बावजूद, बहुमूल्य धातुओं का निर्यात और आयात पूरी तरह से मुक्त भाव से हो रहा था तथा उन्हें ख़रीदने के लिये भारत की क्षमता भी पर्याप्त थी। कीमती धातुओं की किसी प्रकार की कमी जैसी कोई कठिनाई नहीं थी क्योंकि सच्चाई यह थी कि सन् 1850 के बाद कीमती धातुओं में काफी अधिक वृद्धि हुई थी। यह कठिनाई भी खुद भारत की पैदा की हुई थी और इसका कारण यह था कि भारत ने अपनी मुद्रा को उस कीमती धातु पर आधारित नहीं किया था जिसे वह आसानी से प्राप्त कर सकता था। सन् 1835 के अधिनियम ने भारत को केवल चांदी पर निर्भर रहने को बाध्य कर दिया था लेकिन बदकिस्मती से ऐसा सन् 1850 के बाद ही हो पाया। हालांकि उस समय कीमती धातुओं के कुल उत्पाद में बढ़ोतरी हुई जबकि चांदी में विश्व की ज़रूरतों के अनुपात में वृद्धि नहीं हुई और वह अधिकांशत: चांदी पर निर्भर था इसलिये भारत अपनी मुद्रा कानून के कारण संकुचित होती मुद्रा के साथ फैलते हुए व्यापार की उलझन भरी स्थिति में फंसा रहा जैसा कि पृष्ठ 52 की तालिका IV में दिखाया गया है।

देखने में ऐसा प्रतीत होता है कि उस समय मुद्रा की कोई समस्या होनी नहीं चाहिये थी। चांदी का अधिक मात्रा में आयात हो रहा था और ऐसी ही स्थिति चांदी के

सिक्कों की भी थी। आखिर ऐसी स्थिति में यह समस्या कैसे हो गयी? इस प्रश्न का उत्तर पाने के लिये दूर जाने की ज़रूरत नहीं है। अगर चांदी के सिक्कों को ही संचलन में बनाये रखा होता तो हो सकता है कि तंगी की स्थिति उत्पन्न ही नहीं होती। भारत पहले से ही कीमती धातुओं में निवेश करके रखने के लिये कुख्यात है। लेकिन इस विचित्र स्थिति की व्याख्या के लिये भी श्री कैसल्स की इस चेतावनी को दिमाग़ में रखना होगा-

> "इसके चांदी के सिक्कों को न केवल विनिमय के एक माध्यम के रूप में वाणिज्य की ज़रूरतों को पूरा करना था बल्कि चांदी और सोने आदि के आभूषण बनाने वाले सुनारों की ज़रूरतों के लिये भी उस धातु की पर्याप्त मात्रा में आपूर्ति करने की आवश्यकता थी। टकसाल को धातु गलाने वाली भट्ठी के मुकाबले में खड़ा कर दिया गया है। एक व्यक्ति द्वारा अत्यंत धैर्य और कौशल से बनाये गये सिक्कों को दूसरे व्यक्ति ने तुरंत गलाकर कड़े बना दिये।"

उपरोक्त आंकड़ों से यह ज्ञात हो जायेगा कि आयात की गयी सारी चांदी से सिक्के बना दिये गये तथा फिर उन्हें मुद्रा के लिये इस्तेमाल किया गया। लोगों के औद्योगिक और सामाजिक इस्तेमाल के लिये बहुत कम या न के बराबर चांदी रखी गयी। ऐसी हालत में यह स्पष्ट है कि सिक्के के रूप में ढाली गयी चांदी अधिकांशत: मुद्रा से गैर - मुद्रा के इस्तेमाल के लिये निकाली गयी। इस तरह इस मुद्रा की कमी का गुप्त स्रोत साफ दिखायी देता है। उस समय के लोगों को यह बिल्कुल साफ पता चल रहा था कि मौद्रिक से लेकर गैर-मौद्रिक उद्देश्यों के लिये मुद्रा के अवशोषण की दर जिम्मेदार थी। उन्हीं विद्वान का कथन यहां उद्धृत है-

> "अधिक मात्रा में आयात होने पर भी मुद्रा की मांग अभी इतनी बढ़ गयी..... कि शर्मिंदगी की गम्भीर स्थिति सुनिश्चित हो चुकी थी तथा मुद्रा संचलन के माध्यम के न होने के कारण व्यवसाय लगभग पूरी तरह से ठप्प हो गया। जैसे ही जल्दी से रुपये सिक्कों में ढाले गये, वे सिक्के उतनी ही गति के साथ अंदरूनी भागों में ले जाये गये जो वहां से संचलन से गायब हो गये, या तो वे सिक्के भारतीय लोगों द्वारा अपने पास जमा करके रखने के लिये इस्तेमाल किये गये या फिर उन्हें गला कर गहने बनाने के लिये।"

तालिका IV*

व्यापार और मुद्रा

वर्ष	वाणिज्य वस्तु		खजाना केवल आयात		कुल सिक्के		आयात पर सिक्कों की कमी वृद्धि' अथवा कमी–		वार्षिक उत्पादन	
	आयात पौंड	निर्यात पौंड	चांदी पौंड	सोना पौंड	चांदी पौंड	सोना पौंड	चांदी पौंड	सोना पौंड	सोना पौंड	चांदी पौंड
1850-51	11,558,789	18,164,150	2,117,225	1,153,294	3,557,906	123,717	+1,440,681	-1,029,577	8,9	7,8
1851-52	12,240,490	19,879,406	2,865,613	1,267,357	5,170,014	62,553	+2,304,657	-1,205,060	13,5	8,0
1852-53	10,070,863	20,464,633	3,605,024	1,172,301	5,902,648	–	+2,297,624	-1,172,301	36,6	8,1
1853-54	11,122,659	19,295,139	2,305,744	1,061,443	5,885,217	145,679	+3,582,473	-915,764	31,1	8,1
1854-55	12,724,671	18,927,222	29,600	731,490	1,890,055	2,676	+1,860,455	-728,814	25,5	8,1
1855-56	13,943,494	23,038,259	8,194,375	2,506,245	7,322,871	167,863	+871,504	-2,338,382	27,0	8,1
1856-57	14,194,587	25,338,451	11,073,247	2,091,214	11,220,014	128,302	+146,767	-1,962,912	29,5	8,2
1857-58	15,277,629	27,456,036	12,218,948	2,783,073	12,655,308	43,783	+436,360	-2,739,290	26,7	8,1
1858-59	21,728,579	29,862,871	7,728,342	4,426,453	6,641,548	132,273	+1,086,794	-4,294,180	24,9	8,1
1859-60	24,265,140	27,960,203	11,147,563	4,284,234	10,753,068	64,307	+394,495	-4,219,927	25,0	8,2

* थर्ड रिपोर्ट ऑफ दि रायल कमीशन ऑन डिप्रेसन ऑफ ट्रेड एण्ड इंडस्ट्री के अनुलग्नक–ख "मुद्रा और मानक मूल्य के ज्ञापन" सी 4797, 1886 पालग्रेव द्वारा दिए गए ज्ञापन में दिए गए आंकड़ों पर तैयार किए गए। चाँदी और सोने के आंकड़े चालू वर्ष के आर. बरले की पुस्तक "सिलवर क्यूरशन एंड दि गोल्ड क्यूरशन" से जोड़े गए हैं।

चांदी के अतिरिक्त आयात के लिये एक रास्ता खुला हुआ था जो देश की मौद्रिक तथा ग़ैर-मौद्रिक आवश्यकताओं के लिये पर्याप्त हो सकता था। लेकिन चांदी का आयात सम्भवत: पहले से ही अपने अधिकतम स्तर पर था क्योंकि जैसे कि मि. केसल्स ने इस संबंध में तर्क प्रस्तुत किया था-

> "समूचे विश्व की चांदी का वार्षिक उत्पादन एक करोड़ स्टर्लिंग से ज़्यादा नहीं हुआ। गत कुछ वर्षों के दौरान, अकेले भारत ने ही प्रतिवर्ष समूचे विश्व में उत्पादित धातु से अधिक धातु ली है और उसके अधिकांश हिस्से का इस्तेमाल किया है। यह तो प्रकट है कि अधिक समय तक यह स्थिति भयंकर समस्या पैदा किये नहीं चल सकती। या तो यूरोपीय बाज़ार हमें आपूर्ति करने में असमर्थ होगे या अनिच्छुक होंगे या फिर चांदी की कीमत आसमान छूने लगेगी। ऐसी परिस्थितियों के अन्तर्गत, यह अंदाज़ा लगाना कोई मुश्किल कार्य नहीं है कि वर्तमान संकट की लगातार पुनरावृत्ति होती रहेगी और इस देश का वाणिज्य, अगर स्थायी रूप से न सही तो कुछ समय के लिये अवश्य, संचलन माध्यम के न होने से ठप्प होता चला जायेगा।"

यदि ऋण का माध्यम उपलब्ध होता तो मुद्रा का अभाव इतना अधिक महसूस नहीं होता जितना कि उस समय हुआ था। लेकिन ऋण के लिये धन बिल्कुल भी उपलब्ध नहीं था। सरकार ने ब्याज वाले खजाने के नोट जारी किये जो देश के संचलन माध्यम का एक हिस्सा बन गये। परंतु यह राशि बहुत ही कम थी जिसके कारण खजाने के नोट "असफल" साबित हुए जिसका पहला कारण इस शर्त से संबंधित था कि वे राजस्व के भुगतान के लिये बारह महीनों के लिये प्राप्त नहीं किये जायेंगे। दूसरा कारण, कि उनका भुगतान अथवा प्राप्ति उसी स्थान पर होगी, जहां से वे जारी किये गये होंगे। चूंकि इन नोटों को कलकत्ता, मद्रास और बम्बई में ही इस्तेमाल के लिये सीमित रखा गया था, इसलिये उनके संचलन का इस्तेमाल तथा उन्हें काम में लाने की स्थिति उन्हीं शहरों तक सीमित रखी गयी... और अंतिम कारण यह था कि उनकी राशि बहुत अधिक थी और ब्याज पर देने की उनकी अवधि बहुत कम थी।

इस समय बैंकिंग प्रणाली इतनी अधिक विकसित नहीं हो पायी थी कि वह वाणिज्य की मुद्रा संबंधी आवश्यकताओं की पूर्ति कर पाती। इसकी वृद्धि में सबसे बड़ी बाधा थी निदेशक मंडल का नज़रिया। स्वयं एक व्यापारिक संस्था के रूप में विनिमय

का काम करने वाला मंडल (Court of Directors) ही बैंकिंग संस्थाओं के विकास के विरुद्ध था, क्योंकि उसे भय था कि कहीं बैंकिंग संस्थायें उसकी प्रतिद्वंद्वी न बन जायें। जैसा कि मंडल अथवा अधिकरण के सौदागर राजकुमारों की संस्था न रहने के बाद भी विरोध की यह पारंपरिक नीति कायम रही, इसलिये बैंक व्यापार में वृद्धि के साथ कदम मिला कर नहीं चल सके। दरअसल, सन् 1856 तक भारत में बैंकों की संख्या बहुत कम थी और उनकी प्रतिभूतियां भी कम थीं जैसा कि तालिका V में दर्शाया गया है।

चांदी की कमी और ऋण मुद्रा के अभाव ने व्यापार के लिये ऐसी समस्या उत्पन्न कर दी कि करेंसी एक्ट, 1835 की प्रवृत्ति में बदलाव हुआ और लोगों में एक बार यह जानने की इच्छा जाग उठी कि हालांकि द्विधातु पद्धति से एकल धातु पद्धति बदलाव करना बेहतर था, फिर भी चांदी के एकल धातु की तुलना में सोने के एकल धातु पद्धति को प्राथमिकता देना ज़्यादा अच्छा था। जैसे ही अधिक से अधिक सोने का आयात करके उसके सिक्के बनाये गये, वैसे ही भारतीय मुद्रा की मौजूदा प्रणाली को कानूनी दर्जा देने की मांग ज़ोर पकड़ती गयी। सभी सोने की मुद्रा. के सिद्धांत पर रज़ामंद हो गये। यदि कोई मतभिन्नता थी भी, तो वह उसके पालन करने के तरीके तक सीमित रही। द्विधातु के आधार पर सोने की शुरुआत करने का कोई प्रश्न ही नहीं था, क्योंकि सरकार ने सोने और चांदी के मूल्य को निर्धारित करने की "निराशजनक कोशिश" और उनके मूल्य को स्वीकार करने को बाध्य होने से इंकार कर दिया। सरकार जिन परियोजनाओं पर विचार करने को तैयार थी, वे इस प्रकार थीं (1) "सोवेरिन" अथवा किसी अन्य प्रकार के सोने के सिक्के को जारी करना तथा दिन-प्रतिदिन बाज़ार के भाव के आधार पर उसका संचलन जैसा कि चांदी के संबंध में मापा गया था। (2) सोने का एक नया सिक्का जारी करना जिस पर रुपयों की दी गयी संख्या का असली मूल्य देना और एक सीमित समय के लिये उसे वैध मुद्रा मानना ताकि उसे फिर से समायोजित किया जा सके और फिर से उसका मूल्यांकन किया जा सके और नयी दर पर उसी समयावधि के लिये उसे वैध मुद्रा बनाया जा सके। (3) अंग्रेजी सोवेरिन की 10/- रुपये की वैध मुद्रा के रूप में शुरुआत करना किन्तु वैध मुद्रा को 20/- रुपये अथवा दो सोवेरिन के बराबर सीमित रखना अथवा। (4) सोने के मानक के स्थान पर चांदी के मानक लाना।

तालिका V

भारत में बैंक*

बैंक का नाम	स्थापना का वर्ष	मुख्यालय	शाखाएं और ऐजेंसियां	पूंजी		परिचालन में नोट	तिजोरी के प्रकार	कमीशन मिलने वाले बिल
				अभिदत्त	दत्त			
बैंक ऑफ बंगाल	1809	कलकत्ता	–	1,070,000	1,070,000	1,714,771	851,964	125,251
बैंक ऑफ मद्रास	1843	मद्रास	–	300,000	300,000	123,719	139,960	59,871
बैंक ऑफ बम्बई	1840	बम्बई	–	522,000	522,000	571,089	240,073	195,836
ओरियण्टल बैंक	1851	—	आगरा, मद्रास, लाहौर	1,215,000	1,215,000	199,279	1,146,529	2,918,399
आगरा और यू.पी.	1833	कलकत्ता	कैन्टन और बंबई, शिमला,	700,000	700,000	—	74,362	—
			मंसूरी और आगरा		—	325,000		
एन.डब्लू. बैंक	1844	कलकत्ता	ऐजेन्सियां दिल्ली और	220,560	220,000	—	—	—
			कानपुर में –	250,000				
लंदन एण्ड ईस्टर्न बैंक	1854	–	कलकत्ता, कैंटन और शंघाई में ऐजेंट	1,000,000	456,000	—	—	—
कामर्शियल बैंक	1854	बंबई	लंदन, कलकत्ता, बम्बई और मद्रास में एजेंट	—	180,000	—		
दिल्ली बैंक	1844	दिल्ली		—	63,850	—	—	—
शिमला बैंक	1844			30,000	—	— *	—	—
ढाका बैंक	1846	बम्बई	लंदन, कलकत्ता,	500,000	328,826	777,156	77,239	109,547
मर्कैनटाइल बैंक			कोलम्बो कैन्डी					
इंडिया, चायना एण्ड अस्ट्रेलियन बैंक	–	–	कैन्टन और शंघाई					

* आर. एम. मार्टिन दल इंडियन अम्पायर खंड 1, पृष्ठ 565

टिप्पणी—मूल टिप्पणी में तारीखें दिखाई नहीं गई हैं, परंतु आंतरिक साक्ष्य में विदित होता है कि यह लगभग 1856 है।

इन परियोजनाओं में से, पहली तीन परियोजनायें तो स्पष्ट रूप से मुद्रा के एक साधन के रूप में असुरक्षित थीं। मुद्रा के विभिन्न घटकों के बीच मूल्य का निर्धारण विनियमित मुद्रा प्रणाली की एक अनिवार्य आवश्यकता है। प्रत्येक सिक्के का एक निश्चित मूल्य अवश्य होना चाहिये, ताकि जिसको इसका ज्ञान न हो, वह भी इसके मूल्य को समझ सके। जब ऐसा नहीं हो पाता तो वह केवल एक वस्तु बन कर ही रह जाता है और उसके मूल्य में बाज़ार की तरह ही उतार-चढ़ाव होता है। इस कसौटी पर पहली दो परियोजनायें अस्वीकार हो गयीं। सिक्के को मुद्रा के रूप में प्रस्तुत करना, जिसके मूल्य को प्रमाणित नहीं किया जा सकता जैसी क पहली परियोजना में स्थिति थी, उतार-चढ़ावों का पता लगाने और उतार-चढ़ावों को सुनिश्चित करने की समस्या के अलावा, एक शर्मिंदगी का कारण बन जाता, यह कहना चाहिये कि सरकार ने इसे न अपना कर विवेकशीलता से काम लिया था। दूसरी परियोजना में बचाव का ऐसा कोई तरीका नहीं था कि पहली परियोजना के बजाय इस परियोजना को अपनाने की सिफारिश की जाती। इसे स्वीकार कर लेने का परिणाम यह होता कि जिस समय उसकी दर स्थिर थी, उस समय सोने को यह सोच कर ज़बरदस्ती संचलन में लाया जाता जैसे कि उसका बाज़ार मूल्य कम था और साल के आखिर में यदि यह ज्ञात होता कि उसकी दर में सुधार हो जायेगा और सोने के मूल्य में गिरावट आने के साथ ही सिक्के का मूल्य भी कम हो जायेगा तो अधिक दर के सोने के सिक्के से बचने की सामान्य जद्दोजहद और अनिवार्य रूप से होने वाला नुकसान दूसरे के कंधों पर डाल दिया जाता। तीसरा प्रस्ताव एक तरह से विचित्र प्रस्ताव था। यह सम्भव है कि कम मूल्य की धातु के पूरे मूल्य के बजाय कम मूल्य के सिक्कों की ढलाई की जाये जिससे छोटे भुगतान किये जा सकें और उनकी वैधता को सीमित किया जा सके। लेकिन उच्च मूल्य की धातु के लिये ऐसा नहीं किया जा सकता जिसका प्रयोजन बड़े लेन-देनों को सरल बनाना है। इस योजना के प्रति आपत्तियों को बमुश्किल ही छिपाया जा सका था। जब तक सोने का मूल्य कम रहेगा, इसका संचलन बिल्कुल नहीं किया जायेगा। लेकिन एक बार जब बाज़ार के अनुपात में बदलाव होने के कारण इसके अधिक मूल्य में वृद्धि हो गयी तो रुपये का संचलन बंद हो जायेगा और दुकानदारों और व्यापारियों के पास ऐसा सिक्का रह जायेगा जो बड़े लेन-देन के लिये उपयोगी नहीं होगा।

केवल एक परियोजना ऐसी थी जो इन दोषों से मुक्त थी जिसमें सोने के मानक को स्वीकार करके चांदी को सहायक मुद्रा माना गया था। इस मांग के ख़िलाफ सरकार का सबसे मजबूत तर्क यही हो सकता था कि "जिस राष्ट्र में सभी दायित्वों को चांदी में भुगतान करने हेतु सीमित कर दिया गया हो, ऐसे कानून का निर्माण करना जिसके अन्तर्गत किसी अन्य माध्यम से जबरन भुगतान किया जा सकता था तो यह केवल देनदारों को लाभ पहुंचाने के लिये लेनदार को धोखे में डालना और जनता के विश्वास को तोड़ना होगा। यह तर्क चाहे कितना ही मजबूत क्यों न हो, विस्तार के आधार पर भारतीय मुद्रा को बढ़ती हुई मांग को पूरा करने के लिये रखने में पूरी तरह नाकाफी था। निश्चित रूप से, यह नहीं कहा जा सकता कि सोने की मुद्रा के विरोध में सरकार वाकई गम्भीर थी। अपनी स्थिति को मजबूती प्रदान करने के लिये सरकार को सोने के ख़िलाफ़ अपने तर्कों पर ज़्यादा विश्वास नहीं था बल्कि उसकी इस धारणा पर विश्वास किया गया कि स्वर्ण मुद्रा की तुलना में एक बेहतर मुद्रा उसके पास मौजूद है। अगर वर्तमान मुद्रा के लिये एक पूरक की ज़रूरत थी तो सरकार की ओर से सुझाये गये इस प्रस्ताव का खंडन नहीं किया जा सकता था। सोना महंगा भी होता और असुविधाजनक भी। कागज़ वाली चांदी की मुद्रा किफायती, सुविधाजनक होने के साथ-साथ प्रसार योग्य थी। निश्चित ही, अधिकारिक विकल्पों के पक्ष में फायदे इतने ज़्यादा थे कि चांदी के मानक के लिये इस पहली कोशिश से ही सोने के मानक न केवल नकार दिये गये बल्कि मौजूदा चांदी के मानक के पूरक के तौर पर सरकारी कागजी मुद्रा की शुरुआत कर दी गयी।

इसके बावजूद, लोग सोने के मानकों के लिये इतने अधिक इच्छुक थे कि उसको पूरी तरह से नज़रंदाज़ नहीं किया जा सकता था हालांकि सोने के मानकों की मांग को अन्य माध्यमों द्वारा पूरा किया जाना था। मूल रूप से मि. विल्सन द्वारा विचारित कागजी मुद्रा स्वर्ण विरोध का एक करारा जवाब थी लेकिन मि. विल्सन के उत्तराधिकारी मि. लैंग उनसे सहमत नहीं थे और उन्होंने भारतीय मुद्रा के लिये सोने के प्रतिरोध को "बर्बरता" कहा था। इसलिये जब मि. विल्सन की असामयिक मृत्यु के पश्चात् इसके कार्यान्वयन का दायित्व उन्हें सौंपा गया तो उन्होंने विधेयक में दो महत्त्वपूर्ण प्रावधान करने का सुझाव प्रस्तुत किया, जिसमें एक सुझाव यह था कि सबसे कम मूल्य के 5 रुपये के नोटों के स्थान पर 20 रुपये के नोट शुरू करना। दूसरा सुझाव था-

> "परिषद में गवर्नर-जनरल को यह अधिकार देना कि वह निर्देशानुसार समय-समय पर कलकत्ता, मद्रास और बम्बई के गजट में प्रकाशित करेंगे कि सोने के सिक्कों या सोने-चांदी के बदले में सिक्के और सोने-चांदी के कुल मूल्य के नोट जारी किये जायें जो ऐसे आदेश द्वारा तय की गयी दरों पर इस राशि के चौथाई हिस्से से ज़्यादा मूल्य के न हों..."

अधिनियम को, जो बाद में विधेयक के रूप में प्रस्तुत किया गया, पूरी तरह से दूसरी शर्त के साथ स्वीकार कर लिया गया और इस संशोधन के साथ पहली बार इसे मंजूर कर लिया गया कि 10 रुपये की कागजी मुद्रा जारी की जा सके जो सबसे कम मूल्य की कागजी मुद्रा होगी। हालांकि इसका सामान्य उद्देश्य बिल्कुल साफ है, लेकिन दूसरे प्रावधान का तात्कालिक उद्देश्य सरकारी दस्तावेजों से बिल्कुल स्पष्ट नहीं हो पाता। कागजी मुद्रा संबंधी विधेयक पर बनायी गयी चुनाव समिति के अवलोकन से ऐसा लगता है कि यह प्रावधान यदि अच्छा नहीं था तो हानिकारक भी नहीं था। इस समिति का विचार था कि-

> "विशेष अवसरों पर और विशेष लेन-देन व्यापारी समुदाय के लिये यह जानना अधिक फायदेमंद हो सकता है कि सोने, को मुद्रा के तौर पर एक तय दर पर उपलब्ध कराया जा सकता है। यदि, दूसरी ओर, निर्धारित दर पर सोना संचलन में नहीं आया तो इससे यह साबित होगा कि एक सुरक्षित और परिवर्तनीय कागजी मुद्रा के रूप में चांदी ने पूर्ण विश्वास दिलाया है और व्यापार तथा समुदाय की सभी आवश्यकताओं पर खरी उतरी है और यह अधिनियम एक अप्रचलित कानून बना रहेगा तथा यह बिल्कुल हानिकारक नहीं होगा।"

लेकिन इसमें कोई संशय नहीं कि मि. लैंग इसे सोने के मानक में परिवर्तित करने के एक आसान तरीके के रूप में देखते थे। उन्होंने दिनांक 7 मई, 1862 की मुद्रा तथा बैंकिंग संबंधी अपनी रिपोर्ट में लिखा कि-

> "इस प्रावधान का केवल यही प्रयोजन था कि भविष्य में सोने के इस्तेमाल के संबंध में एहतियाती और सम्भावित प्रयोगों के लिये द्वार खुले रखे जायें। सोने का आयात पहले से ही हो रहा है और यह बढ़ रहा है तथा स्थानीय लोगों द्वारा अतिरिक्त मूल्य के रूप में सामान्य तौर पर इस धातु को बहुत सराहा जाता है... इस तरह, यदि एक समय के पश्चात् लोग सामान्य रूप से सोने का उपयोग करने

लगते हैं और इसके मूल्य में और अधिक स्थिरता आ जाती है तो उस समय कुछ अन्य उपाय किये जा सकते हैं।" और ऐसा प्रतीत होता है कि तत्कालीन राज्य सचिव की भी यही धारणा थी क्योंकि सोने के विपरीत उन्होंने कागजी मुद्रा जारी करने के पक्ष में सिफारिश के महत्त्व को समझा कि भारत में स्वर्ण - मुद्रा की शुरुआत के लिये यह एक प्रभावी योगदान होगा।"

लेकिन, ऐसा चाहे व्यापारी समुदाय के लिये राहत देने के रूप में विचार किया गया हो या फिर स्वर्ण-मुद्रा की शुरुआत करने हेतु एक रास्ता बनाने के लिये, इस प्रावधान को अमल में नहीं लाया गया। इससे संबंधित किसी भी की गयी कार्रवाई पर राज्य सचिव ने आपत्ति जतायी थी। इसी दौरान, कागजी मुद्रा कोई रोगनाशक दवा साबित नहीं हुई जैसे कि यह होनी चाहिये थी। जिस सीमा तक यह पहुंच पायी और जिस सीमा तक अर्थव्यवस्था प्रभावित हुई, वह बहुत कम थी।

तालिका VI

कागजी मुद्रा का विस्तार और अर्थव्यवस्था

महाप्रान्त	सर्राफा	सिक्का	सरकारी प्रतिभूतियां	परिचालित नोटों का मूल्य
31 अक्टूबर, 1863 को कलकत्ता	--	18,455,922	11,044,078	29,500,000
31 अक्तूबर 1863 को मद्रास	--	7,300,000	--	7,300,000
4 जनवरी, 1864 को बंबई	11,700,000	19,000,000	--	23,600,000
जोड़	11,700,000	37,655,922	11,044,078	60,400,000

जैसा कि मि. कैसल्स द्वारा बताया गया कि तीन वर्ष पश्चात्, कागजी मुद्रा कुल धातु - मुद्रा की केवल 6 प्रतिशत तक ही बनायी गयी थी जिसका मि. विल्सन ने उस समय स्टर्लिंग में 100,000,000 पौंड का अनुमान लगाया था, और यह कि वह वास्तव में दस लाख स्टर्लिंग या कुल मुद्रा का 1 प्रतिशत तक ही देश की पुनरोत्पादक पूंजी के जारी करने के मूल लक्ष्य को ही पूरा कर पाये थे। लिवरपूल में अमरीकी कपास के बदले भारतीय कपास की मांग के कारण, जिसका निर्यात गृह युद्ध के समय रुक गया था, विदेशी व्यापार में भारी मात्रा में वृद्धि हुई। और चूंकि कागजी मुद्रा से कोई राहत नहीं मिली थी, इसलिये सारा बोझ चांदी पर ही आ पड़ा। लेकिन फिर भी चांदी का

उत्पादन उतनी गति से नहीं हो रहा था, जितना अतीत में हुआ था और भारत द्वारा उसकी खपत में कोई कमी नहीं आयी थी। इसलिये कागजी मुद्रा के शुरू होने के बावजूद, मुद्रा के एक माध्यम की कमी पहले के समान ही बहुत तीव्रता से महसूस की जाती रही। सोने का बहुतायत में आयात ही नहीं किया गया बल्कि उसका मुद्रा संबंधी उद्देश्यों के लिये भी इस्तेमाल किया गया जबकि वह कोई वैध मुद्रा नहीं थी। इस तथ्य को बम्बई चैंबर ऑफ कॉमर्स द्वारा एक निवेदन-पत्र के माध्यम से भारत सरकार के समक्ष लाया गया कि भारत में स्वर्ण - मुद्रा जारी की जाये। इसमें यह ध्यान दिलाया गया कि -

> "देश में सोने की धातु की मुद्रा बनाने का चलन बढ़ता जा रहा है लेकिन इस देश के निवासी वर्तमान चांदी की मुद्रा के दोषों के भद्दे उपचार में लगे हुए हैं," और
>
> "सोने की छड़ें, जिन पर बम्बई के बैंकों की मुहर लगी है, और इस उद्देश्य से देश के अनेक हिस्सों में चलायी जा रही हैं।"

इससे इस आंदोलन की शुरुआत हुई जिसमें सरकार से यह आशा की गयी कि कागज़ी मुद्रा अधिनियम के प्रावधान को अमल में लाया जाये और इस आंदोलन ने ऐसा रूप ले लिया कि जिसने सरकार को बाध्य करके रख दिया। इस अवसर पर, इस बदलाव को प्रभाव में लाने के लिये योजना के संबंध में बड़े साहस के साथ विचार किया गया। सर चार्ल्स ट्रेवेलियन ने इस प्रावधान के कमज़ोर बिंदु के माध्यम से अच्छी तरह देखा और इस संबंध में सरकार को कार्रवाई करने के लिये कहा। उन्होंने तर्क दिया कि कागजी मुद्रा केवल देश में चलने वाले सिक्कों में ही देय थी, जो भारत में चांदी का रुपया था और आरक्षित सोने के एक भाग को रखने के लिये जो नोटों के भुगतान के लिये वैध नहीं माना जा सका था और इससे राजनीतिक अविश्वास अथवा वाणिज्यिक खलबली के समय उनकी परिवर्तनीयता को गम्भीर ख़तरा था।

इसलिये उन्होंने आंदोलन के दायरे के परे जाकर एक साहसिक कार्य किया और यह घोषणा की कि सोने को पिछले दरवाजे से मुद्रा प्रणाली में प्रवेश दिलाने से ज़्यादा बेहतर यह होगा कि भारत में सोने को मूल्य का मानक बनाया जाये। वह मि. विल्सन के इस विचार से बिल्कुल सहमत नहीं थे कि सोने के मानक के बदले चांदी के मानक को लाना "लेनदार के विश्वास को तोड़ने के समान होगा।" न ही वह इस तथ्य से भयभीत थे कि चांदी की मुद्रा के सहायक स्थिति में जाने से पहले भारत में सोने की मुद्रा की शुरुआत होने से कुछ अवधि के लिये दोहरे स्तर की स्थिति पैदा हो जायेगी,

क्योंकि उनका यह तर्क था कि "सभी देशों को एकाकी स्तर पर आने से पहले दोहरे स्तर के संक्रमण चरण से होकर ज़रूर गुज़रना चाहिये। उसी के अनुसार उनका यह सुझाव था कि (1) ब्रिटिश अथवा आस्ट्रेलियाई मानक के सावरेन और अर्ध- सावरेन को भारत में 10 रुपये के लिये एक सावरेन के रूप में वैध मुद्रा मानना चाहिये। (2) सरकारी कागजी सरकारी कागजी मुद्रा को या तो रुपया से या सावरेन से 10 रुपया प्रति सावरेन की दर से विनिमय योग्य होना चाहिये लेकिन वे सोने-चांदी के विनिमय के लिये नहीं होने चाहियें।

भारत सरकार ने उनके इन सुझावों को अपनी स्वीकृति प्रदान कर दी और उन्हें राज्य सचिव की स्वीकृति के लिये भेज दिया गया। लेकिन राज्य सचिव ने, जो एकल धातु प्रणाली से हटने के लिये तैयार नहीं था, थोड़ी सी भी शिष्टता दिखाये बग़ैर इस पूरी परियोजना को ही छोड़ दिया।

उसका उत्तर तर्क का एक हास्यास्पद रूप है तथा बहुत ही सतही है। वह इन सुझावों को स्वीकार करने के लिये बिल्कुल भी इच्छुक नहीं था, क्योंकि वह इससे पूरी तरह संतुष्ट था कि एक सावरेन का मूल्य 10 रुपये तय करने से सावरेन की दर को कम करना उसके संचलन के लिये बहुत बड़ी बात थी। यहां उसका आधार बहुत मजबूत था। उस समय भारत की टकसाल में सावरेन के निर्माण की लागत अनुमानतः 10-4-8 रुपये थी, जबकि इंग्लैंड से कलकत्ता को उसके निर्यात का अनुमान 10-4-10 रुपये था और आस्ट्रेलिया से उसके आयात का अनुमान 10-2-9 रुपये था। उचित दर बेशक कोई भी हो, लेकिन सावरेन को 10 रुपये प्रति सावरेन की दर से संचलित नहीं किया जा सकता था। यह अत्यंत खेद की बात थी कि सर चार्ल्स ट्रेवेलियन द्वारा इससे अधिक अनुपात रखने का सुझाव नहीं दिया गया था जिससे सावरेन के संचलन को सुनिश्चित किया जा सकता। यदि सावरेन का अनुपात अधिक होता तो भी राज्य सचिव इस सुझाव पर अपने विरोध को जारी रखता। राज्य सचिव के लिये यह अनुपात, जो कम अनुपात पर आधारित था, व्यर्थ था। लेकिन अगर यह कम अर्थात् अनुकूल अनुपात पर आधारित होता, फिर भी यह कम नुकसानदेह नहीं होता, क्योंकि इसने उस सम्भावना को दर्शाया था जिसे वह, हम दोहरे मानक की सबसे ज़्यादा दोषपूर्ण पद्धति मानते थे, बेशक वह कितनी भी अल्पकालिक क्यों न हो। केवल द्विधातु प्रणाली की सम्भावित उत्पत्ति ही राज्य सचिव, जो कि इस उपाय का घोर विरोधी था, को डराने के लिये पर्याप्त थी जिसके कारण इस सारी, क्योंकि उसने यह मानने से मना कर दिया था कि "मुद्रा के आधार को चांदी से बदल कर सोने में करने के लिये दोहरे मानक के समय से गुज़रना सार्वजनिक हित में होगा।"

तालिका VII*

व्यापार और मुद्रा

वर्ष	वाणिज्य वस्तु		खजाना		कुल सिक्के		वृद्धि + अथवा कमी–		का वार्षिक उत्पादन	
	आयात पौंड	निर्यात पौंड	चांदी पौंड	सोना पौंड	चांदी पौंड	सोना पौंड	चांदी पौंड	सोना पौंड	सोना	चांदी
1860-61	23,493,716	32,970,605	5,328,009	4,232,569	5,297,150	65,038	-30,859	-4,167,531	23,9	8,2
1861-62	22,320,432	36,317,042	9,086,456	5,184,425	7,470,030	58,667	-1,616,426	-5,125,758	22,8	8,5
1862-63	22,632,384	47,859,645	12,550,155	6,848,156	9,355,405	130,666	-3,194,750	- 6,717,490	21,6	9,0
1863-64	27,145,590	65,625,449	12,796,717	8,898,306	11,556,720	54,354	-1,239,997	-8,843,952	21,4	9,8
1864-65	28,150,923	68,027,016	10,078,798	9,839,964	10,911,322	95,672	+832,524	-9,744,292	22,6	10,3
1865-66	29,599,228	65,491,123	18,668,673	-5,724,476	14,639,353	17,665	-4,029,320	-5,706,811	24,1	10,4
1866-67	29,038,715	41,859,994	6,963,073	3,842,328	6,183,113	27,725	-779,960	-3,814,603	24,2	10,1
1867-68	35,705,783	50,874,056	5,593,961	4,609,466	4,385,080	21,534	-1,208,881	-4,587,932	22,8	10,8
1868-69	35,990,142	53,062,165	8,601,022	5,159,352	4,269,305	25,156	-4,331,717	-5,134,196	22,0	10,0
1869-70	32,927,520	52,471,376	7,320,337	5,592,016	7,510,480	78,510	+190,143	-5,513,506	21,2	9,5

* तालिका–IV के मामले में प्रयोग में लाए गए स्रोत के अनुसार।

राज्य सचिव मात्र यही एक छूट देने के लिये तैयार था कि "सोने के सिक्के को सार्वजनिक खजाने में उस दर पर प्राप्त करने की अनुमति दी जाये जो दर सरकार द्वारा निर्धारित की गयी हो और भारत में इसे सामान्य वैध मुद्रा बनाये बिना, एक सरकारी उद्घोषणा के ज़रिये सार्वजनिक रूप ये इसकी घोषणा की गयी हो।

यहां यह बात अवश्य याद रखी जायेगी कि यह उस मुर्खतापूर्ण उपाय की बहाली थी जिसे सन् 1852 में त्याग दिया गया था, क्योंकि वह उपाय सरकार के लिये शर्मिंदगी का कारण बना था। जिस सिक्के की कीमत का आप भुगतान न कर पाते हों, ऐसे सिक्के को हासिल करने का प्रस्ताव एक मुसीबत को मोल लेने जैसा था और परियोजना में शामिल सोचे-समझे ख़तरे को रोकने के लिहाज़ से इससे ज़्यादा परिपक्व सुझाव प्रस्तावित किया गया था। लेकिन मुद्रा की इतनी ज़्यादा कमी थी कि भारत सरकार अपने दृष्टिकोण पर अड़ियल रवैया अपनाने की अपेक्षा राज्य सचिव के सुझाव को स्वीकार करने के लिये सहमत हो गयी। उसने नवंबर सन् 1864 में एक सरकारी अधिसूचना के ज़रिये यह घोषणा की कि -

> "इंग्लैंड या आस्ट्रेलिया की किसी अधिकृत शाही टकसाल में ढाले गये मौजूदा वजन के सावरेन और अर्ध-सावरेन को, ब्रिटिश भारत के सभी खजानों में अगला नोटिस प्राप्त न हो, माना जायेगा और इसके अन्तर्गत सरकार को देय राशि के भुगतान में क्रमश: 10 व 5 के तुल्य दिया जायेगा। और जब भी सावरेन और अर्ध-सावरेन सरकारी खजाने में सुलभ होंगे तो सरकार के विरुद्ध किये गये दावों के भुगतान में उतनी ही दरों पर किसी भी इच्छुक व्यक्ति को दिया जायेगा।"

लेकिन, सावरेन का असली मूल्य 10 रुपये से थोड़ा सा ज़्यादा था। इसलिये अधिसूचना अप्रभावी रही। दूसरी ओर, मुद्रा की हालत पहले के समान ही गम्भीर बनी रही और सोने के संचलन को प्रभावी बनाने के उपाय करने के लिये भारत सरकार सन् 1866 में बंगाल चैंबर ऑफ कॉमर्स के कहने पर एक बार फिर प्रयासरत हुई। इस बार बंगाल चैंबर ऑफ कॉमर्स का जोर जांच आयोग के गठन पर था जिसका मुद्दा था "भारत की मुद्रा प्रणाली में सोने के सिक्के जारी करने का औचित्य" लेकिन भारत सरकार ने यह कहा कि सोने के बजाय कागजी - -मुद्रा जारी की गयी है और इससे यह उम्मीद है कि कीमती धातुओं में से किसी भी धातु की तुलना में यह कहीं ज़्यादा सुविधापूर्ण व संचलन का स्वीकृत माध्यम साबित होगी।" और इसके परिणामस्वरूप

"यह देखना चाहिये कि कागजी मुद्रा के रद्द करने या इसके अलावा सोने की मुद्रा को चलाने की कोशिश से पूर्व कागजी - मुद्रा देश के लोगों की आदतों के अनुरूप मांग और औचित्य के लिहाज़ से संचलन का ज़रिया साबित नहीं हुई है और जिसकी सम्भावना भी नहीं है।" इसलिये एक आयोग की स्थापना की गयी जिसका प्रयोजन था कि सन् 1861 के एक्ट 19 के अन्तर्गत स्थापित वर्तमान मुद्रा प्रबंधों के कार्य-व्यापार" की जांच की जा सके और यह रिपोर्ट दी जाये कि "भारत में औचित्य के आधार पर चांदी की मुद्रा के अलावा सोने की वैध मुद्रा के जारी किये जाने के क्या फायदे हैं।" आयोग विस्तार से जांच-पड़ताल करने के पश्चात् इस नतीजे पर पहुंचा कि कागजी मुद्रा कई कारणों से देश में मुद्रा संचलन के माध्यम के तौर पर स्थापित होने से नाकाम रही किन्तु लोगों के लेन-देन के लिये सोने की मुद्रा अधिक प्रचलित हो रही थी। अन्ततः, आयोग ने सरकार से निवेदन किया कि भारत में मुद्रा संबंधी व्यवस्था हेतु सोने को वैध मुद्रा के रूप में स्वीकार किया जाये। अब सरकार की बारी थी कि वह इस अनुशंसा पर अमल करे। लेकिन यह बहुत विचित्र बात है कि सरकार ने आयोग की इन सिफारिशों को अपनाया नहीं जबकि इस आयोग की स्थापना स्वयं सरकार द्वारा की गयी थी। सोने को वैध मुद्रा बनाने की अपेक्षा, जैसा कि आयोग का सुझाव था, सरकार ने इस एकतरफा उपाय के बुरे परिणाम को बचाने के लिये अन्य कुछ भी करने के बजाय सिर्फ यही किया कि उसने 28 अक्तूबर, 1868 को एक दूसरी अधिसूचना जारी करके केवल सावरेन की दर को 10-8 रुपये कर दिया। सरकार के सुयोग से, इस दर को सही करने के बावजूद भी इस देश में सोने के संचलन में वृद्धि करने में असफल रहा। मुद्रा संबंधी दिक्कतें उस समय तक कम हो गयी थीं और चूंकि सरकार पर कोई नया दबाव नहीं डाला गया, इसलिये अन्त में यह भारत में सोने की मुद्रा जारी करने के लिये सरकार की दो नाकाम कोशिशें साबित हुईं।

थोड़े से समय के लिये, घटनाओं की स्वाभाविक प्रक्रियाओं से इस समस्या का हल निकल आया लेकिन, जैसा कि बाद की घटनाओं में दिखायी दिया, सोने के मानक के लिये बदलाव भारत के लिये ज़्यादा बेहतर होता और यूरोप के हित में भी इसका स्वागत किया जाता जो उस समय सोने की बहुलता के कारण ऊंचे मूल्यों से संकट में था। इस विशेष अवसर पर भारत सरकार सचमुच असमंजस की स्थिति में

थी और उस संकट को हल कर सकती थी, जो भारत और उसके निवासियों पर आया। अगर सरकार इस परिवर्तन का साथ देती और चांदी के मानक के स्थान पर वह सोने के मानक को समर्थन देती, जो कि वह सरलता से कर सकती थी, तो वह अपने तथा अपने निवासियों के दुर्भाग्य को रोक सकती थी। और यह कि भारतीय मामलों के विशेषज्ञों को अपने अधिकारों का प्रयोग करना चाहिये था जो कि निंदा योग्य या बेईमानी की बात नहीं थी। लेकिन यह विनाशकारी मानवीय तरीकों का एक और उदाहरण प्रस्तुत करता है जो अक्सर लोगों को उस स्थिति की ओर ले जाते हैं जहां आदमी सबसे सुरक्षित महसूस करता है जबकि वह स्थिति बहुत संकटपूर्ण होती है। वे मुद्रा के बारे में इतना ज़्यादा सुरक्षित महसूस करते थे कि सन् 1870 में, जब टकसाली कानून संशोधन और समेकन के लिये लाया गया, तो वे इतने संतुष्ट थे जैसे कि कुछ हुआ ही नहीं था या कुछ होने की सम्भावना ही नहीं थी कि सोने की किसी भी प्रकार की मिलावट से सन् 1835 के चांदी के मानक को शुद्ध तथा बेदाग़ रहने दिया जाये।

यह बहुत अफसोस की बात है कि उस समय जिन लोगों ने कहा था कि भारतीय मुद्रा के सवाल को केवल "न्यायिक" दृष्टि से विचार करने के अलावा कुछ नहीं कहा जा सकता, इस संबंध में उन लोगों को बहुत कम जानकारी थी कि आगे क्या होने वाला था।

अध्याय दो

चांदी के मानक और इसकी सममूल्यता में गड़बड़ी

यह साफ है कि चांदी के मानक की स्थापना के लिये भारतीय मुद्रा की विकास प्रक्रिया कैसे अपने शिखर पर पहुंची और कैसे सोने की मुद्रा के लिये चले आंदोलन की समाप्ति रजत मानक के रूप में हुई, जिसकी सहायक मुद्रा बनी कागजी मुद्रा। इस तरह की मिश्रित प्रणाली की कार्यशैली की पड़ताल करने से पहले, इसकी संरचना की प्रकृति की संक्षेप में समीक्षा करना उचित होगा।

इस मुद्रा के धातु से संबंधित पहलू का सन् 1870 में 23वें अधिनियम के अन्तर्गत विनियमन किया गया था। इसके तहत अधिकृत व विधिसम्मत सिक्कों का ब्यौरा तालिका VIII में पृष्ठ 68 पर दिखाया गया है।

इस अधिनियम में न तो टकसालों द्वारा जारी सिक्कों की मात्रा के संबंध में कोई नवीन पहलू दिखाया गया है और न ही उनकी वैध मुद्रा की शक्तियों के संबंध में। हालांकि, यह अधिनियम सिक्कों के संबंध में ठीक पहले के अधिनियमों जैसा ही था लेकिन इसके न्यायिक प्रावधानों का निर्माण देश के मुद्रा कानून को दोषरहित बनाने के लिये इस प्रकार किया गया है कि जैसा इससे पहले कभी नहीं किया गया था। इससे पहले के जो अधिनियम निरस्त हो गये, वे टकसाल “उपचार” या “सहनशीलता”, जैसा कि उन्हें कहा गया है, के सिद्धांतों की मान्यता के संबंध में बहुत कृपालु थे। इस बिंदु को काफी हद तक केवल टकसाल की तकनीकों में से एक समझा गया है। यह ऐसा ही है, लेकिन ऐसा इसके मौद्रिक महत्त्व के बिना नहीं है। जब कीमती धातुओं का उपयोग उनके भार द्वारा किया जाता था, तब शायद टकसाल की सहनशीलता का प्रश्न ही नहीं उत्पन्न हो सकता था, क्योंकि हर व्यक्ति उसे तोलकर उसका भार पता कर सकता था और उसकी कीमत का अंदाज़ा भी लगा सकता था लेकिन सिक्कों की खोज होने के बाद, जब मुद्रा का एक किंवदंती के तौर पर आगमन हुआ, हर व्यक्ति

का विश्वास था कि सिक्कों का असली मूल्य वही था, जो सिक्कों पर प्रमाणित किया गया था।

हालांकि, सिक्के का वास्तविक मूल्य हमेशा उसके प्रमाणित मूल्य से पूरी तौर पर मेल खाता हो, ऐसा नहीं हो सकता। इस तरह का अन्तर पाया जाना स्वाभाविकं है और सिक्कों को ढालने की कला में सुधार होने के बावजूद, इस अन्तर को करना मुश्किल है। टकसाल के वास्तविक मानक से इसका अन्तर कितना है, यह बात सबसे ज़्यादा मायने रखती है। इसलिये सभी देशों के टकसाल संबंधी कानूनों में इस तरह के प्रावधान होते हैं जिनमें यह घोषणा की जाती है कि अगर उनमें एक निर्धारित सीमा से अधिक उनके वैध मानक में कोई भूल हो जाती है तो सिक्कों को उनके प्रमाणित मूल्य पर वैध मुद्रा नहीं माना जायेगा।

दरअसल, सिक्कों को उनकी मान्य सीमा निर्धारित किये बिना उसे वैध मुद्रा की मान्यता प्रदान करना धोखाधड़ी का एक रास्ता खोलने के समान होगा। जहां तक अधिनियम द्वारा उन सिक्कों की समय सीमा तय करके सिक्कों को टकसाल से जारी करने की अनुमति प्रदान की गयी, वह अपने आप में एक बहुत उचित कदम था। लेकिन, यह अत्यंत खेद की बात है कि इस अधिनियम में ऐसे किसी तंत्र की कोई स्थापना नहीं की गयी है जिससे इस बात का पता लगाया जा सके कि सिक्कों को ढालने का कार्य कानून के अनुरूप था। अधिनियम द्वारा किया गया दूसरा महत्त्वपूर्ण सुधार था स्वतंत्र तौर पर सिक्के ढालने के सिद्धांत को मान्यता प्रदान करना। यह सिद्धांत, जिसे इतनी मान्यता प्राप्त नहीं हुई, जितने का वह अधिकारी था, एक मजबूत मुद्रा का आधार है। इसका मुद्रा की मात्रा के बुनियादी प्रश्न पर एक महत्त्वपूर्ण प्रभाव है जो समाज में होने वाले लेन-देन के लिये बहुत ज़रूरी है। इस मात्रा को विनियमित करने के दो रास्ते हो सकते हैं। एक रास्ता तो यह है कि टकसाल को बंद कर दिया जाये और सरकार को उसके विवेक पर छोड़ दिया जाये जिससे कि यह आवश्यकता के अनुरूप मुद्रा का संचलन कर सके। दूसरा रास्ता टकसाल को खुला रहने देने का है जिसमें यह लोगों की इच्छा पर छोड़ दिया जाये कि वे अपनी ज़रूरत के आधार पर मुद्रा की राशि तय कर सकें। बंद टकसालों के मामले में ज़रूरी विवेक का इस्तेमाल करने के मार्गदर्शन में अचूक परीक्षणों के अभाव में, खुली टकसालों के सिद्धांत को दोनों योजनाओं में से बेहतर मान कर सहमति प्रदान की गयी है। जब हर व्यक्ति सोने-चांदी अर्थात् सर्राफे के लिये सिक्का हासिल कर सकता है और सिक्के को सर्राफे

तालिका VIII

टकसाल द्वारा जारी किए गए सिक्कों के मूल्य वर्ग	कुल भार ट्राय ग्रेन	भार में प्रति विधान	शुद्धता ट्राय ग्रेन	शुद्धता में प्रति विधान	वैध सिक्के की शक्ति
I सोने के सिक्के (क)					
(i) मोहर	180	2/1000	165	2/1000	
(ii) मोहर का तिहाई भाग	60	"	65	"	बिल्कुल भी वैध सिक्का नहीं
(iii) मोहर का दो तिहाई भाग	120	"	110	"	
(iv) दोहरी मोहर	360	"	330	"	
II चांदी के सिक्के (ख)					
(i) रुपया	180	5/1000	165	2/1000	असीमित वैध सिक्का
(ii) आधा रुपया (अठन्नी)	90	"	82.5	"	
(iii) चौथाई रुपया (चवन्नी)	45	7/1000	41.25	3/1000	केवल रुपये के अंशों के लिए
(iv) दो आने (रुपये का आठवा भाग)	22.5	10/1000	20.625	"	वैध सिक्का
III तांबे के सिक्के (ग)					
(i) पैसा	100	1/40	—	—	रुपये के 1/64 वें भाग के लिए वैध सिक्का
(ii) अधन्ना	200	"	—	—	रुपये के 1/32 वें भाग के लिए वैध सिक्का
(iii) धेला	50	"	—	—	रुपये के 1/128 वें भाग के लिए वैध सिक्का
(iv) पाई	33.3	"	—	—	रुपये के 1/192 वें भाग के लिए वैध सिक्का

में बदल सकता है, जैसा कि खुली टकसालों के मामले में होगा, तो मात्रा स्वयं ही नियंत्रित हो जायेगी। यदि वाणिज्य की बढ़ती हुई मांगों को पूरा करने के लिये संचलन के किसी माध्यम की बड़ी मात्रा में ज़रूरत होती है तो यह समाज के हित में होगा कि इस उद्देश्य के लिये वह बड़ी मात्रा में अपनी पूंजी को परिवर्तित करे।

दूसरी ओर, अगर व्यापार की स्थिति ऐसी हो कि इसके लिये कम मुद्रा की ज़रूरत पड़े तो सिक्के के एक भाग को वापस ले लिया जाये और मुद्रा के उद्देश्य के अतिरिक्त अन्य उद्देश्यों के लिये किसी अन्य वस्तु के रूप में इस्तेमाल किया जाये। चूंकि 1870 के अधिनियम में साफ तौर पर खुली टकसालों के सिद्धांत को मान्यता प्रदान की गयी थी, इसलिये ऐसा नहीं माना जा सकता कि टकसालें उस तिथि से पहले बंद कर दी गयी थीं। सच बात तो यह है कि उन्हें सोने और चांदी, दोनों ही तरह के स्वतंत्र रूप से सिक्के ढालने के लिये खुली छूट थी। हालांकि चांदी के सिक्के को ही वैध मुद्रा स्वीकार किया गया था लेकिन बेशक यह बात हैरानी भरी लगे, पहले के अधिनियमों में से किसी भी अधिनियम में ऐसा कोई भी शब्द नहीं था जो टकसाल के मालिकों पर यह जिम्मेदारी डाले कि उन्हें जो भी धातु दी जाये, वे उन सभी से सिक्कों का निर्माण करें। यह एक ऐसी शर्त है जो खुली टकसाल प्रणाली का सार है। इस मामले में अधिनियम के प्रावधान बिल्कुल साफ हैं। इसके लिये आवश्यकता थी-

> "धारा 19; उस समय, कुछ समय के लिये लागू किये गये टकसाल के नियमों के अन्तर्गत टकसाल का मालिक टकसाल में लाये गये सभी सोने और चांदी, सर्राफा तथा सिक्के प्राप्त करेगा।"
>
> " लेकिन शर्त यह है कि ऐसे सोना-चांदी और सिक्के ढाले जाने के योग्य हों।"
>
> शर्त यह भी है कि किसी व्यक्ति द्वारा एक ही समय में लायी गयी सोने की मात्रा 50 तोले से कम नहीं होनी चाहिये और चांदी एक हजार तोले से कम नहीं होनी चाहिये।
>
> "धारा 20; टकसाल के ऐसे नियमों के अन्तर्गत, सिक्के ढालने हेतु टकसाल में लाये गये सभी स्वर्ण सर्राफा के उत्पादों व उन सभी सोने के सिक्कों पर एक रुपया प्रतिशत की दर से "शुल्क' लगाया जायेगा।"
>
> "धारा 21; टकसाल में लायी गयी सारी चांदी सर्राफा या सिक्के टकसाल के उपरोक्त नियमों के अनुसार सिक्का बनाने हेतु मालिक को वापस किये गये ऐसे उत्पादों पर 2 प्रतिशत की दर से शुल्क लिया जायेगा।"

"धारा 22; सोने के सर्राफा और सिक्के पर 1/4 प्रति हजार और चांदी के सर्राफा तथा सिक्के पर सर्राफा या सिक्के की ढलाई अथवा कटायी पर 1 प्रति हजार प्रभार लगाया जायेगा ताकि वे टकसाल में ठीक से लिये जा सकें।"

"धारा 23; टकसाल में सिक्का ढालने के लिये लाया गया सभी सोना और चांदी सर्राफा तथा सिक्के और जो इस अधिनियम द्वारा निर्धारित किये गये मानकों की शुद्धता के लिहाज़ से कम हो या जो भुरभुरेपन या अन्य किसी कारण से सिक्का बनाने के लिये उपयुक्त न हो और अगर इसे शुद्ध कर लिया जाता है तो ऐसे में इस पर ऊपर बताये गये शुल्क और प्रभार के अलावा परिषद् में गवर्नर जनरल द्वारा शुद्ध करने हेतु हानि व व्यय की निश्चित राशि भी चुकानी होगी।"

"धारा 24; टकसाल का मालिक सिक्के ढालने के लिये सोना या चांदी के बुलियन या सिक्के टकसाल में प्राप्त करने पर इसके मालिक को एक रसीद देगा जिसके अनुसार सिक्के का निबल वह जांच अधिकारी से इस आशय का प्रमाण-पत्र हासिल करने का अधिकारी होगा जिससे वह बड़े खजाने में देय शुद्ध उत्पादन कर सकेगा।"

"धारा 25; सारा सोना बुलियन और सिक्के, जिसके संबंध में जांच अधिकारी ने प्रमाण-पत्र प्रदान कर दिया हो, उसका भुगतान जहां तक सम्भव हो सोने के सिक्कों में किया जायेगा जिन्हें इस अधिनियम या 1835 के अधिनियम संख्या 17 के अधीन ढाला गया हो और मालिक को देय कोई भी शेष (यदि कोई हो) चांदी या चांदी और तांबे के सिक्कों में ब्रिटिश भारत में दिया जायेगा।"

यहां यह बात ध्यान देने योग्य है कि उस समय देश में प्रचलित कागजी मुद्रा के संचलन के संबंध में सरकार ने स्वतंत्रता देने के सिद्धांत पर आगे कोई कदम नहीं उठाया। देश के लोगों में सामान्य तौर पर यह ग़लतफहमी है कि सरकारी कागजी मुद्रा के संचलन के पहले नोटों को जारी करने का अधिकार तीनों प्रांतों के बैंकों तक ही सीमित था। जबकि सच्चाई तो यह है कि उस समय भारत में मुक्त बैंकिंग प्रणाली नामक एक प्रथा मौजूद थी जिसके अधीन प्रत्येक बैंक को यह स्वतंत्रता प्राप्त थी कि वह अपने नोट जारी कर सकता था। यह सच है कि प्रांतों के बैंकों के नोटों को अन्य बैंकों के नोटों की अपेक्षा थोड़ी सी ज़्यादा प्रतिष्ठा हासिल थी जैसे वे सरकार द्वारा राजस्व के भुगतान में भी कुछ हद तक स्वीकार कर सकते थे। इस विशिष्ट सुविधा वाले प्रांतों के बैंकों को अपने वाणिज्यिक कारोबार में कानूनी नियंत्रण की सख्त

निगरानी के आगे समर्पण करना पड़ा था। इससे उन बैंकों को छूट प्रदान कर दी गयी थी जिनके मामलों को यह विशेष सुविधा हासिल नहीं थी लेकिन यह हानि अन्य बैंकों को इन मामलों में शामिल होने से रोकने के लिये पर्याप्त नहीं थी कि जो कानून द्वारा उनके लिये खुली छोड़ दी गयी थी। इसके बावजूद भी किसी बैंक ने बड़े स्तर पर इस मामले की स्वतंत्रता का इस्तेमाल नहीं किया, यहां तक की प्रांतों के बैंकों द्वारा भी नहीं। 1861 में इस रोग से छुटकारा पा लिया गया, जब समूचे भारत के लिये राष्ट्रीय प्रचालन की स्थापना की गयी जिसका प्रबंधन कार्य सरकारी विभाग को सौंप दिया गया जिसे कागजी मुद्रा विभाग (Department of Paper Currency) के नाम से जाना गया। लेकिन निजी हित में कागजी मुद्रा के निर्धारण में उसी भूमिका को निभाने की इजाज़त प्रदान नहीं की गयी थी, जैसा कि धातु मुद्रा के संबंध में दी गयी थी और कागजी मुद्रा के नियमन के मामले में सरकारी विभाग के लिये कोई भी विवेकाधिकार नहीं छोड़ा गया। कागजी मुद्रा विभाग के पास धातु मुद्रा के मामले में टकसाल के मालिकों की तुलना में कागजी मुद्रा के संबंध में कोई अधिकार नहीं था।

विभाग का दायित्व राशि के लिये कानून द्वारा केवल विनिमय-पत्रों तक ही सीमित था - (1) भारत सरकार का वर्तमान चांदी का सिक्का (2) सिक्का ढालने हेतु उपयुक्त मानक चांदी के प्रति 1,000 तोले पर 979 की दर से मानक के अनुसार संगठित विदेशी चांदी-सिक्का अथवा मानक चांदी - बुलियन में, (3) भारत सरकार के अन्य नोटों में जो मंडल में जारी की गयीं, अन्य राशियों की मांग पर धारक को देय है, और (4) भारत सरकार के सोने के सिक्के में या सोने का विदेशी सिक्के या बुलियन में गवर्नर-जनरल द्वारा तय किये गये ऐसे नियमों और शर्तों के आधार पर गणना किये गये, बशर्ते कि सोने के बदले जारी किये नोटों की मात्रा सिक्के और बुलियन के स्थान पर जारी की गयी कुल राशि के एक चौथाई भाग से अधिक न हो। इस सारी राशि की ज़रूरत कानून द्वारा तय की गयी राशि के अलावा जारी किये गये नोटों के भुगतान के लिये रिज़र्व के रूप में रखी जानी थी। इस राशि का निवेश सरकारी प्रतिभूतियों में किया जाना था और इस पर अर्जित की गयी ब्याज की राशि ही सरकार के लिये लाभ थी। इस तरह निवेशित राशि की सीमा का प्रबंध "उस न्यूनतम राशि से किया जाना था जिसका अनुमान सभी उचित अनुभवों के अनुसार किया गया था जिसके परिणामस्वरूप कागजी मुद्रा के गिरने की सम्भावना हो सकती

थी। इसके आधार पर अनुमान लगाते हुए निवेश की सीमा 1861 में 4 करोड़ और 1871 में 6 करोड़ व 1890 में 8 करोड़ तय की गयी लेकिन निवेश में निरंतर होने वाली वृद्धि कितनी भी क्यों न हो, इसके बावजूद, इस पर आधारित यह विश्वास योग्य कोई भी बात इतनी बड़ी कभी नहीं थी कि भारतीय कागजी मुद्रा कानून (Indian Paper Currency Law) के आवश्यक नियम को किया रद्द जाये, जिसका प्रयोजन कागजी मुद्रा की मात्रा को इतना नियंत्रित करना था कि वह हमेशा एक ही तरीके से घटने और बढ़ने के द्वारा अपने मूल्य को सुरक्षित बनाये रखे जैसा कि धातु के सिक्के को इसी हद तक सुरक्षित रखा जाता है।

मिश्रित मुद्रा की व्यवस्था ऐसी ही थी जो उन्नीसवीं सदी के आखिरी सालों हुए में बड़े बदलाव से पहले भारत में मौजूद थी। हालांकि यह मिश्रित प्रकार की व्यवस्था थी, लेकिन कुल मुद्रा की तुलना में कागजी मुद्रा का हिस्सा बहुत कम था। कागजी मुद्रा के अधिक अनुपात में संचलन में न होने के मुख्य कारणों को कागजी मुद्रा की व्यवस्था में ही तलाशा जा सकता है।

इसका एक कारण यह था कि नोटों में न्यूनतम मूल्य का नोट भी इतने बड़े मूल्य का था कि वह धातु की मुद्रा का स्थान नहीं ले सकता था। 1861 के कानून के अनुसार, देश में 10 रुपये के न्यूनतम अंश से लेकर 20, 50, 100, 500 और 1000 रुपये के नोट तक चलन में थे। ऐसे देश में जहां औसत लेन-देन एक रुपये से अधिक मूल्य का न होकर न्यूनतम एक आना या इससे भी कम मूल्य का होता हो, यह बात असम्भव है कि लोगों के लेन-देन के लिये कागजी मुद्रा कोई बड़ी भूमिका अदा कर सकती। यहां तक कि पहली बार वर्ष 1871 में स्वीकृत 5 रुपये का नोट भी लोगों के आर्थिक लेन-देन का माध्यम नहीं बना। कागजी मुद्रा की वृद्धि में एक और रुकावट नोटों को नकदी में परिवर्तित करने की थी। भारत में कागजी के उपयुक्त न होने की घटनाओं में से एक घटना इस तथ्य में शामिल थी कि उन्हें एक क्षेत्र में हर जगह वैध मुद्रा बनाया गया था लेकिन उन्हें सिर्फ निर्गम कार्यालय में ही नकदी में बदला जा सकता था। भारत में कागजी मुद्रा की इस तरह की विचित्र व्यवस्था के लिये सबसे ज़्यादा जिम्मेदार बात यह थी कि देश में अंदरूनी आदान-प्रदान चलन में था। इससे एक गम्भीर समस्या पैदा हो गयी थी जिसका हल सरकार को निकालना था। अगर नोटों को इस तरह बनाया जाता कि उन्हें बड़े पैमाने पर भुनाया जा सके तो यह

डर भी था कि व्यापारी अंदरूनी आदान-प्रदान से बचने के लिये मुद्रा के रूप में नोटों का इस्तेमाल न करके विभिन्न केंद्रों में प्रेषण के रूप में उनका इस्तेमाल कर सकते थे। ऐसे में सरकार इस बात के लिये मजबूर हो जाती कि वह निधियों को एक स्थान से दूसरे स्थान पर भेजे, बेशक इसके लिये नकदी भुगतान को रोकना क्यों न पड़ जाये। इतने दूरदराज के केंद्रों के बीच में इतने विशाल स्तर पर संसाधनों का संचालन करने के लिये तीव्र गति से चलने वाली परिवहन की सुविधायें नहीं थीं और साफ तौर पर यह काम सम्भव नहीं था। अत: सरकार द्वारा यह फैसला किया गया कि जो नोट जारी किये गये हैं, उनके भुनाने की सुविधाओं में कमी कर दी जाये। कागजी मुद्रा के उद्देश्य से सरकार ने देश को निर्गम के लिये कई मंडलों में बांट दिया और प्रत्येक मुद्रा मंडल को आगे उप-मंडल में बांट दिया तथा जारी किये गये नोटों पर उस मंडल अथवा उप-मंडल का नाम अंकित कर दिया गया, जहां से वे नोट जारी किये गये थे। निर्गम के मंडल के अंदर आने वाले राज्य में स्थित निर्गम की एजेंसी से जारी किये गये नोट किसी अन्य मुद्रा मंडल के राज्य में वैध मुद्रा नहीं थे और उन्हें अपने मंडल से बाहर नहीं भुनाया जा सकता था। इतना ही नहीं, मुख्य मंडल के अधीन उप-मंडलों से जारी किये गये नोट किसी अन्य राज्य में मान्य नहीं थे। लेकिन उन्हें अपने निर्गम कार्यालय में अथवा अपने मुख्य मंडल के निर्गम कार्यालय में भुनाया जा सकता था। इस तरह के उप-मंडल के नोटों को केवल दो स्थानों पर ही भुनाया जा सकता था। लेकिन मुख्य मंडल के निर्गम कार्यालय के नोट उसके अधीन समूचे राज्य क्षेत्र में मान्य माने गये थे। वे किसी अन्य स्थान के अतिरिक्त अपने ही काउंटर पर भुनाये जा सकते थे और अपने मंडलों में से किसी भी मंडल पर नहीं भुनाये जा सकते थे। इस तरह, व्यापक स्तर पर भुनाने की कमी ने सरकार को बेशक शर्मनाक स्थिति से तो बचा लिया था लेकिन ये उन नोटों की लोकप्रियता में इतनी बड़ी रुकावट साबित हुए कि इसके संबंध में संदेह किया जा सकता है कि कागजी मुद्रा ने जितनी तरक्की की है, क्या उससे ज़्यादा तरक्की भी की जा सकती थी, बेशक नोटों का सबसे कम मूल्य वर्ग उसके वास्तविक मूल्य से अपेक्षाकृत कम मूल्य का होता।

हालांकि यह बात ध्यान में रखी जानी चाहिये कि भारतीय विधानमंडल की कार्यकारी सरकार की इच्छा के समान, भारतीय मुद्रा को किफायती बनाने की कोई मंशा नहीं थी। इसमें कोई संदेह नहीं कि विधानमंडल से कागजी मुद्रा के मूल रचयिता

द्वारा यह निवेदन किया गया था कि भारत को नये पेरू देश के समान बना दिया जाये, जहां बहुत सस्ते में अधिक-से-अधिक मुद्रा का निर्माण किया जाता था, लेकिन विधानमंडल ने ऐसी नीति को स्वीकार करने में मदद देने के मामले पर बड़ी ही बुद्धिमानी से धैर्य धारण कर लिया। चूंकि नोट भुनाने के केंद्रों की संख्या बहुत कम थी और प्रत्येक केंद्र में इतने बड़े क्षेत्र को शामिल किया गया था जो उस मंडल में भुनाने का एक केंद्र दूसरा केंद्र से अमूमन 700 मील की दूरी पर था, अत: उसने इस तरह के छोटे मूल्यों के नोटों के संचलन की अनुमति देने को बहुत ही संदेह की नज़र से देखा जिसे निर्धन लोग न तो मना कर सकते थे और न ही उन्हें भुना सकते थे। इसके अलावा, नोटों के भुना न पाने में इतनी अधिक समस्या थी कि विधानमंडल को यह संदेह था कि वे भारतीय किसानों के हाथों में "क्षणभंगुर खजाने" साबित होंगे। उन्हें बारिश, चींटियों से बचा पाने में अक्षम होने के कारण, उन नोटों से छुटकारा पाने के लिये भारी छूट का भुगतान करना पड़ सकता था जो उन्होंने मजबूरी में लिये थे। विधानमंडल कागजी मुद्रा विधेयक (Paper Currency Bill) की धातु मुद्रा को बाहर करने के लिये मुद्रा को किफायती बनाने वाली उन धाराओं का इतना विरोधी था कि इसने सरकार को यह विकल्प दे दिया था कि वह ऊंचे मूल्य वाली वैध मुद्रा के नोटों और कम मूल्य के शक्तिहीन वैध मुद्रा के नोटों, दोनों में एक का चुनाव कर सकती थी। चूंकि सरकार ने नोटों की वैध मुद्रा का चुनाव किया था इसलिये विधानमंडल ने अपनी तरफ से यह जोर दिया कि ऊंचे मूल्य के नोट होने चाहियें। सबसे पहले विधानमंडल ने न्यूनतम मूल्य के रूप में 20 रुपये के नोट जारी करने पर जोर दिया। लेकिन बाद में उसने इस मूल्य को कम करके 10 रुपये के नोट जारी करने पर अपनी सहमति प्रदान कर दी, और यह सबसे न्यूनतम सीमा थी जिसे 1861 में स्वीकार कर लिया गया था। इसके दस वर्ष पश्चात् विधानमंडल ने 5 रुपये के नोटों के जारी किये जाने की स्वीकृति नहीं दी और यह स्वीकृति तभी प्रदान की गयी जब सरकार ने उनके भुनाने के लिये अतिरिक्त वैध सुविधायें प्रदान करने का वचन दिया। कुल मिलाकर भारतीय विधानमंडल यह चाहता था कि भारतीय मुद्रा को बहुत किफायती बनाने की अपेक्षा उसे सुरक्षित बनाया जाये, और निस्संदेह यही किया गया था।

इस प्रकार से बनी मुद्रा प्रणाली कैसे कार्य करने लगी? एक अच्छी मुद्रा प्रणाली की मुख्य आवश्यकताओं में से एक आवश्यकता है उसके मूल्य में स्थायित्व, लेकिन

यदि हम इस दृष्टिकोण से भारतीय मुद्रा का आकलन करें तो हम पाते हैं कि इसके मूल्य में इतना अधिक उतार-चढ़ाव था कि हम इस निष्कर्ष से अलग नहीं हो सकते हैं कि यह एक विफल प्रणाली थी।

यदि हम अंदरूनी व्यापार के लिये मुद्रा की पर्याप्तता के सबूत के रूप में छूट की दर पर विचार करें तो मि. वैन डैन बर्ग जैसे बड़े विशेषज्ञ का वित्त के क्षेत्र में विचार था कि भारतीय मुद्रा बाज़ार में मौजूद अनपेक्षित विकृति और अचानक आये बदलाव की, दुनिया के किसी भी भाग के किसी अन्य मुद्रा - बाज़ार के इतिहास में कोई समानता नहीं थी। भारत मुख्यत: एक ऐसा देश है जहां मौसम के समान मुद्रा में उतार-चढ़ाव आते रहते हैं। गर्मियों के मध्य में स्वाभाविक रूप से कम क्रियाकलाप होते हैं जबकि सर्दियों के मौसम में सामाजिक और आर्थिक जीवन की सभी गतिविधियों में फिर से ऊर्जा आ जाती है। अकेले उत्पादन ही मौसमों से प्रभावित नहीं होता। उपभोग के पहलू से देखें तो भारत का सामाजिक जीवन भी मौसम के समान विविधताओं वाला है। यहां शादी का मौसम होता है, छुट्टियों का मौसम होता है और आध्यात्मिक दृष्टि से पवित्र मौसम भी होता है। यहां तक कि यहां इनका विभाजन भी मौसम की प्रकृति जैसा होता है। निर्धारित अन्तराल पर किराया व वेतन का भुगतान करने और खातों का निपटान करने की प्रथाओं का भी पश्चिमी आर्थिक संगठनों के साथ सम्पर्क के परिणामस्वरूप एक आधार तैयार होता जा रहा है। ये सब पैसे की ऐसी सामाजिक मांग में एक प्रकार की लय पैदा कर रही हैं जो साल के निर्धारित समय में उत्पन्न हो रही हैं और दूसरों को प्रभावित भी कर रही हैं। आर्थिक व सामाजिक जीवन की मौसमी प्रकृति के संबंध में, व्यस्त महीनों के दौरान छूट की ऊंची दर के कारण उत्पन्न उतार-चढ़ाव बढ़ जाते हैं जबकि ये लेन-देन को पूरा करने के लिये काफी कम होने चाहिये थे और बाज़ार में भी मंदी के दौरान कम होने चाहिये थे जबकि बाज़ार को हतोत्साहित होने से बचाने के लिये ये काफी ऊंचे होने चाहिये थे, ऐसे में ये उतार-चढ़ाव अपरिहार्य हो जाते हैं। लेकिन भारतीय मुद्रा बाज़ार के उतार-चढ़ाव को जिस चीज ने अप्रिय बनाया, वह थी ऐसी परिस्थिति कि जिसमें छूट की दर में मौसमी उतार-चढ़ाव इतने असामान्य रहे।

देश की मुद्रा आपूर्ति में अनियमितता के ऐसे बाज़ारी चमत्कारों के स्पष्टीकरण को जिम्मेदार ठहराने की कोशिश की जाती है। मुद्रा को समान मूल्य पर रखने हेतु

इसकी मांग में विभिन्नता के आधार पर इसकी आपूर्ति को नियंत्रित किया जाना चाहिये। यह महसूस करके अच्छा लगता है कि मुद्रा की मांग कभी भी एक जैसी नहीं रहती। लेकिन इससे कुछ भी हासिल नहीं होगा, जब तक कि यह बात महसूस न की जाये कि मुद्रा की मांग में होने वाले ये बदलाव हर वर्ष जनसंख्या व व्यापार आदि की वृद्धि के कारण होते हैं, मुख्यत: एक वर्ष में मौसमी प्रभावों के चलते मुद्रा की मांग में जो उतार-चढ़ाव आता है, उससे यह अलग किस्म का होता है। किसी भी सुव्यवस्थित मुद्रा में यह बहुत ज़रूरी है कि मुद्रा की मांग में होने वाले बदलावों में इन दो वर्गों के अन्तर को पहचाना जाये। एक वर्ग जिसकी ज़रूरत होती है, है स्थिरता और विस्तार और दूसरा वर्ग जिसकी ज़रूरत होती है, वह है लचीलापन। इनके तुलनात्मक नज़रिये से देखने से ऐसा लगता है कि यह विश्वसनीयता से भी ज़्यादा ज़रूरी है कि धातु मुद्रा विशेष तौर पर इसलिये अपनाई गयी ताकि इसमें स्थिरता और स्थायित्व के तत्त्व को शामिल किया जा सके, जैसे कि कागजी मुद्रा लचीलापन प्रदान करती है। वाकई, इन दोनों की अलग-अलग गतिविधियां इतनी सटीक प्रतीत होती हैं कि इस बात पर जोर दिया गया है। एक आदर्श मुद्रा प्रणाली मुद्रा के ये दोनों रूप मुद्रा को बोझ या ख़तरनाक बनाये बिना अपने कार्यों में परस्पर बदलाव नहीं कर सकते। इस पहलू से परिपक्वता का प्रमाण यह कहा जा सकता है कि यदि वस्तुओं के आदान-प्रदान से उन थोड़े-से लेन-देन को अलग कर दिया जाये तो किसी भी वाणिज्य प्रधान देश का क्रय का साधन मुद्रा और ऋण के मिले-जुले रूप में निहित होता है।

देखने में तो भारतीय मुद्रा भी मुद्रा और ऋण का मिलाजुला रूप प्रतीत होती है। इस तरह यह अनुमान लगाया जा सकता है कि इसमें विस्तार तथा लचीलेपन की सम्भावना मौजूद है। किन्तु जब हम इसका विश्लेषण करते हैं, तो हमें पता चलता है कि इसमें लचीलेपन के लिये कोई प्रावधान नहीं किया गया है। इसके ऋण संबंधी पहलू से दूर, मौसमी मांगों के साथ इसके विस्तार और संकुचन के लिये कागजी मुद्रा अधिनियम ने मांग की मात्रा में किसी भी प्रकार के बदलाव के बिना, इसके जारी करने की मात्रा पर कड़ी रोक लगाये रखी। इसके पश्चात्, यहां भारतीय मुद्रा बाज़ार में प्रचलित छूट की दरों में कमी के कारणों में से एक कारण का पता चलता है। जैसा कि मि. वैन डेन बर्ग ने ध्यान दिलाया था-

> "भारतीय विधेयक द्वारा स्थापित कागजी मुद्रा अपने उद्देश्य की पूरी तरह से पूर्ति करता है। जहां तक व्यापार में सोना या चांदी के सिक्के की अपेक्षा आदान-प्रदान

के आसान उपायों की ज़रूरत होती है, लेकिन लोगों को अपने बिलों या अन्य वस्तुओं को विनिमय के मौजूदा माध्यमों में परिवर्तित करने के लिये प्रत्ययी मुद्रा (Fiduciary Currency) के निर्गम और जनता की मांगों के बीच कोई संबंध नहीं है... और मुद्रा बाज़ार में होने वाली अनपेक्षित सिकुड़न और संक्रमण का अकेला कारण है। इसलिये यह उस व्यापार के लिये अत्यंत हानिकारक है जिसके लिये ब्रिटिश भारतीय व्यापार निरंतर सामने आ रहा है।"

लेकिन इसके बावजूद यह आपत्ति की जा सकती है कि ऐसा विचार केवल सतही है। भारतीय कागजी मुद्रा अधिनियम (Indian Paper Currency Act) सभी मूलभूत तत्वों के नज़रिये से 1844 के 'इंगलिश बैंक एक्ट' की बिल्कुल नकल है। इंगलिश बैंक एक्ट की तरह ही इसमें भी नोटों की प्रत्ययी मुद्रा (Fudiciary Issue) के निर्गम की एक निश्चित सीमा तय की गयी है। इसकी तरह इसमें भी निर्गम व्यापार को बैंकिंग व्यापार से अलग रखा गया है और अगर इसने भारत के बैंकों को सिर्फ बट्टे के बैंक ही बना दिया तो इसका कारण यह है कि इसमें उस बैंक चार्टर एक्ट की नकल की गयी है जिसने बैंक ऑफ इंग्लैंड सहित इंग्लैंड के बैंकों को निर्गम बैंक बनाने से दूर रखा। फिर भी यह नहीं कहा जा सकता कि अंग्रेजी मुद्रा बाज़ार पर "आकस्मिक सिकुड़न और संक्रमण का प्रभाव पड़ा है जैसी कि भारतीय मुद्रा बाज़ार की स्थिति रही है।" दूसरी ओर जेवांस का सुविचारित मत था कि "बैंक ऑफ इंग्लैंड और बैंकर अब (अर्थात् 1884 के एक्ट के अन्तर्गत) आम तौर पर अपनी अग्रिम राशियों को घटाने या बढ़ाने में एक ही प्रणाली अपनाते हैं।" जैसा कि उन्होंने (एन.यू.एन.) सीमित प्रणाली के अन्तर्गत किया, "क्योंकि, जैसा कि उन्होंने अन्यत्र भी तर्क देते हुए कहा, अगर प्रत्ययी मुद्रा की सीमा एकपक्षीय होती और अगर लोग ज़्यादा धन चाहते हैं तो उनके लिये यह पूरी छूट है कि वे इसके बदले धातु - मुद्रा का इस्तेमाल करें। यह सीमा केवल मुद्रा के लिये ही नहीं है बल्कि उसके प्रतिनिधि हिस्से के लिये भी है।" तो फिर इसका क्या कारण है कि भारतीय कागजी मुद्रा अधिनियम (इंडियन पेपर करेंसी एक्ट) में ऐसी कमियां पैदा हुईं? जबकि इसके इंगलिश प्रतिरूप में ऐसी कमियां नहीं थीं। सर्वप्रथम तो इस तरह के कानून के अन्तर्गत मुद्रा बाज़ार में ऐसी किसी घबराहट की कोई ज़रूरत नहीं है। ऐसा प्रतीत होता है कि नोटों के निर्गम को नियंत्रित करके इस अधिनियम ने कोई भी विकल्प नहीं छोड़ा, सिवाय मौसमी मांग

हेतु धातु- मुद्रा के इस्तेमाल करने के। यह बिल्कुल सच होता, अगर सिर्फ नोट ही ऐसा स्वरूप होते जिनमें उधार का इस्तेमाल किया गया होता। लेकिन असल में ऐसा है नहीं। ऋण बैंक द्वारा जारी "भुगतान के वचन-पत्र" का रूप ले सकता है और इसके साथ-साथ, यह बैंक को भुगतान करने का आदेश भी हो सकता है व ऐसा इस्तेमाल करने वाले लोगों की सामाजिक अर्थनीति पर बिना कोई असर डाले किया जा सकता है। इसके परिणामस्वरूप अगर अधिनियम के प्रावधानों के अन्तर्गत बैंक भुगतान का वचन देने को बाध्य हो जाते हैं तो इसके ये मायने नहीं हैं कि इसके लिये केवल एक ही रास्ता बचा है कि वे "धातु - मुद्रा का इस्तेमाल" करने लगें, क्योंकि वे इसके लिये उतने ही स्वतंत्र हैं कि वे जितने चाहें, भुगतान के उतने ही आदेशों का पालन करें। दरअसल, अधिनियम की सफलता या असफलता इस बात पर आधारित है कि बैंक इन दोनों विकल्पों में से कौन - सा विकल्प अपनायें। यह साफ है कि जो अधिनियम के आदेशों को मानेंगे और धातु मुद्रा में काम करेंगे, उन्हें "उतार-चढ़ाव" मानने ही होंगे और जो ऋण के अन्य माध्यमों का इस्तेमाल करके अधिनियम से दूर रहेंगे वे उनसे बच जायेंगे। इसका मुख्य कारण यह है कि इस अधिनियम ने जहां इंग्लैंड में बहुत अच्छा काम किया है, वहीं यह भारत में बुरी तरह से विफल रह गया है। इसका कारण है कि जहां अंग्रेजी बैंकों ने नोट प्रणाली के स्थान पर ऋण का उपयोग करके आदेश अथवा चैक पद्धति को विकसित करने में सफलता पायी, वहीं भारतीय बैंक बदकिस्मती से ऐसा करने में असफल रहे। कहा जाता है कि उनको असफल होने से कोई नहीं बचा सकता था। चैक प्रणाली में यह माना जाता है कि जनता पढ़ी-लिखी है, और बैंक लोगों की देशी भाषा में अपना कामकाज करते हैं। भारत में इन दोनों में से कोई भी स्थिति मौजूद नहीं है। यहां की ज़्यादातर जनसंख्या अशिक्षित है और अगर ऐसा नहीं भी होता, तो भी यहां चैक प्रणाली को नहीं अपनाया जा सकता था। क्योंकि भारतीय बैंकों ने अंग्रेजी के अलावा किसी अन्य भाषा में अपना काम करने से मना कर दिया था। इसके अलावा, चैक प्रणाली की उत्पत्ति यह मानकर चलती है कि वहां बैंकों का विशाल नेटवर्क है और यह एक ऐसी शर्त है जो भारत में कभी भी पूरी नहीं हो सकती। बैंकों की सुविधा न होने पर चैक उपयोग के लिये सबसे बुरा औजार है। अगर यह चैक निर्धारित समयावधि में पेश नहीं किया जाता तो यह चैक बेकार और मूल्यहीन हो जाता है तथा इसलिये यह धन-संग्रह करने के लिये नोट की तुलना में

ज़्यादा घटिया विकल्प होता है। ऐसे हालात में यह कोई हैरानी की बात नहीं है कि भारत में चैक, नोटों के लचीलेपन की कमी को सुधारने के लिये बड़े पैमाने पर अमल में नहीं लाये जा सके।

लेकिन अगर भारतीय बैंक नोटों के स्थान पर ऋण के उपयोग को इसी रूप में काम में लाने में कामयाब हो जाते तो वे उस सीमा तक मुद्रा - बाज़ार को सहज नहीं बना सकते थे जैसा कि अंग्रेजी बैंक ऐसा करने में कामयाब हुए हैं। बैंकिंग का एक काम यह है कि बैंक की यह जिम्मेदारी है कि मांगने पर ग्राहक को नकद राशि दी जाये। अगर बैंकों में जमा राशि नकदी में जमा कराई जाती है तो इस जिम्मेदारी को पूर्ण करने में कोई ख़तरा नहीं है। दरअसल बैंकों में ज़्यादातर राशि ऐसी हुंडियों के ज़रिये जमा होती है जिनका नकदी में भुगतान करना वे अपना दायित्व मानते हैं। अत: बैंकर को सबसे पहले जो बात देखनी होती है, वह है नकदी जमाओं व उसके ऋण जमा का अनुपात। इस अनुपात पर विपरीत रूप से प्रभाव पड़ सकता है, चाहे उसके ऋण जमा में बढ़ोतरी हो या नकदी जमा में कमी हो। इन दोनों ही स्थितियों में से किसी भी स्थिति में उसकी नकदी के भुगतान की क्षमता उसके कुल दायित्वों के अनुपात में कुल नकदी को कम करने से थोड़ा कमज़ोर कर देती है। ऋण के अनुचित विस्तार के विरुद्ध बैंकर प्रभावशाली तरीके से अपनी रक्षा कर सकता है। लेकिन चैक प्रणाली का विकास कुछ भी क्यों न हुआ हो, फिर भी हमेशा इस ख़तरे की सम्भावना बनी रहती है कि किसी-न-किसी समय कुछ न कुछ राशि निकाल ली जायेगी। अत: एक बैंकर को सुरक्षा के रूप में कोई न कोई न्यूनतम राशि अपने पास रखनी चाहिये। कितनी राशि अलग से सुरक्षित रखी जाये, यह निकाली जाने वाली सम्भावित राशि पर निर्भर करता है। बात यह है कि जितना धन अलग से सुरक्षित रखा जाता है, उतनी ही बैंक की शक्ति ऋण देने में कम हो जाती है। यदि बैंक के रिज़र्व पहले ही बहुत कम हैं तो बैंक को बट्टा देना रोक देना चाहिये अथवा अपने खजाने से आहरित यानी निकाली गयी नकदी को फिर से प्राप्त करके अपनी स्थिति को मजबूत बनाना चाहिये। अब यह साफ है कि अगर आहरित राशि उस चालू व्यापार के लिये रखी जा सकती है जो बैंकों को प्राप्त हो सकती है तो वे शीघ्र ही एक बार फिर अपनी स्थिति को मजबूत कर सकते हैं और न्यूनतम रिज़र्व के ख़तरे से बहुत अच्छे अच्छे से स्वयं को दूर रख सकते हैं लेकिन उन्हें हमेशा मुद्रा बाज़ार की ज़रूरतों की पूर्ति करने के लिये तैयार

रहना चाहिये। इस दृष्टि से भारतीय बैंकों की क्या स्थिति रही? चैक - प्रणाली के न होने के कारण बैंकों से नकदी निकाले जाने की सम्भावनायें बढ़ जाती हैं जिसके कारण अधिक राशि के रिज़र्व की ज़रूरत होती है। इस तरह रिज़र्व के रूप में अधिकतर धन रुक जाने से और बट्टे के कारण उनके संसाधन बहुत कम रह जाते हैं। लेकिन ऋणदाता के रूप में उनकी स्थिति और भी ज़्यादा कमज़ोर हो गयी, क्योंकि बैंक से निकाली गयी नकदी बहुत जल्दी उन्हें वापस नहीं प्राप्त हुई। इसका नतीजा यह हुआ कि भारतीय बैंक अपने रोकड़ व उधार खाते में उचित अनुपात रखने के लिये काफी हद तक अपने बट्टे कम करने पर मजबूर हो गये जबकि अंग्रेजी बैंकों की यह स्थिति नहीं थी। इस संबंध में बैंकिंग की शाखा का न होना एक महत्त्वपूर्ण बिंदु सिद्ध हुआ लेकिन अगर बैंक की शाखा होती, तब भी बैंक से आहरित राशि वापस नहीं आ सकती थी क्योंकि इसे व्यापार की चालू धाराओं में नहीं छोड़ा गया था। इसे सरकारी खजानों में रख दिया गया था जिनकी कार्य करने की विधि देश के बैंकिंग लेन-देन की प्रक्रिया से बिल्कुल अलग थी। हालांकि मूलत: सरकार द्वारा स्वतंत्र तौर पर खजाने के संचालन में किसी तरह की कोई ग़लती नहीं थी और यदि इसकी कार्यविधि व्यापारी समुदाय की कार्यविधि के साथ अंतिम चरण में सामंजस्य बिठा लेती तो इसमें किसी तरह की हानि होने की सम्भावना नहीं थी। लेकिन भारतीय खजाने की कार्यशैली व्यापार की ज़रूरतों अनुकूल नहीं थी। इसने उस समय निधि को बंद कर दिया, जब उसे इसको बाज़ार के लिये उपलब्ध रखना चाहिये था। और निधि को उस समय मुक्त कर दिया, जब उसे इस निधि को बंद करने की ज़रूरत थी।

इसलिये भारतीय मुद्रा बाज़ार के संकुचन का कारण था, ऋण के माध्यमों में लचीलेपन की कमी और स्वतंत्र खजाना प्रणाली की कार्यशैली। जो देश के अंदर मुद्रा आपूर्ति को प्रभावित करने वाले मुख्य घटक हैं (देखें चार्ट 1)। बट्टे की दर की ऐसी सिकुड़न के बुरे परिणामों को शायद ही अतिरंजित कहा जा सकता है। ऐसी अर्थव्यवस्था में, जिसमें प्रत्येक व्यापारी को यकीन होना चाहिये, पूरे साल न सही लेकिन कुछ ही समय के लिये ही, उधार ली गयी पूंजी में अचानक वृद्धि होने से अथवा बट्टे की दर में एकाएक गिरावट आने से लाभ समाप्त हो सकता है, जिससे कम व्यापार या अधिक व्यापार की स्थिति पैदा हो सकती है। इस तरह के उतार-चढ़ाव व्यापार के जोखिम में वृद्धि करते हैं, व्यापार के खर्चों को बढ़ा देते देते हैं तथा

उपभोक्ता के लिये उत्पादों की लागत ज़्यादा हो जाती है। वे मूल्यों में उतार चढ़ाव लाते हैं, सट्टेबाजी को बढ़ावा देते हैं तथा घबराहट पैदा कर देते हैं। यदि किसी अन्य देश में ऐसी दिक्कत होती तो वहां की सरकार इन्हें दूर करने के लिये तुरंत उचित कदम उठा लेती। लेकिन भारत में व्यापारी समुदाय पर आने वाली इन मुसीबतों को दूर करने की दिशा में कोई गम्भीर उपाय नहीं किये गये। कागजी मुद्रा में सुधार या स्वतंत्र खजाना प्रणाली को बंद कर देने से इस स्थिति में लाया जा सकता था, हालांकि दोनों में ही अच्छा सुधार किया गया था। साधारणजन नहीं चाहता था कि कागजी मुद्रा में बदलाव किया जाये बल्कि वह स्वतंत्र खजाना प्रणाली को समाप्त करने के लिये चिंतित था।

CHART I

Discount Rates in India

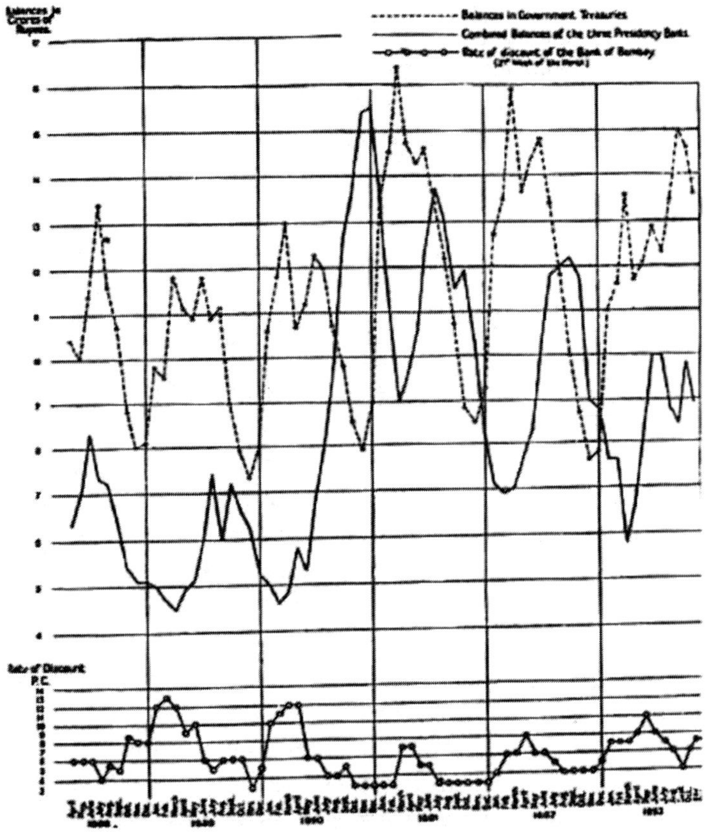

दूसरी तरफ, सरकार ने अपनी स्वतंत्र खजाना प्रणाली को समाप्त करने से इनकार कर दिया और कुछ हद तक बड़े ही रूढ़िवादी तरीके से व्यापारी समुदाय की मदद करने की अपनी नैतिक जिम्मेदारी को निभाने से मना कर दिया, और कहा कि मुद्रा बंद करके उसने पूंजी को बंद नहीं किया है।

यह भी नहीं कहा जा सकता कि, चूंकि नीति को स्पष्ट करने के लिये नहीं कहा गया था, इसलिये इस स्थिति को राहत प्रदान करने के लिये कागजी मुद्रा अधिनियम में कहां तक सुधार किया जा सकता है। फिर भी, इसके पहले कि मुद्रा प्रणाली में लचीलापन लाने के लिये इस विवादास्पद समस्या का कोई संतोषजनक समाधान निकाला जा सकता था, जिसकी उसको आवश्यकता थी। एक और बड़ी समस्या पैदा हो गयी जिसने धातु की मुद्रा के प्रतिरूप पर इस सीमा तक प्रभाव डाला कि वह मूल्य की स्थिरता और स्थायित्व को नष्ट करने में सक्षम हो गया जो कि इसे वरदान के रूप में देना बहुत हैरानगी भरा है। यह दोष इतना बढ़ गया और इसका इतने व्यापक स्तर पर प्रभाव पड़ा कि दूसरी सभी बातों को छोड़कर सबका ध्यान इसी पर केन्द्रित हो गया।

देश के अंदरूनी लेन-देन में भिन्न-भिन्न यूनिटों के मध्य मूल्य निर्धारण में अपनी मुद्रा का जो महत्त्व है, वही महत्त्व अंदरूनी लेन-देन में विनिमय सममूल्यता का है। किन्हीं दो देशों के मध्य विनिमय की सममूल्यता से एक-दूसरे के लिये अपनी-अपनी मुद्राओं के संबंधित विनिमय मूल्यों को दर्शाता है। इससे यह साफ होता है कि अगर दो देश उसी धातु को काम में लायें जो मानक मुद्रा के रूप में इस्तेमाल की जाती है, तो दोनों देशों के मध्य विनिमय की सममूल्यता स्थायी होगी और वह सरलता से सर्राफे में परिवर्तित होगी और सर्राफे के रूप में निर्मित होगी, क्योंकि उस स्थिति में वे एक साझा माध्यम के रूप में मूल्य का साधन होंगी और दो देशों के बीच व्यापार की स्वतंत्रता को देखते हुए, उनके वाहनांतरण की लागत से अधिक अर्थात् विशेष मामलों में उनके मूल्य में कोई अन्तर नहीं होगा। दूसरी ओर, दो देशों के मध्य अपने मूल्य के मुद्रा - मानकों के रूप में अलग-अलग धातुओं के साथ, निर्धारित विनिमय की कोई सममूल्यता नहीं हो सकती। उस हालत में, उनका आदान-प्रदान सोने और चांदी के सापेक्ष मूल्यों द्वारा किया जाता है और उनके मूल्य संबंधों में बदलाव के साथ उतार-चढ़ाव अवश्य होना चाहिये। उनके मध्य उतार-चढ़ाव के विनिमय की सीमा इतनी

व्यापक अथवा संकुचित होगी कि दोनों धातुओं के संबंधित मूल्यों में उतार-चढ़ाव की सीमा हो सकती है। अत: जब दो देश जैसे इंग्लैंड और भारत अपने धातु - मानकों के अन्तर से अलग - अलग किये जाते हैं तो सैद्धांतिकत: ऐसी कोई सम्भावना प्रतीत नहीं होती कि उनके मध्य विनिमय की स्थायी सममूल्यता की कोई सम्भावना हो। लेकिन असल में चाहे कोई भी स्थिति क्यों न हो, इन दोनों देशों के धातु- मानकों का अन्तर कुछ भी क्यों न रहा हो, इंग्लैंड और भारत के बीच विनिमय की दर शायद ही एक रुपये के लिये 1 शिलिंग 10/2 पैंस की साधारण दर से कभी अलग हुई हो। सन् 1873 तक दर इतनी ज़्यादा स्थिर थी कि कुछ लोग ही इस तथ्य से परिचित थे कि दोनों देशों में भिन्न-भिन्न मुद्रा मानक थे। इसके बाद इस सामान्य सममूल्यता से रुपये - स्टर्लिंग के विनिमय में अचानक अस्थिरता पैदा हो गयी और इससे जो अस्त-व्यस्त होने की स्थिति पैदा हुई, वह इतनी बड़ी और अव्यवस्थित थी (चार्ट II) कि किसी को भी यह आभास नहीं हुआ कि इसका अन्त कहां होगा। रुपये - स्टर्लिंग का विनिमय असल में सोने-चांदी विनिमय के ही समान था।

इसलिये जब यह कहा जाता है कि सन् 1873 से पूर्व रुपया स्टर्लिंग 1 शिलिंग 10 ½ पैंस तक ही स्थिर था तो इसका अर्थ सिर्फ यही था कि सन् 1873 से पूर्व सोने-चांदी के विनिमय का अनुपात 1:15 ½ था और सन् 1873 के बाद रुपये-स्टर्लिंग के अनुपात में अव्यवस्था आ गयी जिसका अर्थ यह था कि सोने-चांदी के विनिमय ने अपने पुराने बंधनों को खो दिया था। अत: सवाल यह उठता है कि सन् 1873 के बाद सोने और चांदी के बीच विनिमय के अनुपात में इतनी उथल-पुथल क्यों हुई जो उससे पहले कभी नहीं हुई थी और जो उस समय एक ऐसी विचित्र घटना लगी थी कि उसकी पूरी व्याख्या के लिये दो पहलुओं की अपील की गयी? उनमें से एक पहलू था दुनिया के प्रमुख देशों द्वारा मानक मुद्रा माध्यम के रूप में चांदी का विमुद्रीकरण करना। चांदी के विमुद्रीकरण के पक्ष में यह आंदोलन भार, माप और सिक्कों की एकरूपता के लिये अहानिकर विद्रोह का नतीजा था। जहां तक विद्रोह का प्रयोजन ऐसी एकरूपता बनाना था, यह हर तरह से उपयोगी था लेकिन इससे यह उदाहरण भी प्राप्त होता है कि अच्छे उद्देश्यों की तलाश कभी-कभी अपने पीछे बुराइयों की विरासत भी छोड़ जाती है। सन् 1851 में, लंदन में एक विशाल प्रदर्शनी के

आयोजन के मौके पर वहां प्रदर्शित कई वस्तुओं की तुलना करने में बहुत ज़्यादा दिक्कत आयी, जिसका मुख्य कारण था उनके मूल देशों और अन्य देशों द्वारा लाये गये तोल, माप और सिक्कों के अन्तर के कारण प्रदर्शित वस्तुओं को उस प्रदर्शनी में इकट्ठा हुए अलग-अलग राष्ट्रों के प्रतिनिधियों ने साफ तौर पर देखा। भार, माप और सिक्कों की अन्तर्राष्ट्रीय एकता के प्रश्न पर इस प्रदर्शनी में इकट्ठा हुए विभिन्न वैज्ञानिक समूहों द्वारा चर्चा की गयी, और हालांकि इसका कोई ठोस नतीजा नहीं निकल पाया लेकिन इसके बावजूद इस प्रश्न को कार्य - सूची से हटाया नहीं गया। दो वर्ष पश्चात् आयोजित ब्रूसेल्स इंटरनेशनल स्टैटिस्टिकल कांग्रेस में यह प्रश्न फिर से उठाया गया। इस मामले में जनमत इतना आगे बढ़ चुका था कि पेरिस में आयोजित अगली सांख्यिकीय कांग्रेस ने एक घोषणा की, जिसकी पुष्टि सन् 1859 में आयोजित वियाना स्थित सांख्यिकीय कांग्रेस ने की और इसमें इस बात की ज़रूरत पर ज़्यादा जोर दिया गया कि अलग-अलग देशों में भार, माप और सिक्कों में एकरूपता लायी जाये। इंग्लैंड की उस कार्रवाई से प्रोत्साहन पाकर, जिसमें उसने 1862 में भार और माप को मीट्रिक प्रणाली में ऐच्छिक बना दिया था, बर्लिन की 1863 की अन्तर्राष्ट्रीय सांख्यिकीय कांग्रेस ने विभिन्न सरकारों को आमंत्रित करने का फैसला किया कि वे अपने अधिकृत विशेष कांग्रेस प्रतिनिधियों को इसमें शामिल होने के लिये भेजें ताकि वे इस बात पर विचार करें और रिपोर्ट भेजें कि सोने और चांदी के सिक्कों में तुलनात्मक भार क्या होना चाहिये, और वे ऐसे विवरण तैयार करें जिनके द्वारा अलग-अलग देशों में मुद्रा प्रणालियां तय की जायें और जिनके आधार पर दशमलव प्रणाली के आधार पर एकाकी यूनिट का उपविभाजन किया जा सके। इस कांग्रेस के महत्त्व को नज़रंदाज़ नहीं किया जा सकता। इसने एक अलग ही नयी दिशा दी। इससे पहले कांग्रेस के अधिवेशनों में भार और माप की एकरूपता के बारे में अधिकांश तौर पर विचार-विमर्श किया जाता था लेकिन इस कांग्रेस में वह पहलू सिक्कों की एकरूपता के अधीन ही नहीं बल्कि अलग-अलग कर दिया। हालांकि यह प्रस्ताव अलग प्रकार का था लेकिन फिर भी इसके गम्भीर नतीजों को झेलना नहीं पड़ता, अगर सिक्कों की एकता के प्रश्न तक ही सीमित रखा जाता। लेकिन एक ऐसी स्थिति आयी जिसने मुद्रा के सवाल को भी अपने अधिकार क्षेत्र में ले लिया। जब समान

सिक्कों का विद्रोह आगे बढ़ा तो फ्रांस की सरकार ने स्वाभाविक रूप से यह इच्छा प्रकट की कि उनके सिक्कों की प्रणाली को एकरूपता के हित में यूनियन से बाहर अन्य देशों में भी आदर्श के रूप में मान्यता दी जानी चाहिये, क्योंकि उनकी सिक्का - प्रणाली पहले ही लैटिन यूनियन द्वारा समेकित क्षेत्रों में लागू हो चुकी थी। इस प्रयोजन से फ्रांसीसी सरकार ने उस समय की ब्रिटिश सरकार से निवेदन किया, जिसके उत्तर में यह कहा गया कि ब्रिटिश सरकार इस प्रस्ताव पर तब तक विचार नहीं कर सकेगी, जब तक कि फ्रांस एकल सोने के मानक को अपनी स्वीकृति नहीं दे देता। इस प्रस्ताव पर भौंचक्के होने के बदले उस समय फ्रांस सरकार इंग्लैंड की सद्भावना प्राप्त करने के लिये इतनी ज़्यादा उतावली थी कि उसने पूर्ण आत्मतुष्टि से ब्रिटिश की उस पूर्वापेक्षा को स्वीकार करने में ज़रा सा भी संकोच महसूस नहीं किया, और वास्तव में उसने निर्धारित मार्ग से हटकर सन् 1867 में जब पेरिस में सम्मेलन आयोजित किया गया तो उसने सभा में यह प्रयास किया कि ऐसा प्रस्ताव पारित किया जाये जिसका संबंध "समरूप अन्तर्राष्ट्रीय सिक्के के लिये यह ज़रूरी था कि सिर्फ सोने को ही दुनिया की प्रमुख मुद्रा होना चाहिये।" सिक्के की समरूपता के प्रश्न को इतना ज़्यादा महत्त्व दिया गया कि जिन लोगों ने प्रस्ताव पारित किया था, उन लोगों ने यह ध्यान ही नहीं दिया कि उन्हें इसकी प्राप्ति के लिये कितना बलिदान देना होगा। सम्भवत: यह कहना ज़्यादा सही होगा कि उन्हें यह ज्ञान ही नहीं था कि वे अपने फैसले से दुनिया की मुद्रा प्रणाली को प्रभावित कर रहे हैं। उन सबने यह सोचा कि वे सिक्के की एकरूपता को बढ़ावा दे रहे थे, उससे अधिक कुछ नहीं, किन्तु इस फैसले की मजबूरी के कारण कुछ भी क्यों न हों, नतीजा हानिप्रद था क्योंकि वहां इकट्ठा हुए विभिन्न देशों द्वारा प्रस्ताव को व्यवहार में लाया जाना था। तो सिक्के की एकरूपता के संबंध में सम्मेलन का असली अन्त पूरी तरह से गायब हो गया था और प्रस्तावित क्रियान्वयन आख़िरकार वास्तविक रूप से ख़त्म हो गये। जैसे ही यह काम आगे बढ़ा, वैसे ही चांदी के विमुद्रीकरण के काम में तेजी आती गयी। इस क्षेत्र में, जर्मनी पहले स्थान पर था। सन् 1870 के युद्ध में फ्रांस को पराजित करने के पश्चात्, उस देश ने 'युनाइटेड एम्पायर ऑफ जर्मनी' के लिये सोने की मुद्रा को अपनाने की जल्दबाजी करके अपनी अव्यवस्थित मुद्रा को सुधारने में युद्ध की क्षतिपूर्ति का इस्तेमाल किया।

CHART II

FALL OF THE RUPEE-STERLING EXCHANGE

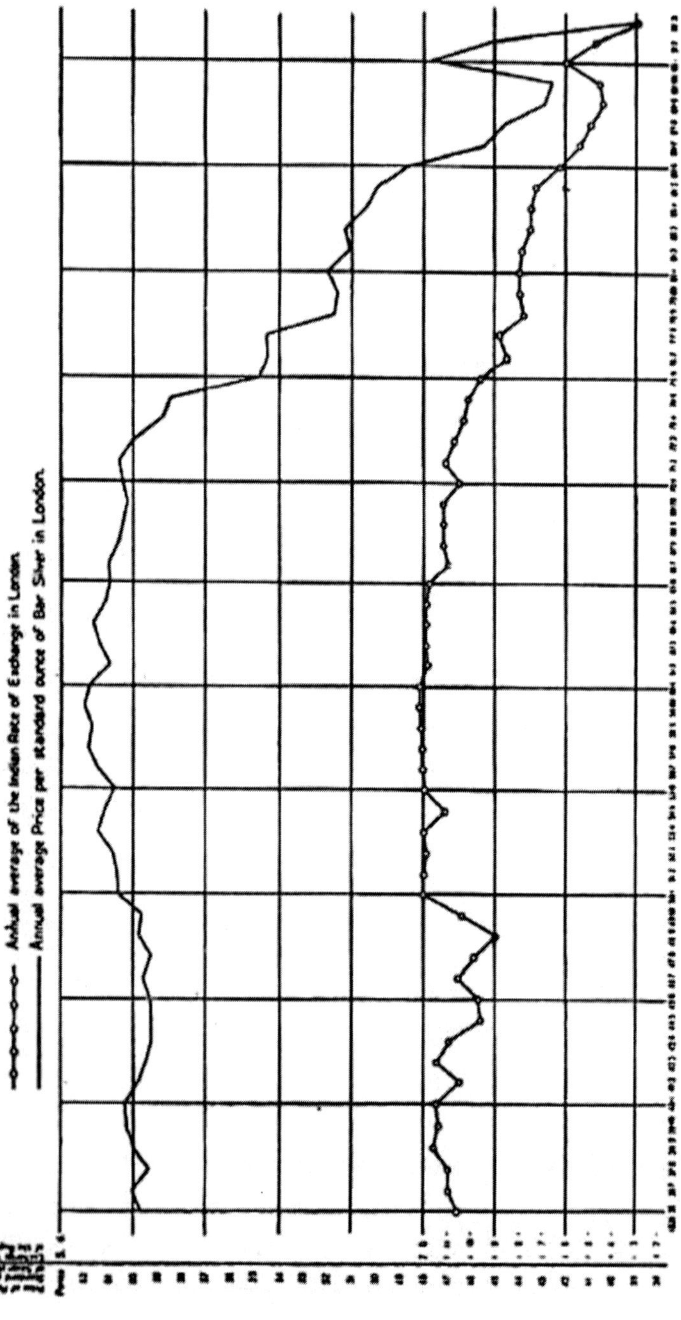

4 दिसंबर, 1871 के कानून ने मुद्रा की यूनिट के रूप में पहचान के साथ इस बदलाव को मान्यता प्रदान कर दी। इस अधिनियम द्वारा चांदी का विमुद्रीकरण किया गया, लेकिन वर्तमान चांदी के सिक्के वैध मुद्रा बने रहे, हालांकि आगे और सिक्के ढालने पर रोक लगा दी गयी और इसके साथ-ही-साथ 15 से ½ से 1 तक अनुपात में सोने के नये सिक्के ढालने पर भी रोक लग गयी। चांदी के सिक्कों की पूरी तरह वैध मुद्रा की ताकत 9 जून, 1873 के कानून द्वारा उनसे छीन ली गयी जिसके परिणामस्वरूप उनकी स्थिति सहायक मुद्रा की कर दी गयी। जल्द ही इस नीति को जर्मन संस्कृति के प्रभावित देशों ने भी अपना लिया। सन् 1872 में नार्वे, स्वीडन और डेनमार्क ने स्कैंडेनेवियाई मुद्रा संघ बनाया जो लेटिन मुद्रा संघ के समान था। इसके ज़रिये वे चांदी का विमुद्रीकरण करने पर सहमत हो गये जैसा कि जर्मनी द्वारा किया गया था। इस समझौते में सोने के मानक की स्थापना की गयी और मौजूदा चांदी की मुद्रा को सहायक मुद्रा के रूप में ढाल दिया गया तथा सन् 1873 में स्वीडन और डेनमार्क और सन् 1875 में नार्वे द्वारा इसकी पुष्टि कर दी गयी। हालैंड ने भी उनका अनुसरण किया। सन् 1872 तक इसका विशुद्ध चांदी मानक था। उस वर्ष हालैंड ने स्वतंत्र तौर पर सिक्का ढालने के लिये अपनी टकसाल बंद कर दी हालांकि पुरानी चांदी की मुद्रा किसी भी राशि तक वैध मुद्रा बनी रही। 1875 में हालैंड ने एक कदम और आगे बढ़ाते हुए अपनी टकसालों में स्वतंत्र रूप से सोने की मुद्रा ढालने का काम किया। हालैंड की नीति जर्मनवादी देशों से भिन्न थी। उस नीति के अनुसार, हालैंड ने स्वतंत्र रूप से चांदी के सिक्के ढालने के काम को रोक दिया जबकि जर्मनवादी देशों ने इसका विमुद्रीकरण कर दिया। यहां तक कि लेटिन संघ भी चांदी के विरुद्ध चली इस लहर का सामना करने में सक्षम नहीं था। चांदी के इस रोक के परिणामस्वरूप लेटिन संघ में और सदस्यों को शामिल करने के साथ संघ के सदस्यों की संख्या बढ़ा दी गयी, जिन्होंने स्वाभाविक रूप से चाहा कि देश के अंदर बाढ़ के समान कम मूल्य वाली चांदी के आने के विरुद्ध बचाव के कुछ उपाय किये जायें। यह आशंका निराधार नहीं थी क्योंकि सन् 1873 में बेल्जियम की टकसाल में सिक्का ढालने वाली चांदी सन् 1871 में ढाली गयी चांदी की तुलना में तीन गुना ज़्यादा थी। बेल्जियम ने घबराने के बजाय 8 दिसंबर, 1873 के कानून द्वारा अपने चांदी के 5 फ्रेंक के सिक्कों को स्वतंत्र तौर पर ढालने का कार्य रोक दिया। बेल्जियम के द्वारा उठाये गये इस कदम से

संघ के दूसरे सदस्यों को भी इस तरह के उपाय स्वीकार करने के लिये मजबूर होना पड़ा। जनवरी, 1874 में पेरिस में संघ के प्रतिनिधियों की एक बैठक हुई-

> "... और सन् 1865 में की गयी मूल संधि को सहायक संधि के रूप में माना गया तथा अलग-अलग व्यक्तियों से चांदी के उन पांच फ्रेंक के सिक्कों की थोड़ी सी राशि तक सीमित करके स्वतंत्र तौर पर सिक्का ढालने का अधिकार खत्म करने का पक्का इरादा किया गया जो सन् 1874 में संघ के प्रत्येक देश द्वारा सिक्के ढाले जाने थे।"

सन् 1874 के लिये जो अलग-अलग कोटे तय किये गये थे, सन् 1875 में उनमें थोड़ी सी बढ़ोतरी की गयी लेकिन फिर से सन् 1876 में उनमें कमी की गयी किन्तु वास्तविक सिक्का ढालने का काम इन छोटे-छोटे लक्ष्यों तक भी नहीं पहुंच सका। संघ चांदी की इस स्थिति से इतना विचलित हुआ कि सन् 1877 में इटली को छोड़ कर चांदी के पांच फ्रेंक के सिक्कों की ढलाई पूरी तरह से रोक दी गयी। फिर भी यह कार्य 5 नवंबर, 1878 की संधि का शुरुआती कार्य ही था। इसके द्वारा लेटिन संघ ने आगे की कार्रवाई होने तक चांदी के स्वतंत्र तौर पर सिक्के ढालने हेतु अपनी टकसालों को बंद करने के लिये अपनी सहमति प्रदान कर दी। हालांकि पहली बार अनिश्चित काल के लिये इनको बंद किया गया। किंतु वे आख़िरकार हमेशा के लिये बंद हो गयीं। लेटिन संघ के एहतियाती उपाय करने के साथ ही रूस ने सन् 1876 में स्वतंत्र तौर पर चांदी के सिक्कों की ढलाई का कार्य बंद कर दिया। किन्तु अपवाद यह था कि यह कार्य उस राशि तक किया जाना था जिसकी ज़रूरत चीन के साथ उसे अपने व्यापार के उद्देश्यों से थी। और 22 नवंबर, 1878 के शाही शासक वर्ग ने यह निश्चय किया कि 5 रुबल और 15 कोपेक से ऊपर का सारे सीमा शुल्क का भुगतान सोने में किया जाना चाहिये। इसी तरह, आस्ट्रिया ने भी सन् 1879 में स्वतंत्र रूप से सिक्का ढालने का काम बंद कर दिया।

अटलांटिक के दूसरी तरफ, संयुक्त राज्य अमरीका में एक अन्य महत्त्वपूर्ण घटना घटी। सन् 1870 में सरकार ने टकसाल के कानून को समेकित करने का निर्णय किया, जिनमें 1837 से संशोधन नहीं किये गये थे और उन्हें व्यापक कानून में समेकित नहीं किया गया था। सन् 1853 के कानून के अनुसार, चांदी का डॉलर ही मात्र ऐसा सिक्का था जिसे अमरीका की टकसालों में स्वतंत्र तौर पर ढाला गया था।

लेकिन सन् 1873 के समेकित टकसाल कानून के अनुसार, चांदी के डॉलर टकसाल से जारी किये जाने वाले सिक्कों की सूची से हटा दिया गया, जिससे वास्तव में ही अमरीका में चांदी के स्वतंत्र रूप से सिक्का ढालने का कार्य रुक गया। इससे पहले चांदी के जो डॉलर ढाले गये थे, वे वैध मुद्रा के रूप में संचलन में आते गये लेकिन जून, 1874 के कानून द्वारा इस अधिकार को छीन लिया गया जिसमें यह घोषणा की गयी कि "संयुक्त राज्य अमरीका में चांदी के सिक्के किसा भी राशि के लिये उनके नाममात्र मूल्य पर वैध मुद्रा होंगे बशर्ते कि किसी एक भुगतान में यह राशि पांच डॉलर से अधिक नहीं होगी।" सोने और चांदी के तुलनात्मक मूल्यों में अव्यवस्था के लिये जिम्मेदार कारणों में सोने की अपेक्षा चांदी के उत्पादन में ज्यादा वृद्धि होना भी हो सकता है।

तालिका IX

सोने और चांदी का सापेक्ष उत्पादन (औंस)

अवधि	कुल उत्पादन		वार्षिक औसत उत्पादन		औसत वार्षिक उत्पादन के लिए तालिका संख्या	
	सोना	चांदी	सोना	चांदी	सोना	चांदी
1493-1600	24,266,820	734,125,960	224,693	6,797,463	100	100
1601-1700	29,330,445	1,197,073,100	293,304	11,970,731	130.5	176.1
1701-1800	61,088,215	1,833,672,035	610,882	18,336,720	271.8	269.7
1801-1840	20,488,552	80,115,5495	512,217	20,028,887	227.9	293.1
1841-1870	143,186,224	9,31,091,326	4,772,876	31,038,378	2,124.1	456.6
[illegible]	[illegible]	[illegible]	[illegible]	[illegible]	[illegible]	[illegible]

आधुनिक काल में कीमती धातुओं के उत्पादन का इतिहास वर्ष 1493 से आरम्भ होता है जब अमरीका महाद्वीप की खोज हुई थी। 1493 से लेकर 1893 अर्थात् कुल चार सौ वर्ष के उत्पादन के नतीजों को देखने से हमें यह ज्ञात होता है कि पहले 100 वर्ष के दौरान सोने और चांदी के उत्पादन में समान दर से वृद्धि हुई है। सोने और चांदी के उत्पादन के आधुनिक इतिहास में प्रथम शताब्दी (1493-1600) के बीच प्रत्येक धातु के वार्षिक औसत के उत्पादन का अनुमान अगर 100 मान लिया जाये तो यह पता चलेगा कि आगामी शताब्दी (1601 - 1700) में सोने के उत्पादन के लिये सूचकांक में 130 तक की वृद्धि हुई और चांदी के मामले में यह वृद्धि 176 थी। प्रगति

की दर अगली शताब्दी (1700-1800) में भी जारी रही। इस अवधि के दौरान, सोने और चांदी दोनों की संख्या लगभग 270 तक रही और बिना किसी रुकावट के यह संख्या 1840 तक बनी रही जबकि संबंधित सूचकांक सोने के लिये 228 और चांदी के लिये 293 था। इस स्थिति से आगे तक दोनों धातुओं के संबंधित उत्पादन में पूरी तरह क्रांति आ गयी। अगले 30 वर्ष (1841-70) के दौरान सोने का उत्पादन अचानक ही बहुत ऊंचाई पर पहुंच गया जबकि इसकी अपेक्षा चांदी का स्तर बहुत पीछे था। चांदी - उत्पादन का सूचकांक मात्र 450 तक आगे गया लेकिन सोने का सूचकांक 2,124 तक हो गया। इस क्रान्ति के बाद प्रति-क्रांति घटित हुई जिसके कारण सन् 1870 के अन्त में स्थिति में पूरी तरह बदलाव आ गया। सोने के उत्पादन में अचानक ही रुकावट आ खड़ी हुई और हालांकि 1840 1870 के दौरान इसमें ज़्यादा वृद्धि हुई, यह उत्पादन 1870-1893 के मध्य स्थिर था और 1870-1893 के दौरान यह तिगुना हो गया। इसलिये बाद के समय में उसका औसत वार्षिक उत्पादन का सूचकांक 1,260 रहा।

इन कारणों से पैदा हुए विवाद में सोने की अपेक्षा चांदी की कीमत में कमी व अस्त-व्यस्तता हुई, वहां कुछ ऐसे पक्ष भी थे जिनके लिये इन दोनों में से एक कारण पर्याप्त था। एक पक्ष ने तर्क दिया कि यदि चांदी का स्थगन न होता या उसका विमुद्रीकरण न किया जाता तो इसका मूल्य कभी गिर नहीं सकता था। इस स्थिति को दूसरे पक्ष की ओर से ज़ोरदार चुनौती पेश की गयी। उसका विश्वास था कि चांदी के मूल्य में गिरावट का मुख्य कारण इसकी अत्यधिक मात्रा में आपूर्ति थी। तो क्या तुलनात्मक रूप से चांदी की अत्यधिक आपूर्ति का तर्क चांदी के स्वर्ण-मूल्य में गिरावट का उचित कारण है? देखने में ऐसा प्रतीत होता है कि इस व्याख्या में एक साधारण प्रस्ताव की सम्भावना मौजूद है। यह राजनीतिक अर्थव्यवस्था के शुरुआती सिद्धांतों में से एक सिद्धांत है कि किसी वस्तु का मूल्य उसकी आपूर्ति के अनुपात में विपरीत गति से अलग होता है, और अगर चांदी की आपूर्ति में अत्याधिक वृद्धि हो जाती तो क्या सोने के मूल्य की अपेक्षा चांदी के मूल्य में स्वाभाविक तौर पर गिरावट आ जाती? आगे दिये गये कुछ ऐसे तर्कपूर्ण तथ्य इस तर्क का आधार बनते हैं (देखें तालिका X)।

तालिका X
सोना और चांदी*
तुलनात्मक उत्पादन और तुलनात्मक मूल्य

अवधि	उत्पादन का अनुपात (चांदी की तुलना में सोने का भार द्वारा जैसा कि 1 ग्रेन के अनुपात में)	चाँदी की तुलना में सोने का अनुपात जैसा कि 1 ग्रेन अनुपात में	उत्पादन के अनुपात में सूचांक	मूल्य के अनुपात में सूचांक	तुलनात्मक उत्पादन और तुलनात्मक मूल्य के बीच सहसंबंध	
					चांदी का तुलनात्मक उत्पादन कमी–कमी अधिकता+	चांदी का तुलनात्मक मूल्य कमी–कमी अधिकता+
	(1)	(2)	(3)	(4)	(5)	(6)
1681-1700	31.8	14.95	100	100	...	...
1701-1720	27.7	15.21	87	101.7	-13	-1.7
1721-1740	22.6	15.10	71	101	-29	-1.0
1741-1760	21.7	14.70				
1761-1780	31.5	14.40	67	98.3	-33	+1.7
			99	96.3	-1	+3.7
1781-1800	49.4	15.08	155.6	100.8	+55.6	-.8
1801-1810	50.3	15.67	158.0	104.8	+58.0	-4.8
1811-1820	47.2	15.68	148.0	104.9	+48.0	-4.9
1821-1830	32.4	15.82	101.9	105.8	+1.9	-5.8
1831-1840	29.4	15.77	92.4	105.4	-7.6	-5.4
1841-1850	14.2	15.81	44.6	105.8	-55.4	-5.8
1851-1855	4.4	15.45	13.8	103.3	-86.2	-3.3
1856-1860	4.5	15.28	14.0	102.2	-86.0	-2.2
1861-1865	5.9	15.42	18.55	103.1	-81.5	-3.1
1866-1870	6.9	15.52	21.7	103.8	-78.3	-3.8
1871-1875	11.3	16.10	35.5	107.6	-64.5	-7.6
1876-1880	13.2	17.79	41.5	119.0	-58.5	-19.0
1881-1886	17.3	18.81	54.4	125.8	-45.6	-25.8
1886-1890	19.9	20.96	62.6	140.3	-37.4	-40.3
1891-1895	20.0	26.75	62.9	178.9	-37.1	-78.9

*फ्रेंच टकसाल के एम.डी. फेविले के आँकड़ों पर आधारित तालिका, जैसा कि श्री एफ.बी. फोर्ब्स द्वारा "दि बाइमेटालिस्ट" जुलाई, 1897 पृष्ठ 125–28 में दिया गया है।

इस प्रकार पेश तथ्यों से दो परिणाम सामने आते हैं। प्रथम परिणाम तो यह है कि चांदी के तुलनात्मक उत्पादन में अनुमानित अत्यधिक वृद्धि एक ऐसी अवधारणा है जिसका असल में कोई आधार नहीं था। इसके विपरीत तुलनात्मक उत्पादन के आंकड़ों के अवलोकन से ऐसा विचित्र तथ्य सामने आता है कि अठारहवीं शताब्दी की

शुरुआत से ही चांदी में वृद्धि की अपेक्षा आनुपातिक रूप से कमी आयी है। उन्नीसवीं शताब्दी के पहले चौथाई समय के अलावा तालिका में दिखायी गयी दो शताब्दियों में चांदी का उत्पादन सोने की अपेक्षा कम हुआ है। असल में चांदी का अनुपात इतना कम कभी भी नहीं रहा जैसा कि उन्नीसवीं शताब्दी के उत्तरार्ध में रहा, यहां तक कि सन् 1873 के पश्चात् जैसे उसकी वृद्धि होनी आरम्भ हुई, यह उस मात्रा का आधा भाग भी नहीं था जो अठारहवीं शताब्दी की शुरुआत में हो गया था। इन तथ्यों ने दूसरे परिणाम का दावा किया, इसका संबंध सोने के हिसाब से, चांदी का मूल्य सोने की तुलना में उसकी आपूर्ति के अनुसार आगे नहीं बढ़ा। सिद्धांत के अनुसार चांदी का मूल्य अधिक होना चाहिये था क्योंकि तुलनात्मक दृष्टि से उत्पादन का स्वरूप घट रहा था। दूसरी तरफ, तुलनात्मक मूल्य और तुलनात्मक उत्पादन के आंकड़ों की सूक्ष्मता से जांच करने से, जैसा कि आगे की तालिका में दिखाया गया है, बताया गया है कि इसकी अपेक्षा कि उनके बीच कोई करीबी संबंध हों, उसकी विपरीत दिशा प्रकट हुई (देखें- चार्ट III)। आपूर्ति और मूल्य के विपरीत अनुपात की अपेक्षा इससे यह प्रतीत हुआ कि जैसे ही इसकी आपूर्ति में कमी आयी, वैसे ही इसके मूल्य में गिरावट आयी। इतिहास के ऐसे तथ्य होने के नाते दृढ़तापूर्वक यह कहा गया कि उन्होंने उनको कोई सहायता प्रदान नहीं की जिन्होंने चांदी के मूल्य की गिरावट के लिये पर्याप्त स्पष्टीकरण के तौर पर विमुद्रीकरण के बजाय अत्यधिक आपूर्ति पर अपना मामला आधारित किया था।

इन छोटे-छोटे बिन्दुओं को छोड़कर सन् 1873 के पहले और बाद के बीस वर्षों की अजीब घटनाओं की ख़ासियत के चलते यह मामला बहुत छोटा रह गया था। यह कहा गया कि सन् 1848 से शुरू करके सन् 1870 के अन्त तक के समय की, 1870 के बाद के समय से तुलना की जाये तो ऐसा आकर्षक तथ्य सामने उभर कर आता है। हालांकि वे दोनों धातुओं के तुलनात्मक मूल्यों के संदर्भ में एक-दूसरे के विपरीत रहे हों अथवा दोनों अवधियां अपनी तुलनात्मक आपूर्ति में परिवर्तनों के संदर्भ में समान रही हों। तुलनात्मक उत्पादन के नज़रिये से सन् 1870 और सन् 1883 के बीच का काल चांदी की बहुलता से परिपूर्ण है। सन् 1848 व सन् 1870 के बीच का समय दो कीमती धातुओं की तुलनात्मक आपूर्ति के बदलावों के संबंध में ऊपर बताये गये समय के ठीक समानांतर है। इस मामले में सिर्फ सोना ही था जो अपनी मात्रा में बढ़ोतरी कर पाया। अब अगर ऐसी ज़्यादा आपूर्ति है जिसने दूसरी अवधि (सन्

1870-1893) के दौरान दोनों धातुओं के मूल्य - संबंधों को नियंत्रित किया है तो इसे पहली अवधि (सन् 1848 1870) के दौरान उनके मूल्य - संबंधों के बारे में सही होना चाहिये, तब तक पहली अवधि में दोनों धातुओं के तुलनात्मक मूल्यों और दूसरी अवधि में मूल्यों में कोई उलझन रही? इस बात पर जोर दिया गया कि पहली अवधि के दौरान दोनों धातुओं के उत्पादन के अनुपातों में दूसरी अवधि के उत्पादन के अनुपात से कहीं ज़्यादा अव्यवस्था रही। वास्तव में अगर तुलनात्मक रूप से कहें तो दूसरी अवधि में कुछ भी उलझन नहीं रही जिसके संबंध में कुछ कहा जा सकता। इसके बावजूद, पहली अवधि में तुलनात्मक मूल्य 1:15 1/2 के अनुपात में काफी स्थिर रहा जबकि दूसरी अवधि के दौरान यह अनुपात 16.10 तथा 26.75 के बीच घटता-बढ़ता रहा। जिन लोगों का यह तर्क था कि सन् 1873 के पश्चात् चांदी के मूल्य में गिरावट आयी, क्योंकि इसकी अत्यधिक आपूर्ति की गयी थी, उन्हें इस समस्या का सामना करना पड़ा कि अगर ऐसा था तो सोने के मूल्य में गिरावट क्यों नहीं आयी, जबकि सन् 1873 से पहले सोने की आपूर्ति प्रचुर मात्रा में थी। अत: सारा विवाद इस प्रश्न पर खड़ा हुआ कि इन दो स्थितियों में यह अन्तर किस प्रकार बना रहा? यदि पहली अवधि में सोने के उत्पादन में भारी वृद्धि ने चांदी के मूल्य को 2 प्रतिशत से ज़्यादा नहीं बढ़ने दिया तो क्या कारण था कि दूसरी अवधि के दौरान चांदी के तुलनात्मक उत्पादन में अपेक्षाकृत नाममात्र की वृद्धि होने से सोने के मूल्य में इतनी वृद्धि हो गयी? ऐसे एक मामले में नियंत्रक प्रभाव क्या था जो दूसरे मामले में नहीं था? जिन लोगों की यह मान्यता थी कि चांदी का विमुद्रीकरण ही केवल एक ऐसा कारण था जो उसके मूल्य में गिरावट के लिये जिम्मेदार था, उनका तर्क था कि हर स्थिति में समान होने के बावजूद भी दोनों अवधियों में एक महत्त्वपूर्ण बात पर भिन्नता थी। उन दोनों में इस तथ्य के आधार पर भिन्नता थी कि पहले यह आम परंपरा थी कि देश की मानक मुद्रा की परिभाषा सोने की एक निश्चित मात्रा या चांदी की एक निश्चित मात्रा से तय की जाती थी। सन् 1803 से पहले दोनों धातुओं को भिन्न-भिन्न देशों में भिन्न-भिन्न तरीके से आंका जाता था लेकिन उस समय से 1:15½ की दर ज़्यादा हो गयी जिसका नतीजा यह हुआ कि इस अवधि के दौरान मुद्रा से संबंधित मानक या तो सोने का एक ग्रेन अथवा चांदी का 15½ ग्रेन रहा।

CHART III

RELATIVE VALUES AND RELATIVE PRODUCTION OF GOLD AND SILVER

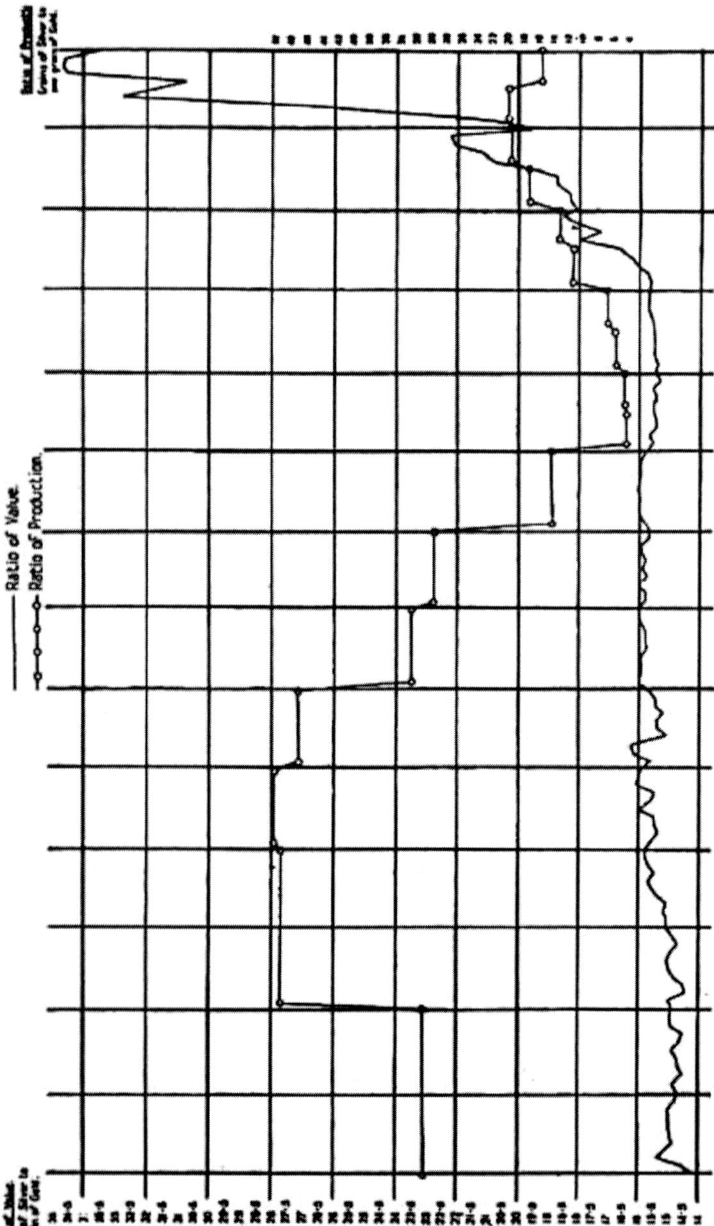

दूसरी तरफ, दूसरी अवधि में उस "अथवा" चांदी के विमुद्रीकरण और स्थगन आदेशों से ख़त्म किये गये प्रथम अन्तराल की विशेषता थी। दूसरे शब्दों में, हम यह कह सकते हैं कि पहली अवधि को द्विधातु पद्धति के संचलन से लक्षित किया गया जिसके अन्तर्गत दोनों धातुओं को किसी निश्चित अनुपात पर अन्तत: परिवर्तनीय रूप से इस्तेमाल में लाया जा सकता था। दूसरी अवधि के दौरान उनका इस तरह से इस्तेमाल नहीं हो पाया जिसका कारण यह तथ्य है कि अन्तत: परिवर्तन के लिये निश्चित अनुपात को रद्द कर दिया गया। अब निश्चित अनुपात के अस्तित्व या अस्तित्वहीनता के संबंध में ऐसा शक्तिशाली प्रभाव कहा जा सकता है कि क्या इससे कुल अन्तर का ज्ञान हो सकता है जिसने इन दो अवधियों को इतने विशिष्ट अन्तर से लक्षित किया है? यही वह कारण था जिसने कुल अन्तर को लक्षित किया और यह मत द्विधातु के मानने वालों का था। यह कहा गया कि पहली अवधि के दौरान जो मुद्रा पद्धति प्रचलन में थी, उसके कारण उस अवधि के दौरान सोना और चांदी परस्पर स्थानापन्न बन गये तथा वे "दो भिन्न-भिन्न शक्तियों की एक वस्तु" माने गये। इस तरह वर्णित आपूर्ति की शर्तों का उनके विनिमय के अनुपात पर कोई असर नहीं पड़ा जो किसी स्थानापन्न के बिना किसी वस्तु के बारे में ऐसी स्थिति में होता। ऐसी उन वस्तुओं के बारे में, जो स्थानापन्न हों, एक की तुलनात्मक कमी दूसरे की शर्तों के मामले में अपेक्षाकृत ज्यादा मूल्य नहीं दे सकता, जैसा कि उनके विनिमय के अनुपात में बताया गया है, क्योंकि स्थानापन्न की स्वतंत्रता के कारण दूसरी वस्तु की बहुलता से कमी की पूर्ति की जा सकती है। दूसरी ओर, एक वस्तु की तुलनात्मक बहुलता, विनिमय के अनुपात से कम दूसरी वस्तु के मूल्य को कम नहीं कर सकती, क्योंकि उसकी अधिकता दूसरी वस्तु के अभाव के कारण बनी रिक्तता को अवशोषित कर सकती है। जब तक वे प्रतिस्थापन के तय अनुपात के साथ स्थानापन्न बने रहते हैं, तब तक मांग या आपूर्ति से पैदा हुई कोई भी स्थिति इस अनुपात को बिगाड़ नहीं सकती। दोनों ही एक वस्तु हों और वाणिज्य की ज़रूरतों से दूर किसी भी प्रणाली में मांग या आपूर्ति में चाहे कुछ भी बदलाव क्यों न हों, वे स्वयं मूल्य के स्तर में ठीक उसी तरह सामने लाते हैं, जैसे उनमें से एक मुद्रा माध्यम ही था, लेकिन उनके विनिमय का अनुपात हर हालत में पूरी तरह सुरक्षित रखा जायेगा।

इसके समर्थन में जेवान्स की विशेषज्ञता को उद्धृत किया गया जिन्होंने कहा था-

"जब भी अलग-अलग वस्तुयें इस तरह समान उद्देश्यों के लिये प्रयोग किये जाने योग्य होती हैं, तब उनकी मांग और विनिमय की शर्तें अलग नहीं होतीं। उनके विनिमय का आपसी अनुपात ज़्यादा अलग नहीं हो सकता, क्योंकि उनकी उपयोगिताओं के अनुपात द्वारा उसे करीब से परिभाषित किया जायेगा। गोमांस और भेड़ के मांस में बहुत कम अन्तर पाया जाता है और लोग लगभग बिना किसी अन्तर के उनका सेवन करते हैं लेकिन भेड़ के मांस का थोक मूल्य गोमांस की तुलना में लगभग 9.8 गुना ज़्यादा होता है और इसलिये हमें यह निष्कर्ष निकालना चाहिये कि लोग आमतौर पर इस अनुपात में गोमांस को भेड़ के मांस की तुलना में ज़्यादा आदर देते हैं वरना वे महंगा मांस नहीं खरीदेंगे... जब तक कि उपयोगिता का समीकरण सत्य हो। तब भेड़ के मांस और गोमांस के मध्य के विनिमय का अनुपात 8:9 से भिन्न नहीं होगा। अगर गोमांस की आपूर्ति कम हो जाती है तो लोग इसके लिये ऊंची कीमत नहीं देंगे बल्कि वे इसके बजाय भेड़ का मांस अधिक खायेंगे और अगर भेड़ के मांस की आपूर्ति कम हो जाती है तो लोग गोमांस ज़्यादा खायेंगे ... दरअसल हमें गोमांस और भेड़ के मांस को दो भिन्न-भिन्न शक्तियों की एक वस्तु मानना चाहिये जैसे 18 कैरेट का सोना और 20 कैरेट का सोना शायद ही अलग-अलग माने जाते हैं लेकिन उन्हें एक ही वस्तु माना जाता है जिनमें एक के 20 अंश दूसरे के 18 अंशों के समान होते हैं।"

"इसी सिद्धांत के आधार पर हमें केयर्न्स के विचारों की तरह सोने और चांदी के विनिमय के अनुपात के स्थायित्व की व्याख्या करनी चाहिये जो 18वीं शताब्दी से आरम्भ होकर हाल ही के वर्षों तक 15:1 के अनुपात से कभी भी अलग नहीं हुई। अनुपात का यह स्थायित्व पूर्णत: उत्पादन की राशि या लागत पर निर्भर नहीं हुआ और इसे आस्ट्रेलियाई व कैलिफोर्नियाई सोने की खोजों के बहुत कम प्रभाव से साबित किया जाता है जिसने कभी भी चांदी के सोने की कीमत को लगभग 4⅔ प्रतिशत से ज्यादा नहीं बढ़ाया और 1½ के स्थायी प्रभाव से ज़्यादा प्रतिशत बढ़ाने में असफल रहा। तुलनात्मक मूल्यों की यह स्थिरता कुछ तो इस तथ्य के कारण हो सकती है कि सोने और चांदी को सही मायने में एक जैसे उद्देश्यों के लिये काम में इस्तेमाल किया जा सकता है लेकिन सोने की अधिक चमक कई मौकों पर बेहतर समझी जाती जबकि सोना चांदी से लगभग 15 या 15 ½ गुना महंगा होता है, इसके बावजूद भी सम्भवत: इस तथ्य की व्याख्या 15½ :1 के स्थायी अनुपात में की जाती है जिसके अनुसार उन धातुओं का विनिमय फ्रांस

और कुछ दूसरे महाद्वीपीय देशों की मुद्रा में किया जा सकता है। वर्ष XI के फ्रैंच मुद्रा कानून ने एक कृत्रिम समीकरण की शुरुआत की-

"सोने की उपयोगिता = 151/2 x चांदी की उपयोगिता

और सम्भवत: ऐसा अकारण नहीं है कि वोलोवस्की और हाल के अन्य फ्रांसीसी अर्थशास्त्रियों ने सोने और चांदी के संबंधों में गड़बड़ को दूर करने में महत्त्वपूर्ण प्रभाव का श्रेय प्रतिस्थापन के कानून को दिया है।" यदि यह बात स्वीकार कर भी ली जाये कि सन् 1873 से पहले यह अनुपात द्विधातु के कानून की क्षतिपूरक कार्रवाई के कारण सुरक्षित रखा गया, तो क्या यह कहा जा सकता है कि अगर कानून को रोका नहीं जाता तो इसे सन् 1873 के पश्चात् भी बनाये रखा गया होता? समझौता न किये जाने वाली सकारात्मक स्थिति, जैसी कि द्विधातु का पक्ष लेने वालों द्वारा पैदा की गयी थी, को बनाये रखना यह मानना है कि द्वि धातु प्रणाली सभी स्थितियों में काम कर सकती है। हालांकि वास्तव में यह कुछ ही स्थितियों में व्यावहारिक है, लेकिन यह अन्य स्थितियों में काम नहीं करती है। इन स्थितियों का प्रोफेसर फिशर द्वारा बहुत सुंदर वर्णन किया गया है। द्विधातु पद्धति के तहत प्रश्न यह उठता है कि क्या सोने और चांदी के बुलियन के बीच बाज़ार का अनुपात वही होगा जो सोने और चांदी के उन सिक्कों में होता है जो स्वतंत्र रूप से सिक्कों में ढाले जाते हैं और जिनमें वैध मुद्रा की अनंत शक्ति मौजूद होती है। अब यह स्वीकार कर लेना चाहिये कि सोने के बुलियन की अपेक्षा चांदी के बुलियन की आपूर्ति में वृद्धि की गयी है तो साफ तौर पर टकसाल और बाज़ार के अनुपात में अंतर होगा। क्या द्विधातु के कानून में क्षतिपूर्ति करने वाला कोई कदम संतुलन को वापस ला सकता है? ऐसा करने में यह सफल भी हो सकती है और असफल भी। यदि चांदी के बुलियन की आपूर्ति बढ़ती है और सोने के बुलियन में कमी होती है और ये दोनों इस तरह हों कि चांदी की मुद्रा में ढालने से जैसे ही यह कमी हो और सोने को मुद्रा के निकालने से सोने में वृद्धि हो तो उन दोनों को बुलियन की तरह पुराने स्तर पर लाया जा सकता है और इस तरह द्विधातु पद्धति में सफलता प्राप्त होगी। दूसरे शब्दों में यह कहा जा सकता है कि दोनों बुलियनों का बाज़ार अनुपात टकसाल के अनुपात के बराबर हो जायेगा। लेकिन अगर चांदी के बुलियन की आपूर्ति में बढ़ोतरी और सोने में कमी इस प्रकार की हो कि चांदी के बुलियन को मुद्रा में ढालने से चांदी के बुलियन का स्तर पुराने स्तर पर आ जाता है लेकिन सोने

के बुलियन को मुद्रा से बाहर करने पर सोने के बुलियन का स्तर पुराने स्तर पर आने पर पर्याप्त नहीं होता या मुद्रा से सोने को अलग करना सोने के बुलियन के स्तर को पुराने स्तर तक ले आता है लेकिन चांदी को सिक्के की ढलायी से चांदी-बुलियन के स्तर को पुराने स्तर तक नहीं ला पाता तो द्विधातु पद्धति अवश्य नाकाम होगी। दूसरे शब्दों में कह सकते हैं कि दोनों बुलियनों का बाज़ार अनुपात इन दोनों सिक्कों के बीच कानून के अनुसार स्थापित टकसाल अनुपात से भिन्न होगा।

इन दोनों सम्भावनाओं में से किस सम्भावना के तहत सन् 1873 के पश्चात् ऐसी स्थितियां उत्पन्न हुईं जिनका पतन हुआ? यह ऐसा प्रश्न है जिसके संबंध में कोई भी पूरे विश्वास से नहीं कह सकता। यहां तक कि जेवन्स को भी बाद में इसकी कामयाबी की ज़्यादा उम्मीद नहीं थी जिन्होंने पहले द्विधातु के कानून की कामयाबी को स्वीकारा था।

"द्विधातुवाद का सवाल ऐसा है जो संक्षिप्त और आसान उत्तर को मंजूर नहीं करता। मुख्य रूप से यह एक ऐसी समस्या है जिसका समाधान ढूंढ़ा नहीं जा सकता। इसमें कई परिवर्तनीय संख्यायें और कई स्थायी संख्यायें शमिल होती हैं। दूसरी स्थिति में या तो ये शुद्ध रूप से जानी नहीं जातीं या फिर कई मामलों में इनका बिल्कुल भी पता ही नहीं चलता...."

स्थिति चाहे कैसी भी हो, लेकिन यह तो तय है कि जहां द्विधातु पद्धति नहीं होती, उसके मुकाबले द्विधातु पद्धति के तहत टकसाल - अनुपात और बाज़ार- अनुपात के बीच अंतर अवश्य ही कम होना चाहिये। जब भी टकसाल - अनुपात से बाज़ार - अनुपात अलग होता है तो द्विधातु कानून के तहत क्षतिपूर्ति करने वाले उपाय संतुलन को फिर से वापस ला सकते हैं और अगर यह संतुलन बहाल करने में जहां भी विफल होता है, यह इन दोनों अनुपातों के बीच के अंतर को ख़त्म करने में सफल हो जाता है। इस तरह की स्थिति में यह तर्क देना उचित है कि अगर 1873 के बाद चांदी का विमुद्रीकरण न किया जाता तो सोने और चांदी के बीच के अनुपात को सम्भवत: सुरक्षित कर लिया जाता, क्योंकि यह स्थिति पहले की अवधि के मुद्रा-संबंधी अशांत माहौल में मौजूद थी। किसी भी हालत में यह तय है कि इन दोनों धातुओं के मध्य बाज़ार का अनुपात उस हद तक टकसाल - अनुपात से भिन्न नहीं हो सका जैसा कि वह वास्तव में था।"

इसलिये 70 के दशक के दौरान मौद्रिक कानून पर यह दु:खद टिप्पणी है कि अगर इसने वास्तव में ही किसी प्रयोजन से इसके निर्माण में मदद नहीं की तो यह समस्या पहले के समान ही अनजानी थी और इसने वाकई स्थिति को और ज़्यादा ख़राब करने में मदद की। सन् 1870 से पहले सभी देशों में साझा मुद्रा नहीं थी। भारत और पश्चिम यूरोप के कुछ देश ही ऐसे थे जिनका पूरा आधार चांदी का था और इंग्लैंड व पुर्तगाल जैसे दूसरे देशों में सोना ही आधार था। इसके बावजूद इनमें से किसी भी देश को आपसी लेन-देन में साझा मानक मूल्य की कमी महसूस नहीं हुई। जब तक फ्रांस और लैटिन संघ में तय अनुपात पद्धति मौजूद थी तो यह समस्या बनी रही, क्योंकि इस समस्या के तहत दोनों धातुयें एक होकर काम करती रहीं और इस तरह एक साझे मानक का निर्माण हुआ। हालांकि सभी देशों ने अपनी मानक मुद्रा के तौर पर एक जैसी धातु का इस्तेमाल नहीं किया इसलिये ऐसे अधिकतर देशों के लिये यह तुलनात्मक उपेक्षा का मुद्दा था जिन्होंने किसी धातु को उस एक देश की तरह उस समय तक इस्तेमाल किया जिसने किसी भी निर्धारित परिभाषित अनुपात से इस्तेमाल किया था। इस तय अनुपात को ख़त्म करने से इस संबंध में ज़्यादा चिंता उत्पन्न हो गयी जबकि यह मामला तुलनात्मक उपेक्षा का था। प्रत्येक देश, जिसने साझा मुद्रा के बिना आम अन्तर्राष्ट्रीय मानक के फायदे लिये थे, उसे ऐसी जद्दोजहद का मुकाबला करना पड़ा जिसमें साझा मानक प्राप्त करने के लिये अपनी मुद्रा को छोड़ने अथवा अपनी मुद्रा से बंधे रहने और साझा मानक के लाभ न उठाने का विकल्प था। साझा मानक की ज़रूरतें अन्तत: इसकी नाकामी की तरफ ले गयीं और यह स्थिति ऐसी थी जैसी कि उसे होनी चाहिये थी। लेकिन लोगों को बहुत ज़्यादा नुकसान और कुछ भारी कष्ट होने से पहले यह तथ्य नहीं था कि उसकी कमी के वास्तव में उनके लिये क्या मायने थे।

अध्याय 3

रजत मानक और इसकी अस्थिरता के नुकसान

विनिमय सममूल्यता ख़त्म होने के आर्थिक परिणामों का असर बहुत दूर तक हुआ। इसने व्यावसायिक दुनिया को पूरी तरह स्पष्ट चरित्र वाले दो समूहों में विभाजित कर दिया था। एक तो अपनी मानक मुद्रा के तौर पर सोने का इस्तेमाल करने वाला समूह तथा दूसरा चांदी का इस्तेमाल करने वाला समूह। जब सोने की एक निश्चित मात्रा चांदी की निश्चित मात्रा के तुल्य होती थी जैसा कि सन् 1873 के पहले था, तब अंतर्राष्ट्रीय लेन-देन व सौदों के लिये यह बात कोई मायने नहीं रखती थी कि कोई देश सोने के मानक वाला है अथवा चांदी के मानक वाला और न ही तब इस बात से कोई फर्क पड़ता था कि इन दोनों मुद्राओं में से उसके दायित्वों की पूर्ति व भुगतान किस मुद्रा में किया जाता है। लेकिन जब निश्चित सममूल्य बिगाड़ पैदा होने के कारण यह तय करना मुमकिन नहीं रहा कि हर साल, यहां तक कि हर महीने में चांदी की कितनी मात्रा, सोने की निर्धारित मात्रा के बराबर है यानी दोनों की मात्रा के मूल्यों में हर साल, यहां तक कि हर महीने बदलाव होने लगा, तो मूल्य की इस सटीकता ने, जो वित्तीय विनिमय की आत्मा है, जुए की अनिश्चितता को पैदा होने का अवसर दिया। निस्संदेह, सभी देश परेशानियों के भंवर में एक ही स्तर पर और एक ही हद तक नहीं फंसे हुए थे, फिर भी अंतर्राष्ट्रीय व्यापार में हिस्सा लेने वाले किसी भी देश के लिये इस भंवर से बच निकलना नामुमकिन था। यह बात भारत के बारे में भी सच थी क्योंकि इसकी स्थिति किसी दूसरे देश जैसी नहीं थी। भारत एक चांदी के मानक वाला देश था जो सोने के मानक वाले एक देश के साथ गहराई से जुड़ा हुआ था जिसके कारण उसका आर्थिक तथा वित्तीय जीवन सोने तथा चांदी के सापेक्ष मूल्यों पर काम करने वाली अंधी ताकतों की कृपा पर आश्रित था। ये ऐसी ताकतें थीं जो रुपये तथा पाउंड के विनिमय को नियंत्रित करती थीं। इस गिरावट के कारण उन देशों का खर्चे का बोझ बढ़ गया था, जिनको सोने में भुगतान करना पड़ता था। ऐसे देशों में भुगतान का सबसे ज़्यादा बोझ भारत सरकार के कंधों पर था। अपनी राजनीतिक व्यवस्था की

आवश्यकताओं के कारण उस सरकार के लिये यह ज़रूरी हो गया था कि वह कुछ भुगतान इंग्लैण्ड में करे जिनमें निम्नलिखित भुगतान सम्मिलित थे - (1) ऋण पर ब्याज और गारंटीशुदा रेलवे कंपनियों के स्टॉक पर ब्याज। (2) भारत में यूरोपीय सेना की तैनाती पर होने वाला खर्च। (3) पेंशन तथा गैर-प्रभावी भत्ते जो इंग्लैण्ड में देय थे। (4) घरेलू प्रशासन का खर्चा। (5) भारत में प्रयोग तथा इस्तेमाल के लिये इंग्लैण्ड में ख़रीदा गया सामान। चूंकि इंग्लैण्ड सोने के मानक वाला देश था, इसलिये यह ज़रूरी था कि उक्त भुगतान सोने में ही किये जायें। लेकिन यह भुगतान भारत सरकार के जिस राजस्व में से होता था, वह राजस्व चांदी में मिलता था जो देश की एकमात्र वैध मुद्रा थी। यह बात साफ है कि हालांकि सोने के भुगतान एक सीमित मात्रा में ही होते थे, लेकिन चांदी के स्वर्ण मूल्य में कमी आने के साथ ही उनके भार में सममूल्य पर बढ़ोतरी होना आवश्यक था। किन्तु स्वर्ण भुगतानों की मात्रा तय नहीं थी। उनमें अनवरत वृद्धि होती रही जिससे रुपये के तौर पर मूल्य में वृद्धि उनकी मात्रा में वृद्धि होने के कारण तथा माध्यम यानी सोने का मूल्यांकन जिसमें वे देय होते थे, के संकुचन के कारण भी होती थी। इस दोहरे कर के कारण भारत के राजस्व में कितनी ज़्यादा कमी हुई, इसका ठोस प्रमाण आगे दी गयी तालिका 11 में दिखाये गये आंकड़ों से मिलता है।

सरकार की वित्त व्यवस्था पर ऐसे बढ़ते हुए बोझ का कितना असर पड़ता था, उसके बारे में अच्छी तरह सोचा जा सकता है। सरकार की स्थिति इस निरंतर बढ़ते हुए बोझ के चलते पहले तो बहुत शर्मनाक हुई और फिर बाद में बहुत ही निराशापूर्ण हो गयी। सरकार की वित्त व्यवस्था में उच्च कराधान और कठोर अर्थव्यवस्था की नीति को लागू किया गया। वर्ष 1872-73 से, भारतीय बजटों के स्रोत पक्ष का विश्लेषण करने पर हमें ज्ञात होता है कि ऐसा कोई भी साल नहीं था जिसके ख़त्म होने से पूर्व देश के मौजूदा करों और चुंगी में बढ़ोतरी न की गयी हो। वर्ष 1872-73 में, "प्रांतीय शुल्क" के नाम से करों की शुरुआत हुई। वित्तीय वर्ष 1875-76, में स्पिरिट पर उत्पादन कर में एक रुपया प्रति गैलन की दर से बढ़ोतरी देखी गयी। वर्ष 1877-78 में, मालवा अफीम पर पास ड्यूटी (शुल्क) प्रति पेटी (Chest) 600 रुपये से 650 रुपये कर दी गयी। वर्ष 1878-79 में लाइसेंस कर व स्थानीय दरों में बढ़ोतरी की गयी और अगले ही वर्ष, मालवा अफीम के शुल्क में पचास रुपये प्रति पेटी

तालिका-11

स्वर्ण भुगतानों की रुपये मूल्य में वृद्धि[1]

वित्तीय वर्ष	वर्ष के लिए विनिमय की औसत दर		वर्ष के शुद्ध पाउंड भुगतान की व्यवस्था करने के लिए आवश्यक कुल अधिक रुपया जो उससे अधिक है जिसकी 1874-75 के पाउंड में भुगतान को पूरा करने के लिए आवश्यकता है	निम्न के कारण इस आधिक्य की राशि	
				1874-75 की तुलना में विनिमय दर में गिरावट	1874-75 की तुलना में स्वर्ण भुगतान में वृद्धि
	सिक्के		रुपया	रुपया	रुपया
	शिलिंग	पैंस			
1875-76	1	9.626	86,97,980	41,13,723	45,84,257
1876-77	1	8.508	3,15,06,824	1,44,68,234	1,70,38,590
1877-78	1	8.791	1,30,05,481	1,14,58,670	1,15,46,811
1878-79	1	7.794	1,85,23,170	1,04,16,718	81,06,452
1879-80	1	7.961	39,23,570	1,65,37,394	−1,26,13,824
1880-81	1	7.956	3,12,11,981	1,92,82,582	1,19,29,399
1881-82	1	7.895	3,18,19,685	1,98,76,786	−1,19,42,899
1882-83	1	7.525	62,50,518	1,86,35,246	2,48,85,764
1883-84	1	7.536	3,44,16,685	2,33,46,040	1,10,70,645
1884-85	1	7.308	1,96,25,981	2,48,03,423	51,77,442
1885-86	1	6.254	1,82,11,346	2,54,95,337	−4,37,06,683
1886-87	1	5.441	4,69,16,788	4,46 68,299	22,48,489
1887-88	1	4.898	4,63,13,161	4,96,60,537	−33,47,376
1888-89	1	4.379	9,00,38,166	6,59,71,998	2,40,66,168
1889-90	1	4.566	7,75,96,889	6,06,98,370	1,68,98,519
1890-91	1	6.090	9,06,11,857	4,65,48,302	4,40,63,555
1891-92	1	4.733	10,44,44,529	6,54,52,999	3,89,91,530

[1]उपरोक्त आंकडे भारतीय मद्रा समिति. 1843 के परिशिष्ट 2 (पष्ठ 270) से संकलित।

बढ़ोतरी की गयी। सरकार को उम्मीद थी कि इन करों की मदद से उसकी वित्तीय स्थिति में सुधार होगा। सन् 1882 के अन्त तक, उसने आर्थिक नज़रिये से स्वयं को पूर्णत: सुरक्षित महसूस किया, यहां तक कि उसने कुछ करों को पुन: कम भी कर दिया। ऐसा उसने उत्तर-पश्चिम के प्रांतों में पटवारी कर तथा सीमा शुल्कों में कमी करके किया। लेकिन विनिमय में तीव्रता से हुई गिरावट ने यह दिखा दिया कि आगे और कर लगाना ज़रूरी हो गया है जिसके कारण पाउंड के भुगतान के मूल्य में हुई बढ़ोतरी का मुकाबला किया जा सके और उसे पूरा किया जा सके। अत: मौजूदा भार में, 1886 में आयकर और आयातित और अज्वलनशील पेट्रोलियम पर 5 प्रतिशत कर भी लगाया गया। भारत में नमक दो रुपये से ढ़ाई रुपये और बर्मा में 3 आने से बढ़ाकर एक रुपया प्रति मन कर दिया गया। उत्तर-पश्चिमी प्रांतों में 1882 में जो पटवारी कर रद्द कर दिया गया था, उसे 1888 में फिर से बहाल कर दिया गया। आयातित स्पिरिट पर शुल्क की दरों को तथा स्पिरिट पर उत्पादन शुल्क को 1890 में न सिर्फ बढ़ाया गया, बल्कि इन्हें आगे चल कर प्रत्येक प्रांत में लागू कर दिया गया। 1893 में माल्टा शराब पर उत्पादन शुल्क लगा दिया गया और दूसरा उत्पादन शुल्क नमक वाली मछली पर छह आना प्रति मन की दर से लगाया गया। सन् 1882-83 से शुल्कों तथा करों से निम्नलिखित धनराशि की प्राप्ति की गयी।

स्रोत	1882-83 रुपये	1892-93 रुपये
नमक	5,67,50,000	8,14,90,000
उत्पादक शुल्क	3,47,50,000	4,97,90,000
सीमा शुल्क	1,08,90,000	1,41,80,000
निर्धारित कर	48,40,000	1,63,60,000

यह सारा अतिरिक्त बोझ सोने के भुगतान के मूल्यों में हुई बढ़ोतरी वृद्धि के अनुरूप रुपये में भुगतान करने के कारण पड़ा था और "अगर विनिमय दर में गिरावट

आती तो इस भार में वृद्धि करना ज़रूरी न होता।" स्रोतों में ऐसी वृद्धि के साथ-साथ भारत सरकार ने प्रशासनिक व्यय में भी कमी करने का मार्ग अपनाया। अपने इतिहास में प्रथम बार सरकार ने ऐसा किया कि उसने बाहर से आये अंग्रेजों के स्थान पर मूल देशवासियों के बजाय सस्ती एजेंसियों को लगाने के विकल्प की ओर ध्यान दिया। सन् 1870 से पूर्व, इस रूप में किफायत को लागू करने की गुंजाइश बहुत ही कम थी। सन् 1853 के नागरिक सेवा सुधार, 1853 (Civil Service Reforms, 1853) के ज़रिये उन पदों पर भारतवासियों की नियुक्ति का मार्ग प्रशस्त हो गया जो सन् 1793 के अधिनियम के अनुसार पारंपरिक नागरिक सेवा के सदस्यों के लिये आरक्षित थे। लेकिन इस सुधार से प्रशासनिक व्यय में कमी लाने में कोई मदद नहीं मिली, क्योंकि भारतीय सदस्य भी सिविल सेवा के अंग्रेज सदस्यों के समान ही वेतन के उच्च वेतनमान प्राप्त करते थे। जब सन् 1870 का अधिनियम (33 विक.सी . 3) पारित हुआ और उससे परंपरागत नागरिक सेवा के लिये आरक्षित स्थानों पर ग़ैर-परंपरागत भारतीयों के नामांकन से अपेक्षाकृत कम वेतनमानों पर नियुक्ति की इजाज़त मिल गयी तो भारत सरकार के सामने किफायत करने का असली मार्ग खुल गया। दबाव में आयी भारत सरकार ने इस अधिनियम के ज़रिये प्रस्तुत किफायत की सम्भावनाओं का फायदा उठाया। सरकार के व्यय को कम करने में सरकार की इतनी ज़्यादा दिलचस्पी थी और किफायत करने की इतनी ज़्यादा ज़रूरत थी कि कुशल प्रशासन की ज़्यादा मांग होते हुए भी वह पारंपरिक सिविलियनों के बजाय ज्यादा महंगी व्यवस्था के बदले गैर-पारंपरिक सिविलियनों की कम खर्चीली व्यवस्था को लाने के लिये प्रेरित हुई। जिस स्तर पर यह बदलाव किया गया, वह किसी भी तरह से कम नहीं था, क्योंकि हम पाते हैं कि सन् 1874 से 1889 के मध्य इंग्लैण्ड में भर्ती किये गये पारम्परिक सेवा वाले व्यक्तियों की संख्या में 22 प्रतिशत से ज़्यादा की कमी हुई और इसमें आने वाले दिनों में लगभग 12 प्रतिशत की और कमी होने की उम्मीद थी। यह कमी आमतौर पर पारंपरिक सिविलियनों के लिये आरक्षित पदों पर गैर-पारंपरिक सिविलियनों की नियुक्ति से हुई। प्रशासन में एक ख़र्चीली व्यवस्था के बदले एक किफायती व्यवस्था को लाने के अतिरिक्त सरकार ने अत्यधिक विभागीय फिजूलखर्ची

में कमी को लागू करके राहत पाने की कोशिश की। उसने प्रतिदिन बढ़ने वाली विभागीय फिजूलखर्ची वाले पदों को ख़त्म कर दिया। आय को बढ़ाने व व्यय में कमी करने की इन साहसिक कोशिशों के उपरांत भी कम होते विनिमय के पूरे समय के दौरान सरकार की वित्तीय स्थिति में खुशहाली नहीं आयी, जैसा कि आगे दी गयी तालिका XII में दिखाया गया है।

इससे भी ज़्यादा अफसोसजनक बात वित्तीय समस्याओं के कारण सार्वजनिक निर्माण के उपयोगी कामों के लिये सरकार के धन जुटाने में नाकाम रहने की थी। भारतीय लोगों का कल्याण देश में उपलब्ध संसाधनों से अधिक से अधिक लाभ उठाने पर निर्भर करता है। लेकिन लोगों के पास उद्यम करने की आवश्यक भावना बहुत कम थी। इसलिये, इस काम का दायित्व भी भारत सरकार के कंधों पर आ गया। यह काम देश को आर्थिक जीवन की दो मुख्य ज़रूरतें अर्थात् परिवहन प्रणाली तथा सिंचाई का नेटवर्क प्रदान करना है। इस लक्ष्य को दृष्टिगत रखते हुए सरकार ने "असाधारण सार्वजनिक निर्माण कार्यों" को विकसित करने की नीति प्रारम्भ की। इन कार्यों के लिये वित्त का प्रबंध पूंजी उधार लेकर किया गया था। ऐसे उधार व ऋण के लिये जैसी कि उम्मीद थी, भारत द्वारा कोई बाज़ार उपलब्ध नहीं कराया गया, क्योंकि यहां के निवासी इतने निर्धन हैं और उनकी बचत इतनी कम है कि वे आवश्यक पूंजी व्यय का थोड़ा सा भाग भी देने में सक्षम नहीं हैं। इसलिये निर्धन लोगों की सारी सरकारों के समान भारत सरकार को भी उन धनी देशों की शरण में जाना पड़ा जिनके पास इन देशों को ऋण देने के लिये अतिरिक्त पूंजी मौजूद थी। दुर्भाग्य से ये सभी देश सोने के मानक वाले थे। जब तक यह कहना मुमकिन था कि सोने की निश्चित मात्रा चांदी की निश्चित मात्रा के बराबर है, तब तक इंग्लैण्ड का निवेशक इस तथ्य से अनजान बना रहा कि भारत सरकार की प्रतिभूतियां रुपया प्रतिभूतियां थीं या पाउंड प्रतिभूतियां थीं। लेकिन चांदी के स्वर्ण मूल्य में कमी आने से रुपया प्रतिभूति के स्वर्ण मूल्य में भी कमी आ गयी, इसलिये एक समय जिसे सुरक्षित निवेश समझा जाता था, अब वह सुरक्षित नहीं रहा था। ऐसी हालत में सरकार, उसके असाधारण सार्वजनिक निर्माण कार्यों के लिये वित्त का प्रबंध करने के संबंध में मुश्किल में पड़ गयी। तालिका XIII में दिये गये आंकड़े अध्ययन करने योग्य हैं।

तालिका-XII

भारत सरकार का राजस्व तथा व्यय

वर्ष	भारत में				इंग्लैंड में		अंतिम परिणाम
	विनम्मय की औसत दर	शुद्ध राजस्व	विनिमय के अलावा शुद्ध व्यय	फालतू राजस्व	शुद्ध राजस्व विनिमय पौंड स्टर्लिंग में	विनिमय	फालतू (+) या घाटा (—)
	शिलिंग	रुपया	रुपया	रुपया	पाउंड	रुपया	रुपया
1874-75	22.156	39,564216	25,897,098	13,667,118	12,562,101	1,045,239	59,778
1875-76	21.626	40,053,419	24,541,923	15,511,496	12,544,813	1,377,428	1,589,225
1876-77	20.508	38,253,366	25,355,285	12,898,081	13,229,646	2,252,611	−2,584,176
1877-78	20.791	39,275,489	27,658,021	11,617,468	13,756,478	2,123,030	−4,262,040
1878-79	19.794	44,415,139	25,778,928	18,636,211	13,610,211	2,891,902	2,134,098
1879-80	19.961	45,258,197	29,384,030	15,874,167	14,223,891	2,878,169	−1,227,893
1880-81	19.956	44,691,119	34,880,434	9,810,085	11,177,231	2,264,848	−3,031,394
1881-82	19.895	45,471,887	27,717,249	17,754,638	11,737,688	2,421,499	3,595,451
1882-83	19.525	42,526,173	25,500,437	17,025,736	13,299,976	3,050,923	674,837
1883-84	19.536	43,591,273	23,566,381	20,024,892	14,770,257	3,375,158	1,879,477
1884-85	19.308	41,585,347	24,763,779	16,821,568	13,844,028	3,363,986	−386,446
1885-86	18.254	42,635,953	27,352,132	15,283,821	13,755,659	4,329,888	−2,801,726
1886-87	17.441	44,804,774	25,124,335	19,680,439	14,172,298	5,329,714	178,427
1887-88	16.898	45,424,150	25,968,025	19,456,125	15,128,018	6,356,939	−2,028,832
1888-89	16.379	46,558,354	25,051,147	21,507,207	14,652,590	6,817,599	37,018
1889-90	65.566	50,005,810	26,367,855	23,637,955	14,513,155	6,512,767	2,612,033
1890-91	18.090	49,403,819	25,579,727	23,824,092	15,176,866	4,959,055	3,688,171
1891-92	16.733	50,023,142	27,013,618	23,009,524	15,716,780	6,825,909	467,535

तालिका-XIII

भारत सरकार की रुपया तथा पाउंड प्रतिभूतियों के मूल्य की गति (संचलन)

वर्ष	विनिमय दर		4 प्रतिशत रुपये के कागज का मूल्य				भारत में स्टॉक और पाउंड का मूल्य					
			कलकत्ता में		लंदन में		4 प्रतिशत		3½ प्रतिशत		3 प्रतिशत	
	उच्चतम	निम्नतम	उच्चतम	निम्नतम	उच्चतम	निम्नतम	उच्चतम	निम्नतम	उच्चतम	निम्नतम	उच्चतम	निम्नतम
	शिलिंग	शिलिंग										
1873	22 7/8	21 5/8	105	101 7/8	97	94 1/2	106 1/2	101 1/4				
1874	23 1/8	21 1/4	104 1/2	99 1/2	98	94 1/2	103 3/4	101				
1875	22 1/16	21 1/4	102 3/8	101 3/4	94	91	106 1/4	103 1/4				
1876	22 5/8	18 1/2	101 7/8	98 1/4	89 3/4	78	105 7/8	101 7/8				
1877	22 1/4	20 9/16	98 7/8	93 1/8	88 1/2	81	104 5/8	102 1/4				
1878	21	18 1/4	96 7/8	93 1/2	82 1/2	75 1/8	104 3/8	99				
1879	20 3/8	18 3/8	94 7/8	91 1/4	80	77 1/4	105 1/8	100 7/8				
1880	20 1/8	19 1/4	100	92 11/16	81 1/8	77 3/4	105 3/8	102 1/8				
1881	20 1/16	19 1/2	104 5/8	100	86	81 1/2	106 3/8	103 7/8	103 7/8	100 3/4		
1882	20 5/16	19 1/16	102 1/16	95 5/8	85	81	105 1/8	102 7/8	101 7/8	99 3/4		
1883	19 9/16	19 3/16	101 1/8	97 9/16	82	79 3/4	104 5/8	102 7/16	103 1/8	101 3/8		
1884	19 1/4	18 15/16	100 1/8	95 5/16	81 1/4	78 1/4	104 3/8	101 5/8	107 1/8	101 1/8	96 1/4	91 3/4
1885	19 3/16	17 31/32	98 7/16	92 1/4	77 1/2	73 1/4	103 1/16	98 3/4	102 3/4	97 1/2	91 1/2	85 1/4
1886	18	16 1/8	97 1/4	97 3/16	73	66 1/4	103 1/2	101 1/4	102 3/4	99 3/4	90 1/8	86 1/8
1887	18 5/16	15 5/8	99 3/16	95 5/16	71 11/16	67 7/8	102 3/4	100 1/2	103 3/4	100 1/4	92 3/4	95 3/8
1888	17 1/8	16	100 3/16	97 3/4	69 3/8	66 1/4	102 7/8	100 1/2	107 1/4	104 5/8	98	95
1889	61 11/16	16	100 1/8	97 1/16	69 1/8	66 3/8			109 1/2	106 7/8	101 1/8	99
1890	20 29/32	16 7/8	103 7/8	96 13/16	87 1/4	68 3/4			108 1/2	105 1/4	100 3/4	95 1/4
1891	18 1/4	16 5/8	107 11/16	104 1/16	80 1/4	74 1/4			109 1/2	105	99	94
1892	16 11/16	14 5/8	108 15/16	103 11/16	74 1/2	62			109 1/2	106 1/8	98 1/2	94 7/8

अंग्रेज निवेशकों की रुपया प्रतिभूतियों में निवेश करने में कोई दिलचस्पी नहीं थी। इस प्रकार सरकार ने भारतीय रुपया प्रतिभूतियों के लिये एक अहम ग्राहक खो दिया था। भारतीय मुद्रा बाज़ार की प्रतिक्रिया इस मामले में काफी नहीं थी। उसका सिर्फ एक ही विकल्प यह था कि पाउंड प्रतिभूतियों को जारी रखा जाये जिससे सरकार भारत में पूंजी को लाने के लिये एक बड़े तथा अनवरत खजाने को काम में लाने में सक्षम हो सकती थी। लेकिन चूंकि इससे स्वर्ण भुगतान के भार में बढ़ोतरी होना अनिवार्य था, इसलिये इसकी सबसे ज़्यादा दिलचस्पी लंदन मुद्रा बाज़ार पर निर्भरता की ज़रूरत को कम करने में थी। लेकिन चूंकि यह लाज़मी हो गया था, इसलिये इसे कुछ नियंत्रित और व सीमित रखा गया, जिसका नतीजा यह हुआ कि असाधारण सार्वजनिक कार्यों के विस्तार में देश की ज़रूरतों के अनुसार वांछित गति नहीं आ पायी। विनिमय में गिरावट के कारण, वित्तीय अव्यवस्था का असर केवल भारत सरकार तक ही सीमित नहीं रहा था। उनको तुरंत उन नगर पालिकाओं तथा स्थानीय निकायों ने भी महसूस किया जो वित्तीय मदद हेतु सरकार के भरोसे पर थे। जब तक नकदी से सरकार के खजाने भरे रहे, तब तक उनका "सबसे फायदेमंद तरीका" उस राशि के एक हिस्से को इन स्थानीय संस्थाओं को ऋण प्रदान करके उसका सर्वोत्तम उपयोग करना था, क्योंकि उनकी शुरुआत उसी समय लॉर्ड रिपन के शासनकाल के दौरान स्थानीय स्वशासन नीति के तहत हुई थी तथा उस समय उनको सिर्फ एक प्रयोग के तौर पर देखा जाता था, इसलिये उनकी कराधान तथा ऋण लेने की क्षमता बहुत ही सीमित थी। इसके परिणामस्वरूप, अस्थायी पेशगियों के ज़रिये केंद्र सरकार से यह वित्तीय मदद उनके लिये सबसे उपयोगी तरीकों में से एक थी। फिर भी, जब विनिमय द्वारा निरंतर नुकसान के चलते केंद्रीय सरकार की नकदी कम होने लगी तो इन सुविधाओं को बहुत सख़्ती से कम कर दिया गया जिससे इन संस्थाओं के अस्तित्व पर ही उस समय ख़तरा मंडराने लगा, जब उनको अपने विकास हेतु और फूलने - फलने के लिये और अपने आधार को मजबूती प्रदान करने के लिये सब तरह की मदद की ज़रूरत थी।

भारत सरकार ने 2 फरवरी, 1886 को राज्य सचिव को संबोधित करते हुए अपनी एक विज्ञप्ति में कहा-

> "10. हमें यह बात दोहराते हुए कोई संकोच नहीं है कि भारतीय हितों को देखते हुए पीछे दिये गये अनुच्छेदों में वर्णित तथ्य सहनीय नहीं हैं और जिन बुराइयों को

हमने एक-एक करके गिनाया है, उनकी सूची अभी पूरी नहीं हुई है। चांदी के भविष्य के बारे में अनिश्चितता भारत में पूंजी के निवेश को निरुत्साहित करने वाली है और हमें बहुत अधिक मूल्य पर चांदी लेने के अतिरिक्त उसे उधार पर लेना नामुमकिन लगता है।"

"दूसरी ओर, हमारा रेलवे को सीमांत तथा सस्ता बनाने का प्रस्ताव है और तटवर्ती तथा सीमांत रक्षा की हमारी योजना है और ये अपेक्षाकृत बहुत ज़रूरी हैं और इन्हें अनिश्चित काल तक टाला नहीं जा सकता।"

"इसलिये हम मजबूर हैं कि या तो हम अपनी स्टर्लिंग संबंधी देयताओं को बढ़ायें जिसके लिये कई आपत्तियां उठायी जा रही हैं या फिर हम रेलवे के बिना काम चलायें जो आवश्यकता देश की वाणिज्यिक प्रगति के लिये तथा आक्रमण और अकाल के प्रभावों से बचाने के लिये ज़रूरी है।"

* * * *

"11. भारत में, स्थानीय निकायों को उधार प्राप्त करने में जिन मुश्किलों का मुकाबला करना पड़ता है, उन मुश्किलों को नज़रंदाज नहीं किया जा सकता। बम्बई तथा कलकत्ता की नगर पालिकाओं को साफ-सफाई के कार्य को सुधारने के लिये पैसे की बहुत ज़रूरत है, लेकिन चांदी के ऋण के लिये चुकायी जाने वाली ब्याज की ऊंची दर उनको महंगे निर्माण कार्य को आरम्भ करने से रोकती हैं और हमें आपको यह स्मरण कराने की ज़रूरत नहीं है कि सरकार के लिये हाल ही में, यह ज़रूरी हो गया है कि वह कलकत्ता तथा बम्बई में गोदी (Docks) बनाने हेतु वांछित धन उधार पर देने का कार्य अपने हाथ में ले और जब कलकत्ता के पोर्ट कमिश्नर ने सितंबर, 1885 में, भारत सरकार द्वारा गारंटीकृत 75 लाख रुपये के ऋण जुटाने की कोशिश की तो निविदाओं की कुल राशि मात्र 40,200 रुपये हुई और इस छोटी सी राशि के किसी भी अंश को सममूल्य पर नहीं दिया गया ...।"

निजी खाते पर पूंजी के आयात में ऐसे ही कारणों से रुकावट उत्पन्न हुई, जो देश के लिये बहुत बड़ा नुकसान साबित हुई। इसके लिये सबसे आग्रह किया गया, यहां तक कि रॉयल कमीशन द्वारा भी यह सिफारिश की गयी कि भारत में थोड़े-थोड़े समय के बाद बार-बार पड़ने वाले अकालों की मार से बचने का एक ही उपाय था और वह था भारत में उद्योगों का विविधिकरण। स्थायी रूप से कोई फायदा देने के लिये ऐसी

विविधता वाली औद्योगिक व्यवस्था सिर्फ पूंजीवाद के आधार पर ही टिकी रह सकती थी। लेकिन वह स्वतंत्र रूप से देश की ज़रूरतों के अनुसार देश में पूंजी के प्रवाह पर निर्भर था जो सभी ज़रूरतों की पूर्ति करने के लिये आवश्यक था। उस समय जिस तरह की स्थिति थी, उसमें अंग्रेज निवेशक जो पूंजी का सबसे बड़ा स्रोत था, भारत में पूंजी का निवेश करने को एक जोखिम भरा प्रस्ताव समझता था। उसे यह डर था कि अगर एक बार चांदी के मानक वाले देश में अपनी पूंजी को लगा दिया गया तो चांदी के मूल्य में होने वाली प्रत्येक गिरावट से पूंजी पर मिलने वाला लाभ, जब सोने में लिया जायेगा, तो वह न सिर्फ अनिश्चित ही हो जायेगा बल्कि सोने की शक्ल में उसके निवेश के पूंजी मूल्य में भी कमी हो जायेगी। सोना स्वाभाविकत: वह इकाई थी जिसमें उसने अपने सभी लाभों और लागत व व्यय को मापा था। पूंजी के मुक्त प्रवाह पर यह अवरोध निस्संदेह एक सबसे गम्भीर बुराई थी जो विनिमय की सममूल्यता में बिगाड़ के परिणामस्वरूप पैदा हो रही थी। सोने में भुगतान करने की जिम्मेदारी के कारण, विनिमय में गिरावट से नुकसान उठाने वाले लोगों का एक अन्य समूह, भारत में सिविल सेवा के यूरोपीय सदस्यों का समूह था। उनका जिस सरकार से रिश्ता था, उस सरकार के समान ही वे अपना वेतन चांदी में लेते थे, लेकिन उन्हें अपने परिवारों को, जो वे अक्सर इंग्लैण्ड में ही छोड़ आये थे, धन सोने में भेजना पड़ता था। सन् 1873 से पहले, तब उनके समक्ष ऐसी स्थिति नहीं थी किन्तु जैसे ही रुपये के मूल्य में गिरावट आनी शुरू हुई तो तब परिस्थितियां पूरी तरह से परिवर्तित हो गयी थीं। चांदी के मूल्य में प्रत्येक गिरावट के साथ उनको सोने की उतनी ही राशि व मात्रा पाने के लिये अपने निश्चित वेतन में से अपेक्षाकृत ज़्यादा रुपये देने पड़ते थे। इसमें कोई शक नहीं कि उनके धन को भेजने के संबंध में उन्हें कुछ राहत प्रदान की जाती थी। सिविल सेवकों को सरकार को छोड़ देने पर अपनी राशि उस विनिमय दर पर भेजने की आज्ञा प्रदान कर दी जाती थी, जिसे "विनिमय की अधिकारिक दर" कहा जाता था। यह बात बिल्कुल सच है कि बाज़ार दर और अधिकारिक दर में कोई बहुत ज़्यादा फर्क नहीं था। लेकिन इसके बावजूद, सिविल सेवक के लिये यह बात बहुत मायने रखती थी कि उन्हें सरकार की लागत पर 1862-90 के वर्षों में औसतन 2 ½ प्रतिशत का फायदा मिला था। सेना के कर्मचारियों को इस तरह की राहत अपेक्षाकृत ज़्यादा मिली हुई थी, लेकिन उनको अलग प्रकार से राहत दी जाती थी। उनके वेतन

का भुगतान हालांकि रुपये में दिया जाता था किन्तु उसका निर्धारण स्टर्लिंग में होता था। यह सच है कि जो रायल वारंट उनके वेतन को तय करता था, वह उस प्रयोजन हेतु स्टर्लिंग और रुपये के बीच विनिमय दर को भी तय करता था। लेकिन सदैव होता यह था कि वारंट द्वारा तय विनिमय दर, बाज़ार दर से ज़्यादा होती थी। इसलिये सेना के कर्मचारियों को इस अंतर की भरपाई भारतीय राजकोष के खाते से कर दी थी।

यदि हम तुलनात्मक नज़रिये से देखें तो यह राहत उनके लिये कोई राहत नहीं थी। हालांकि विनिमय की अधिकारिक अथवा सरकारी दर या वारंट दर, रजत मानक और इसकी अस्थिरता के नुकसान / 105 विनिमय की बाज़ार दरों से अच्छी थी, लेकिन इसके बावजूद वे दरें उस विनिमय दर से बहुत कम थीं, जिस दर पर वे सन् 1873 से पूर्व अपने धन को भेजा करते थे। सरकार के ऊपर बोझ के समान ही उनके ऊपर भी चांदी की गिरावट के साथ-साथ भार बढ़ गया और जैसे ही उनके ऊपर भार बढ़ा, उनका व्यवहार भय उत्पन्न करने वाला हो गया था। प्रार्थना-पत्र देने वाले अनेक लोग हो गये थे जिन्होंने अपने प्रार्थना-पत्रों में सरकार से मांग की कि विनिमय से होने वाले उनके नुकसानों के लिये सरकार पर्याप्त मात्रा में भरपाई करे। उन्होंने सरकार को यह चेतावनी दी कि-

> "जो अज्ञानी लोग यह सोचते हैं कि मौजूदा वेतनों को कम करने से भारत को फायदा होगा, ऐसा लगता है कि वे लोग यह बात नहीं समझ रहे हैं कि ऐसा कदम उठाने से कम वेतन पर काम करा पाना नामुमकिन हो जायेगा और ज़रूरत को पूरा करने के लिये धन हासिल करने के दूसरे तरीकों का सहारा लेना पड़ेगा।"

निस्संदेह, ईस्ट इंडिया कम्पनी के शुरुआती दिनों में ऐसी ही हालत थी, जब सिविल सेवकों की ऊपरी कमाई में इज़ाफा होता गया, क्योंकि उनका वेतन बहुत कम होता था और उनकी इस अनुचित कमाई पर रोक लगाने के लिये उनका वेतन इतना ज़्यादा बढ़ा दिया गया था कि उस समय वह बढ़ोतरी लगती थी। अनुचित कमाई के पूर्व ऐसे उदाहरणों को चेतावनियों के तौर पर पेश किया गया, जो यह दिखाता था कि विनिमय से होने वाले नुकसान के कारण सिविल सेवकों में बहुत अधिक नाराज़गी थी।

इस नैतिक पतन का देश के व्यापार व उद्योग पर बिल्कुल भिन्न असर हुआ। सरकार के कामकाज या इंग्लैण्ड जैसे सोने के मानक वाले देश के व्यापार व उद्योग

की अपेक्षा यहां के व्यापार व उद्योग की स्थिति बहुत समृद्धिपूर्ण थी। जिन दिनों चांदी में गिरावट हो रही थी, उस समूचे समय में, यदि तुलना करें तो इंग्लैण्ड में विभिन्न उद्योगों, व्यापारों व व्यवसायों में लगी आबादी में भी निरंतर गिरावट आ रही थी। वस्त्र निर्माण, लोहे और कोयले के व्यापार, महत्त्वपूर्ण व्यापारों जैसे बरमिंघम तथा शेफील्ड के लोहे के सामान का निर्माण, ग्रीनोक, लिवरपूल एवं लंदन में चीनी की रिफाइनिंग, मिट्टी के बर्तनों, शीशे, चमड़े, कागज के निर्माण और अनेकों लघु उद्योगों में मंदी छा गयी थी। इंग्लैण्ड का कृषि क्षेत्र इतना ज़्यादा मंदी की चपेट में आ गया था कि सन् 1892 में, कमिश्नर देश में ऐसे किसी भी हिस्से के बारे में नहीं बता पाये, जिसके बारे में यह कहा जा सकता कि उसमें मंदी का असर नहीं हुआ था।" और हालांकि कृषि के नज़रिये से मौसम सन् 1882 से कुल मिलाकर संतोषप्रद था, लेकिन फिर भी उस समय मंदी थी। लेकिन भारतीय व्यापार व उद्योग में स्थिति इसके बिल्कुल विपरीत थी। अमरीकी गृह-युद्ध के समय देश के विदेश व्यापार में वृद्धि हुई थी। सन् 1870 के उपरांत, उसमें और भी ज़्यादा उछाल व वृद्धि दिखायी दी और विनिमय में गिरावट वाले समय में उसमें विकास व वृद्धि तेज गति से होती रही। 20 वर्ष के छोटे-से अंतराल में देश का कुल आयात व निर्यात दुगुना हो गया, जैसा कि तालिका XIV में दिखाया गया है-

तालिका XIV

आयात तथा निर्यात (माल तथा खजाना दोनों)*

वर्ष	निर्यात रुपये	आयात रुपये	वर्ष	निर्यात रुपये	आयात रुपये
1870-71	57,556,951	39,913,942	1881-82	83,068,198	60,436,155
1871-72	64,685,376	43,665,663	1882-83	84,527,182	65,548,868
1872-73	56,548,842	36,431,210	1883-84	89,186,397	68,157,311
1873-74	56,910,081	39,612,362	1884-85	85,225,922	69,591,269
1874-75	57,984,549	44,363,160	1885-86	84,989,502	71,133,666
1875-76	60,291,731	44,192,378	1886-87	90,190,633	72,830,670
1876-77	65,043,789	48,876,751	1887-88	92,148,279	78,830,468
1877-78	67,433,324	58,819,644	1888-89	98,833,879	83,285,427
1878-79	64,919,741	44,857,343	1889-90	105,366,720	86,656,990
1879-80	69,247,511	52,821,398	1890-91	102,350,526	93,909,856
1880-81	76,021,043	62,104,984	1891-92	111,460,278	84,155,045

* 1898 की भारतीय मुद्रा स्फीति की रिपोर्ट के परिशिष्ट 2 (सं. 1 व 2) से

भारत का व्यापार न केवल उत्तरोतर बढ़ रहा था, बल्कि उसी दौरान उसके उद्योगों के स्वरूप में भी बहुत ज़्यादा बदलाव हो रहा था। सन् 1870 से पूर्व, एक तरह से कहा जाये तो भारत व इंग्लैण्ड गैर-प्रतिस्पर्द्धा वाले समूह थे। नेविगेशन कानून

की संरक्षणवादी नीति के कारण तथा उत्पादन के क्षेत्र में मनुष्य के बदले मशीनों के आ जाने के कारण भी भारत पूरी तरह से कृषि प्रधान और कच्चे माल का उत्पादन करने वाला देश हो गया था जबकि इंग्लैण्ड ने स्वयं को एक ऐसे देश के तौर पर बदल लिया था जिसने अपनी ऊर्जा व अपने संसाधनों को, उस कच्चे माल में लगा दिया था जिसे विदेशों से आयात किया जाता था, उसके बाद उसे तैयार माल में बदला जाता था। दो देशों के औद्योगिक व्यवसाय में साफ तौर पर कितना अन्तर था, उसे उनके निर्यात के भिन्न-भिन्न विश्लेषण की मदद से तालिक XV में स्पष्ट दिखाया गया है-

तालिका-XV

इंगलैंड तथा भारत में औद्योगिक व्यवसाय का स्वरूप *

	खजाने के अतिरिक्त भारतीय निर्यात का वितरण					खजाने के अतिरिक्त इंगलैंड के निर्यात का वितरण				
वर्ष	निर्मित वस्तुएं	कच्चा माल	खाद्य वस्तुएं	अवर्गी-कृत वस्तुएं	योग	निर्मित वस्तुएं	कच्चा माल	खाद्य वस्तुएं	अवर्गी-कृत वस्तुएं	योग
1857	11	34	22	23	100	90.9	4	4.9	.2	100
1858	6	35	26	33	100	91.4	3.4	5.1	.1	100
1859	6.5	40	15.5	38	100	91.5	3.8	4.6	.1	100
1860	5.7	43.6	17.7	33	100	91.9	3.6	4.4	.3	100
1861	5.8	46.5	15.3	32.4	100	90.4	4.8	4.8	—	100
1862	5	52	16	27	100	90.3	4	4.8	.9	100
1863	3.7	58.7	10.6	27	100	91.0	4	4	1.0	100
1864	4	69.2	9.3	17.5	100	92.5	3.7	3.7	.1	100
1865	3.5	68	12	16.6	100	92.1	3.6	3.6	.7	100
1866	4.2	67.2	10.3	18.3	100	92	3.7	3.7	.4	100
1867	4	58	11	27	100	92.2	3.8	3.7	.3	100
1868	4	58.5	11.5	26	100	92	4.4	3.4	.2	100
1869	4.8	60.5	14	20.7	100	92	4.2	3.1	.7	100
1870	4.4	63.6	9	23	100	91	4	4	1.0	100
1871	3.7	65.3	11	20	100	90	4.4	4.9	.7	100
1872	3.3	61.4	13.5	21.8	100	91.2	5.4	3.5	.9	100

* भारत के लिए आंकड़े स्टेटिस्टिकल ऐब्सट्रैक्ट फॉर इंडिया, सैकंड नम्बर (1857-1866) टेबल नम्बर 34, एंड दि एटम नम्बर (1864-1873), टेबल नम्बर 24 इंग्लैंड के लिए आंकडे रायल कमिशन में व्यापार और उद्योग में मंदी संबंधी प्रथम प्रतिवेदन, 1885 के परिशिष्ट–सी (स्टेटमेंट–6) से लिए गए हैं। इस उतार-चढ़ाव से कि "निर्मित" "आंशिक रूप से निर्मित" के आंकडे मूल विवरण मे "निर्मित" के अंतर्गत वर्गीकृत किए गए हैं। भारतीय किस्तो के अंतर्गत "अवर्गीकृत वस्तुएं" अधिकांश रूप में आभूषणों के बारे में हैं।

सन् 1870 के उपरांत, उनके औद्योगिक व्यवसाय में बहुत अधिक बदलाव हुआ और भारत फिर से एक निर्माता देश की भूमिका में आ गया। 1870 के बाद के 20 वर्ष के भारत के आयात व निर्यात संबंधी आंकड़ों के विश्लेषण पर हमें ज्ञात होता है कि उस समय की सबसे अधिक विशिष्टताओं में से एक थी निर्माण की दिशा में होने वाली प्रगति। (देखें तालिका XVI)।

औद्योगिक विकास में यह बदलाव दो मुख्य उत्पादनों में हुई प्रगति से स्पष्ट होता था। उनमें से एक था कपास का उत्पादन।

तालिका-XVI

भारत के औद्योगिक व्यवसाय में परिवर्तन *

वर्ष	आयात		निर्यात	
	निर्मित माल	कच्चा माल	निर्मित माल	कच्चा माल
	रुपया	रुपया	रुपया	रुपया
1879	25,98,65,827	13,75,55,837	5,27,80,340	59,67,27,991
1892	36,22,31,872	26,38,18,431	16,42,47,566	85,52,09,499
वृद्धि का प्रतिशत	39	91	211	43
वार्षिक योग	2.8	6.5	15	3

* भारतीय अर्थशास्त्र पर रानडे के निबन्ध से उद्धृत–पृष्ठ 104

तालिका-XVII

भारतीय कपास में व्यापार तथा उद्योग का विकास

	व्यापार की वृद्धि (प्रत्येक पांच वर्ष में औसत वार्षिक मात्रा)				
	1870-71 से 1874-75 तक	1875-76 से 1879-80 तक	1880-81 से 1884-85 तक	1885-86 से 1889-90 तक	1890-91 से 1894-95 तक
कच्ची रूई का आयात गांठे हजार में	23	52	51	74	89
कच्ची रूई का निर्यात गांठे हजार में	5,236	3,988	5,477	5,330	4,660
रूई तथा धागे का आयात	33,55	33.55	44.34	49.09	44.79
	उद्योग की वृद्धि (प्रति पांच वर्ष के अंत में)				
मिलों की संख्या	48	58	81	114	143
तकुओं की संख्या–-000- का लोप किया गया है	1,000	1,471	2,037	2,935	3,712
करघों की संख्या -000- का लोप किया गया–है।	10	13	16	22	34
काम में लगे व्यक्तियों की संख्या	..	39,537	61,836	99,224	...

भारत के सबसे प्राचीन उद्योगों में से एक था कपास उद्योग। लेकिन सन् 1750 और 1850 के मध्य के 100 वर्षों में, इसमें इतनी ज्यादा कमी आयी कि यह पूरी तरह से पतन की स्थिति में पहुंच गया था। उन्नीसवीं सदी के छठे दशक के दौरान, इस उद्योग को पूंजीवादी आधार पर फिर से जीवित करने की कोशिश की गयी। इसके परिणामस्वरूप, इसमें बहुत जल्द ही तीव्र प्रगति के लक्षण दिखायी देने लगे। इसकी प्रगति की कहानी को संक्षेप में तालिका XVII में स्पष्ट रूप ये समझाया गया है।

एक दूसरा उद्योग था जूट उद्योग जिसके निर्माण व उत्पादन का विस्तार भारत में बड़े पैमाने पर हुआ। भारत के कपास उद्योग के उलट, जूट उद्योग का विकास कपास उद्योग की अपेक्षा नया था। इस उद्योग का विकास व वृद्धि कपास उद्योग के विकास से बिल्कुल भिन्न थी। इसकी वृद्धि का कारण था यूरोपीय धन, यूरोपीय प्रबंधन तथा यूरोपीय कौशल से मिला प्रोत्साहन। इस उद्योग ने बहुत जल्द ही कपास उद्योग के समान अपनी जड़ें जमा लीं और यह कपास उद्योग से यदि ज़्यादा न सही लेकिन उसके बराबर ज़रूर समृद्ध हो गया था। इसका इतिहास एक अनवरत प्रगति का इतिहास था यानी इसमें लगातार प्रगति होती चली गयी, जैसा कि तालिका XVIII से साफ तौर पर ज्ञात होगा। पृष्ठ 116 पर देखें)।

उत्पादनों के क्षेत्र में हुई प्रगति की इस प्रवृत्ति से पड़ने वाले अप्रत्यक्ष प्रभाव से भारतीय कृषि अछूती नहीं रही। यह कहा जा सकता है कि सन् 1870 से पूर्व भारतीय किसान में व्यवसायिक दृष्टिकोण का अभाव था। वह अपनी खेती मुनाफे के लिये उतनी नहीं करता था, जितनी अपनी निजी ज़रूरतों के संबंध में आत्मनिर्भर बनने के लिये करता था। अर्थात् वह केवल उतनी ही खेती करता था, जितने से उसकी अपनी ज़रूरतें पूरी हो सकें। सन् 1870 के पश्चात्, कृषि की प्रवृत्ति व्यावसायिक हो गयी और फसलें भी किसान की घरेलू ज़रूरतों के अनुसार नहीं बल्कि बाज़ार की कीमतों पर उगायी जाने लगीं। इसे तालिका XIX में साफ तौर पर दिखाया गया है। पृष्ठ 116 पर देखें)।

तत्कालीन आर्थिक स्थितियों में ऐसा अंतर दो देशों में मौजूद था। चांदी के मानक वाले देश का रुझान मजबूती से प्रगति करने की ओर तथा सोने के मानक वाले देश का रुझान ठहराव की ओर होने का हो चला था जिसने अनेकों पर्यवेक्षकों के माथे पर

बल डाल दिये थे। कहते हैं कि इसका सबसे बड़ा कारण था अंग्रेजी निर्माताओं का अंतर्राष्ट्रीय प्रतिस्पर्धा का मुकाबला करने में सक्षम न होना। यूरोपीय प्रतिद्वंद्वियों से मुकाबला करने में उनके अक्षम होने का कारण था यूरोपीय देशों में रक्षात्मक शुल्कों और आर्थिक मदद की प्रथा का होना जो यूरोपीय देशों की औद्योगिक व व्यापारिक संहिता का एक ज़रूरी भाग था।

तालिका. XVIII

जूट उद्योग तथा व्यापार का विकास

विकास वृद्धि	प्रति पांच वर्ष का वार्षिक औसत				
	1870-71 से 1874-75	1875-76 से 1879-80	1880-81 से 1884-85	1885-86 से 1889-90	1890-91 से 1894-95
निर्यात					
कच्चा, मिलियन गांठे	5.72	5.58	7.81	9.31	10.54
बोरी, मिलियन	6.44	35.96	60.32	79.98	120.74
कपड़ा, मिलियन गज		4.71	6.44	19.79	54.20
उद्योग का विकास					
संख्या :					
मिलों की		21	21	24	26
करघे, 000 का लोप (हजार में)		5.5	5.5	7	8.3
तकुए–000 का लोप		88	88	138.4	172.4
रोजगार में लगे व्यक्ति–हजार में		38.8	38.8	52.7	64.3

तालिका-XIX

भारत के कृषि उपज के निर्यात की वृद्धि

	1868-69	1873-74	1877-78	1882-83	1887-88	1891-92
गेहूं	100	637.41	2,313.47	5,152.36	4,914.37	11,001.44
अफीम	100	118.38	123.83	122.47	120.20	116.82
बीज	100	111.26	305.87	239.97	403.60	480.99
चावल	100	131.66	119.84	203.28	185.55	220.36
नील	100	116.91	121.57	142.17	140.76	126.33
चाय	100	169.35	293.17	507.25	775.09	1,075.75
काफी	100	86.04	69.98	85.31	64.59	74.11

उस समय भारत में इस तरह की कोई व्यवस्था नहीं थी। यहां व्यापार बहुत ज़्यादा खुला था और उद्योग बहुत ज़्यादा असंरक्षित था। इसके बावजूद भी, लंकाशायर के कपास बुनकरों, दंडी (Dundee City) के जूट निर्माताओं तथा अंग्रेज गेहूं उत्पादकों का यह एतराज़ था कि वे भारत में अपने प्रतिद्वंद्वियों के साथ मुकाबला नहीं कर सकते। विनिमय में गिरावट को इसका कारण समझा जाता था।

इस विचार से कुछ लोग इतने अधिक प्रभावित थे कि वे सुदूर पूर्व में भारतीय व्यापार के फैलने का श्रेय भी इसी कारण को देते थे। पहले ही यह आरोप लगाया जाता रहा था कि सोने तथा चांदी के बीच विनिमय सममूल्यता वृद्धि प्रति पांच वर्ष के आर्थिक औसत के अंकित मूल्य की गड़बड़ ने सोने का इस्तेमाल करने वाले देशों और चांदी का इस्तेमाल करने वाले देशों के मध्य एक तरह से इतना अलगाव पैदा कर दिया था कि उन्होंने परस्पर व्यवहार बंद कर दिया था। एक ही धातु को मानक के तौर पर इस्तेमाल करने वाले दो देशों के मध्य सौदे के बारे में यह कहा जाता था कि एक-दूसरे से भिन्न दो धातुओं के इस्तेमाल से पैदा हुई अनिश्चितता को ख़त्म कर दिया गया था। ऐसे दो देशों के मध्य व्यापार, भिन्न-भिन्न मानकों का इस्तेमाल करने वाले दो देशों के मध्य व्यापार की अपेक्षा कम जोखिम तथा सुविधा के साथ किया जा सकता था। भिन्न-भिन्न मानकों का इस्तेमाल करने वाले देशों के मामले में चूंकि हर सौदे में अनिश्चितता रहती थी तथा उसे उस प्रक्रिया के व्यय में जोड़ दिया जाता था जिसके ज़रिये व्यापार को दूसरी ओर मोड़ देना चाहिये था, जहां तक एक सामान्य व एक समान मानक के मौजूद रहने के कारण जिन हालात में व्यापार करना पड़ता था, वे हालात अनिश्चितताओं से परे थे, उन्हें तुरंत मंजूर कर लिया गया था। लेकिन दावा यह किया जाता था कि ऐसा कोई कारण नहीं था कि व्यापार के अलग-अलग होने के एक हिस्से के रूप में भारतीय निर्माता के लिये यह मुमकिन था कि वह अपनी क्षमता के अनुरूप पूर्वी बाज़ार से अपने अंग्रेज प्रतिद्वंद्वी को बाहर कर देता। (देखें तालिका XX पृष्ठ 118 पर)।

जिन कारणों ने व्यापार की ऐसी गड़बड़ी पर असर डाला था, उन पर गहरा विवाद उत्पन्न हो गया था जिसका विषय यह था कि अंतर्राष्ट्रीय व्यापार में जैसे बदलाव उस समय हो रहे थे, क्या उनका कारण मुद्रा संबंधी अव्यवस्था व गड़बड़ी थी। जो

लोग इस सोच के पक्षधर थे और इस कारण को मानते थे, वे अपनी स्थिति के पक्ष में यह तर्क देते थे कि विनिमय में गिरावट होने से भारतीय उत्पादक को तो फायदा मिला था लेकिन अंग्रेज उत्पादक को नुकसान हुआ था। इसके बारे में यह कहा जाता था कि वह अंतर्राष्ट्रीय व्यापार के क्षेत्र में स्थापित प्रतियोगियों की स्थिति को बदलने के लिये उत्तरदायी था। इस फायदे का आधार एक साधारण - सी गणना थी। ऐसा कहा जाता था कि अगर चांदी के स्वर्ण मूल्य में गिरावट आती थी तो भारतीय निर्यातक को अपने उत्पाद के लिये ज़्यादा रुपये प्राप्त होते थे और इस कारण उसकी स्थिति अच्छी थी। ठीक इन्हीं कारणों से अंग्रेज उत्पादक को उसकी तुलना में सोने की कम मुद्रायें अर्थात् सावरेन मिलती थीं। इस कारण उसकी स्थिति अपेक्षाकृत ख़राब थी। इसके लिये यह तर्क दिया गया कि विनिमय में गिरावट ने भारतीयों को फायदा पहुंचाया था और अंग्रेज निर्यातकों का नुकसान किया था। इस तर्क के पीछे गणित के एक सूत्र की विशेषता काम कर रही थी। दरअसल, इसकी रचना करने वालों द्वारा इस सूत्र को इतना प्रामाणिक समझा जाता था कि उससे तत्कालीन व्यापार व औद्योगिक स्थिति पर इसके दृष्टिकोण तथा प्रभाव के बारे में कुछ महत्त्वपूर्ण अनुमान लगाये गये थे। ऐसा ही एक अनुमान यह था कि इससे चांदी का इस्तेमाल करने वाले देशों में निर्यात को बढ़ावा मिला और आयात में बाधा उत्पन्न हुई।

तालिका XX

कपड़े के सामान का पूर्वी बाजारों में निर्यात

वर्ष	धागे, पौंड, 000 का लोप किया गया अर्थात हजार में		कट–पीस, गज, 000 का लोप किया गया अर्थात हजार में	
	भारत से	ब्रिटेन से	भारत से	ब्रिटेन से
1877	7,927	33,086	15,544	394,489
1878	15,600	36,467	17,545	382,330
1879	21,332	38,951	22,517	523,921
1880	25,862	46,426	25,800	509,099
1881	26,901	47,479	30,424	587,177
1882	30,786	34,370	29,911	454,948
1883	45,378	33,499	41,534	415,956
1884	49,877	38,856	55,565	439,937
1885	65,897	33,061	47,909	562,339
1886	78,242	26,924	51,578	490,451
1887	91,804	35,354	53,406	618,146
1888	113,451	44,643	69,486	652,404
1889	128,907	35,720	70,265	557,004
1890	141,950	37,869	59,496	633,606
1891	169,253	27,971	67,666	595,258

दूसरा अनुमान यह था कि विनिमय में गिरावट से दूसरे कुछ लोगों की अपेक्षा अंग्रेज उत्पादकों को चांदी का इस्तेमाल करने वाले देशों में उनके प्रतिद्वंद्वियों से मुकाबले के लिये खुला छोड़ दिया था। क्या ऐसे अनुमानों के बारे में यह कहा जा सकता है कि वे विनिमय की गिरावट के कारण लगाये गये थे? अगर हम विनिमय की गिरावट संबंधी साधारण से विवरण को देखें और यह पता लगायें कि चांदी के सोने का मूल्य कौन - सी चीज़ से तय होता था तो उपरोक्त अनुमान बिल्कुल भी न्यायसंगत नही लगते हैं। कहा जाता है कि सोने तथा चांदी के मध्य अनुपात, सोने के मूल्य और चांदी के मूल्य के बीच अनुपात का सिर्फ विपरीत होता था, इसे एक निर्विवाद प्रस्ताव समझना चाहिये। इसलिये अगर चांदी के स्वर्ण मूल्य में गिरावट आ रही थी तो इंग्लैण्ड में मूल्य में गिरावट अपेक्षाकृत एक साधारण सी घटना के समान थी। अंग्रेजी मूल्य सोने में मापे जाते थे और भारतीय मूल्यों में होने वाली वृद्धि को चांदी में मापा जाता था। विनिमय में गिरावट की घटना की ऐसी व्याख्या के द्वारा इस बात को समझना मुश्किल है कि यह निर्यात को बढ़ाने और आयात को कैसे कम कर सकती है। अंतर्राष्ट्रीय व्यापार उन सापेक्ष सुविधाओं के द्वारा नियंत्रित होता है जो एक देश के पास दूसरे देश की अपेक्षा अधिक मात्रा में होती हैं और जिन शर्तों पर वह व्यापार चलता है, उन शर्तों को उसमें सम्मिलित वस्तुओं तुलनात्मक मूल्य से नियंत्रित किया जाता है, इसलिये, यह बात तो साफ है कि इन वस्तुओं के तुलनात्मक मूल्य में बदलावों के परिणाम के अतिरिक्त व्यापार के सही मायनों में देशों के मध्य बदलाव नहीं हो सकता। चारों ओर सोने की कीमतों में गिरावट और उसके साथ चांदी की कीमतों में बढ़ोतरी को देखते हुए मुद्रा से संबंधित गड़बड़ में ऐसा कुछ नहीं था जिसके बारे में यह कहा जा सकता कि उसके कारण भारत किसी वस्तु के निर्यात में बढ़ोतरी करने में सक्षम हो सका, सिवाय इस बात के अतिरिक्त कि भारत ने ऐसा अपने निर्यात में कमी करके अथवा किसी अन्य वस्तु के आयात में वृद्धि करके किया। विनिमय की गिरावट के प्रश्न के उसी तरह के विचार से यह निष्कर्ष निकलता है कि मुद्रा की ऐसी गड़बड़ एक व्यापार को दूसरे के बजाय दबा नहीं सकी और उसके कारण एक व्यापार

दूसरे व्यापार के बजाय कम नहीं हो सका। अगर गिरता या बढ़ता हुआ विनिमय केवल सामान्य कीमतों के स्तर को दर्शाता था, तो सभी चीज़ों के निर्माताओं पर इसका समान रूप से असर हुआ था। इसका कोई कारण नहीं था कि विनिमय की दर में गिरावट से कटलरी के व्यापार की तुलना में कपास के व्यापार अथवा गेहूं के व्यापार पर ज़्यादा असर क्यों होना चाहिये था।

सिर्फ यही नहीं कि आम या किन्हीं विशेष चीज़ों के मामले में मौजूदा व्यापार संबंधों को तोड़ने के लिये विनिमय की गड़बड़ की कोई बात नहीं थी, अपितु इसमें भारतीय उत्पादकों को फायदा देने वाली और अंग्रेज उत्पादकों को हानि पहुंचाने वाली भी कोई बात नहीं थी। इस बात को समझकर कि विनिमय दो मूल्य स्तरों का अनुपात था, यह समझना मुश्किल है कि किस अर्थ में अंग्रेज उत्पादक की स्थिति, जिसको सोने की कम मुद्राएं या सावरेन मिलती थीं, लेकिन उसकी क्रय-शक्ति बहुत ज़्यादा थी, भारतीय उत्पादक की अपेक्षा बदतर थी जिसे रुपये तो ज़्यादा मिलते थे लेकिन उसकी क्रय शक्ति कम थी। इस संबंध में प्रो. मार्शल की तुलना बहुत सही थी। यह समझ लेना कि विनिमय की गिरावट के कारण अंग्रेज उत्पादक को हानि होती थी और भारतीय उत्पादक को लाभ होता था, यह मानने की तरह था कि एक आदमी किसी समुद्री जहाज के दस फुट ऊंचे केबिन में हो और अगर वह जहाज एक बारह फुट गहरे क्षेत्र में डूब जाये तो उस आदमी का सिर टुकड़े-टुकड़े हो जायेगा। इसमें भ्रांति यह है कि उस व्यक्ति को जहाज से अलग कर दिया जाये, जबकि असल में जहाज और वह आदमी दोनों पर ही एक समय में एक ही शक्ति से असर होने के कारण दोनों में एक जैसी गति पैदा होती है। उसी तरह, वही शक्ति भारतीय उत्पादक तथा अंग्रेज उत्पादक पर एक साथ असर करती थी, क्योंकि विनिमय में बदलाव, दो देशों के सामान्य मूल्य स्तर में बड़े पैमाने पर बदलाव का ही एक भाग था। इस तरह से, अंग्रेज व भारतीय उत्पादक की स्थिति बेहतर या बदतर एक जैसी ही थी और इसमें फ़र्क मात्र इतना था कि अंग्रेज उत्पादक अपने से संबंधित व्यापार व लेन-देन में कम काउंटरों का इस्तेमाल करते थे और भारतीय उत्पादक बहुत ज़्यादा काउंटरों का इस्तेमाल करते थे।

यह बात तो साफ है कि भारतीय उत्पादक के लिये लाभ और अंग्रेज उत्पादक के लिये हानि सिर्फ उसी स्थिति में हो सकती थी अगर इंग्लैण्ड में, सोने के रूप में चांदी की गिरावट, भारत में वस्तुओं के रूप में चांदी की गिरावट की में ज़्यादा होती। ऐसा होता तो भारतीय उत्पादक इंग्लैण्ड में चांदी के लिये अपने माल का विनिमय करके एक स्पष्ट लाभ प्राप्त कर लेता और इस तरह उसे एक ऐसा ज़रिया मिल जाता जिसका भारत में वस्तुओं तथा सेवाओं पर तुलनात्मक रूप से और अधिक नियंत्रण होता। लेकिन असल में, ऐसी धारणा की कोई तर्कसंगतता नहीं हो सकती थी। ऐसा कोई कारण नहीं था कि चांदी का स्वर्ण मूल्य, सामान्य तौर पर वस्तुओं के स्वर्ण मूल्य से अलग दर पर गिरता या चांदी के मूल्यों में इंग्लैण्ड में और भारत में, बहुत ज़्यादा फर्क होता। आंकड़ों से यह पता चलता है कि ऐसे पूर्वानुमान अकारण नहीं थे। (देखें तालिका XXI)

यह बात बिल्कुल साफ थी कि वस्तुओं की तुलना में अगर चांदी में गिरावट ज़्यादा तीव्रता से हो रही थी और भारत में चांदी का मूल्य इंग्लैण्ड में चांदी के मूल्य की अपेक्षा कम था तो हमें इस बात का सबूत मिलना चाहिये था कि उस समय चांदी बड़े स्तर पर इंग्लैण्ड से भारत में आ रही थी, लेकिन सच्चाई क्या थी?

सच्चाई सिर्फ यही नहीं थी कि उस समय भारत में चांदी का कोई असामान्य प्रवाह नहीं हुआ बल्कि 1871-93 के दौरान चांदी का भारत में जो आयात हुआ था, वह उस समय से पहले के बीस वर्षों की अपेक्षा बहुत कम हुआ था। यह बात इस तथ्य से पूरे तौर पर साफ हुई कि भारत में चांदी का मूल्य वही था, जो भारत से बाहर था और इसके कारण भारतीय उत्पादक को अपने व्यापार पर लाभ प्राप्त होने का मौका बहुत कम था।

हालांकि, इस विचार को प्रश्न का पूर्व विचार कहा जाना चाहिये, लेकिन भारतीय उत्पादक को भरोसा था कि उसकी समृद्धि उस लाभ के कारण थी जो उसे प्राप्त होता था। ऐसी स्थिति में, उसे स्वाभाविक रूप से भारतीय मुद्रा में किसी भी के सुधार का विरोध करना था क्योंकि जिस गिरते विनिमय को सरकार ने एक अभिशाप माना था, उसे भारतीय उत्पादक सुखद मानता था। लेकिन भारतीय उत्पादक का नज़रिया बेशक

तालिका XXI

भारत तथा इंग्लैंड के बीच मूल्यों वेतनों तथा चांदी का संचरण*

भारत में चांदी का निबल आयात		चांदी के स्वर्ण मूल्य का सूचकांक	वर्ष	भारत में वस्तुओं के रजत मूल्य का सूचकांक	भारत में वेतन का सूचकांक	इंग्लैंड में वस्तुओं के स्वर्ण मूल्य का सूचकांक	इंग्लैंड में वेतन का सूचकांक
वर्ष	राशि रुपए						
(1)	(2)	(3)	(4)	(5)	(6)	(7)	(8)
1871-72	6,587,296	99.7	1871	100	—	100	100
1872-73	739,244	99.2	1872	105	—	109	105.8
1873-74	2,530,824	97.4	1873	107	100	111	112
1874-75	4,674,791	95.8	1874	116	101	102	113
1875-76	1,640,445	93.3	1875	103	97	96	111.6
1876-77	7,286,188	86.4	1876	107	98	95	110
1877-78	14,732,194	90.2	1877	138	97	94	109.8
1878-79	4,057,377	86.4	1878	148	99	87	107
1879-80	7,976,063	84.2	1879	135	100	83	105.8
1880-81	3,923,612	85.9	1880	117	99	88	106.5
1881-82	5,381,410	85.0	1881	106	99	85	106.5
1882-83	7,541,427	84.9	1882	105	100	84	106.5
1883-84	6,433,886	83.1	1883	106	102	82	108
1884-85	7,319,581	83.3	1884	114	101	76	109
1885-86	11,627,028	79.9	1885	113	106	72	108
1886-87	7,191,743	74.6	1886	110	105	69	107
1887-88	9,319,421	73.3	1887	111	114	68	108
1888-89	9,327,529	70.4	1888	119	112	70	109.8
1889-90	11,002,078	70.2	1889	125	112	72	113
1890-91	14,211,408	78.4	1890	125	113	72	118
1891-92	9,165,684	74.3	1891	128	118	72	118
1892-93	12,893,499	65.5	1892	141	110	68	117.4
1893-94	13,759,273	58.5	1893	138	119	68	117.4

* कालम (2) की 1898 की आई सी सी की तालिका सं. 2, परिशिष्ट 2 से लिया गया है। कालम नं. (3) (5) (6) तथा (7) जरनल ऑफ दि स्टेटिस्टिकल सोसायटी, मार्च 1897 के अंक में "भारत में चांदी मूल्य, (सिल्वर प्राइसिज इन इंडिया) नामक एटकिंसन के लेख से लिए गए हैं। कॉलम (8) डब्ल्यू.टी.लेटन द्वारा दिए गए आंकड़ों पर आधारित हैं। ये आंकड़े उन्होंने अपनी कृति "इन्ट्रोडेक्शन टू दि स्टडी ऑफ प्राइसिस (1912) की तालिका कालम 1, पृष्ठ 150 में दिए हैं. 1871 में 100 के आधार पर पुनर्मान।

कितना भी तर्कसंगत रहा हो, किन्तु उसके प्रति ज़्यादा सहानुभूति महसूस नहीं होती अगर उसके साथ सामान्य रूप में समझी जाने वाली यह धारणा संबद्ध होती कि लाभ निर्यात व्यापार के कारण पैदा हुआ, जिससे यह लोकप्रिय विश्वास बन गया कि विनिमय में गिरावट पूरे देश भर के लिये लाभ का माध्यम है। अब क्या यह बात वास्तव में ही सत्य थी कि लाभ निर्यात व्यापार के कारण उत्पन्न हुआ था। अगर ऐसा होता तो विनिमय में होने वाली हर गिरावट पर लाभ मिलना चाहिये था। लेकिन मान भी लें कि चांदी के मूल्य में गिरावट अगर भारत में, यूरोप में उसके मूल्य कम होने से पहले हो जाती, तो इस तरह विनिमय में जो गिरावट आयी थी, क्या उससे भारतीय निर्यातक को लाभ प्राप्त हो सकता था? जैसा कि ऊपर कहा गया है, भारतीय निर्यातक को लाभ पाने का मौका सिर्फ तभी मिल सकता था, अगर वह अपने उत्पादन के बदले में प्राप्त होने वाली चांदी से भारत में और ज़्यादा माल या सेवायें ख़रीद पाता। यदि इसे आसान शब्दों में कहें तो उसके उत्पादन के मूल्य और उसके परिव्यय मूल्य में जो अंतर था, वह उसका लाभ था। इसे ध्यान में रखते हुए हम पूरे विश्वास के साथ यह कह सकते हैं कि पहले, भारत में चांदी के मूल्य में कमी के संबंध में, भारतीय विनिमय में इस तरह की गिरावट के कारण उसको अपने व्यापार पर लाभ प्राप्त होने की अपेक्षा हानि होती। ऐसे में, भारत निर्यातक यह जानता था कि हालांकि भारतीय विनिमय यानी चांदी के स्वर्ण मूल्य में गिरावट आ गयी थी, फिर भी इंग्लैण्ड में सोने के मूल्यों का भारत में चांदी के मूल्यों के साथ जो अनुपात था, उसमें ज़्यादा गिरावट आ गयी थी यानी उसे अपने उत्पादन का जो मूल्य मिलता था, वह उसके द्वारा किये गये ख़र्च से कम होता था। यह बात कहीं से भी सिद्ध नहीं होती कि भारत में चांदी के मूल्य में गिरावट आने से पूर्व यूरोप में गिरावट आ गयी थी। लेकिन अगर ऐसा हुआ भी हो तो विनिमय की गिरावट से हानि होने की सम्भावना से यह साबित हो जाता है कि अगर कोई लाभ था भी तो वह निर्यात व्यापार पर अपने आप में कोई लाभ नहीं था अपितु देश में मूल्यों के सामान्य स्तर तथा विशेष माल और

सेवाओं के मूल्यों में असंगति का नतीजा था और बेशक देश का कोई निर्यात व्यापार न भी होता, फिर भी वह असंगतता होती ही।

इस तरह लाभ का प्राप्त होना और मुद्रा में सामान्य रूप से कमी होना मात्र एक संयोग भर ही था। उसके अस्तित्व को इस कारण महसूस किया गया क्योंकि भारत में सभी वस्तुओं व सेवाओं के मूल्य में उसके बराबर बढ़ोतरी हुई। यह बात सभी को ज्ञात है कि किसी एक समय में कुछ वस्तुओं की कीमत में तो वृद्धि होती है, जबकि सामान्य कीमतों के स्तर में कमी होती है। इसके उलट, जब सामान्य कीमतों के स्तर में बढ़ोतरी हो रही हो तो कुछ वस्तुओं की कीमत में कमी हो रही होगी। लेकिन ऐसा यदा-कदा ही होता है। अधिकांशत: ऐसा होता है कि हालांकि कुछ वस्तुओं तथा सेवाओं के मूल्य उसी एक दिशा में चलते हैं, लेकिन वे सामान्य मूल्य स्तर के उतार-चढ़ाव की गति के साथ - साथ नहीं चलते। यह बात मशहूर है कि जब सामान्य मूल्यों में कमी होती है तो हर नियोक्ता के कुल व्यय में सबसे बड़ी मदों, वेतन व अन्य निश्चित आय में उसी अनुपात में कमी नहीं होती। और जब सामान्य मूल्यों में बढ़ोतरी होती है तो उन सामान्य मूल्यों में बढ़ोतरी उसी तीव्रता से नहीं होती अपितु उनमें कम बढ़ोतरी होती है, वे इस लिहाज़ से पीछे रहते हैं। ऐसा भारत जैसे चांदी के मानक वाले देश में तथा इंग्लैण्ड जैसे सोने के मानक वाले देश में सन् 1873-1893 के दौरान हो रहा था। (चार्ट 4 देखें)।

इंग्लैण्ड में कीमतें गिर चुकी थीं, लेकिन वेतन में उस सीमा तक गिरावट नहीं आयी थी। भारत में कीमतें बढ़ चुकी थीं, लेकिन वेतन में उस सीमा तक गिरावट नहीं आयी थी। भारत में कीमतें बढ़ गयी थीं, लेकिन वेतन में उस सीमा तक बढ़ोतरी नहीं हुई थी। अंग्रेज निर्माता को दंड भुगतना पड़ रहा था, हालांकि इसका कारण उसके भारतीय प्रतिद्वंद्वी का कोई कार्य नहीं था अपितु इसका कारण यह था कि उसके कर्मचारियों का वेतन तो पहले वाला ही था जबकि उसके उत्पादों के मूल्य कम हो गये थे। भारतीय उत्पादक को अगर कोई लाभ प्राप्त हुआ भी, तो वह लाभ इस कारण नहीं था कि उसकी पूर्ति करने वाला अंग्रेज प्रतिद्वंद्वी था बल्कि इस कारण था कि उसको ज़्यादा वेतन नहीं देना पड़ रहा था, हालांकि उसके उत्पादों की कीमतें बढ़ गयी थीं।

CHART IV

PRICES AND WAGES IN INDIA AND ENGLAND, 1873–93

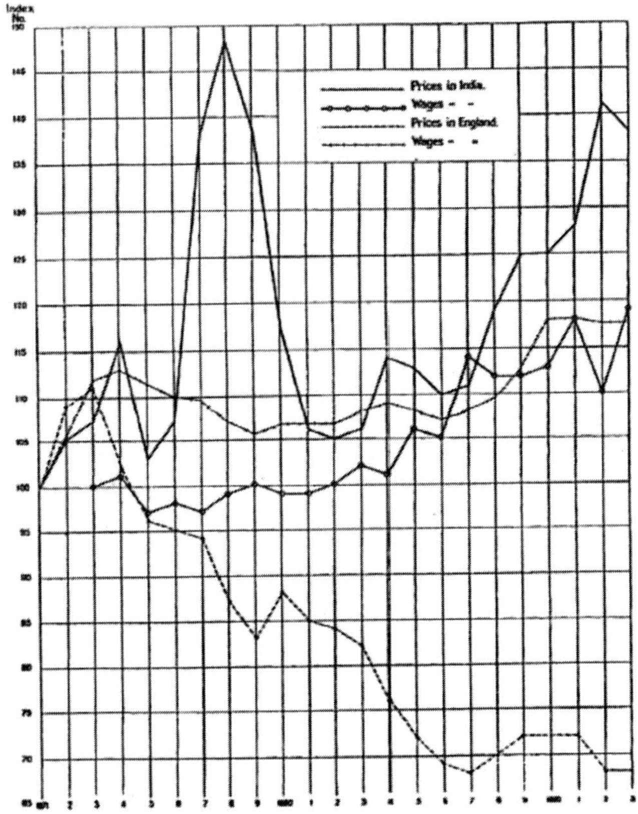

इसलिये, इससे यह निष्कर्ष निकलता है कि विनिमय की असफलता से स्थापित व्यापार संबंध ख़राब नहीं हो सकते थे या उससे अंतर्राष्ट्रीय व्यापार में सम्मिलित वस्तुयें हट नहीं सकती थीं। इसके लिये सबसे ज़्यादा श्रेय आर्थिक प्रोत्साहन में इसके प्रभाव को दिया जा सकता है। लेकिन जहां तक उसकी प्रेरक शक्ति या प्रोत्साहन देने का सवाल है, तो उसने यह कार्य धन के सामाजिक वितरण में बदलाव लाने के ज़रिये किया। इंग्लैण्ड के मामले में, जहां कीमतें गिर रही थीं, नियोक्ता को ही नुकसान उठाना पड़ रहा था। भारत के मामले में, चूंकि कीमतों में बढ़ोतरी हो रही थी इसलिये यहां पर मजदूरी पाने वाले लोगों को नुकसान उठाना पड़ रहा था।

दोनों ही मामलों में, समाज के एक भाग के साथ नाइंसाफी हो रही थी। अत: मुद्रा में सुधार लाने के लिये एक आसान सा तरीका अपनाया गया। इंग्लैण्ड में मुद्रा में सुधार की ज़रूरत को मान्यता दे दी गयी किन्तु भारत में बहुत से लोग इसके विरुद्ध लगे रहे थे। कुछ लोगों की निगाह में चांदी के मानक की स्थिरता का बहुत गहरा असर पड़ा क्योंकि वे भारतीय कीमतों में सन् 1873 के स्तर से हुई ज़्यादा बढ़ोतरी को साबित करने में नाकाम हो गये थे। दूसरों के लिये विनिमय में गिरावट का फायदा इतना बड़ा वरदान था जिसे विनिमय को स्थिर करके आसानी से नहीं दिया जा सकता था। साफ था कि दोनों ही विचार सच नहीं थे। भारत में कीमतों में बढ़ोतरी हुई और वह भी बहुत ज़्यादा हुई थी। उससे सम्भवत: लाभ हुआ था लेकिन वह वेतनभोगी व्यक्ति पर सज़ा के समान था। इस तरह देखने पर भारतीय मुद्रा के सुधार के लिये ज़रूरत, उसकी तुलना तुलना में बहुत ही तात्कालिक थी जितनी अंग्रेजी मुद्रा के बारे में बतायी जा सकती थी। पूर्णत: मनोवैज्ञानिक दृष्टि से बढ़ती हुई कीमतों तथा गिरती कीमतों में कदाचित चुनाव करने की सम्भावना बहुत है। धन के वितरण पर उनके असर के नज़रिये से उस मानक के पक्ष में बहुत कम कहा जा सकता है जो उसकी कीमत में बदलाव करता है और जो धन को ग़रीब व्यक्ति की अपेक्षा धनी व्यक्ति के हाथों में स्थानांतरित करने का माध्यम बनता है। स्कोप ने कहा था, "कीमतों में स्थिरता न होने की स्थिति में धन एक छलावा है।" निश्चित रूप से, प्रभावित हितों की मात्रा के संबंध में, अवमूल्यित धन को इसकी तुलना में और भी बड़ा धोखा मानना चाहिये। उसके ऐसा होने पर भारतीय व्यापार तथा उद्योग की संपन्नता एक स्वस्थ मुद्रा का सबूत होने की अपेक्षा इस तथ्य के कारण बनी रही कि मुद्रा उस समय एक रोगग्रस्त मुद्रा थी। विनिमय में गिरावट के परिणामस्वरूप, जहां तक उसके लाभ का सवाल है, उससे निश्चित आय वाले भारतीय लोगों के एक बहुत बड़े समूह को नुकसान उठाना पड़ा था। उन लोगों को सरकार और उसके यूरोपीय अधिकारियों के साथ चांदी के मानक में स्थायित्व न होने से नुकसान झेलना पड़ा। चांदी में गिरावट आने से इतना कुछ घटित हुआ। लेकिन इसके कारण जो वित्तीय मुश्किलें तथा सामाजिक नाइंसाफी पैदा हुई, उससे उसके द्वारा पैदा हुए दुष्प्रभावों का पूरा ब्यौरा नहीं प्राप्त हुआ। गिरावट की तुलना में और भी ज़्यादा घबराहट पैदा करने वाली बात थी, गिरावट के साथ-साथ होने वाला उतार-चढ़ाव। (देखें पर चार्ट V) -

CHART V

MONTHLY FLUCTUATIONS OF THE RUPEE-STERLING EXCHANGE

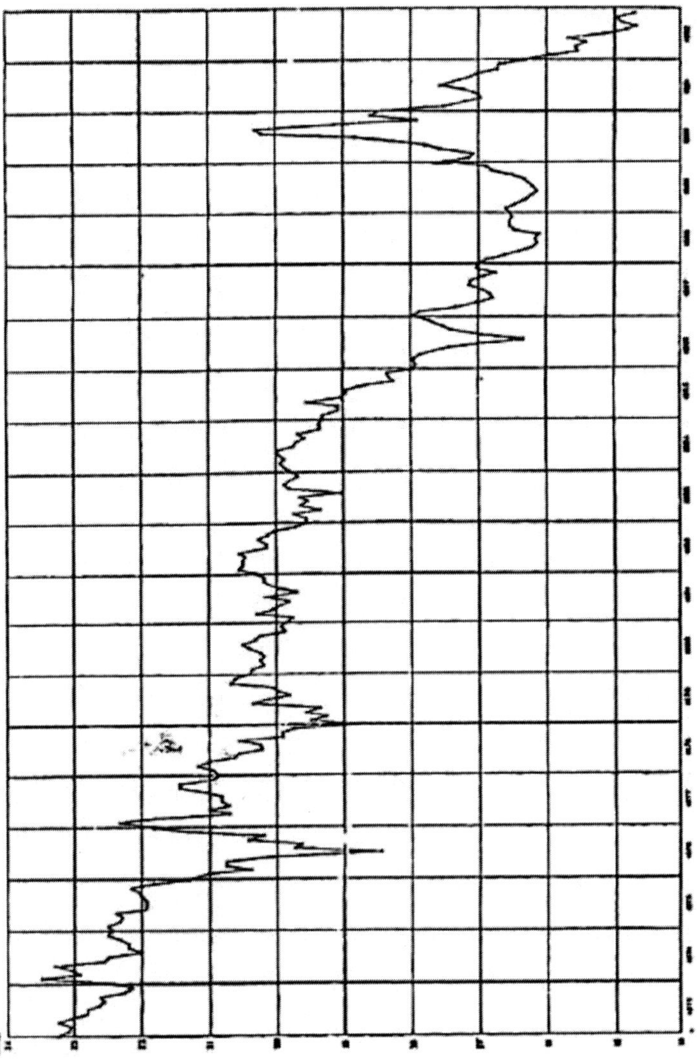

उतार-चढ़ाव से भारत सरकार की परेशानियां बहुत बढ़ गयी थीं जो रुपये के विनिमय मूल्य में गिरावट के कारण पैदा हुई थीं। माननीय श्री बेरिंग (बाद में लॉर्ड क्रोमर) का विचार है कि-

> "यह सत्य नहीं है कि तुलनात्मक तौर पर, रुपये की कीमत कम है जिसके चलते असुविधा होती है। यह मुमकिन हो सकता है, हालांकि किसी भी मूल्य के रुपये के साथ भारतीय वित्तीय प्रणाली का समायोजित करना बहुत दु:खदायी हो सकता

> था। सरकार तथा व्यापार के लिये समान रूप से परेशानी वाली बात यह है कि रुपये का मूल्य कभी स्थिर नहीं रहता। भारतीय में, यह ठीक-ठीक बता पाना बहुत मुश्किल है कि भारत सरकार की वार्षिक जिम्मेदारियां क्या हैं। इन जिम्मेदारियों का अंदाज़ा हर वर्ष नये सिरे से उन बदलावों के अनुसार लगाना पड़ता है जो सोने और चांदी के सापेक्ष मूल्य होते हैं, और ऐसा अनुमान, जो कम-से-कम एक वर्ष के लिये भी लागू हो सके, लगाना बहुत मुश्किल है।"

ऐसे उतार-चढ़ाव को देखते हुए बजट में ऐसी किसी भी दर के बारे में सोचा नहीं जा सकता था जिसकी वास्तविक बाज़ार दर में परिवर्तन होने की गुंजाइश होती। जैसा कि मामला था, एक वर्ष विशेष में औसतन जो दर वसूली गयी, वह बजट दर से इतनी ज़्यादा भिन्न थी कि सरकार की वित्तीय स्थिति, एक वित्तमंत्री के शब्दों में "पूरी तरह जुआबाजी" थी। पाउंड के भुगतान के रुपये के में एकाएक अन्य कोई व्यवस्था न होने से वार्षिक बजट कितना ज़्यादा अस्तव्यस्त हो गया था, इसे ज्ञात करने में पर प्रस्तुत तालिका XXII से कुछ मदद मिल सकती है।

सरकारी वित्त यदि विनिमय में उतार-चढ़ाव के फलस्वरूप ऐसी अनिश्चितताओं से भरा था, तो निजी व्यापार भी कमोबेश एक सट्टेबाजी ही बन गया था। निस्संदेह, विनिमय में उतार-चढ़ाव, अंतर्राष्ट्रीय बाज़ार की एक साधारण सी घटना मानी जाती है। लेकिन अगर वे व्यापार तथा उद्योग में कोई असंतुलन पैदा न करें तो ऐसे उतार-चढ़ावों की एक निश्चित सीमा तय होनी चाहिये। यदि सीमायें तय होंगी तो व्यापार की गणना का भी काफी सटीक अनुमान लगाया जा सकेगा और विनिमय में अटकलबाजी भी एक स्थापित मूल्य से ज्ञात भिन्नता की सीमाओं में सीमित होगी। इसके उलट, जहां पर सीमायें निश्चित न हों, वहां पर व्यापार की समूची गणना बेकार हो जाती है और विनिमय में सट्टेबाजी वैध व्यापार की जगह ले लेती है। अब यह बिल्कुल साफ है कि दो देशों के मध्य यदि मूल्यों के मानक समान हों तो विनिमय में उतार-चढ़ाव की सीमा सीमित होगी। जहां पर मूल्य का कोई ऐसा एक समान मानक मौजूद न हो, हालांकि सीमायें मौजूद होती हैं, वे इतनी ज्यादा अनिश्चित होती हैं कि उनका व्यावहारिक रूप से बहुत ज़्यादा इस्तेमाल नहीं किया जा सकता। चूंकि विनिमय के तय अंकित मूल्य की दरार ने सोने और चांदी के मानक वाले देशों के मध्य एक समान मानक को समाप्त कर दिया था, इसलिये उसने ऐसे देशों के मध्य विनिमय के उतार-चढ़ाव

संबंधी सीमाओं को दूर कर दिया था। मानक उपायों के मूल्य में ऐसे अंतर के फलस्वरूप व्यापार में "हड़बड़ाहट तथा संकोच" से बढ़ोतरी हुई और सट्टेबाजी बड़ी तीव्रता से सक्रिय हो उठी।

तालिका XXII

स्वर्ण भुगतान के रुपये के मूल्य में उतार–चढाव तथा विनिमय के उतार-चढाव*

वित्तीय वर्ष	विनिमय की अनुमानित दर जिस पर वर्ष का बजट बनाया गया था		वर्ष के दौरान औसत के आधार पर वास्तव में वसूल किए गए विनिमय की दर		विनिमय की अनुमानित तथा वसूल की गई दरों के बीच परिवर्तनों के परिणामस्वरूप पाउंड के भुगतान के रुपये मूल्य में परिवर्तन	
					वृद्धि	ह्रास
					रुपये	रुपये
	s.	d.	s.	d.	Rs.	Rs.
1874-75	1	10.375	1	10.156	15,91,764	—
1875-76	1	9.875	1	9.626	19,57,917	—
1876-77	1	8.5	1	8.508	—	76,736
1877-78	1	9.23	1	8.791	38,43,050	—
1878-79	1	8.4	1	7.794	56,87,129	—
1879-80	1	7	1	7.961	—	84,40,737
1880-81	1	8	1	7.956	4,24,722	—
1881-82	1	8	1	7.895	10,17,482	—
1882-83	1	8	1	7.525	37,46,890	—
1883-84	1	7.5	1	7.536	—	3,62,902
1884-85	1	7.5	1	7.308	18,97,307	—
1885-86	1	7	1	6.254	56,82,638	—
1886-87	1	6	1	5.441	65,17,721	—
1887-88	1	5.5	1	4.898	71,90,097	—
1888-89	1	4.9	1	4.379	77,98,400	—
1889-90	1	4.38	1	4.566	—	27,31,892
1890-91	1	4.552	1	6.09	—	2,35,51,744
1891-92	1	5.25	1	4.733	80,09,366	—

* स्वर्ण तथा रजत आयोग की अंतिम रिपोर्ट के पृष्ठ 40 में दिए गए आंकड़ों तथा इंडियन करंसी कमेटी, 1893 की रिपोर्ट के परिशिष्ट 2, पृष्ठ 270 में दिए गए आंकड़ों से संकलित

व्यापार की प्रगति का आधार होता है स्थिरता व स्थायित्व। यह एक सच्चाई है जिसे बहुत कम लोग ही समझ पाते हैं, जब तक कि इसके तथ्यों को नकार न दिया

गया हो। जब सरकार स्थायी हो, उसकी साख सुरक्षित हो और शर्तें एक समान हों तो स्वस्थ उद्यमों के लिये इसके महत्त्व की सराहना करना मुश्किल होता है और लेकिन फिर भी, अस्थिरता इतनी बड़ी बाधा बन जाती है कि अनिश्चितता से भरे क्षेत्रों में हर तरफ व्यापारियों का मार्गदर्शन स्थिरता पैदा करने वाले कई तरह के तरीकों से किया जाता है। हर जगह व्यापार के मापदंड पैदा हो गये हैं, जो व्यापारियों को आगे आने वाले बदलावों के बारे में पहले ही सचेत कर देते हैं और इस तरह उनको अपने कार्य में समय पर बदलाव करके उन बदलावों के प्रति तैयारी करने के लायक बना देते हैं। समस्त बीमा व्यापार का प्रयोजन आर्थिक जीवन को स्थिरता देना है। जिस ज़रूरत ने उन मानक उपायों को स्थिर रखने के लिये नियमित तौर पर स्थापित सरकारों को मजबूर किया, वह ज़रूरत उसी प्रयोजन से प्रेरित थी। इन मानक उपायों से वस्तुओं की मात्रा के रूप में चीज़ों के बीच सही अनुपात को ज्ञात किया जा सकता है तथा उनमें व्यापार को निश्चित तौर पर नियंत्रित किया जा सकता है, जिसे अत्यंत सावधानी वाली सूक्ष्मता से हर सभ्य देश अपने मानक उपायों को परिभाषित करता है और वह उसे मार्ग से भटकने से बचाने के लिये एक बड़ी तंत्र व्यवस्था को बनाये रखता है, ये दोनों उस बड़े महत्त्व के सिर्फ साक्ष्य मात्र हैं, कि आर्थिक समाज को अभिव्यक्ति की शुद्धता प्रदान करने के मामले से और अपने सदस्यों द्वारा अपनी निजी या कार्पोरेट हैसियत से अनुबंध को पूरा करने के आश्वासन के साथ जुड़े रहना चाहिये।

एक समुदाय के मानक उपाय चूंकि समुदाय के स्वयं के लिये मायने रखते हैं, इसलिये मूल्य के उसके माप उन सबमें सबसे ज़्यादा अहम हैं। भार की माप, विस्तार या मात्रा सिर्फ विशेष लेनदेन में होती है। अगर पाउंड, बुशेल या गज को परिवर्तित कर दिया जाये तो इसकी सारी बुराइयां तुलनात्मक दृष्टि से एक दायरे में सिमट कर रह जायेंगी। लेकिन मूल्य की माप सर्वव्यापी होती है।

पील महोदय ने यह स्पष्ट कहा था कि, "सार्वजनिक अथवा निजी अनुबंध जैसा कुछ नहीं होता।" राष्ट्रीय या निजी स्तर पर ऐसी कोई वचनबद्धता नहीं होती, जिस पर इसका असर नहीं पड़ता। वाणिज्य के उद्यम, व्यापार के लाभ, समाज के सभी घरेलू रिश्तों में की गयी व्यवस्था, श्रमिकों की मजदूरी, अधिकतम तथा न्यूनतम राशि के आर्थिक सौदे, राष्ट्रीय ऋण का भुगतान, राष्ट्रीय व्यय के लिये किया गया प्रावधान,

सबसे छोटे मूल्यवर्ग के सिक्कों का नियंत्रण जो जीवन की ज़रूरतों पर होता है, इन सभी पर मूल्य की माप में बदलाव का असर पड़ता है।"

ऐसा इसलिये होता है, क्योंकि हर अनुबंध, हालांकि आख़िरकार माल का अनुबंध होता है, मूल रूप से मूल्य का अनुबंध होता है। इसलिये भार की माप क्षमता अथवा मात्रा में स्थिरता बनाये रखना काफी नहीं है। माल का अनुबंध, निर्धारित मापदंड के लिये सटीक रह सकता है लेकिन फिर भी मूल्यों के मापदंड में बदलाव के कारण मूल्यों में अनुबंध के तौर पर दूषित हो सकता है। मूल्य के मापदंड में स्थिरता बनाये रखने की जिम्मेदारी एक व्यवस्थित समाज वाली हरेक सरकार के कंधों पर होती है। लेकिन जैसे-जैसे समाज अपनी सामाजिक स्थिति से अनुबंध की तरफ बढ़ता है, निर्विवाद रूप से इसका महत्त्व बढ़ जाता है। तब समाज के अनुबंधात्मक आधार का संरक्षण, मूल्य के एक अपरिवर्तनीय मापदंड के संरक्षण के बराबर हो जाता है।

यह ज्ञात हुआ कि मूल्य के एक सामान्य मापदंड को किसी भी रूप में फिर से स्थापित करने के कार्य को और ज़्यादा समय तक सुरक्षित नहीं रखा जा सकता था क्योंकि मूल्य के मापदंड को समाप्त करने में सत्तर के दशक के गुमराह विधायकों ने मदद की थी। जैसा कि पहले बताया गया है, उस कानून के बनने के पश्चात् के नतीजे इतने भयानक थे कि स्थिति को बिना सुधारे रहने देने की अनुमति नहीं दी जा सकती थी। इनके परिणामस्वरूप ऐसी परिस्थिति के बिना काम चल नहीं सकता था। पुनर्निर्माण की कोशिशों को बहुत ज़्यादा क्षति पहुंचने से पूर्व ही इसे शुरू कर देना चाहिये था। इससे सिर्फ यह पता चलता है कि व्यापार के बंधन से जुड़ा यह संसार, यदि हो सका तो, इस बात पर ज़ोर देगा कि उसकी मुद्रा प्रणाली एक साझा मापदंड पर आधारित होनी चाहिये।

अध्याय 4

स्वर्ण मानक की ओर

स्थिर मौद्रिक स्थितियों की स्थापना स्वाभाविकत: मूल्य के एक साझा मानक की बहाली पर पर्याप्त रूप से निर्भर थी। उसका प्रयोजन बिल्कुल सीधा था, लेकिन उसकी उपलब्धि किसी भी तरह से कोई सरल बात नहीं थी। उसे अमल में लाने के लिये सर्वप्रथम दो ही तरीके प्रतीत होते थे। एक तरीऽका तो था मुद्रा के लिये एक साझा धातु को अपनाना तथा चूंकि इसके लिये विश्व के तमाम प्रमुख देश सोने के मानक को अपना चुके थे, इसलिये इसका मतलब यह था कि चांदी के मानक वाले देशों को सोने के मानक के लिये अपने मानक को छोड़ देना चाहिये। दूसरा तरीका था सोने और चांदी के मानक वाले देशों को अपनी मुद्रा रखने देना और उनके मध्य विनिमय का एक निर्धारित अनुपात स्थापित करने देना जिससे दो धातुओं के मूल्य का एक साझा मानक बन जाये।

भारतीय मुद्रा में सुधार लाने के लिये चले आंदोलन का इतिहास, इन दो आंदोलनों का इतिहास है। लेकिन, सोने के मानक की शुरुआत करने के लिये चलाया गया आंदोलन सबसे पहला आंदोलन था। 1868 की अधिसूचना की विफलता के बारे में यह कह सकते हैं कि वह एक नीति की विफलता थी, लेकिन भारत में सोने की मुद्रा के लिये छठे दशक में शुरू हुआ आंदोलन पूरी तरह से देश के बाहर नहीं चलाया गया था। इस आंदोलन में अभी भी शक्ति बची हुई थी, यह बात इस तथ्य से प्रकट होती है कि जब सर आर. टेम्पल भारत के वित्त मंत्री बने तो उन्होंने चार वर्ष पश्चात् 15 मई, 1872 को एक ज्ञापन के ज़रिये उस आंदोलन को फिर से जीवित कर दिया। जिस महत्त्वपूर्ण मुद्दे पर उनकी अपने पूर्ववर्ती वित्त मंत्रियों से मतभिन्नता थी, वह यह थी कि उनके पूर्ववर्ती वित्त मंत्री चाहते थे कि सावरेन को भारत में सोने की मुद्रा की प्रमुख इकाई बनाया जाये, जबकि वह भारतीय सोने की मुद्रा अर्थात् "मोहर" को वह स्थान देना चाहते थे। इस बात से थोड़ी हैरानगी होती है कि आखिर उनके पूर्ववर्ती वित्त मंत्रियों ने ऐसा क्यों नहीं किया, जबकि सावरेन के सही रूप में मूल्य तय करने की

समस्या थी और इस समस्या ने उनमें बहुत घबराहट पैदा कर दी थी। जब इस बात को स्मरण किया जाता है कि भारतीय टकसाल पिछले बहुत लम्बे समय से "मोहर" जारी कर रही थी जिसका सही-सही मूल्य तय करना मुमकिन था और साथ ही उसे भारत में सोने की प्रमुख इकाई बनाया जा सकता था किन्तु उन्होंने ऐसा नहीं किया, इस बात का सिर्फ एक ही कारण हो सकता है कि वे एक तीर से दो शिकार करना चाहते थे। भारत में सोने की मुद्रा का पक्ष लेने के अतिरिक्त सावरेन को अपनाने का हिसाब भी उस समय प्रचलित सिक्कों की अंतर्राष्ट्रीय समरूपता के आंदोलन को प्रोत्साहन देने के लिये लगाया गया था। इस लिहाज़ से "मोहर" की उपयोगिता, सावरेन की उपयोगिता की अपेक्षा कम थी। लेकिन जब सर रिचर्ड टेम्पल का आगमन हुआ तो अंतर्राष्ट्रीय तौर पर अपनाये जाने वाले कुछ सार्वभौमिक सिक्कों की सम्भावना तीव्रता से गायब होने लगी। हर हाल में, अंतर्राष्ट्रीय सिक्कों पर ब्रिटिश आयोग, जिसके अध्यक्ष लॉर्ड हेलिफैक्स थे, की रिपोर्ट में ब्रिटिश सावरेन के मानक में किसी भी तरह के बदलाव न करने की घोषणा कर दी गयी थी। ऐसे व्यापक मुद्दे के लिये किसी भी विचार से मुक्त, सर आर. टेम्पल ने सावरेन की जगह पर "मोहर" को मुद्रा की इकाई के रूप में स्वीकार करने की अनुशंसा की। उन्होंने लिखा-

> "हमारे पास क्रमशः पंद्रह, दस और पांच रुपये मूल्य के सोने के कुछ टुकड़े हैं और हमारा यह मानना है कि जहां तक सोने व चांदी के सापेक्ष मूल्य का है संबंध है, ये इन कई राशियों का बिल्कुल सही ढंग से प्रतिनिधित्व करते हैं... कि .... हमें इस पहले अवसर का उपयोग सोने के सिक्कों को असीमित राशि के लिये वैध मुद्रा घोषित करने के लिये करना चाहिये, कि सोने के टुकड़ों का रुपये के साथ निश्चित संबंध बनाये रखना चाहिये। एक समय के लिये रुपये को एक असीमित राशि के लिये वैध मुद्रा बरकरार रहने की अनुमति देना अनिवार्य हो सकता है, इसमें अस्थायी रूप से दोहरे मानक की मुश्किल होगी, कि दोहरे मानक का संक्रमणकाल जहां तक हो सके, कम-से-कम होना चाहिये। चांदी को एक प्रतीक सिक्के के रूप में कम कर दिया जाये और उसे सिर्फ एक छोटी राशि तक की वैध मुद्रा बना दिया जाये... कि सोना अन्त में एक वैध मानक होना चाहिये।"

उन्होंने 10 रुपये के लिये 120 ग्रेस मानक अर्थात् 110 ग्रेस शुद्ध सोने के अनुपात का सुझाव दिया, लेकिन उन्होंने सर चार्ल्स ट्रेवेलियन की धारणा का समर्थन

नहीं किया। सोने की मुद्रा की परियोजना के मामले में वह इतने उत्सुक थे कि वह सोने के पक्ष में इस अनुपात में भी परिवर्तन करने के लिये तत्पर थे। उन्होंने देखा कि अनुपात का प्रश्न एक ऐसा प्रश्न था जिसे "भारत सरकार निर्धारित करना चाहती थी। ये वे प्रश्न हैं जिनका हर उस देश द्वारा निपटारा किया गया है जिसने स्वर्ण मुद्रा को अपनाया है। निस्संदेह, यह एक कठिन तथा महत्त्वपूर्ण समस्या है, लेकिन यह प्रश्न ऐसा नहीं कि जिसका कोई हल न हो, और इसका हल निकालना ही चाहिये।"

सोने की मुद्रा के लिये पहले सुझाव की ऐसी रूपरेखा पेश की गयी थी। चांदी के मूल्य में गिरावट आरम्भ होने से पूर्व ही इसका अनुमान लगा लिया गया था और इसलिये यह चांदी के मूल्य में निरंतर गिरावट के एक उपाय की तुलना में पिछली नीति की परिणती अधिक थी। शायद उसमें प्रस्ताव की मुख्य शक्ति शामिल थी। उस मुद्रा को पेश करने की कीमत चुकाने से बचने का यह एक अच्छा समय था जो आगे चल कर बहुत ज़्यादा हतोत्साहित करने वाली साबित हुई थी और यह दूसरी कई परियोजनाओं की विफलता का कारण बनी थी। इसके अतिरिक्त, यह नहीं कहा जा सकता कि उस समय जब ज्ञापन पेश किया गया था तो सरकार को निकट आते संकट के बारे में सचेत नहीं किया गया था, क्योंकि चांदी का विमुद्रीकरण करने की प्रक्रिया दो वर्ष पूर्व ही आरम्भ हो चुकी थी। लेकिन कुछ कारणों से, जिससे जनता अनभिज्ञ थी, इस सुझाव पर कोई कदम नहीं उठाया गया था।

सोने की मुद्रा को शुरु करने के लिये दूसरी योजना भारत के सुयोग्य टकसाल विशेषज्ञ (Mint Master) कर्नल जे. टी. स्मिथ की थी। उनकी योजना स्पष्ट रूप से विनिमय की गिरावट का एक उपाय थी। इस योजना को "सिल्वर एंड दि इंडियन एक्सचेंज" नामक ब्रोशर में प्रकाशित पहले निबंध में बताया गया था। उसे उन्हीं के शब्दों में इस प्रकार कहा जा सकता है-

> "6. हालांकि इस बात से इंकार नहीं किया जा सकता कि भारतीय विनिमय को उसकी सामान्य स्थिति में पुनर्गठित करने के प्रयोजन को पूरा करना अब उसकी तुलना में बहुत ज़्यादा मुश्किल है, जितनी की कुछ वर्ष पूर्व होती। इसका कारण वह गिरावट है जो पहले हो चुकी है, इसके बावजूद भी यह बात मानने का पर्याप्त आधार मौजूद है कि अब भी अगर निर्धारित उपायों को अमल में लाया जाये तो घरेलू (भारत में) भुगतान के लिये मुद्रा को फिर से उसके पहले वाले मूल्य पर

बहाल करने में ज़्यादा विलंब नहीं है और वह भी बिना किसी नुकसान अथवा अव्यवस्था के। इसमें सबसे प्रमुख उपाय निजी खाते में चांदी के सिक्कों पर रोक लगाना होगा और इसके अतिरिक्त, इसके लिये चांदी के सिक्कों के आयात को हतोत्साहित करने तथा कम-से-कम विदेश में बने चांदी के सिक्कों के वितरण और चलन को रोकने व सिक्कों के लिये सोने की बुलियन पाने के लिये टकसाल खोलने के उपाय तलाशने होंगे।

"7. इस बात को समझाने के लिये कि यह किस प्रकार किया जायेगा, मुझे यह कहना है कि

"8. .... भारतीय साम्राज्य के अंदरूनी व्यापार में बढ़ोतरी हुई है और उसमें यह बढ़ोतरी हो रही है....

"9. कारण चाहे कुछ भी हो, इस सदी की शुरुआत से ही भारत के अंदरूनी व्यापार को अपनी मुद्रा में अनवरत रूप से स्थायी व स्थिर प्रगति की ज़रूरत थी, जिसका औसत गत अड़तीस वर्ष में, मूल्य में हर साल पचास लाख पाउंड स्टर्लिंग से ज़्यादा था। इसके अतिरिक्त, मिलने वाले प्रतिफल से यह मालूम होता है कि उसी अवधि में सोने के बुलियन के निर्यात से आयात हर साल औसत रूप से पच्चीस लाख पाउंड ज्यादा होता था जो गत बीस वर्ष में हर साल चालीस लाख से ज़्यादा रहा।

"10. ऐसे में इसका यह नतीजा आवश्यक महसूस होता है कि अगर रुपये की आपूर्ति बंद कर दी जाये तो वस्तुओं की अपेक्षा, शेष बची राशि के स्थानीय मूल्य में उस समय तक बढ़ोतरी होनी चाहिये, जब तक वे उस स्थिति को फिर से हासिल नहीं कर लेते जो स्थिति उनकी सोने के बराबर यानी 1870 से पूर्व पंद्रह वर्ष तक प्रति सावरेन दस रुपये की दर पर थी।

"11. इस स्थिति पर आने के पश्चात् व्यापारियों की दिलचस्पी इस बात में होगी कि वे सोने को सिक्कों की ढलाई के लिये भारतीय टकसालों में ले जायेंगे, और वे वास्तव में ऐसा बट्टे के कारण विनिमय में सुधार आने से पूर्व ही करेंगे जो कि उन्हें पहले सोने के सिक्कों के बदले में मिलेगा।

"12. इस माध्यम से सोना धीरे-धीरे भारत में लाया जायेगा और जैसा कि दिखाया गया है कि वितरण होने वाले माध्यम में कम-से-कम पचास लाख पाउंड की प्रतिवर्ष बढ़ोतरी ज़रूरी होगी और (मुद्रा में) चांदी के और सिक्कों को स्वीकार नहीं किया जायेगा, तो वह धीरे-धीरे वहां जमा हो जायेगा।....

> "13. इसलिये यह सुझाव है कि सही सूचना के बाद निजी व्यक्तियों की तरफ से चांदी के सिक्कों तथा चांदी बुलियन पर पेशगियों को रोक देना चाहिये, 1870 के अधिनियम 23 के उस हिस्से को नामंजूर किया जा रहा है, जो उसे प्राप्त करना और उसके सिक्के बनाना सरकार के लिये आवश्यक बनाता है। सरकार को जब भी ठीक प्रतीत होगा, वह तभी चांदी की फिर से पूर्ति कर लेगी और इसका अधिकार उसके हाथ में होगा। सोने की बुलियन को सरकार को 38 रुपये, 14 आने प्रति मानक औंस की टकसाल दर पर प्राप्त करना चाहिये और उसके अशर्फी (सावरेन) तथा आधी अशर्फी (अर्ध- सावरेन यानी 38 रुपये 15 आने) में या उसी मूल्य के दस या पांच रुपये के सिक्के बनाये जाने चाहिये और उन्हें वैध मुद्रा घोषित कर देना चाहिये, लेकिन वह दावा करने योग्य न हो। चांदी का मौजूदा रुपया पहले के समान ही वैध मुद्रा के रूप में जारी रहेगा।"

जिस समय स्मिथ योजना पेश की गयी थी, उस समय चांदी की गिरावट इतनी ज़्यादा महसूस हुई थी कि योजना के पक्ष में बहुत ज़्यादा लोगों का समर्थन मिल रहा था। व्यापारी समुदाय का समर्थन बंगाल चैंबर ऑफ कामर्स के 15 जुलाई, 1876 के प्रस्ताव में शामिल किया गया, जिसमें यह निवेदन किया गया "कि सरकार द्वारा किये जाने वाले किसी भी मूल उपाय के नज़रिये से यह ज़रूरी है कि 1870 के अधिनियम 23 की धारा 16 द्वारा भारत में टकसालों के लिये यह आवश्यक कर दिया गया था कि वह मुद्रा के निर्माण के लिये दी गयी सारी चांदी को प्राप्त करें और 1871 के अधिनियम 3 के अनुच्छेद (बी) की धारा 11 ने भी मुद्रा विभाग के लिये यह आवश्यक कर दिया कि उनके पास जो चांदी बुलियन भेजी जाये, उसके स्थान पर नोटों को जारी करना सरकार अपने विवेक से कुछ समय के लिये रोक दे और यह कि ऐसी रोक के दौरान या अगली सूचना तक किसी भी विदेशी बंदरगाह से सिक्के में ढले रुपये का आयात करना वैध न हो।" इसी तरह का विचार कलकत्ता ट्रेड्स एसोसिएशन की ओर से पेश किया गया। इस समय तक विनिमय में गिरावट भी होने लगी थी, जिसका असर भारत सरकार के वित्त पर इतना ज़्यादा हुआ कि सर विलियम म्यूर को 1876-77 के अपने वित्तीय वक्तव्य में यह कहने को बाध्य होना पड़ा कि -

> "चांदी के मूल्य में आकस्मिक गिरावट होने से और उसके परिणामस्वरूप इंग्लैण्ड में हर वर्ष लगभग 15 मिलियन पाउंड की अपेक्षित राशि को निर्धारित करने से

भारत सरकार के व्यय में बढ़ोतरी होने से निस्संदेह भविष्य के लिये एक गम्भीर स्थिति महसूस होने लगी। निश्चित रूप से, यह कहा जा सकता है कि चाहे किसी भी नज़र से विचार किया जाये, लेकिन ख़तरा उससे भी ज्यादा गम्भीर है जिससे अब तक भारत की आर्थिक स्थिति को डर लगता रहा है। युद्ध, अकाल तथा सूखे के ख़र्चे के कारण राजकोष को सामान्यत: कहीं ज़्यादा नुकसान हुआ है, जिसका कि हमें मौजूदा वर्ष में डर है। लेकिन ऐसी विपत्तियां गुज़र जाती हैं, नुकसान सीमित होता है और जब इसके लिये प्रबंध कर दिया जाता है तो अर्थव्यवस्था को एक निश्चित तथा स्थिर आधार मिल जाता है। लेकिन मौजूदा चिंता का कारण यह नहीं है। इसके तत्काल परिणाम बहुत गम्भीर हैं.

.... लेकिन इसे जो बात सबसे ज्यादा विशिष्ट बनाती है, वह यह है कि इसके अंत को देखा नहीं जा सकता और भविष्य अनिश्चितता से घिरा हुआ है।" ऐसी स्थिति में इससे ज़्यादा स्वाभाविक कुछ नहीं हो सकता, सकता, सिवाय सरकार से यह अपेक्षा करने के कि सरकार अगर दूसरों को नहीं तो कम-से-कम स्वयं को आने वाली मुसीबत से बचाने के लिये कोई कदम उठाये। तुरंत कोई कदम उठाने की अपेक्षा सरकार किसी तरह की कोई पहल या अगुवाई करने में न सिर्फ विफल रही है, अपितु जब उस पर बंगाल चैंबर ऑफ कामर्स ने उपरोक्त प्रस्ताव पर कोई कदम उठाने के लिये दबाव डाला तो वह मात्र हैरानगी भरे अंदाज़ में एक उदासीन दर्शक की भांति गहरी नींद सोती रही। निस्संदेह, बंगाल चैंबर का प्रस्ताव उचित नहीं था। उसमें उसने यह सलाह भी नहीं दी कि सोने के सिक्कों को ढालने के लिये किसी भारतीय टकसाल की तलाश की जाये। भारत सरकार धूर्तता से इस कमी को पकड़ कर बैठ गयी। उसने चैंबर के सामने यह साफ कर दिया था कि अगर उसने सोने के मुक्त सिक्कों की ढलाई का सुझाव दिया होता तो" ऐसी सलाह पर वह आपत्ति न होती जो सही मायनों में अपनाये गये सुझाव को अपनाने के लिये अप्रत्यक्ष तौर पर दुर्भाग्यपूर्ण लगती है जैसे टकसालों को एक धातु के वैध मुद्रा में मुक्त सिक्के ढालने के लिये कुछ समय के लिये रोक देना और इसके अलावा, किसी दूसरी धातु की वैध मुद्रा में मुक्त रूप से सिक्के ढालने के लिये टकसालों को न खोलना।"

तो क्या उसने उस समय, कर्नल स्मिथ के उस प्रस्ताव को स्वीकार किया जिसमें ऐसी अनुशंसा की गयी थी? बिल्कुल नहीं। तो फिर उसने कोई ऐसा कदम क्यों नहीं उठाया जिसमें उसे कोई एतराज़ नज़र नहीं आता था? इसका कारण यह था कि उसने

मौद्रिक गड़बड़ी के कारणों को दूर करने के उपायों का पता लगा लिया था। सरकार को, "बहुमूल्य धातु के संतुलन में गड़बड़ी" की व्याख्या करने की कई तथा विभिन्न प्रकार की सम्भावनायें नजर आयीं। (1) सोने का मूल्य स्थिर था, चांदी का मूल्य गिर गया था। (2) चांदी के मूल्य में कोई बदलाव नहीं हुआ था, सोने के मूल्य में बढ़ोतरी हो गयी थी। (3) सोने के मूल्य में बढ़ोतरी हो गयी थी और चांदी का मूल्य गिर गया था। (4) दोनों धातुओं के मूल्य में बढ़ोतरी हो गयी थी, लेकिन सोने के मूल्य में चांदी के मूल्य की तुलना में ज़्यादा बढ़ोतरी हुई थी। (5) दोनों धातुओं के मूल्य गिर गये थे, लेकिन चांदी के मूल्य में सोने के मूल्य की तुलना में ज्यादा गिरावट आयी थी। ऐसी सम्भावनाओं में जहां तर्क के बजाय विद्वता दिखाने का भाव अधिक था, वहां सरकार ने मुद्रा का सुधार करने वालों को चेतावनी देते हुए कहा-

> "अगर सोने के मूल्य में बढ़ोतरी के कारण गड़बड़ का पता चलता है तो इसके उपचार के तरीके का संकेत उससे पूरी तरह भिन्न होगा जो चांदी के मूल्य में गिरावट के संबंध में उचित होता।"

इन सम्भावनाओं में से जो बात साबित होने वाली महसूस हुई, वह यह थी कि "सोने के मूल्य में मार्च, 1872 से बढ़ोतरी हुई थी।" और इस कारण अगर कोई सुधार करना था तो उसकी जिम्मेदारी सोने के मानक वाले देशों पर होनी चाहिये। उस समय भारत सरकार की जिस प्रकार की स्थिति थी, उसमें राहत प्रदान करने वाले किसी तरह के मुद्रा सुधार में जल्दबाजी होने की बुराई के बिना उसे खुद ही नुकसान उठाना पड़ सकता है। मुद्रा के सुधार जैसे, महत्त्वपूर्ण मामले के संबंध में अपने फैसले को नियमित करने के संकट की ज़रूरतों की अनुमति के मायने ये नहीं हैं कि उसमें ज़िद का भाव था। इसके उलट, यह एक चेतावनी है। कोई भी पाठक 13 अक्तूबर, 1876 की उस स्पष्ट विज्ञप्ति की सराहना किये बिना नहीं रह सकता जिसमें राज्य सचिव को अपने इस फैसले की सूचना दी गयी थी कि वह इंतज़ार करे और देखे। लेकिन इसके मूल में भारत सरकार के मूलभूत नज़रिये के संबंध में उसी तरह के अनुशंसात्मक तरीके से सराहना करना मुमकिन नहीं था। क्या यह बात समझ में आती है कि सोने के मूल्य में तो बढ़ोतरी हुई थी, लेकिन चांदी के में गिरावट नहीं आयी थी? इसका निर्णय करने का दायित्व तर्कशास्त्रियों पर छोड़ देना चाहिये। लेकिन चांदी के मानक वाले देश के लिये अपनी मुद्रा प्रणाली सुधार को शुरू करने से इसलिये मना कर देना कि

सोने के ही मूल्य में बढ़ोतरी हुई थी, दरअसल एक नीतिगत त्रुटि थी। सैनिक मामलों में शायद एक ऐसी चीज होती है, जो एक स्थिति पर निर्भर होती है, लेकिन मुद्रा के संबंध में ऐसी चीज नहीं हो सकती। ऐसा इसलिये है कि पहले मामले में ताकत, दूसरे की कमज़ोरी में मौजूद होती है। लेकिन बाद वाले मामले में एक की कमजोरी सबकी कमज़ोरी हो जाती है। इसलिये इसमें कोई शंका नहीं हो सकती कि सरकार ने इस संबंध में ज़रूरी कदम उठाने की जिम्मेदारी की अनदेखी करके उसी तरह की भूल की जैसी कि प्रो. निकल्सन के शब्दों में, "एक ऐसा आदमी करता है जो यह समझ बैठे कि उसका जहाज डूब नहीं सकता, क्योंकि उस कमरे विशेष में, जिसमें वह सोता है, रिसाव की कोई सम्भावना नहीं है।" कार्रवाई न करने की ऐसी प्रवृत्ति बिल्कुल तर्कहीन व मूर्खतापूर्ण थी, इसे भारत सरकार को जल्द ही समझा दिया गया। दो वर्ष की छोटी सी अवधि में ही उसने 1876 में जो नीति अपनायी थी, उस पर उसे फिर से विचार करने के लिये मजबूर होना पड़ा। 9 नवंबर, 1878 की एक विज्ञप्ति में भारत सरकार ने यह कहा-

> "5. यह अपेक्षा की जाती थी कि इस तरह की मुश्किलों वाली एक समस्या पर इतना शीघ्र फैसला नहीं करना चाहिये, और इसकी गम्भीर समस्या के आखिरी हल के लिये कोशिश करने से पूर्व कुछ समय व्यतीत होने देना सम्भवत: सबसे विवेकपूर्ण कार्य था। क्योंकि यही वास्तव में सबसे अच्छा स्वाभाविक तरीका था। सन् 1877 में चांदी का मूल्य सुधरने से इस नीति को अमल में लाने का समर्थन किया गया और सिर्फ यही वह समय था, जब रुपये के मूल्य में एक और गिरावट के कारण मूल्य कम होकर जुलाई, 1876 के मूल्य जितना ही रह गया। मुद्रा संबंधी मौजूदा कानून के कारण हमें जो भारी ख़तरा दिखायी पड़ता है, उसका व्यावहारिक असर हमारे घरेलू भुगतानों पर होता है जिससे हमें उस ओर ध्यान देने के लिये मजबूर होना पड़ता है।"
>
> "21. चांदी के मूल्य के मामले में जो अनिश्चिता कुछ वर्षों से मौजूद रही है और उसके कारण विनिमय में जो गड़बड़ हुई है .... वह सरकार के लिये अनवरत मुश्किलें पैदा करती रही है। .... और इस बात पर संदेह नहीं किया जा सकता कि देश के व्यापारिक सौदों में भी इन गड़बड़ियों के चलते इसी तरह के नतीजे निकलते या कि भारत में व्यापार या दूसरे कामों में विदेशी पूंजी निवेश करने के मामले में उनके असर से बहुत ज़्यादा रुकावट पैदा होती।"

23. इस तरह इसे हम मौजूदा मुश्किलों का सच्चा विवरण और मौजूदा मुद्रा कानून को बनाये रखने का सम्भावित जोखिम मानते हैं और हमारा मानना है कि उनमें किसी तरह की अतिशयोक्ति से काम नहीं लिया गया है। इस बात की जांच-पड़ताल करना हमारा कर्तव्य है कि क्या कोई ऐसा व्यावहारिक कदम उठाया जा सकता है जिस पर कोई गम्भीर एतराज़ न हो अथवा उसे अपनाने में इतने बड़े जोखिम न हों कि उससे दूर रहना पड़े। हम पूरी तरह से यह बात महसूस करते हैं कि भारत की मुद्रा के मामले में कोई कदम उठाते हुए हम पर बहुत बड़ा दायित्व होगा। लेकिन यह बात भी स्पष्ट है कि कुछ न करने का दायित्व भी किसी तरह से कम बड़ी बात नहीं है। कानून को बेशक वैसे का वैसा छोड़ा जाये या उसे बदल दिया जाये, इसका नतीजा बराबर हमारी कार्रवाई करने के कारण ही होगा, और अगर हम चाहें, तब भी इस गम्भीर स्थिति का मुकाबला करने से हम उसे टाल नहीं सकते।

"24. सोने के मानक अपनाने से विनिमय में स्थिरता लाने के लिये तथा सरकार को प्रत्यक्ष कार्रवाई से चांदी की मुद्रा के स्थान पर सोने को लाने को हमारे विचार से भारत सरकार की पिछली अक्तूबर की विज्ञप्ति द्वारा अव्यावहारिक बताया गया है। अत: इस योजना पर आगे किसी भी तरह ध्यान देने की ज़रूरत नहीं है। उस विज्ञप्ति के रुपये के भार में बढ़ोतरी भी ध्यान में आयी। यह बढ़ोतरी समान रूप में ध्यान देने लायक नहीं है, क्योंकि यह दरअसल भविष्य के लिये सुरक्षा नहीं देगी और किसी उद्देश्यपूर्ण ज़रूरी बात को पूर्ण किये बग़ैर अनिवार्य रूप से बहुत महंगी होगी। इसके लिये एक आसान और पहला प्रस्तावित सुझाव रहता है, चांदी के सिक्के ढलाई की सीमा का जिसे हालांकि भारत सरकार ने सन् 1876 में स्वीकार करने से मना कर दिया था.... अब और भी नज़दीक से जांच-पड़ताल करने की ज़रूरत महसूस होती है।

25. इस सुझाव की सबसे बड़ी विशेषता यह है कि सिक्का ढलाई अधिनियम में कुछ बदलाव किया जायेगा, जिससे सिक्का ढलाई हेतु चांदी के बुलियन को टकसाल में ले जाने के जनता के स्पष्ट अधिकार को वापस लिया जा सके। इसे या तो भविष्य में पूरी तरह से रोक दिया जाये अथवा कुछ समय के लिये इसे सीमित कर दिया जाये।

"26. अगर रुपये के विनिमय मूल्य में स्थिरता के असर को बनाये रखना है तो ऐसी किसी योजना का साफ तौर पर एक आवश्यक अंग यह है कि भविष्य में

उस सिक्के को प्राप्त करने के अधिकार का सोने के भुगतान से किसी तरीके से विनियमित किया जायेगा और यह कि पाउंड और रुपये की मुद्रा के मध्य संबंध को इस तरह स्थापित किया जायेगा कि जिन धातुओं के सिक्के बनाये जाते हैं, उनके सापेक्ष नहीं रखा जायेगा।

"27. इसके उलट, यह ऐसी योजना का ज़रूरी हिस्सा नहीं है कि मूल्य का कोई विशेष संबंध दो शिलिंग पर इस तरह तय किया जाये जो अपेक्षाकृत किसी कम या ज़्यादा अनुपात पर तय होना चाहिये। जो बात ज़रूरी है, वह यह है कि अगर दर एक बार तय कर दी जायेगी तो भविष्य में उसमें कोई बदलाव नहीं किया जायेगा।

* * * *

"33. कदाचित सबसे महत्त्वपूर्ण प्रश्न यह है कि सोने के अत्यंत सीमित सिक्कों के साथ या सोने के सिक्कों को वैध मुद्रा के तौर पर रखे बिना क्या चांदी के सिक्के को हमारी मुद्रा में मुख्य घटक के तौर पर बनाये रखना उचित है अथवा नहीं। भारत सरकार ने अपनी सन् 1876 की विज्ञप्ति में ऐसी प्रणाली को बनाये रखने की गुंजाइश के विरुद्ध विचार प्रकट किया.... इस बात पर पूरी तरह से एक बार फिर विचार करने के पश्चात् हमारा दृष्टिकोण इसके विपरीत बनता है और हमारा मानना है कि ऐसी प्रणाली पूरी तरह से व्यवहारिक होगी और इसके कारण कोई मौद्रिक समस्या नहीं होगी। यह सत्य है कि विश्व में ऐसा कोई देश नहीं है जिसमें वाकई ऐसी स्थिति मौजूद हो। लेकिन उन देशों में कई देश ऐसे हैं जिनमें एक अपरिवर्तनीय कागज़ी मुद्रा मौजूद है या मौजूद रही है, उनसे यह सबूत मिलता है कि किसी भी अंदरूनी मूल्य के बिना मुद्रा की बड़ी भारी असंगति में एक धातु मुद्रा के काम को संतोषप्रद तौर से करने की क्षमता है और वह अपने स्थानीय विनिमय मूल्य को उस समय तक बनाये रखने में समर्थ होती है, जब तक अत्यधिक निर्गम की सिर्फ उसके लिये सुरक्षा की जाती है।

* * * *

"37 (ऐसे) उदाहरण (जैसे ब्रिटिश शिलिंग और फ्रांस का पांच फ्रेंक का सिक्का) यह दिखाते हैं कि न तो गुप्त सिक्का ढलाई, न अंदरूनी मूल्य में कमी से पैदा संदेह के कारण इस बात की गुंजाइश है कि रुपये को अपने मौजूदा वजन पर दो शिलिंग के मामूली से मूल्य पर एक सोने का मानक और एक आंशिक सोने के सिक्के के साथ संचलन में बनाये रखने में कोई बड़ी समस्या होगी।

* * * *

46. इस तरह हम इस नतीजे पर पहुंचते हैं कि भारत की चांदी की मौजूदा मुद्रा को बनाये रखते समय सोने के मानक को अपनाना व्यवहारिक होगा। इससे सारे समाज को न तो कोई नुकसान पहुंचेगा और न ही भविष्य में किसी तरह की मुश्किल का जोखिम होगा और उससे हम भविष्य में, अपने ऊपर आने वाले गम्भीर ख़तरों से उस समय तक अपनी पूरी तरह से तब तक रक्षा कर सकेंगे, जब तक मौजूदा व्यवस्था बनी रहेगी।

इसलिये हम महारानी की सरकार से यह सिफारिश करना चाहते हैं कि ऐसे बदलाव को जहां तक हो सके, जल्द से जल्द अपना लिया जाये, और हम उन उपायों को ज़रूरी विवरणों के साथ आगे समझायेंगे जिनके बारे में हमारा यह सुझाव है कि उन्हें लागू करना चाहिये।

* * * *

"50. यह बात ध्यान में रखनी चाहिये कि हमारे इस कदम का प्रयोजन भारत पर सोने की मुद्रा को बलपूर्वक लादना अथवा चांदी की मुद्रा को हटाना नहीं अपितु ऐसे नतीजे से बचना या उस दिशा में जाने वाली प्रवृत्ति को वहां तक रोकना है, जहां तक उसे सोने के मानक के अपनाने के साथ अनवरत किया जा सकता है। इसके परिणास्वरूप हम इस नतीजे पर पहुंचते हैं कि भारत में सोने के सिक्कों की शुरुआत करने के लिये सुविधायें देते समय हमें अभी उन्हें सामान्य वैध मुद्रा के रूप में घोषित नहीं करना चाहिये, और इसके अलावा, हमें चांदी के सिक्कों के निर्माण के लिये व्यवस्था करनी चाहिये। सिक्कों की मात्रा तय नहीं की जानी चाहिये, बल्कि यह इन शर्तों पर होना चाहिये कि उससे चांदी की शुरुआत को सोने के मामले में कोई सुविधा नहीं मिलेगी।

"51. हम निम्नलिखित लक्ष्यों को पाने का सुझाव देते हैं- "हम सबसे पहले सरकार की किसी भी मांग हेतु भुगतान में ब्रिटिश या ब्रिटिश भारतीय सोना प्राप्त करने के लिये अधिकार हासिल करें। यह भुगतान समय समय पर सरकार द्वारा तय की गयी दरों पर होना चाहिये और यह उस समय तक होना चाहिये, जब तक कि विनिमय पर्याप्त रूप में खुद ही व्यवस्थित न हो जाये और उससे हम इतने सक्षम न हो जायें कि रुपये की कीमत को पाउंड स्टर्लिंग के मामले में स्थायी तौर पर दो शिलिंग पर स्थिर कर सकें। इसके अलावा, चांदी के सिक्कों का निर्माण करने पर शाही कर को इस दर तक बढ़ा दिया जायेगा कि जिससे बुलियन का आयात करने वाले व्यक्तियों के लिये सही में रुपये की कीमत उपयुक्त सोने के

सिक्कों की अपेक्षा रुपये को दी गयी कीमत के बराबर हो जाये। इस प्रकार हमें एक स्वत: कार्य करने वाली ऐसी प्रणाली अपनानी चाहिये जिसके अंतर्गत चांदी को सिक्का बनाने के लिये सोने की तय दर पर मंजूर किया जायेगा। ऐसा करना देश की ज़रूरत है। सोने के सिक्के को शुरू करने और उनका इस्तेमाल करने के लिये, जहां तक यह सुविधाप्रद व लाभप्रद पाया जायेगा, इसे तय व सीमित क्षेत्र प्रदान किया जायेगा।"

यह ऐसी योजना थी, जिसकी रूपरेखा भारत सरकार द्वारा पेश की गयी थी। इसने स्मिथ की योजना को क्यों नामंजूर कर दिया था, जबकि स्मिथ की योजना बहुत स्पष्ट, सस्ती और सुरक्षित थी? इसका कारण यह था कि इसमें विश्व के सोने के घटते स्टॉक के बारे में भारत की मांग पर विचार किया गया था। अब, मौजूदा परिस्थितियों में यह एक बहुत घातक दोष था और उस समय के शासकों ने पहले से ही यह धारणा बना ली थी कि सोने के लिये इस मारा-मारी से भारत को पूरी तरह से दूर रखा जाना चाहिये। इसलिये प्रभावपूर्ण सोने के मानक का सरकार का सुझाव उसके लिये हार मान लेने जैसा था। सोने के मानक का एक मामूली व हल्का संस्करण जैसा कि सरकार ने प्रस्ताव रखा था, कुल मिलाकर उसकी सफलता की सम्भावना हो सकती थी। लेकिन इस बेहद कमज़ोर कोशिश पर भी राज्य सचिव तथा चांसलर ऑफ दि एक्सचेकर द्वारा संयुक्त रूप से नियुक्त की गयी समिति ने सही बर्ताव नहीं किया था। इस समिति को इन प्रस्तावों की जांच-पड़ताल करने तथा इस संबंध में रिपोर्ट देने के लिये नियुक्त किया गया था। इसमें समिति के सभी सदस्यों की सहमति थी कि "उन पर महारानी की रज़ामंदी हासिल करने के लिये वे सिफारिश नहीं कर सकते" इन प्रस्तावों को क्यों नामंजूर किया गया, उसके कारणों को जानने की हमें आज्ञा नहीं है। हालांकि इस समिति की रिपोर्ट को सार्वजनिक तौर पर जनता के सामने पेश किया गया था, लेकिन उसकी कार्रवाई को कभी भी सामने प्रकट नहीं किया गया। दरअसल, अधिकारियों ने उनकी जांच करने की इजाज़त ही नहीं दी और उन्होंने उन्हें देखने तथा उनका अध्ययन करने के अनुमति देने तक बड़ी ही कठोरता व हठीलेपन से मना कर दिया था। यह कहना थी बहुत कठिन है कि उनको लगभग आधी सदी के व्यतीत हो जाने के पश्चात् भी गोपनीय क्यों माना गया। फिर भी, इस समिति के एक सदस्य सर रॉबर्ट गिफन ने, 1898 की भारतीय मुद्रा समिति के सामने प्रमाण प्रस्तुत करते समय

बिल्कुल साफ कर दिया था, जिससे हमें इस बेहद सुरक्षित प्रलेख की विषय वस्तु के बारे में पता चल सकता है। ऐसा लगता है कि समिति ने प्रस्तावों के ख़िलाफ इस उद्देश्य से घोषणा की थी, क्योंकि इस समिति का यह विचार था कि ये प्रस्ताव भारतीय मुद्रा को एक "प्रबंध" मुद्रा बनाने के लिये हैं। जिस समय समिति ने अपना विचार प्रकट किया था, तो तत्कालीन पूर्वाग्रह सर्वसम्मति से ऐसी प्रणाली के ख़िलाफ था। मुद्रा के विशेषज्ञ विख्यात लेखकों को कृत्रिम रूप में विनियमित प्रणाली के खिलाफ घोषित कर दिया गया। स्वाभाविक रूप में उनकी आदर्श मुद्रा स्वत: कार्य करने वाली मुद्रा थी। इस पूर्वाग्रह से गुमराह होने के अलावा, समिति इस बात से आश्वस्त महसूस कर रही थी कि आर्थिक शक्तियों की स्वाभाविक कार्यप्रणाली से स्थिति में जल्द ही अपने आप सुधार हो जायेगा। इसके लिये यह ज़रूरी नहीं होगा कि भारतीय मुद्रा को सुधारा जाये। समिति के इस विश्वास का आधार स्वर्गीय वाल्टर बेगहोट की यह धारणा थी कि अव्यवस्था सिर्फ कुछ ही समय के लिये हो सकती है। उनका तर्क यह था कि मूल्य में गिरावट के चलते भारत की ओर से निर्यात को बढ़ावा मिलेगा और आयात में कमी आयेगी और इस तरह व्यापार में जो प्रतिकूल संतुलन पैदा होगा, वह चांदी के प्रवाह को भारत की ओर ले जाने की प्रेरणा बनेगा जिससे चांदी की कीमत में बढ़ोतरी का रूझान पैदा होगा। उनकी यह भी राय थी कि भारत के बाहर से भी चांदी की और अधिक मांग आयेगी। उन्होंने यह तर्क दिया कि कुछ देशों द्वारा चांदी का विमुद्रीकरण करने से पैदा हुई मांग में कमी उसकी तुलना में ज्यादा होगी जिसकी क्षतिपूर्ति इस समय सिक्के के नकदी भुगतान को बहाल करने के लिये कागज़ी मुद्रा के आधार पर अन्य देशों द्वारा चांदी को अपनाकर की गयी हो।

समिति द्वारा कृत्रिम मुद्रा प्रणाली की अपेक्षा प्राकृतिक मुद्रा प्रणाली को प्राथमिकता देने के बारे में बेशक जो कुछ भी कहा जाये, लेकिन इस बात में कोई संदेह नहीं हो सकता कि इस उम्मीद में कि चांदी की वसूली हो जायेगी। इस प्रस्ताव को नामंजूर कर देना पूरी तरह से जानबूझ कर बोला गया झूठ था। जिन बुनियादी मान्यताओं के आधार पर समिति कार्रवाई करने के लिये तत्पर हुई थी, वे मान्यतायें सफल नहीं रही थीं। यह देखकर हर व्यक्ति चकित था कि भारत ने अंग्रेजों की इस "सफेद गंदगी" (Whitedirt) को अपने यहां खपाने से मना कर दिया था। उस समय यह जानना वाकई एक अबूझ पहेली थी कि अगर यूरोप में चांदी में इतनी ज़्यादा गिरावट आयी थी

तो यह भारी मात्रा में भारत में क्यों नहीं गयी। कई लोगों ने राज्य सचिव पर अपनी कौंसिल के बिलों (Council Bills) को बेचने का आरोप लगाया था। ऐसा कहा गया कि इन बिलों ने भारत में चांदी को भेजने से रोकने के लिये भुगतान के लिये भेजी हुई राशि का बहुत अच्छा विकल्प दिया था और इसके फलस्वरूप ही इसकी मांग कम हुई। यह बात स्पष्ट थी कि यह विचार सही नहीं था। अगर कौंसिल के बिलों को ख़त्म भी कर दिया जाता, तो फिर भी चांदी की मात्रा भारत में उससे ज़्यादा न पहुंच पाती, जितनी कि पहुंच गयी थी। कौंसिल के बिलों को सामान्य व्यापार हुंडी ही समझना चाहिये जिन्हें सेवाओं व वस्तुओं के लिये बनाया गया था। उनके संबंध में यह नहीं कह सकते कि उन्होंने व्यापार हुंडियों में दिये गये ढंग से अलग किसी ख़ास ढंग से बुलियन के संप्रेषण के साथ प्रतियोगिता दिखायी थी। कौंसिल की हुंडियों का एक ही उद्देश्य, जो प्रस्तुत विषय पर आधारित था, इस बात में शामिल है कि जिस हद तक वे सौदे प्रकट हुए, उनसे भारत दूसरी चीज़ों को नहीं खरीद पाया। लेकिन ऐसा कुछ भी नहीं था जो चीज़ों को ख़रीदने की उसकी शेष क्षमता को रोक पाये। यह क्षमता कौंसिल बिलों का भुगतान करने के बाद दूसरी चीज़ों की अपेक्षा चांदी ख़रीदने में इस्तेमाल होने से बची हुई थी। ख़रीदने की इस शक्ति का इस्तेमाल चांदी ख़रीदने के लिये किया जायेगा क्योंकि यूरोप में उसके मूल्य कम हो गये थे, मि. ब्रेगहोट का यह पूर्वानुमान सिद्धांततः एक ग़लत पूर्वानुमान था। इसका फैसला करने वाली बात यह भी थी कि क्या भारत में इसकी कीमत में बढ़ोतरी हुई थी या नहीं। सिर्फ इस एक बात से ही चांदी का भारत की ओर प्रवाह हो सकता था। लेकिन उस समय जो हालात थे, उसके बारे में प्रो. पियर्सन का यह विचार था कि जब समूचे विश्व में ही सामान्य रूप से चांदी की कीमत में गिरावट शुरू हो चुकी थी तो उसे विश्व के उस हिस्से में जिसमें भारत आता है, पहले से ही आने से रोकने का प्रबंध कर लिया गया था। भारत में चांदी पहले से ही भरपूर मात्रा में मौजूद थी। सामान्य हालात में भारत अपनी चांदी के बहुत बड़े भाग को वापस यूरोप भेज देता, लेकिन मूल्यों में हुई गिरावट ने उसे ऐसा नहीं करने दिया। और अब परस्पर दो विरोधी ताकतें सामने आ गयी थीं। एक ताकत का झुकाव यूरोप से भारत को चांदी का निर्यात करने की ओर था तो दूसरी ताकत का झुकाव भारत से चांदी का निर्यात यूरोप को करने की ओर था। हालांकि इन दोनों में यूरोप से आयात को चांदी के निर्यात करने की ओर प्रवृत्त शक्ति ज्यादा प्रबल थी लेकिन भारत से यूरोप

को चांदी निर्यात करने की ओर प्रवृत्त शक्ति इतनी ज़्यादा ताकतवर थी कि वह यूरोप से भारत को निर्यात की जाने वाली चांदी की कितनी भी मात्रा को रोकने में सक्षम थी। अगर समिति ने पूर्वानुमान लगाने में धोखा खाया था तो दूसरे में भी उसे निराशा का सामना करना पड़ा था। चांदी के रूप में सिक्के का भुगतान फिर से चालू होने की अपेक्षा, जैसी कि बेगहोट को उन देशों के द्वारा उस समय कागज के आधार पर ऐसा करने की उम्मीद थी, उन सभी ने चांदी के मूल्य को कम कर दिया था। इससे उन सभी लोगों को बड़ी निराशा हाथ लगी थी जिन्होंने "इंतज़ार करो और देखो" (Wait and See) की नीति अपनायी थी।

ऐसे पूर्वानुमानों को भारत और दूसरे देशों के द्वारा झूठा प्रमाणित करने के कारण यूरोप के अधिकतर देशों के नज़रिये में बदलाव आया और इन देशों ने उस समय अस्त-व्यस्त मुद्रा की हालत को सही करने में कोई दिलचस्पी नहीं दिखायी। विख्यात विशेषज्ञों ने उनको यह सलाह दी कि वे जल्दबाज़ी न दिखायें। जेवंस ने कहा-

"व्यावहारिक मुश्किलों से पार पाने के लिये हमें सिर्फ थोड़े-से धैर्य व व्यावहारिक ज्ञान की ज़रूरत है। अगले कुछ वर्षों में पूरी सम्भावना है कि भारत में अच्छी फसल होगी जिससे भारत हमारी सारी अतिरिक्त चांदी को खरीदने में सक्षम हो जायेगा, जैसा कि वह प्लिनी के समय से कुछ अपवादों को छोड़कर सदैव करता रहा है। अगले वर्षों में चांदी की किसी भी मात्रा से बिना किसी नुकसान के छुटकारा पाया जा सकता है अगर इसे धीरे-धीरे तथा सावधानी से बेचा जायेगा।"

जब यह मालूम हुआ कि इंतज़ार का समय अगर ज़्यादा लम्बा न सही लेकिन ज़्यादा पीड़ादायक ज़रूर होगा, क्योंकि उसकी तुलना में कहावत वाले किसान का समय ज़्यादा दुखदायी व लम्बा होगा, जिससे चश्में को सूखा रहने दिया जाये ताकि उसे मना करने के बावजूद वह अपने पैरों को गीला न होने दे। चांदी के मूल्य में गिरावट को रोकने के लिये ज़रूरी सुधार शुरू करने के वास्ते यूरोप में एक आंदोलन की शुरुआत हुई।

यह आंदोलन भावनाओं से दूर एक असली आंदोलन था। इसने इन बुराइयों से मजबूती पायी थी जो मौजूदा मौद्रिक स्थिति से पैदा हुई थीं। इनमें से अधिकतर देशों में मुद्रा की हालत बहुत बुरी थी। सांकेतिक मुद्रा के तौर पर चांदी के साथ एक प्रभावशाली सोने की मुद्रा की योजना को उनकी प्रगति के मध्य में ही रोक दिया गया

था। जब जर्मनी ने चांदी का विमुद्रीकरण किया तो उसने अपने चांदी के थ्रेलर्स को, सोने के साथ पुराने अनुपात में पूरी तरह से वैध मुद्रा के रूप में रोके रखा था। उसने ऐसा सिर्फ इसलिये किया था ताकि उसे उनसे मुक्त होने के लिये उतना समय मिल जाये, जितना उनको कम करके एक सच्ची सहायक स्थिति तक जाने के लिये ज़रूरी था। लेकिन उसके ऐसा कर पाने से पूर्व ही उसकी विमुद्रीकरण की नीति शुरू हो चुकी थी जिसका असर चांदी के मूल्य पर पड़ा और उसमें हुई अनवरत गिरावट ने जर्मनी को थ्रेलर्स को उनकी पुरानी कीमत पर वैध मुद्रा के तौर पर बनाये रखने के लिये मजबूर कर दिया था। उस तथ्य के बावजूद भी कि उनकी धातु की कीमत में तीव्रता से कमी हुई थी, वास्तविकता में लैटिन देशों के संघ की अपनी मुद्रा प्रणाली संबंधी उठाये गये कदम का नतीजा भी ठीक वैसा ही था। उन्होंने और ज़्यादा चांदी के पांच फ्रैंक के सिक्कों के बनाने का कार्य रोक दिया था। लेकिन वे उनके मामले में कुछ नहीं कर पाये जिनके बनाने का कार्य पहले ही हो चुका था। वे सिर्फ इतना ही कर सके कि उन्होंने टकसाल के अपनी पुरानी टंकित कीमत पर बांटने और चलाने की आज्ञा दे दी। हालांकि बाज़ार मूल्य में बदलाव होने के साथ-साथ धातु की सममूल्यता में भी बदलाव होता रहा। संयुक्त राज्य अमरीका भी इसी तरह की बुराइयों में जकड़ा हुआ था। हालांकि वे बुराइयां ज़रूरत से नहीं अपितु इच्छा से उत्पन्न हुई थीं। चांदी वाले लोगों के आंदोलन के मामले में, उसने सन् 1878 में “ब्लैंड एलिसन अधिनियम” (Bland Allison Act) नामक एक कानून पारित किया जिसके अनुसार कोषागार सचिव (Secretary of the Treasury) के लिये यह ज़रूरी हो गया कि वह प्रत्येक महीने कम से कम 20,00,000 डॉलर और अधिक से अधिक 40,00,000 लाख डॉलर तक की कीमत के चांदी बुलियन, मानक चांदी के डॉलर में खरीद कर उनके सिक्के बनाये जो पूर्ण रूप से वैध मुद्रा हो और इनका इस्तेमाल “जहां अनुबंध में अन्यथा स्पष्ट रूप से वर्णित को छोड़” दूसरे सभी सार्वजनिक व निजी ऋणों के लिये किया जाये, उनके लिये वह वैध मुद्रा हो क्योंकि हर गिरावट के साथ-साथ इन डॉलरों के धातु मूल्य में भी कमी होती थी, जबकि उनका वैध मूल्य पूर्ववत् रहता था, इसलिये वे थ्रेलर्स तथा फ्रैंक के समान अधिमूल्य वाले सिक्के हो गये थे। यह बात साफ है कि जब किसी देश की मुद्रा का भंडार सब कामों के लिये समान रूप से ठीक न हो तो उसकी हालत को असंतोषजनक माना जाता है। हालांकि ये सिक्के अंदरूनी कामों के

लिये तो ठीक थे, लेकिन अंतर्राष्ट्रीय भुगतान के लिये कोई मायने नहीं रखते थे। उन्होंने सारी प्रणाली को अस्थिर और बेहद भारी बना डाला था। इसके अतिरिक्त, वे मुद्रा बैंकों की आरक्षित निधियों (Banking Reserves) का काम करने तथा उद्देश्य को पूरी करने के लायक नहीं बन सके। आधुनिक काल में बैंकिंग निधि का काम करना धातु मुद्रा का सबसे पहला कार्य है। उनके कारण अवैध सिक्कों की ढलाई की आशंका बहुत ज़्यादा बढ़ गयी। लेकिन उनका अस्तित्व ख़तरे का ऐसा स्रोत कैसे बना, उसका कारण यह था कि इन देशों की कुल धातु मुद्रा का एक बहुत बड़ा अंश इस तरह का था। तालिका XXIII में आटोमर हाफ्ट द्वारा दर्शाये गये आंकड़े पूरी तरह से उन मुश्किलों को साबित करते हैं, जिनका सामना इन देशों को सांकेतिक मुद्रा की इतनी बड़ी राशि को विनियमित तथा नियंत्रित करने में करना पड़ा।

तालिका XXIII

विभिन्न देशों में मुद्रा के भंडार (स्टॉक) का वितरण*

देश	1892 के प्रारम्भ में रूपये की मुद्रा का परिचालन				
	सोना	चांदी	अनावृत्त नोट	खण्डात्मक मुद्रा	बिलन धन
आरट्रेलिया=फलोरिन	65,000,000	197,000,00	601,000,000	40,000,000	14,000,000
इग्लैड=पाउंड	118,000,000	—	10,000,000	26,000,000	1,900,000
फ्रांस=फ्रैंक	3,900,000,000	3,200,000,000	572,000,000	280,000,000	280,000,000
जर्मनी=एक (मार्क)	2,500,000,000	430,000,000	450,000,000	457,000,000	57,000,000
हालैंड=फ्लोरिन	64,000,000	135,000,000	98,000,000	7,600,000	1,800,000
इटली=लीरा	485,000,000	81,000,000	847,000,000	150,000,000	75,000,000
रूस=पाउंड	59,500,000	—	51,200,000	8,200,000	1,000,000
स्पेन=पैसेटा	160,000,000	646,000,000	548,000,000	190,000,000	157,000,000
यूएसए=डालर	671,000,000	458,000,000	419,000,000	77,000,000	18,000,000

* ओटोमर हॉफ्ट द्वारा दिए गए आकड़ों (लंदन, इफींधम, विल्सन और कंपनी 1892 पृ0 160

अगर इंग्लैण्ड जैसा सोने के मानक वाला देश इन मुश्किलों से बचने में सफल रहा सका था तो सिर्फ इसलिये कि दूसरे देश भी ठीक ऐसी ही मुश्किल स्थितियों गुज़र रहे थे। जैसा कि पहले बताया गया है, कीमत में लगातार गिरावट व सोने की कीमत में अप्रत्यक्ष रूप से बढ़ोतरी के कारण देश के व्यापार व उद्योग में इतनी ज़्यादा गिरावट आ गयी थी कि ऐसा इतिहास में पहले कभी नहीं हुआ था। इसके अतिरिक्त, धन से संबंधित अव्यवस्था व गड़बड़ियों का असर पूंजीगत निवेश पर होने वाले लाभ पर पड़ा जो उसके बहुत से लोगों की प्रमुख आजीविका का साधन था। ऐसा रोज़गार के क्षेत्र में कमी होने से हुआ। अमरीकी आयोग का कहना था-

"सन् 1877 से 1897 की अवधि के इन बीस वर्षों के दौरान सम्भवत: यह कहना उचित होगा कि रुपये का लाभांश कमाने की क्षमता कम होकर आधी या उसके आसपास रह गयी थी। पूंजी की लाभ कमाने की क्षमता में कमी का बुरा असर उन सभी पर पड़ा जिनकी आजीविका का आधार ही निवेश था। इसका असर उद्योग के संचालकों तथा धन के स्वामियों के लाभ व जोखिमों पर भी पड़ा। इंग्लैण्ड और फ्रांस में सरकारी प्रतिभूतियों की कीमतें इतनी ज़्यादा बढ़ गयीं कि छोटे साधनों वाले व्यक्ति के लिये उनमें पूंजी निवेश करना और अपने बुरे दिनों में पर्याप्त मदद पाना अब मुमकिन नहीं रहा था।" निश्चित रूप से, यह बात संदेहपूर्ण है कि जो निष्कर्ष निकाला गया है, क्या वह ठीक है। लेकिन सच्चाई यह है कि धन संबंधी गडबड़ियों से अंग्रेजों का पूंजी निवेश का क्षेत्र बहुत सीमित हो गया था और आजीविका के एक माध्यम के रूप में पूंजी निवेश अंग्रेजों के लिये एक महत्त्वपूर्ण साधन था।

ऐसी स्थिति में सुधार लाने के लिये अंतर्राष्ट्रीय स्तर पर एक के बाद एक तीन मुद्रा सम्मेलन हुए। इनका प्रयोजन सोने व चांदी में एक द्विधातु सममूल्यता स्थापित करना था। पहला अंतर्राष्ट्रीय मुद्रा सम्मेलन (International Monetary Conference)] संयुक्त राज्य के निमंत्रण पर सन् 1878 में पेरिस में आयोजित किया गया। दूसरा सम्मेलन भी वहीं पर सन् 1881 में फ्रांस तथा संयुक्त राज्य अमरीका के संयुक्त आह्वान पर किया गया। तीसरा व अंतिम सम्मेलन संयुक्त राज्य अमरीका की इच्छा पर वर्ष 1892 में ब्रुसेल्स में आयोजित हुआ।

स्थिति की गम्भीरता को देखते हुए इन सम्मेलनों में इससे ज़्यादा स्वाभाविक और कुछ नहीं हो सकता था कि इन सम्मेलनों से यह अपेक्षा की जाती कि वे उस परियोजना के इस्तेमाल संबंधी एक अनुबंध व समझौते को लाभदायक बनायेंगे जिसके लिये उन सम्मेलनों को आयोजित किया गया था। लेकिन किसी भी समझौते पर पहुंचने की अपेक्षा इन सम्मेलनों में हुए विचार-विमर्श पूरी तरह से विफल साबित हुए। केवल दूसरे सम्मेलन के दौरान समझौते की कुछ सम्भावना दिखायी दी थी। पहले व तीसरे सम्मेलन में विपरीत दिशा में एक बहुत बड़ा बदलाव दिखायी दिया। इन विचार-विमर्शों के फलस्वरूप अगर कोई प्रगति हुई थी तो वह संक्षिप्त रूप से यह थी कि चांदी की मुद्रा के इस्तेमाल को बनाये रखना और उसके इस्तेमाल को बढ़ाना ज़रूरी था। लेकिन कुल मिलाकर प्रतिक्रिया इतनी कमज़ोर रही कि इस महत्त्वपूर्ण घोषणा की सच्चाई संचलन से साबित नहीं की जा सकी।

ये सम्मेलन द्विधातु समझौते पर पहुंचने में विफल क्यों रहे, इसके कारण को ठीक से समझा नहीं गया। इन सम्मेलनों पर द्विधातु पद्धति संबंधी वाद-विवाद को इस बात का ध्यान रखे बिना नहीं पढ़ा जा सकता कि विरोधी पक्षों ने इस विषय को अलग-अलग प्रयोजनों से पेश किया था। एक पक्ष का मुख्य प्रयोजन सोने व चांदी के मध्य विनिमय के स्थिर अनुपात को बनाये रखना था। इसमें यह प्रश्न कोई मायने नहीं रखता था कि उनमें से किसी एक को संचलन में रखा जाये या दोनों को। दूसरे पक्ष का विचार था कि दोनों धातुओं को एक साथ संचलन में रखा जाये। उनके दृष्टिकोण में इस फ़र्क के फलस्वरूप द्विधातु पद्धति पर समझौता होना लगभग नामुमकिन हो गया था।

सोने तथा चांदी के मध्य एक स्थिर अनुपात को बनाये रखने के नज़रिये से द्विधातु पद्धति की कार्यक्षमता निश्चित रूप से एक अनिश्चित प्रस्ताव है। बहरहाल, यदि इन सम्मेलनों में हुए विचार-विमर्शों को एक पथप्रदर्शक के रूप में लिया जाये, तो यह नहीं कहा जा सकता कि स्थिर अनुपात की दृष्टि से एक सफल द्वि धातु पद्धति की सम्भावना को इन सम्मेलनों में सम्मिलित हुए अधिकतर आर्थिक सिद्धांतवादियों अथवा सरकारों ने नज़रंदाज़ कर दिया था। दूसरी ओर, सन् 1881 का सम्मेलन, जो इन तीनों सम्मेलनों में सबसे अधिक महत्त्वपूर्ण था, इस प्रणाली की व्यवहारिकता को स्वीकृत करने के नज़रिये से असाधारण था। कुछ छोटी सरकारों को छोड़ दें तो सभी सरकारें इससे सहमत थीं। यहां तक कि ब्रिटिश सरकार के बारे में भी यह कहा जा सकता है कि उसने बैंक चार्टर एक्ट की चांदी संबंधी धारा को लागू करने की मंजूरी देकर अपनी सहमति प्रकट की थी।

लेकिन दो धातुओं को एक साथ संचलन में बनाये रखने के लिये प्रक्रिया के एक भाग के तौर पर द्विधातु पद्धति ने क्या भरोसा दिलाया था? द्विधातु पद्धति के समर्थक दोहरे मानक को बनाये रखने के पक्ष में फ्रांस का उदाहरण प्रस्तुत किया करते थे। लेकिन क्या फ्रांस में द्विधातु पद्धति एक साथ दोनों धातु संचलन में थीं? लेकिन असल में स्थिति भिन्न थी। क्योंकि इस प्रणाली की यह विशेषता थी कि दो धातुओं के उत्पादन में बदलाव से विनिमय के निर्धारित अनुपात में कोई बहुत ज़्यादा फर्क नहीं आया था, इसके बावजूद भी इसमें थोड़ी बहुत जो कुछ बातें हुईं, वे दो धातुओं के सापेक्ष वितरण तथा संचलन में सबसे बड़ा बदलाव लाने के लिये काफी थीं। जैसा कि आगे तालिका XXIV में स्पष्ट रूप से दिखाया गया है-

तालिका-XXIV

फ्रांस में सोने तथा चांदी के सिक्कों की ढलाई*

अवधि	सोना मिलियन फ्रेंक	चांदी मिलियन फ्रेंक	मूल्य का अनुपात
1803 से 1820	868	1,091	1 : 15.58
1821 से 1847	301	2,778	1 : 15.80
1848 से 1852	448	543	1 : 15.67
1853 से 1856	1,795	102	1 : 15.35
1857 से 1866	3,516	55	1 : 15.33
1867 से 1873	876	587	1 : 15.62

* यह तालिका नीदरलैंड के प्रतिनिधि एम. पियरसन द्वारा 1881 के पेरिस अंतर्राष्ट्रीय मानीटरी सम्मेलन में प्रस्तुत की गई थी।

इसकी गम्भीरता को कम करने के लिये, द्विधातु के समर्थकों के पास कुछ नहीं था। निस्संदेह, उस समय ऐसी योजनाएं थीं जैसी कि एक योजना प्रो. मार्शल द्वारा प्रस्तुत की गयी थी। इसमें कुछ तय अनुपात में सोने तथा चांदी की छड़ों से जुड़ी कागजी मुद्रा थी जिसका प्रयोजन इसे "दोनों में से एक धातु पद्धति को दोहरी - धातु पद्धति" में परिवर्तित करना था। लेकिन इस प्रकार की योजनाओं के अलावा, द्विधातुवाद की "टकसाल मुक्त निश्चित अनुपात" वाली इन योजनाओं में संचलन में बदलाव के प्रति कोई गारंटी नहीं थी। दरअसल, उस योजना के तहत बदलाव उस व्यवस्था की आत्मा है जो अनुपात को अव्यवस्थित होने से रोकती है। द्विधातु के पक्षधर इसको कम करने के बारे में सिर्फ यही कह सकते थे कि मुद्रा में बदलाव मुद्रा को केवल बैंक निधि (बैंक रिज़र्व) तक ही सीमित कर देगा और वह लोगों तक नहीं पहुंच पायेगी। यह केवल एक ढकोसला था। क्योंकि बैंक अपनी आरक्षित निधियों का प्रबंध सिवाय लोगों के पूर्वाग्रहों के अनुसार होने कैसे कर सकते थे? यहां तक कि सोने तथा चांदी का एक तय अनुपात में इस्तेमाल करने के लिये अंतर्राष्ट्रीय समझौता भी इसकी कोई गारंटी नहीं था कि इस एक साथ होने वाले संचलन को बनाये रखा जायेगा। अनुपात की स्थिरता काफी हद तक, एक अंतर्राष्ट्रीय समझौते पर निर्भर थी। क्योंकि इसे हालांकि एक राष्ट्र की कार्रवाई के द्वारा बनाये रखा जा सकता था, लेकिन उस हालत में अनुपात में होने वाली असामान्यता शायद और ज़्यादा होती। लेकिन सिर्फ अंतर्राष्ट्रीय समझौते में उसकी अपनी ऐसी कोई शक्ति नहीं होती जो एक धातु को

दूसरी धातु को बाहर निकालने से रोक पाये। यह मान लेना एक गम्भीर भूल होगी कि अंतर्राष्ट्रीय समझौते के तहत ग्रेशम का नियम बहुत कमज़ोर है।

ग्रेशम का नियम मुद्रा की गति की कुल ज़रूरत के लिये दो धातुओं के सापेक्ष तुलनात्मक उत्पादन से नियंत्रित होता है। यदि यह मान लिया जाये कि एक धातु का उत्पादन दूसरी धातु की अपेक्षा इतना ज़्यादा था कि वह मुद्रा के लिये ज़रूरत से भी बहुत ज़्यादा था, तो अंतर्राष्ट्रीय समझौता पहली धातु के दूसरी धातु को संचलन से पूरी तरह बाहर कर देने की प्रक्रिया को कैसे रोक सकता है? दूसरी ओर, अंतर्राष्ट्रीय समझौता इस प्रक्रिया को हतोत्साहित करने की अपेक्षा उसे प्रोत्साहन प्रदान करेगा।

अत: द्विधातु प्रणाली को अपनाकर राष्ट्रों को एक स्थिर अनुपात तथा दो धातुओं के एक साथ संचलन के मध्य चुनाव करना पड़ा था, क्योंकि इससे एक ऐसी स्थिति पैदा हो सकती थी जिसमें एक स्थिर अनुपात तो होता, लेकिन दोनों धातुओं का एक साथ संचलन न होता। अगर ये सम्मेलन विफल हुए थे तो इसलिये नहीं कि वे इस सम्भावना को पहचान नहीं पाये थे, जिसे सन् 1886 के सोने व चांदी आयोग जैसे निष्पक्ष न्यायाधिकरण द्वारा सर्वसम्मति से स्वीकृत कर लिया था, यह सम्भावना एक द्विधातु पद्धति के तहत एक स्थिर अनुपात को बनाये रखने की थी। वे इस कारण विफल हुए थे, क्योंकि द्विधातु पद्धति ने दो धातुओं के एक साथ संचलन की कोई गारंटी नहीं दी थी। लेकिन अगर द्विधातु पद्धति के तात्कालिक असर से सोने का बड़ी मात्रा में संचलन होता तो यह तय है कि दोनों धातुओं के एक साथ संचलन की सम्भावना न होने से ऐसी कमी न होती। लेकिन उस समय जैसी हालत थी, उसका तत्काल असर यह होता कि चांदी संचलन में आ जाती। यही एकमात्र कारण था जिसने अधिकतर देशों को द्विधातु पद्धति को अपनाने से डरा दिया था। यह एक विचित्र बात है कि जो देश सोने व चांदी के मध्य एक स्थिर अनुपात लाने के लिये एक साथ इकट्ठे हुए थे, उन्हीं देशों ने एक ऐसी पद्धति को नामंजूर कर दिया था जिसने अपेक्षाकृत कम महत्त्वपूर्ण आधार पर ऐसी स्थिरता लाने की सम्भावना दिखायी थी जो सोने से चांदी के संचलन के ढांचे को परिवर्तित करने के लिये प्रभावपूर्ण थी। लेकिन इस तथ्य को स्वीकार करना होगा कि जिस समय द्विधातु पद्धति के पुनर्गठन का सवाल जनता के दिमाग़ को उद्वेलित कर रहा था, तब यूरोप के अधिकतर देशों ने सोने तथा चांदी को मुद्रा के लिये समान रूप से अच्छा मानना बंद कर दिया था। उन्नीसवीं शताब्दी के दूसरे

भाग में चांदी की अपेक्षा सोने की कम मात्रा के ज़्यादा मूल्य वाले होने के कारण श्रेष्ठ समझा जाता था। सोने की इस श्रेष्ठता को ज्यादा से ज़्यादा महत्त्व प्रदान किया जाने लगा था और स्थिरीकरण की ऐसी किसी योजना को साधारण जनता की स्वीकृति मिलने की गुंजाइश नहीं थी जिसमें सोने के निर्बाध संचलन की व्यवस्था नहीं थी। यह पूर्वाग्रह केवल इंग्लैण्ड जैसे सोने के मानक वाले देश तक ही सीमित नहीं था। लैटिन संघ का टकसाल को बंद करना द्विधातु अपनाने वाले देशों के नज़रिये से बदलाव का एक सकारात्मक सबूत है। जैसा कि जेवंस का तर्क है-

"जब तक... इसके प्रचालन के कारण पुराने भारी फ्रांसीसी सोने के सिक्के (Ecus) की जगह सोने के पांच फ्रैंक के सिक्के, नेपोलियन तथा अर्धनेपोलियन के सुन्दर सिक्के मिलते रहे, तब तक कोई परेशानी नहीं हुई और फ्रांसीसी लोग अपनी प्रतिपूरक प्रणाली की सराहना करते रहे। लेकिन जब सन् 1873 के पश्चात् यह बात साफ हो गयी कि चांदी की भारी मुद्रा की पुन: वापसी हो रही है तो इस मामले ने एक अलग ही रूप ग्रहण कर लिया।"

सोने के प्रति पूर्वाग्रह इतना अधिक था कि विभिन्न सम्मेलनों में प्रमुख शक्तियों के बारे में यह सच कहा जा सकता है कि उनके सोने की आरक्षित निधि में बदलाव आते ही वे मोम की तरह नरम पड़ने लगे। 1878 में, संयुक्त राज्य अमरीका सम्मेलन को बुलाने में इसलिये बढ़त लेने में सफल हो गया क्योंकि हैंड एलिसन एक्ट के अमल में आने से सोने का अमरीका में आना रुक गया था जो उसके नकद भुगतान के लिये बहुत ज़रूरी था। जर्मनी ने इस कारण उदासीनता दिखायी क्योंकि उसके पास भरपूर मात्रा में सोना मौजूद था और वह इस बात के प्रति आश्वस्त था कि वह अपनी विमुद्रीकृत चांदी को बिना किसी तरह का नुकसान उठाये बेच लेगा। वर्ष 1881 में फ्रांस व जर्मनी ने सुधार के लिये अपेक्षाकृत ज्यादा उत्सुकता इसलिये दिखायी क्योंकि फ्रांस अपना सारा सोना गंवा चुका था और जर्मनी अपनी चांदी को किसी के गले नहीं मढ़ सकता था। सन् 1892 तक किसी भी अन्य देश में संयुक्त राज्य अमरीका के समान सोने की इतनी कम आपूर्ति नहीं थी। यह मुख्य रूप से उसकी उस विचारहीन नीति का नतीजा था जिसने उसको तो हानि पहुंचायी ही, लेकिन इससे किसी अन्य देश का भी भला नहीं हुआ। इसलिये संयुक्त राज्य अमरीका एकमात्र ऐसा देश रह गया था जिसने चांदी का पक्ष लिया था।

सोने के प्रति इस पूर्वाग्रह में जकड़ी लगभग प्रत्येक सरकार के समान ही उसके लिये यह एक पूर्ण रूप से नाश कर देने वाला पूर्वाग्रह था। सभी देश यही चाहते थे कि कोई प्रभावशाली देश इसके लिये आगे आकर पहल करे। इन सम्मेलनों में पूरे विचार-विमर्श के दौरान एक बात बिल्कुल स्पष्ट रूप से दिखायी दी कि अगर इंग्लैण्ड द्विधातु पद्धति को अपना सकता तो दूसरे देश भी उसकी देखा-देखी उसका अनुसरण करते। किन्तु वह अपनी प्रणाली के प्रति इतना ज़्यादा समर्पित था कि वह उसमें कोई बदलाव कर ही नहीं सकता था। इसका नतीजा यह हुआ कि द्विधातु पद्धति, जो मुद्रा के संकट से बाहर निकलने का एक ही रास्ता थी, एक बेकार परियोजना बनकर रह गयी। उसकी ज़िद के चलते द्विधातु पद्धति को फिर से जीवित करने की सम्भावना के समाप्त हो जाने का मामला यूरोपीय देशों के लिये एक मामूली सी बात थी। उन्होंने अंतर्राष्ट्रीय मुद्रा के स्वरूप अर्थात् सोने को वास्तव में ही मुद्रा का आधार बना लिया था और इसलिये वे इसके प्रति बिल्कुल उदासीन रहे, लेकिन भारत की उम्मीदों पर यह एक भयानक झटका था। सन् 1878 ई. के प्रस्ताव के गिर जाने के पश्चात् भारत सरकार ने द्विधातु पद्धति को उसका इलाज माना और उसके आने से यह उम्मीद पाल ली कि उससे मुश्किलों से निजात मिल जायेगी। यह सत्य है कि द्विधातु पद्धति के बारे में विचार-विमर्श की शुरुआत में भारत सरकार का रवैया कुछ दुलमुल था। 10 जून, 1881 को राज्य सचिव को भेजे गये एक पत्र में यह साफ किया गया कि द्विधातु पद्धति के लाभ के बारे में उस समय की सरकार में मतभेद है। वायसराय तथा कौंसिल के एक और सदस्य ने इस आधार पर अपना समर्थन देने से मना कर दिया था कि सैद्धांतिकत: द्विधातु पद्धति ग़लत है, यहां तक कि अधिकतर लोग जो प्रश्न के इस पहलू पर अलग ढंग से सोचते थे, वे भी उस समय एक द्विधातु पद्ध ति के संघ में सम्मिलित होने के लिये तत्पर नहीं थे। हालांकि दूसरे देशों की सरकारें बहुत बड़ी मात्रा में इसमें सम्मिलित होने को तत्पर थीं तो उन्हें ऐसा करने में कोई एतराज नहीं दिखता था। फिर भी, उनकी वित्तीय मुश्किलों में वृद्धि होने से द्विधातु पद्धति में यह थोड़ा सा विश्वास काफी गहरा हो गया, इतना ज़्यादा गहरा कि सन् 1886 में सरकार ने राज्य सचिव को एक पत्र लिखा, जिसमें उसने सोने व चांदी के मध्य एक स्थिर अनुपात बनाने के लिये एक अंतर्राष्ट्रीय मुद्रा सम्मेलन बुलाने में पहल करने का आग्रह किया। द्विधातु पद्धति को अमल में लाने में उसकी इतनी गहरी दिलचस्पी थी कि राज्य सचिव

के ट्रेज़री को विचारार्थ भेजे गये उसके प्रस्ताव को ट्रेज़री ने साफ मना कर दिया था तो उसने ट्रेज़री की निंदा -मलामत करने में भी कोई झिझक नहीं दिखायी। विश्वास और उम्मीद की ऐसी भावनाओं के साथ भारत सरकार ने इन अंतर्राष्ट्रीय सम्मेलनों में भागीदारी की और वहां अपना भविष्य देखा। लेकिन किसी भी अन्य सरकार के साथ इतना संदेहजनक और अन्यायपूर्ण बर्ताव नहीं किया गया, जितना भारत सरकार के साथ किया गया था। कोई भी शक्तिशाली देश, यहां तक कि इंग्लैण्ड भी इसका इच्छुक नहीं था कि भारत सरकार द्विधातु संघ में प्रवेश पाये। भारत सरकार के साथ एक विलेन समान बर्ताव किया गया जिसकी कोशिश और कुछ नहीं, सिर्फ सोने के पहले से कम होते भंडार पर झपट पड़ने की हो। भारत को न सिर्फ द्विधातु संघ से दूर रखने की ही योजना बनायी गयी थी, अपितु भारत से यह भी उम्मीद की गयी थी कि वह सोने को एक वैध मुद्रा बनाकर एक स्थिर अनुपात को स्थापित करने की अपनी कोशिश में सफलता हासिल करने के उपरांत, संघ के ज़रिये अनुचित लाभ न उठाने का वचन दे। भारत सरकार ने ये गारंटियां द्विधातु पद्धति के लक्ष्य के प्रति एक भावात्मक निष्ठा में दी थी, क्योंकि भारत सरकार द्विधातु पद्धति की इस सफलता पर बहुत ज़्यादा निर्भर थी। इसके परिणामस्वरूप, जब यह कोशिश विफल हो गयी तो भारत सरकार को इससे जितनी निराशा हुई, उसने उसका दिल तोड़ कर रख दिया। यह बात कहने में कोई कष्ट नहीं है कि इस निराशा को पैदा करने में ब्रिटेन के अधिकारियों ने जो भूमिका निभायी थी, वह बहुत ही ग़ैरजिम्मेदाराना थी, बल्कि इसे दुष्टता भी कह सकते हैं। उन्होंने भारत पर उसकी स्पष्ट इच्छाओं के ख़िलाफ़ दबाव डाला कि भारत चांदी के मानक को बनाये रखे और आंशिकत: वह दूसरे देशों की उन आलोचनाओं से ख़ामोश करना चाहता था कि ब्रिटेन चांदी को फिर से स्थापित करने के संबंध में अपना हिस्सा नहीं ले रहा है। यह सिर्फ लाभ मात्र नहीं था जो आज्ञा मानने के लिये मजबूर देश से वसूल किया जाना था। एक तरफ तो इसने भारत सरकार को मुद्रा सुधार के संबंध में स्वतंत्र रूप से कार्रवाई करने से रोका और दूसरी ओर ऐसे साधन जिनकी गणना उस नुकसान करने के लिये की गयी थी जो कम मूल्य वाली मुद्रा के कारण हुआ था जो कि संसदीय आक्षेप के तहत हुआ था। हाउस ऑफ कामंस में भारत सरकार को अपनी शुल्क दरों को कम करने के लिये दो बार प्रस्ताव पेश किया गया था— एक बार सन् 1877 में और दूसरा सन् 1879 में। भारत

सरकार को ऐसा मुक्त व्यापार के हित में करने के लिये कहा गया था, लेकिन दरअसल ऐसा लंकाशायर की बिगड़ी हालत को थोड़ी राहत प्रदान करने के लिये था। इसका नतीजा यह हुआ कि सरकार अपनी सबसे कठिन परिस्थितियों में अपनी आय के एक महत्त्वपूर्ण साधन का प्रयोग करने में विफल रही थी। एक मात्र क्षतिपूर्ति ब्रिटिश अधिकारियों द्वारा एक सरकार को, जो इस तरह पूरी तरह से उनके आदेश से शक्तिहीन हो गयी थी और जिसके हित में उन्होंने कानूनी ट्रस्टी होने का बहुत जोर-शोर से दावा किया था, की जा सकती थी, वह यह थी कि द्विधातु संघ में सम्मिलित होने के लिये अपनी स्वीकृति दे देते, इसका निष्पादन सिर्फ उनके रहम पर निर्भर था। लेकिन जैसा कि सब जानते ही हैं कि उन्होंने ऐसा कुछ नहीं किया, जिससे मजबूरी में इंतज़ार की अवधि के पश्चात् और अपरिहार्य दु:ख में भारत सरकार ने सन् 1893 के अंत में खुद को वहीं पाया था, जहां वह सन् 1878 के शुरुआत में थी। सामान्य ज्ञान वाले सभी लोगों की तरह, जो प्रार्थना करते हैं और तब तक अपने संसाधनों को बचा कर रखते हैं जब तक वे आवश्यक न हों, संयुक्त राज्य अमरीका के अलावा चांदी के तहत, सभी देशों ने इस समय का इस्तेमाल अपने सोने के आधार को मजबूत बनाने में किया। यह काम उन्होंने चांदी के इस्तेमाल को बढ़ाने संबंधी मनोरंजक योजना पर मुद्रा सम्मेलनों के विचार-विमर्श में शामिल होकर किया। सन् 1878 के सम्मेलन में मि. गोशेन ने बिल्कुल दार्शनिक अंदाज में यह कहा था कि संयुक्त राज्य अमरीका चांदी का इस्तेमाल करने से डरता था क्योंकि उसके मूल्य में गिरावट आ गयी थी, और वह गिरावट जारी थी और यह गिरावट इसलिये जारी थी क्योंकि संयुक्त राज्य उसका इस्तेमाल करने से डरता था। अब यदि इस निदान का पहला भाग सही होता तो हम देखते कि संयुक्त राज्य अमरीका उस समय चांदी को फिर से संचलन में लाने और उसकी स्थिति में सुधार लाने में पूरी गम्भीरता से जुट जाता, जब संयुक्त राज्य अमरीका के चांदी से संबंधित कानून के कारण उसके मूल्य को सहारा मिला था। दूसरी ओर, जहां तक चांदी की मासिक ख़रीद का सवाल है, सन् 1878 के ब्लैंड एलिसन एक्ट, या सन् 1890 के शेरमन एक्ट के तहत उसने चांदी की कीमत को थामे रखा। वे उसको फिर से उसकी पहले वाली स्थिति पर न लाने के लिये कोई उपाय करने के लिये न सिर्फ उत्सुकता महसूस कर रहे थे अपितु उन्होंने वाकई इस बढ़ोतरी का फायदा उसको निकालने में उठाया। उनको किसी बात के लिये दोषी

ठहराना मुमकिन नहीं, क्योंकि एक द्विधातु संघ के लुप्त हो जाने की सम्भावना के साथ-साथ इस बड़े बोझ का संचय व ढेर भी एक निर्मूल और शर्मनाक स्थिति में ख़त्म हो गया होता। केवल भारत ने इस कठिन परिस्थिति का फायदा उठाने से इंकार कर दिया, जबकि संयुक्त राज्य अमरीका ने दूसरे देशों के लिये खुशी से ऐसा किया था और इस कीमती समय को हाथ से निकल जाने दिया था। इसका नतीजा यह हुआ कि इसे उसी उपाय के लिये वापस वहां भेज दिया, जिस उपाय को काम में लाने से सन् 1878 में मना कर दिया गया था।

अगर यह सोने का मानक होता तो अच्छा होता अगर उसे सन् 1878 में ही किया जाता। इसमें कोई शक नहीं कि भारत सरकार ने उस समय जिस योजना की रूपरेखा पेश की थी, वह बहुत ज़्यादा जटिल तथा बहुत ज़्यादा अव्यावहारिक थी। लेकिन उसे नामंजूर कर देने से सोने के मानक के प्रवेश को बिल्कुल ही रोक नहीं देना चाहिये था। अगर वह अंग्रेजी पैटर्न पर रूढ़िवादी किस्म का होता तो निस्संदेह सरकार को उसमें कुछ व्यय अवश्य करना पड़ता। इस व्यय के लिये देश के चांदी के भंडार के एक हिस्से को कम कीमत पर बेचने के लिये मजबूर होना पड़ता जिससे रुपये को एक सहारा दिया जा सके और उसकी खाली जगह को सोने की मुद्रा से भरा जा सके। इस बदलाव का खर्च सन् 1878 में शून्य होता, क्योंकि उस समय चांदी में गिरावट, उसके सामान्य सोने की कीमत से मात्र 12/2 प्रतिशत थी। दूसरी ओर, अगर वह कर्नल स्मिथ जैसी गैर-परंपरागत योजना पर आधारित होता तो उसमें सरकार को उससे ज़्यादा कुछ भी व्यय नहीं करना पड़ना था जो टकसाल में सोने के सिक्के बनाने के लिये नयी मशीनें लगाने में व्यय हुआ। लेकिन सन् 1893 में, सोने के मानक को लाने वाली ये दोनों प्रक्रियाएं काफी निराशाजनक लग रही थीं। बदलाव की योजना की सम्भावना का कोई सवाल ही नहीं था। सन् 1893 में चांदी की कीमत में गिरावट लगभग 35 प्रतिशत थी। यहां तक कि स्मिथ योजना का भविष्य भी देश में मुद्रा के संचलन में रुपये के भारी मात्रा में सम्मिलित हो जाने के कारण ज़्यादा उज्ज्वल नहीं दिखता था। अगर इसे सन् 1878 में अपना लिया जाता तो उसके पश्चात् मुद्रा में सम्मिलित होने वाली मुद्रायें सोने की होतीं। इसका नतीजा यह होता कि 1893 तक सोने का अनुपात चांदी की अपेक्षा बहुत ज़्यादा होता जिससे सारी मुद्रा प्रणाली पूर्णत: सोने के आधार वाले देशों से जुड़ी स्थिरता से परिपूर्ण होती। 1893 में चांदी की मुद्रा

का भंडार बहुत बड़े अनुपात में बढ़ गया था, जिससे यह तय लगा कि चांदी के सिक्कों का संचलन बंद करके रुपये को मुद्रा का एक स्थिर तथा सुरक्षित रूप बनाने में कई दशकों का समय लगेगा।

इस तरह की गतिरोध से बाहर निकलने का रास्ता दिखाने वाली योजनायें असंख्य थीं। एक योजना ज़्यादा भारी रुपया बनाने की थी। दूसरी, चांदी को सीमित वैध मुद्रा बनाने तथा राज्य सचिव को इस बात के लिये अधिकृत करने की थी कि वह सोने या चांदी के भारतीय भंडार को अपने सोने के भुगतान की हद तक लंदन में बेच सकता था। जिनका भुगतान भारत सरकार द्वारा "बोन्स" नामक वैध मुद्रा नोटों को असीमित मात्रा में जारी करके किया जाना है। तीसरी, योजना यह थी कि इंग्लैण्ड तथा भारत को अपने मध्य नये सिरे से एक द्विधातु मानक अपनाना चाहिये या रुपये को इंग्लैण्ड में पूरी तरह से वैध मुद्रा मान लेना चाहिये। चौथी, सिक्कों की ढलाई के लिये टकसालों के खोलने तथा बंद करने को नियमित करना था। यह काम राज्य सचिव के कौंसिल ड्राफ्ट के लिये हर वर्ष के शुरू में तय की गयी विनिमय की दर से वास्तविक विनिमय दरों के बदलाव के आधार पर करना था। इस योजना के तहत जब तक वास्तविक दर में तय दर से 5 प्रतिशत तक की बढ़ोतरी न हो जाये, तब तक चांदी के मुक्त सिक्का निर्माण को रोक दिया जाना था। पांचवीं, इस तरह का प्रबंध करना था कि एक ओर राज्य सचिव को अपने ड्राफ्ट की न्यूनतम दर तय करनी चाहिये और दूसरी ओर भारत सरकार को चांदी के सारे आयात पर शुल्क लेना चाहिये। यह शुल्क लंदन में चांदी की सिल्ली की दैनिक सरकारी दरों तथा कौंसिल ड्राफ्ट्स (हुंडी) के लिये तय दर के अनुसार चांदी की कीमत के बीच फर्क के बराबर होना चाहिये। छठा, एक द्विधातु सिक्के की शुरुआत करनी थी जिसका नाम शाही फलोरिन अथवा रुपया था, इसकी कीमत 2 शिलिंग और इसके वजन में 4 प्रतिशत सोना और शेष चांदी शामिल थे। सातवीं, सोने और चांदी के मुक्त मानकों की स्थापना करना था जो उनके मध्य विनिमय की किसी तय दर के बिना या ज़्यादा मूल्य के लेनदेन व सौदों में सोने के इस्तेमाल के लिये थोड़ा लालच था। हालांकि, भारत सरकार मुद्रा में सुधार करने की इन योजनाओं से सहमत नहीं थी, जो अगर सनक नहीं, तो चालाकी से भरी हुई थी लेकिन वह इस उद्देश्य से सहमत हो गयी कि संचलन में मौजूद रुपये की जगह सोने के वास्तविक इस्तेमाल को शामिल किये बगैर भारत को सोने के आधार पर रखा

जाये। इस उद्देश्य को ध्यान में रखकर इसने कर्नल स्मिथ की "अपेक्षाकृत ज़्यादा आसान और ज़्यादा तर्कसंगत योजना" को फिर से अपनाने के लिये मान लिया था। शुरुआती तैयारी के तौर पर सरकार बंगाल चैंबर ऑफ कामर्स के प्रस्ताव की नीति पर लौट आयी। इस नीति संबंधी प्रस्ताव को अपनाने पर सन् 1876 में "बहुत एतराज़" किया गया था। 21 जून, 1892 की विज्ञप्ति में जिसमें ये प्रस्ताव थे, भारत सरकार ने अन्य कोई मांग नहीं की। उनके रचनाकारों के शब्दों में उन्होंने यह प्रस्ताव रखा-

> "…. कि भारतीय टकसालों को चांदी के असंख्य सिक्के बनाने के लिये बंद किया जाये और उस समय तक आगे कोई कार्रवाई न की जाये, जब तक टकसालों के बंद करने के असर के बारे में पता न चल जाये।"
>
> "जिस अनुपात पर चांदी से सोने में बदलाव किया जाना चाहिये, उसका फैसला बाद में किया जायेगा, और कहा गया कि टकसालों के बंद करने से पूर्व एक सीमित अवधि में चांदी के औसत मूल्य पर आधारित अनुपात शायद सबसे सुरक्षित तथा सबसे सही होगा। जब यह अनुपात तय हो जाये तो उस अनुपात पर सोने के सिक्के बनाने के लिये टकसाल की तलाश की जानी थी और किसी भी राशि के सोने के सिक्कों को वैध मुद्रा बनाना था।"

इन प्रस्तावों को जांच-पड़ताल के लिये एक विभागीय समिति के सामने पेश किया गया जिसे सामान्यत: हर्शल समिति के नाम से जाना जाता है। एक महत्त्वपूर्ण ब्यौरे में इन प्रस्तावों को दोषपूर्ण कहा गया था और वह दोष था कि इसमें रुपये की कीमत को बनाये रखने के लिये सोने की आरक्षित निधि की ज़रूरत की उचित मान्यता का न होना। बहुत से लोगों को इन प्रस्तावों की सफलता के बारे में उस समय तक शक था, जब तक एक पर्याप्त सोने के रिज़र्व का उनका सहारा नहीं मिलता। लेकिन हर्शल समिति ने विभिन्न देशों की मुद्रा पद्धति की कार्यशैली का गहन अध्ययन करने के पश्चात् यह रिपोर्ट दी कि-

> "यह नामुमकिन है … बिना यह महसूस किये, विदेशी मुद्रा पद्धति की समीक्षा करना कि हमारी अपनी (इंगलिश) मुद्रा प्रणाली की सावधानियों की चाहे कितनी भी प्रशंसा क्यों न करें, लेकिन दूसरे देशों ने अलग मुद्रा प्रणाली अपनायी है। उनके मामले में ऐसा लगता है कि उन्होंने बिना किसी मुश्किल के यह काम किया

> है और वे अपनी-अपनी मुद्रा के लिये सोने के मानक को बरकरार रखने और संसार के सोने के मानकों का इस्तेमाल करने वाले देशों के साथ थोड़े से सोने या सोने के बिना, विनिमय की महत्त्वपूर्ण समानता बना कर रखने में सफल रहे हैं।"

इसलिये समिति भारत सरकार के प्रस्तावों से पूरी तरह संतुष्ट थी और उसने सिर्फ उन्हें ही अपनाने की मंजूरी नहीं दी अपितु उसने उनमें बदलाव आरम्भ करके यह बात और जोड़ी कि-

> "चांदी के मुक्त सिक्का निर्माण के ख़िलाफ़ टकसालों को बंद करने के साथ-साथ यह घोषणा भी करनी चाहिये कि हालांकि वे जनसाधारण के लिये बंद रहेंगी, लेकिन उनका इस्तेमाल सरकार द्वारा सोने के स्थान पर रुपये के सिक्के बनाने के लिये किया जायेगा, उसके अनुपात को तय करना होगा जो प्रति रुपया 1 शिलिंग 4 पैन्स हो सकता है, और यह कि सरकारी खजानों में सोना उसी अनुपात में सार्वजनिक देयताओं के भुगतान करने पर प्राप्त किया जायेगा"।

इन अनुशंसाओं को 26 जून, 1893 को अमल में लाया गया जो भारतीय मुद्रा के इतिहास में वर्ष 1835 में घटी घटना एक मील का पत्थर है। उस दिन एक वैधानिक अधिनियम तथा तीन कार्यकारी अधिसूचनायें एक साथ जारी की गयीं, ताकि जो लक्ष्य सामने थे, उन्हें हासिल किया जा सके। सन् 1893 का अधिनियम (VIII) सिर्फ निष्प्रभावी करने वाला एक अधिनियम था। इसने निम्नलिखित को निष्प्रभावित किया-

(i) भारतीय सिक्का अधिनियम 23, 1870, धारा 19 से 26 (दोनों को सम्मिलित करके) जिनके अनुसार टकसालों के स्वामियों के लिये यह ज़रूरी था कि वे अपनी टकसालों में सिक्के ढालने के लिये लायी गयी सारी चांदी के सिक्के बनायें।

(ii) भारतीय कागजी मुद्रा, 1882 (क) धारा 11, अनुच्छेद (ख) जिसके अनुसार कागजी मुद्रा विभाग के लिये यह ज़रूरी था कि वह पुर्तगाली कन्वेंशन एक्ट, 1881 के तहत बनाये गये चांदी के सिक्कों के स्थान पर नोट जारी करे। (ख) धारा 11, अनुच्छेद (ख), इसके अनुसार कागजी मुद्रा विभाग के लिये यह ज़रूरी था कि वह सिल्वर बुलियन या विदेशी चांदी के सिक्के के स्थान पर नोट जारी करे। (ग) धारा 13, इसका सिर्फ वह प्रावधान जो कागजी मुद्रा निधि के सोने के अंश को कुल निधि के एक चौथाई भाग तक सीमित करता था।

अधिनियम द्वारा निरस्त करने की इन प्रक्रियाओं को एक विशेष अधिसूचना संख्या 2663 द्वारा समर्थन हासिल हुआ जिसमें हर्शल समिति के इस प्रस्ताव की पुष्टि करते हुए यह घोषणा की गयी कि सरकारी खजाने सार्वजनिक शुल्कों के भुगतान से चालू भार वाले सावरेन और अर्धसावरेन क्रमशः 15 रुपये तथा 7 रुपये 8 आने की दर पर हासिल करेंगे।

चूंकि सोने को उपरोक्त किसी तरीके से वैध मुद्रा नहीं बनाया गया था, इसलिये भय यह था कि खजानों में एक ऐसी स्टॉक मुद्रा के इकट्ठे हो जाने से सरकार मुश्किल में पड़ सकती है जिसका भुगतान वह अपने दायित्वों को पूरा करने के लिये नहीं कर सकती थी। सरकार के खजानों को इतने सोने से मुक्ति दिलाने के लिये कहीं वह उनमें इस हद तक इकट्ठी न हो जाये जो असुविधाजनक हो। एक अन्य अधिसूचना संख्या 2664 जारी की गयी। इसके अनुसार मुद्रा विभाग से यह आशा की गयी थी कि महानियंत्रक की मांग पर वह सोने के सिक्कों या स्वर्ण बुलियन के स्थान पर मुद्रा के नोट जारी करे, जिसकी दर 7.53344 ग्रा. शुद्ध सोने के लिये एक सरकारी रुपया हो या एक सावरेन अथवा अर्धसावरेन की दर क्रमशः 15 रुपये व 7 रुपये 8 आने हो।

हर्शल समिति द्वारा पेश दूसरे संशोधन को लागू करने के लिये एक तीसरी अधिसूचना संख्या 2662 जारी की गयी जिसमें यह कहा गया कि -

"गवर्नर जनरल इन कौंसिल, एतदद्वारा घोषणा करते हैं कि अगले आदेशों तक सोने के सिक्के तथा सोना बुलियन क्रमशः कलकत्ता और बम्बई की टकसालों के स्वामियों द्वारा, सरकारी रुपये के स्थान पर, एक रुपये के लिये 7.53344 ग्रा. ट्राय शुद्ध सोने की दर पर निम्नलिखित शर्तों पर प्राप्त किये जायेंगे-

1. ऐसे सिक्के या बुलियन, सिक्के बनाने के योग्य होने चाहियें।

2. इनकी एक बार दी गयी न्यूनतम मात्रा 50 तोले होनी चाहिये।

3. पिघलाये अथवा काटे जाने वाले सोने के सभी सिक्कों या बुलियन पर एक चौथाई प्रति हज़ार (Per Mille) प्रभार लगाया जायेगा ताकि उसे टकसाल में प्राप्त करने के योग्य बनाया जा सके।

4. सोने के सिक्के अथवा बुलियन को टकसाल में प्राप्त करने के उपरांत टकसाल मास्टर, स्वामी को एक रसीद देंगे जो उसे टकसाल से तथा

परखकर्ताओं से एक प्रमाण-पत्र का अधिकारी बनायेगी। यह प्रमाण-पत्र रुपये की उस राशि के लिये होगा जो उसे ऐसे सिक्कों अथवा बुलियन के स्थान पर जनरल (रिज़र्व) ट्रेज़री, कलकत्ता या बम्बई में देय होगी। ऐसा प्रमाण-पत्र जनरल ट्रेज़री में उसके जारी होने से उतने समय के व्यतीत हो जाने के पश्चात् देय होगा जो समय-समय पर महानियंत्रक द्वारा तय किया जायेगा।

इन उपायों से पेश की गयी रूपरेखा की नीति को लागू करने से पूर्व इसे ख़त्म करने के लिये एक अभियान छिड़ गया। सन् 1892 के अंतर्राष्ट्रीय मुद्रा सम्मेलन की विफलता के उपरांत संयुक्त राज्य अमरीका तथा फ्रांस, दोनों देश चांदी के अधिमूल्य वाले भंडार के भारी बोझ से दबे हुए थे। उन्होंने सरकार के साथ समझौता करने के लिये बातचीत के रास्ते खोल दिये और ब्रिटिश सरकार को कुछ शर्तें स्वीकार करने के लिये कहा जिसकी स्वीकृति पर उन्हें 151 / 2:1 के अनुपात पर चांदी के सिक्कों का मुक्त निर्माण करने के लिये अपनी टकसाल खोलनी थी। इन शर्तों में ये बातें शामिल थीं-

(1) उन भारतीय टकसालों को खोलना जिन्हें चांदी के सिक्कों की मुक्त ढलाई के लिये बंद कर दिया गया था और एक वचन-पत्र देना कि भारत में सोने को वैध मुद्रा नहीं बनाया जायेगा।

(2) चांदी में बैंक ऑफ इंग्लैण्ड के निर्गम विभाग में 1/5 बुलियन रखना।

(3) (क) इंग्लैण्ड में चांदी की वैध मुद्रा की सीमा को 10 पाउंड तक बढ़ाना। चांदी पर आधारित 20 शिलिंग के नोट जारी करना जो वैध मुद्रा होगी। (ग) 10 शिलिंग के सोने के सिक्कों को धीरे-धीरे से या अन्यथा समाप्ति और उसके बदले में चांदी पर आधारित कागजी मुद्रा का संचलन।

(4) प्रत्येक वर्ष चांदी की एक निर्धारित मात्रा के सिक्के बनाने के लिये अनुबंध।

(5) रुपये के सिक्के बनाने के लिये तथा ब्रिटिश डॉलरों के सिक्के बनाने के लिये इंगलिश टकसालों का खोलना जो जलडमरू मध्य के उपनिवेश और चांदी के मानक वाले दूसरे उपनिवेशों में पूरी तरह से वैध मुद्रा होंगे और चांदी को वैध मुद्रा की सीमा तक ब्रिटेन में वैध होंगे।

(6) औपनिवेशिक कार्रवाई तथा मिश्र में चांदी के सिक्कों की ढलाई।

(7) हस्किसन योजना के सामान्य क्षेत्र वाले कुछ और मामले।

इन वार्ताओं में ट्रेज़री ने फिर से अपना पुराना रवैया अख़्तियार कर लिया। उसने उन शर्तों पर चर्चा करने से साफ मना कर दिया जो ब्रिटिश मुद्रा में बदलाव लाना चाहती थीं। लेकिन उसने यह तर्क प्रस्तुत किया कि अगर भारतीय टकसालों को खोला गया तो इस कार्य को ब्रिटिश साम्राज्य द्वारा सोने व चांदी के बीच विनिमय की एक स्थिर मुद्रा के समान मूल्य को पाने के प्रयोजन से किसी अंतर्राष्ट्रीय समझौते की दिशा में किया जाने वाला एक पर्याप्त योगदान समझा जाना चाहिये। ऐसा लगता है कि संयुक्त राज्य अमरीका तथा फ्रांस के प्रतिनिधि उस विचार से सहमत थे। फिर भी, यह वार्ता विफल हो गयी। इसके विफल होने का कारण भारत सरकार द्वारा अपनाया गया कड़ा रवैया था। सरकार ने इतने लम्बे समय तक हानि उठायी थी कि वह ट्रेज़री का बलि का बकरा बन गयी थी।

उसे ऐसा कोई भी कारण नज़र नहीं आया कि वह फ्रांस तथा संयुक्त राज्य अमरीका के फायदे के लिये अपने हाथों को आग में झोंक दे। इन प्रस्तावों पर टिप्पणी करते हुए भारत सरकार ने यह देखा कि-

> "महारानी की सरकार के सामने प्रस्तुत व्यवस्था में सम्मिलित परिवर्तन निम्नलिखित हैं- फ्रांस तथा संयुक्त राज्य अमरीका को अपनी ऐसी टकसालें खोलनी हैं, जहां वे चांदी के सिक्के ढालने के लिये स्वतंत्र हों, सोने के मुक्त सिक्के बनाना जारी रखें तथा दोनों धातुओं के सिक्कों की असीमित मात्रा में वैध मुद्रा बना सकें। इनका अनुपात फ्रांस में अपरिवर्तनीय बना रहेगा और संयुक्त राज्य अमरीका में 151/2 :1 के फ्रांसीसी अनुपात में बदलेगा। *भारत को अपनी टकसाल चांदी के लिये खोलनी होगी और उनको सोने के लिये बंद रखना होगा तथा यह वचन देना होगा कि वह सोने को अपनी वैध मुद्रा नहीं बनायेगा। इस तरह फ्रांस व संयुक्त राज्य अमरीका द्विधातु वाले देश होंगे, भारत एक धातु (चांदी) वाला देश होगा जबकि विश्व के अधिकतर दूसरे देश एक धातु (सोना) वाले देश होंगे।*

* * * *

अगर वे अस्थायी तौर पर भी अपने प्रयोजन में कामयाब हो जाते हैं, तो यह इन सुझाये गये उपायों का पहला नतीजा होगा कि भारतीय व्यापार तथा उद्योग में बहुत

बड़ी रुकावट होगी। यह रुकावट रुपये में लगभग 16 पैंस से लगभग 23 पैंस तक की आकस्मिक बढ़ोतरी के कारण होगी। ऐसी बढ़ोतरी हमारे निर्यात व्यापार को कम-से-कम कुछ समय के लिये नुकसान पहुंचाने के लिये काफी होगी। ऐसी रुकावट जैसा कि सुझाया गया है, भारत के लिये दूसरे दो देशों में से किसी की भी तुलना में ज़्यादा गम्भीर होगी। क्योंकि यह स्पष्ट है कि व्यावहारिक रूप से इस विफलता से उत्पन्न संकट का सारा जोखिम केवल भारत के सिर पर ही होगा। यदि समझौता टूट कर ख़त्म हो गया तो इन तीनों देशों का क्या होगा? फ्रांस के पास सोने का एक बहुत बड़ा भंडार है और वर्तमान में संयुक्त राज्य अमरीका भी लगभग फ्रांस जैसी ही हालत में है, हालांकि उस धातु का भंडार बहुत ज़्यादा नहीं है। यह माना जा सकता है कि अगर कोई सावधानी न बरती गयी, तो समझौते के चलते हुए भी सोने का यह भंडार समाप्त हो सकता है और उस हालत में अगर प्रयोग अंत में विफल हो गया तो इससे संबंधित दोनों देशों को बहुत ज़्यादा नुकसान उठाना पड़ेगा। लेकिन इस बात की कल्पना नहीं की जा सकती कि सब घटनाओं के मामले में सावधानी नहीं रखी जायेगी। इसलिये, जल्द ही सोने के भंडारों के समाप्त होने का ख़तरा प्रकट होगा और इसलिये यह सम्भव है कि फ्रांस अथवा संयुक्त राज्य अमरीका की मौद्रिक प्रणाली में कोई खास बदलाव न हो। इस समझौते का अकेला असर चांदी के सिक्कों पर पड़ेगा जो समझौते की समाप्ति के साथ ही समाप्त हो जायेगा। इस तरह अगर यह प्रयोग विफल हो गया तो विफलता के सारे खर्चे भारत द्वारा उठाये जायेंगे। जहां रुपये में बड़ी तीव्रता से बढ़ोतरी होगी, इसमें कुछ समय तक मजबूती बनी रहेगी और फिर जब उसमें गिरावट आयेगी तो वह बड़ी तेजी से गिरेगा। फिर चांदी की कीमतों में उतार-चढ़ाव के साथ मूल्य के अपने मानक के विनिमय मूल्य के उतार-चढ़ाव को रोकने के लिये हम क्या उपाय कर सकते हैं? हमें नहीं लगता कि उस समय हमारे सामने कोई रास्ता खुला होगा, क्योंकि अगर भारतीय टकसालों को अब चांदी के लिये फिर से खोल दिया गया तो भारत सरकार के लिये उन्हें फिर से बंद करना निश्चित रूप से नामुमकिन होगा और अगर उन्हें बंद कर भी दिया गया तो ऐसा उसी स्थिति में होगा, जब संचलन में चांदी की राशि में बहुत ज़्यादा बढ़ोतरी हो जायेगी।

लेकिन उसने जैसे ही अपने सामने पेश अपने लक्ष्य यानी सोने के मानक की शुरुआत से हटने से मना किया, वैसे ही उसके तुरंत बाद उसे अपनी मौजूदा मुद्रा

व्यवस्था में एक बहुत गम्भीर समस्या का सामना करना पड़ा। रुपये का भंडार, जिसमें टकसालों के बंद होने से सन् 1893 से बढ़ोतरी नहीं हुई थी, इतना बड़ा था कि वह लम्बे समय तक लोगों की ज़रूरतों को पूरा करने के लिये काफी था। बंद होने के पश्चात् शुरुआती कुछ वर्षों के दौरान रुपये की मुद्रा न सिर्फ विपुल मात्रा में मौजूद थी, अपितु वह अतिरिक्त मात्रा में भी थी। लेकिन जल्द ही वह अतिरिक्त नहीं रही और निश्चित ही सन् 1898 के अन्त तक वह इतनी ज़्यादा कम हो गयी कि भारतीय मुद्रा बाज़ार में बट्टे व छूट की दर बढ़कर 16 प्रतिशत तक हो गयी और वह वर्ष के अधिकांश हिस्से में यही स्थिति बनी रही। मुद्रा के लिये "भूखे रखने" की इस में एक नीति का इतना कड़ा विरोध हुआ कि सरकार को मजबूर होकर सन् 1898 अधिनियम (सं. II) पारित करना पड़ा। इसके अनुसार, राज्य सचिव को लंदन में दिये गये सोने के विरुद्ध भारत में मुद्रा के नोटों को जारी करने की स्वीकृति दे दी गयी। उस समय इस अधिनियम से भारतीय मुद्रा बाज़ार की अभाव से ग्रस्त स्थिति को दोहरा फायदा पहुंचा। सन् 1893 में अपनाये गये उपायों के तहत, सोना एक सामान्य वैध मुद्रा नहीं था। इसलिये जब रुपये की मुद्रा ज़रूरत से भी कम हो गयी तो उसका इस्तेमाल नहीं किया जा सकता था। यह सच है कि नये अधिनियम ने सोने को वैध सामान्य मुद्रा नहीं बनाया था। लेकिन इस अधिनियम ने इसको जनसाधारण की तरफ से मुद्रा नोटों को जारी करने के लिये एक सहारे के तौर पर इस्तेमाल करने की स्वीकृति दे दी थी। वे मुद्रा नोट वैध मुद्रा थे। हालांकि, अधिनियम में यह ज़रूरी हो सकता था कि नोटों को जारी करने से पूर्व भारत में सोने को रखा जाये, क्योंकि भारत में सोने को भेजने में लगभग तीन या चार सप्ताह का समय लग सकता था, इसलिये यह डर था कि यह उपाय "इतना ज़्यादा धीमा था कि यह प्रभावपूर्ण नहीं" हो सकता था, जब तक कि उस अंतराल को वह सोना प्रदान करके ख़त्म न कर दिया जाता जो लंदन में राज्य सचिव के पास था और जो नोटों को जारी करने के लिये कागजी मुद्रा विभाग के पास सोना होने के बराबर ही था।

ऐसा करके अधिनियम ने केवल स्थिति की अत्यावश्यकता की पुष्टि की थी। एक मजबूत मुद्रा प्रणाली को विस्तार व संकुचन में सक्षम होना चाहिये। सरकार ने सन् 1893 में टकसालों को बंद करके मुद्रा में इतना ज़्यादा संकुचन ला दिया था कि वह एक ख़तरे का कारण बन गयी थी। सन् 1898 में ऐसे कदम उठाने की ज़रूरत

महसूस हुई जिनसे उसमें विस्तार लाया जा सके। अब वहां इस आवश्यक नतीजे को हासिल करने के केवल दो ही तरीके थे। एक तो था टकसालों को बंद करना और दूसरा, सावरेन को सामान्य वैध मुद्रा बनाकर सोने के इस्तेमाल से मुद्रा में बढ़ोतरी करने की स्वीकृति देना। यही भारत सरकार द्वारा प्रस्तावित योजना थी। अपने 8 मार्च, 1898 को भेजे गये अपने पत्र में उन्होंने यह तर्क प्रस्तुत किया- "मौजूदा समय में हमारा इरादा व्यापार के स्वत: संचालन में भरोसा दिखाना है। व्यापार की ज़रूरतों के लिये जितने सिक्कों की ज़रूरत होती है, उसमें हर साल बढ़ोतरी में वृद्धि होती है और चूंकि हम चांदी के सिक्कों की छपाई की मात्रा में कोई वृद्धि नहीं करते, इसलिये हम उचित रूप से यह उम्मीद सकते हैं कि सिक्कों के लिये बढ़ती हुई मांग का असर विनिमय को एक ऐसे बिंदु तक ले जायेगा, जिस पर देश के अंदर सोने का प्रवाह बनेगा और वह संचलन में रहेगा। और इस तरह जैसे-जैसे समय व्यतीत होगा, वैसे-वैसे स्थिति और ज़्यादा मजबूत होती जायेगी। लेकिन कम-से-कम शुरू में सोने का संचलन देश में विनिमय की स्थिरता को हासिल करने के लिये ज़रूरी सीमा से ज़्यादा नहीं होगा। संचलन ज़्यादातर चांदी का ही रहेगा और उसे एक सराहनीय मूल्य पर बनाये रखा जायेगा। (जैसा कि वर्तमान में है) और हम यह देखकर संतुष्ट हो सकते हैं कि सोने के सिक्के सीमा से थोड़े ज़्यादा संचलन में हैं और इसका कारण है कि इन्हें देश के बाहर भेजने से देश में सिक्कों की कमी पैदा हो सकती है, जिसका असर चांदी के रुपये के विनिमय मूल्य में वृद्धि करने पर इस प्रकार से होगा कि वह फिर से वापस आ जायेगा या ज़्यादा से ज़्यादा उससे बाहर भेजने की प्रक्रिया रुक जायेगी। हमें उन परिस्थितियों में सोने के मानक को प्राप्त कर लेना चाहिये था जो फ्रांस की परिस्थितियों से अलग नहीं थीं, हालांकि इंगलिश मायनों में वह सोने का संचलन नहीं होता और अन्त में यह हो सकता है कि यह बिल्कुल भी ज़रूरी न हो।"

सोने के इस्तेमाल से मुद्रा का प्रसार करने के अतिरिक्त, उसी प्रयोजन को अमल में लाने का एक और तरीका भी था। बहुत ज़ोर देकर यह कहा गया कि मुद्रा में अतिरिक्त मुद्रा के लिये ज़रूरत पड़ने पर सरकार द्वारा रुपये के सिक्के बनाने से भी यह बढ़ोतरी हो सकती है। हालांकि टकसालें बंद हो चुकी थीं, लेकिन सरकार ने अधिसूचना संख्या 2662 के माध्यम से यह कार्य किया कि उसने हर इच्छुक व्यक्ति को प्रति रुपया 7.53344 ग्रा. ट्राय शुद्ध करने की दर से रुपया देने का वादा किया

था। मुद्रा को किसी भी आवश्यक सीमा तक बढ़ाने के लिये सरकार को उस अधिसूचना को अमल में लाना था। मुद्रा को विस्तार देने की इस योजना के सबसे बड़े समर्थक थे मि. प्रोबीन तथा मि. ए. एम. लिंडसे। दोनों का यह दावा था कि भारत सरकार की योजना त्रुटिपूर्ण थी, हालांकि उसने सोने को वैध मुद्रा बनाकर उसको विस्तार देने की व्यवस्था की है लेकिन उसने रुपये को पूरी तरह से अपरिवर्तनीय बना दिया है और यह मुमकिन हो सकता है कि उसके विनिमय मूल्य को स्थिर करने की नीति विफल हो जाये। दूसरी ओर, वे यह मानते थे कि उनकी योजना भारत सरकार की योजना से बेहतर थी क्योंकि उन्होंने इस दायित्व और बाध्यता को रुपये की रुपये की मुद्रा को कुछ शर्तों पर बदलने का प्रबंध करने के लिये स्वीकृति दी। हालांकि उन दोनों की योजनाओं में एक तरह की परिवर्तनशीलता पर विचार किया गया था, इसके बावजूद उनके वे विशिष्ट तरीके असल में भिन्न-भिन्न थे जिनमें विनिमय को लागू किया जाना था। मि. प्रोबीन का यह सुझाव था-

1. कि सन् 1893 की अधिसूचना को कानूनी रूप दिया जाना चाहिये, जिसके अंतर्गत जनता रुपये को सोने के बदले 1 शि. 4 पें (1 एस 4 डी) की दर पर भारतीय टकसालों तथा रिज़र्व खजानों से ले सके।

2. कि इस तरह से लिया गया सोना कागजी मुद्रा निधि का एक हिस्सा होना चाहिये और उसे या तो ब्रिटेन की पूर्व मुद्रा, सोने के सिक्कों के तौर पर या सोने की छड़ों की शक्ल में रखना चाहिये। उनमें से प्रत्येक छड़ 1,000 रुपये से कम नहीं होनी चाहिये।

3. कि रुपये की मुद्रा को संकुचन की स्वत: शक्ति देने के लिये सरकार को चाहिये कि जैसे ही कागजी मुद्रा निधि (रिज़र्व) का एक हिस्सा निरंतर एक वर्ष तक उस राशि से कम रहे जो सोने के रूप में रखी गयी थी, तो तुरंत रुपये के स्थान पर सोना दे, या रुपये के नोट 1 शि. 4 पें (1 एस 4 डी) की दर से अगर उन्हें 10,000 रुपये की राशि में उसके लिये पेश किया जाये। देने की यह शक्ति हालांकि आवश्यक न भी हो तो भी सरकार को यह शक्ति देनी चाहिये।

4. संचलन में 10,000 रुपये के नोटों को वापस ले लेना चाहिये और भविष्य में धारक की इच्छा पर या तो सोने या चांदी के रुपये देय 10,000 रुपये के नोटों को

सिर्फ सोने के स्थान पर जारी करना चाहिये क्योंकि छड़ों के तौर पर सोने को ख़ास तौर से किसी ऐसे बकाया नोटों को चुकाने के लिये आरक्षित रखा जाता है।

दूसरी ओर, मि. लिंडसे ने मि. प्रोबीन द्वारा सुझाये गये तरीके से बिल्कुल भिन्न ही दृष्टिकोण अपनाया। उन्होंने यह सुझाव दिया कि एक तरफ तो सरकार को बिना किसी सीमा के भारत में रुपये हुंडी (ड्राफ्ट्स) 16 16 पैंस (डी) रुपये के बदले और दूसरी तरफ लंदन में पाउंड हुंडी (ड्राफ्ट्स) 15 3/4 पैंस (डी) रुपये के बदले बेचने के लिये ज़रूरी निधियों (फंडों) को लंदन तथा भारत में "सोने के मानक" कार्यालयों में सरकार की सामान्य बकाया राशि से अलग रखना था। लंदन कार्यालय के पास उसकी प्रदान की गयी हंडियों (ड्राफ्ट्स) का भुगतान करने के लिये निम्नलिखित तरीके से निधि फंड को सुरक्षित रखा जाना था-

1. पांच या दस मिलियन पाउंड तक सोने में ऋण लेकर।
2. भारत पर हुंडी (ड्राफ्ट्स) की बिक्री के ज़रिये वसूल की गयी प्राप्तियों (रसीदों) से।
3. पिघलाये गये रुपये में चांदी बुलियन की बिक्री से वसूल की गयी रसीदों द्वारा और,
4. जब ज़रूरी हो तो और सोना उधार लेकर भारतीय स्वर्ण मानक कार्यालय के पास, उसको दिये गये ड्राफ्टों (हुंडियों) को चुकाने व भुगतान करने के लिये निधि (फंड) को सुरक्षित रखना था-
   (1) लंदन पर हुडियों (ड्राफ्ट्स) की बिक्री से प्राप्त की गयी रसीदों द्वारा और
   (2) जब ज़रूरी हो तो लंदन सोने के मानक वाले कार्यालय द्वारा ख़रीदी तथा भारत भेजी गयी बुलियन से सिक्के बनाना।

भारत सरकार से समर्थन प्राप्त मुद्रा की योजना तथा दूसरी तरफ, मि. प्रोबीन और मि. लिंडसे द्वारा सुझायी गयी योजना में मुख्य फर्क यह था कि भारत ने सोने की मुद्रा के साथ सोने के मानक स्थापित करने का सुझाव दिया था जबकि उन दोनों ने सोने की मुद्रा के बग़ैर सोने के मानक स्थापित करने का सुझाव दिया था।

सोने की मुद्रा सहित सोने के मानक और सोने की मुद्रा के बगैर सोने के मानक की तुलनात्मक विशेषताओं के संबंध में बताने के लिये राज्य सचिव ने एक और विभागीय समिति नियुक्त की। इस समिति के अध्यक्ष के रूप में सर हेनरी फाउलर को नियुक्त किया गया। सारे महत्त्वपूर्ण प्रमाण लेने के उपरांत, समिति ने देखा कि-

50. इस योजना (मि. प्रोबीन की) के संबंध में हमारी यह टिप्पणी है कि बुलियन को विनिमय का अंतर्राष्ट्रीय ज़रिया माना जाना चाहिये, लेकिन पूर्व में ऐसा कोई उदाहरण नहीं मिलता है जिसमें इसे आंतरिक मुद्रा के लिये स्थायी तौर पर अपनाया गया हो और न ही यह यूरोपीय या भारतीय इस्तेमाल के अनुरूप है कि मानक धातु को वर्तमान सिक्के के सुविधाजनक शक्ल में एक हाथ से दूसरे हाथ में नहीं गुज़रना चाहिये। ऐसी योजना के लिये "मि. पील के अधिनियम, 1819 के बिल्कुल अस्थायी प्रावधान से कोई निश्चित समर्थन नहीं मिलता, जिससे बैंक ऑफ इंग्लैण्ड को नकद रोकड़ भुगतान के काम को फिर से शुरू करने के प्रथम उपाय के तौर पर एक सीमित अवधि के लिये मोहर चिन्हित स्वर्ण की छड़ों, उसके नोटों का उस समय भुगतान करने के लिये अधिकृत किया गया, जब उन्हें 200 पाउंड से ज़्यादा के पार्सलों में पेश किया गया था। ऐसा लगता है कि सोने के बुलियन के लिये सन् 1821 में स्वयं बैंक से या तो बहुत कम मांग की गयी थी या फिर कोई मांग ही नहीं की गयी।

* * * *

"53. यह बात साफ है कि वे तर्क जो मि. प्रोबीन की बुलियन योजना को स्थायी तौर पर अपनाने के ख़िलाफ व भारत के लिये सोने की मुद्रा के पक्ष में दिये जाते हैं, वे मि. लिंडसे की विवेकपूर्ण योजना, जिसे विनिमय मानक का नाम दिया गया, के खिलाफ और ज़्यादा मजबूती से बताते हैं। हम लॉर्ड रोथशील्ड, सर जॉन लुबक, सर सेमुअल मोंटेग्यू और अन्य व्यक्तियों द्वारा दिये गये प्रमाणों से बहुत प्रभावित हैं कि एक दृश्यमान सोने की मुद्रा के बगैर किसी भी प्रणाली को संदेह की दृष्टि से देखा जायेगा। इस विचार के समक्ष इस निष्कर्ष को नज़रंदाज़ करना मुश्किल है कि मि. लिंडसे की योजना को अपनाने से भारत में पूंजी का वह प्रवाह थम जायेगा, जिस पर भारत का आर्थिक भविष्य काफी हद तक निर्भर है। हम श्री लिंडसे की योजना या स्व. मि. राफेल और मि. मेजर डार्विन द्वारा सुझायी गयी ऐसी ही योजनाओं की भी एक स्थायी व्यवस्था के तौर पर अपनाने के लिये उनकी अनुशंसा या सिफारिश करने के लिये तत्पर नहीं हैं और वर्तमान परिस्थितियों में पाउंड विनिमय को तय करने के लिये अस्थायी कदम के तौर पर इनमें से किसी भी योजना को अपनाने की ज़रूरत नहीं है।"

समिति ने भारत सरकार की योजना को प्राथमिकता दी और उसे स्थायी आधार देने के लिये अपनाये जाने वाले उपायों की रूपरेखा सामने रखी। इसे नीचे समिति के अपने शब्दों में प्रस्तुत किया जा रहा है-

"54. हम ब्रिटिश सावरेन को भारत में एक वैध मुद्रा तथा मौजूदा सिक्का बनाने के समर्थक हैं। हमारा यह भी मानना है कि इसके साथ ही भारतीय टकसालों के द्वार सोने के प्रतिबंधित सिक्के बनाने के लिये खोल देने चाहिये। लेकिन ऐसा उन शर्तों पर किया जायेगा जो शाही टकसाल की तीन आस्ट्रेलियाई शाखाओं पर लागू होती हैं। इसका नतीजा यह होगा कि समान परिस्थितियों में सावरेन के सिक्के बनाये जायेंगे और उनका संचलन ब्रिटेन और भारत में होगा। सोने के मुक्त प्रवाह व बहिर्वाह के सिद्धांत पर आधारित सोने के मानक और सोने की मुद्रा को भारत में प्रभावपूर्ण ढंग से स्थापित करने का बेसब्री से इंतज़ार करते हुए हम इन उपायों को अपनाने की अनुशंसा करते हैं।"

इन अनुशंसाओं को राज्य सचिव की स्वीकृति मिल गयी थी जिसने यह फैसला किया कि-

> "चांदी के असीमित सिक्कों के निर्माण के लिये भारतीय टकसालों को बंद रखने की नीति को यथावत रखा जायेगा। और भारत सरकार से यह कहा जायेगा कि वह जितना शीघ्र ठीक समझे, उतना शीघ्र ब्रिटिश सावरेन को वैध मुद्रा तथा एक चालू सिक्का बनाने के लिये ज़रूरी कदम उठाये और समिति द्वारा प्रस्तावित शर्तों के अनुसार सोने के सिक्के बनाने के लिये तत्पर करें।"

समिति की पहली अनुशंसा को सरकार ने एक अधिनियम पारित करके लागू किया। उस अधिनियम का सामान्य नाम "भारतीय सिक्का तथा कागज मुद्रा अधिनियम (22) सन् 1899 (Indian Coinage and Paper Currency Act) था। उस अधिनियम से सावरेन तथा अर्धसावरेन क्रमशः 15 रुपये तथा 7 1/2 रुपये की दर पर वैध मुद्रा बन गये और उनके स्थान पर मुद्रा के नोटों के निर्गम को अधिकृत कर दिया।

भारतीय मुद्रा को सोने के आधार पर रखने के अलावा सरकार सोने के सिक्कों के मुक्त निर्माण के लिये एक टकसाल खोलने की भी इच्छुक थी। लेकिन टकसाल से जारी किया जाने वाला सिक्का "इंगलिश कोयनेज एक्ट, 1870 के प्रावधानों के अनुसार, एक घोषणा जारी करना ज़रूरी था जिसके अनुसार एक भारतीय टकसाल को शाही टकसाल की शाखा बनाया जाना था। यह विषय पूरी तरह से ट्रेजरी की सहमति पर निर्भर था। भारत सरकार चाहती थी कि वह सावरेन को वैध मुद्रा बनाने वाले अधिनियम को पारित करने के साथ ही यह घोषणा भी कर दे। दरअसल उसने

घोषणा होने तक कानून के निर्माण के कार्य को भी रोक लिया था और बड़ी ही अनिच्छा से उस समय कार्रवाई शुरू की जब यह सलाह दी गयी कि कानूनी तथा तकनीकी प्रश्नों के कारण घोषणा में कुछ और देरी हो सकती है।" ट्रेज़री की आपत्तियां हालांकि सिर्फ तकनीकी आपत्तियां थीं जिन्हें दूर करना पहले तो बिल्कुल असम्भव सा लगा और अगर भारतीय कार्यालय का रवैया मैत्रीपूर्ण न होता, तो (संधि) वार्ता निश्चय ही टूट गयी होती। लेकिन ट्रेज़री इस परियोजना को एक अवसर भी नहीं देना चाहती थी। जब इस प्रश्न के तकनीकी पक्ष पर समझौता हुआ तो ट्रेज़री ने अपना रवैया बदला और प्रश्न उठाया कि क्या सोने के सिक्के बनाने के लिये भारत में एक टकसाल का होना ज़रूरी है? ट्रेज़री ने यह तर्क दिया-

> "इस बात पर अपना संतोष दिखाते हुए कि अब समझौता हो गया है, यह समिति यह ज़रूरी मानती है कि इस योजना को लागू करने से पहले लॉर्ड जॉर्ज हैमिल्टन से यह आग्रह किया जाये कि वे भारत में सावरेन के निर्माण के पक्ष में दिये गये तर्कों की समीक्षा करें और इस बात पर विचार करें कि इस प्रस्ताव के बाद से दो वर्ष व्यतीत हो चुके हैं, क्या इन दो वर्षों के दौरान के घटनाक्रम से उनकी शक्ति घटी तो नहीं है। और वह टकसाल की ऐसी स्थापना से होने वाले फायदों को भी बतायें और यह भी बतायें कि क्या उस पर अधिक व्यय तो नहीं होगा...। अब सोने का मानक मजबूती के साथ स्थापित हो चुका है और जनता को भारतीय सरकार के उसकी निर्विवाद नीति से वापस न लौटने के इरादे के बारे में किसी सबूत की ज़रूरत नहीं है। मौजूदा परिस्थितियों में जब भी ज़रूरत होती है, तभी सावरेन तुरंत खिंचे चले आते हैं.... दूसरी ओर, भारत सरकार द्वारा, उस देश में सिक्के बनाने के लिये मौजूद सोने से संबंधित जो अनुमान लगाये गये हैं व आकलन किये गये हैं, वे पूर्वानुमानों से कम हैं और न ही उसमें कुछ अरसे तक किसी भी प्रकार ज़्यादा बढ़ोतरी होने की उम्मीद है। वर्ष के ज़्यादातर समय तक कर्मचारियों को खाली बिठा कर रखना होगा जिससे भारतीय खजाने पर ख़र्च का बहुत अधिक भार पड़ेगा। अब निश्चित रूप से यह लॉर्ड जॉर्ज हैमिल्टन को तय करना है कि क्या इन आपत्तियों के बावजूद भी इस योजना पर आगे कोई कदम उठाया जाये अथवा नहीं।"

भारतीय कार्यालय ने उत्तर दिया- "सोने के सिक्कों के निर्माण के लिये भारत में एक टकसाल की स्थापना, एक नयी मुद्रा प्रणाली की शुरुआत होने का एक स्पष्ट

संकेत है और अब इस प्रस्ताव से पीछे हटने से लोगों का ध्यान इस तरफ जायेगा और यह आलोचना का कारण बनेगा तथा लोगों में बेचैनी पैदा होगी... यह योजना अब जिस स्थिति तक पहुंच चुकी है, उसमें अब इसे बंद करने में लॉर्ड की कोई दिलचस्पी नहीं है।"

> ट्रेज़री ने इसका एक स्पष्ट और कड़ा उत्तर भेजा जिसमें उसने यह कहा- "भारतीय मुद्रा की ज़रूरतें अन्य स्रोतों से पूरी कर दी गयी हैं और स्थानीय रूप में सावरेन के सिक्के बनाने की कोई मांग नहीं है... अगर किसी को यह विश्वास नहीं होता कि भारत में सोने के सिक्कों के लिये मशीनों का प्रबंध करने से भारत में सोने की स्थिति मजबूत होगी या सरकार के इरादे के प्रति जनता का विश्वास जगेगा। पहले से जो विश्वास बना हुआ है, उसका उपाय समिति की रिपोर्ट के समय से विनिमय के तरीके से काफी मात्रा में दिखता है और जितनी शीघ्रता से सोना भारत में समुद्री जहाजों द्वारा भेजा जाता है, उससे विश्वास और भी ज़्यादा हो जाता है।

कहा जाता है कि ट्रेज़री ने सारे प्रस्ताव के लिये शायद ही घोर दुश्मनी की भावना से काम किया "यह बात सही है। लेकिन इससे इनकार नहीं किया जा सकता कि ट्रेज़री ने पूरी तरह से तर्कसंगतता का इस्तेमाल किया है। यह बात सोने के मानक की कार्यशैली के लिये कोई मायने नहीं रखती थी कि सिक्के वाला सावरेन कहां से आता था। जब तक एक टकसाल सावरेन के मुक्त सिक्के बनाने के लिये खुली रहती, तब तक भारतीय सोने का मानक पूरा हो गया होता, टकसाल का स्थान बेशक कहीं भी होता। निश्चित रूप से सिक्के वाली सावरेन को लंदन से हासिल करना सिर्फ काफी ही नहीं होता अपितु वह सस्ता भी होता।

फिर भी सरकार ने जो चिन्ता प्रकट की थी, वह सोने की टकसाल के न होने के कारण नहीं थी। निश्चित ही उसका विश्वास उसकी ज़रूरत के प्रति इतना कम था कि ट्रेजरी के विरोध को ध्यान में रखते हुए उसने शालीनता से इस प्रस्ताव को छोड़ना मंजूर कर लिया। उसको सबसे ज़्यादा परेशानी नयी मुद्रा प्रणाली में रुपये की विचित्र स्थिति से हुई। भारत सरकार को अपनी इस तत्परता में यही अफसोस रहा कि उसे रुपये के विमुद्रिकरण करने और भारतीय मुद्रा को उस तरह अपनाने का कोई उपाय नहीं सूझा जैसा इंग्लैण्ड में मौजूद था। विज्ञप्ति को सामान्य तौर पर देखने से यह ज्ञात

होता है कि हालांकि उसने भारतीय मुद्रा के बदले फ्रांस व संयुक्त राज्य अमरीका की मुद्रा को अपनाने की अनुशंसा की थी लेकिन उसने ऐसा इसलिये नहीं किया था कि उसका विचार था कि उनकी प्रणाली सबसे उत्तम और एक आदर्श प्रणाली है, अपितु इसलिये कि उसका मानना था कि इससे उत्तम प्रणाली तक उसकी पहुंच नहीं है। फ्रांस व संयुक्त राज्य अमरीका की मुद्रा प्रणाली के स्वीकार्य दृष्टिकोण के संबंध में यह स्वाभाविक था कि भारत सरकार ने अपने आप को इसके प्रति बहुत ज़्यादा प्रसन्न महसूस नहीं किया। इन दो देशों की मुद्रा प्रणाली के नज़रिये से पांच फ्रैंक के सिक्के व चांदी के डॉलर की स्थिति को सदैव इस तरह दिखाया गया है जैसे ये दोनों बहुत ही विधि विरुद्ध रही हैं। प्रो. पियर्सन जैसा महान विद्वान भी उनको, मुद्रा के विभिन्न रूपों को वर्गीकृत करने की परंपरागत योजना में स्पष्ट स्थान देने में असमर्थ था। परंपरागत सोने का मानक सुव्यवस्थित प्रणाली में सोना ही अकेली ऐसी धातु है जिसके सिक्कों का मुक्त रूप से निर्माण किया जाता है और केवल यही एक ऐसी धातु है जिसमें पूरी तरह से वैध मुद्रा होने का गुण मौजूद है, हालांकि चांदी के भी सिक्के बनाये जाते रहे हैं, लेकिन उसके सिक्के बहुत सीमित संख्या में सरकारी खाते में बनाये जाते हैं और चूंकि इसका आंतरिक मूल्य उसके अंकित मूल्य से कम होता है, इसलिये मुद्रा के रूप में इसकी वैधता सीमित होती है। पहली किस्म के सिक्कों को मानक सिक्के कहा जाता है और दूसरी किस्म के सिक्कों को सहायक सिक्के कहते हैं और दोनों मिलकर एक धातु सोने के मानक का आदर्श पेश करते हैं, जैसा कि इंग्लैण्ड में सन् 1816 से चला आ रहा है। ऐसी हालत में लेखकों को डॉलर या पांच फ्रैंक के सिक्कों को सही सिद्ध करने में परेशानी हुई है। उनकी विशेषता इस तथ्य में है कि हालांकि उनका आंतरिक मूल्य, उनके अंकित मूल्य से कम होता है, फिर भी वे अपरिवर्तनीय हैं और असीमित वैध मुद्रा भी रहे हैं। इस विसंगति के कारण ही थोड़े से स्वर्ण मानक को अमरीका तथा फ्रांस की मुद्रा प्रणाली के लिये नामंजूर कर दिया गया है अर्थात् इन मुद्राओं को स्वर्ण का हक नहीं दिया गया है। कमज़ोर मानक में बहुत कम लोगों को भरोसा हो सकता है। ऐसे मानक के बारे में में तुलना यह कहा जाता है कि "चाहे चांदी के सिक्के का आंतरिक मूल्य सोने की कम होता है और वह लड़खड़ाता है लेकिन वह अपने मजबूत सहयोगी के साथ मिल कर फिर भी उसकी समानता को बनाये रखता है।"

लेकिन क्या फ्रांसीसी मुद्रा प्रणाली इंगलिश मुद्रा प्रणाली से इतनी ज़्यादा भिन्न है कि उससे उसकी स्थिरता के बारे में संदेह होने लगे? इन दोनों प्रणालियों में बेशक जो भी फर्क रहा हो, लेकिन इनका गहराई से विश्लेषण करने पर ज्ञात होता है कि वे मूलत: एक जैसे ही हैं। अगर एक ओर हम सन् 1803 के फ्रांसीसी द्विधातु कानून (French Bimetallic Law) और सन् 1878 का टकसाल स्थगन आदेश (Mint Suspension Decree) और दूसरी ओर, सन् 1844 के बैंक चार्टर एक्ट के साथ-साथ सन् 1816 के इंगलिश गोल्ड स्टैंडर्ड एक्ट के प्रावधानों का एक साथ अध्ययन करें और उनकी तुलना करें तो क्या हमें फ्रांसीसी तथा ब्रिटिश मुद्रा प्रणाली में कोई बहुत ज़्यादा फर्क दिखता है? सन् 1878 से पूर्व फ्रांस में सोना तथा चांदी, दोनों के सिक्कों की असीमित वैध मुद्रा का असीमित मात्रा में निर्गम होता था। सन् 1844 से पूर्व इंग्लैण्ड में इन दोनों यानी सोने के सावरेन तथा बैंक ऑफ इंग्लैण्ड के नोटों, दोनों के असीमित वैध मुद्रा होने का असीमित निर्गम होता था। 1844 में इंग्लैण्ड ने बैंक नोटों के निर्गम को सीमित कर दिया लेकिन निर्गमों से उनकी वैध मुद्रा की शक्ति छीनी नहीं गयी थी। सन् 1878 में फ्रांस ने भी अपने नोटों के साथ ठीक वैसा ही व्यवहार किया जैसा कि 1844 में इंग्लैण्ड ने अपने नोटों के साथ किया था। टकसाल के निलंबन के आदेश द्वारा, फ्रांस ने वाकई, हालांकि अप्रत्यक्ष तौर पर ही सही, पांच फ्रैंक के सिक्कों पर रोक लगा दी। लेकिन उनको उनकी वैध मुद्रा के अधिकार से वंचित नहीं किया। अगर हम फ्रांस के पांच फ्रैंक के सिक्कों को चांदी पर छपे नोटों के तौर पर स्वीकार करते हैं तो इस बात को देखना मुश्किल है कि इन दो प्रणालियों में कौन-सा फर्क है, जिसके चलते अर्थशास्त्री एक को सोने का मानक और दूसरे को "लड़खड़ाने वाला अर्थात् कमज़ोर" मानक मानते हैं। अगर चांदी का फ्रैंक लंगड़ा कर चलता है तो बैंक नोट भी वैसे ही चलता है और फैंक नोट की तुलना में ज़्यादा लड़खड़ाता है, क्योंकि इन दोनों में से उसका आंतरिक मूल्य इसकी तुलना में ज़्यादा होता है। फिर भी, अगर यह तर्क प्रस्तुत किया जाता है कि बैंक नोट सोने में विनिमेय होता है जबकि पांच फ्रैंक का सिक्का नहीं होता है। तो इसका जवाब यह है कि तुलना बैंक ऑफ इंग्लैण्ड के प्रत्ययी नोटों (Fiduciary Notes) के साथ करनी चाहिये। वे नोट व्यावहारिक रूप से अपरिवर्तनीय होते हैं, क्योंकि एक निश्चित समय पर बैंक ऑफ इंग्लैण्ड सोने के साथ अपने निर्गम विभाग में नोटों के प्रत्ययी भाग को रखता है

जो उसके तहत नहीं आता और इसलिये उसे उतना ही अपरिवर्तनीय कहा जा सकता है जितना पांच फ्रैंक का असीमित निर्गम होता है। लेकिन अगर इस बात पर ज़ोर दिया जाये कि प्रत्ययी नोटों को उस तरह से अपरिवर्तनीय नहीं माना जा सकता जिस तरह पांच फ्रैंक के सिक्के होते हैं, तो इस बात पर ध्यान देना चाहिये कि इन दोनों में समानता का निर्धारण परिवर्तनीयता या अपरिवर्तनीयता के दृष्टिकोण से नहीं किया जाता है। अपरिवर्तनीयता की विशेषता जिसके साथ बैंक ऑफ इंग्लैण्ड के प्रत्ययी नोट संपन्न किये जाते हैं, एक गैर-ज़रूरी विशेषता है जो पांच फ्रैंक के सिक्कों की अपेक्षा उनकी स्थिति में कोई बढ़ोतरी नहीं करता। उन दोनों में समानता इसलिये है कि उन दोनों का निर्गम एक निश्चित सीमा में होता है। इस लिहाज़ से, फ्रांस का "लड़खड़ाता" मानक और इंगलिश सोने का मानक और कुछ नहीं अपितु "उस सीमा तक मुद्रा सिद्धांत" के विभिन्न उदाहरण हैं, जहां तक कि एक प्रत्ययी मुद्रा (Fiduciary Currency) पर निर्गम की निर्धारित सीमा, उस सिद्धांत की एक मुख्य विशेषता है।

न केवल, फ्रांस की मुद्रा प्रणाली स्वरूप में इंगलिश मुद्रा प्रणाली जैसी है, अपितु दोनों की रूपरेखा भी एक समान है। जो विवाद बैंक चार्टर एक्ट, 1844 के बारे में उठा था, उसमें लॉर्ड ओवरस्टोन के मंतव्य को, बैंकिंग विचारधारा के उनके विरोधियों ने सही तरह से व स्पष्ट रूप से नहीं समझा था। नोटों के संचलन के अवमूल्यन को रोकने के उपाय बताने में लॉर्ड ओवरस्टोन की कोई दिलचस्पी नहीं थी, जैसा कि उनके विरोधी उनके बारे में सोचते थे। उनका सारा ध्यान सोने को संचलन से गायब होने से रोकने का था। ऐसे तर्क की एक कड़ी से शुरू करके, जिनकी प्रामाणिकता व दृढ़ता के बारे में कोई संदेह ही नहीं किया जा सकता, वह इस नतीजे पर पहुंचे थे कि नोटों का बहुत ज़्यादा निर्गम होने से सोने का संचलन बंद हो जायेगा। सोने को संचलन में बनाये रखने का एकमात्र तरीका नोटों के जारी करने पर रोक लगाना था और सन् 1844 के बैंक चार्टर एक्ट का यही मुख्य प्रयोजन था। चांदी के सिक्कों का निर्माण रोकने में फ्रांस का भी ठीक वही प्रयोजन था जैसा कि पहले बताया जा चुका है। 1873 के उपरांत, चांदी के मूल्य में गिरावट होने के कारण इस अवमूल्यित धातु के प्रतिस्थापन द्वारा सोना शीघ्र ही संचलन से बाहर हो गया था। इसके कारण अनुपात बढ़ जाने की स्थिति पर रोक लगाने के लिये फ्रांस ने वही तरीका अपनाया जो लॉर्ड ओवरस्टोन का तरीका था और चांदी के सिक्के बनाना रोक देने से उनका सोना

संचलन से बाहर होने से बच गया। अगर चांदी के जारी करने पर कोई रोक न लगायी जाती तो सोना वास्तव में ही संचलन से बाहर हो जाता।

इसलिये यह तर्क देना गलत नहीं होगा कि भारत सरकार ने जो योजना सोची थी और जिसे फाउलर समिति द्वारा मान्यता दी गयी थी और जो फ्रांसीसी प्रणाली जैसी ही थी, वह उन्हीं सिद्धांतों पर आधारित थी जिससे इंगलिश मुद्रा प्रणाली विनियमित होती थी। जेवंस के मतानुसार, ये सिद्धांत एक "मजबूत वित्तीय कानून" की निशानी थे।

अध्याय 5

स्वर्ण मानक से स्वर्ण विनिमय मानक तक की यात्रा

एक बार तो ऐसा महसूस हुआ था कि अवमूल्यित रुपये के मसले का संतोषप्रद हल ढूंढ लिया गया है। शताब्दी की एक चौथाई की लम्बी अवधि तक फैली चिंताओं और कठिनाइयों की कमी को उस समाधान से पूरी तरह दूर नहीं किया जा सका जिसका वर्णन हम पिछले अध्याय में कर चुके हैं। किन्तु अप्रिय घटनाक्रम के चलते मूलत: जो कार्यशैली तय की गयी थी, वह अमल में आने से पहले ही ख़त्म हो गयी। इसके बदले में भारतीय मुद्रा के संचलन की शुरुआत हो गयी जो पूर्णत: इसके विपरीत थी। फाउलर समिति की अनुशंसाओं के प्रस्तुत करने के लगभग तेरह वर्ष पश्चात् उन्हें कानूनी रूप से मान्यता दी गयी। भारतीय वित्त और मुद्रा के संबंध में चैम्बरलेन आयोग ने रिपोर्ट दी कि-

> "इस तथ्य के बावजूद कि सरकार ने सन् 1898 की समिति की अनुशंसाओं को अपनाने और उन पर अमल करने का फैसला किया, आज भी भारतीय मुद्रा प्रणाली समिति द्वारा की गयी अनुशंसाओं से बहुत अलग है। हालांकि विनिमय को नियंत्रित करने वाली कार्य संरचना में बड़ी मात्रा में समान विशेषतायें मौजूद हैं, उन अनुशंसाओं के साथ जो समिति के समक्ष मि. ए. एम. लिंडसे ने पेश की थीं।"

यहां यह बात स्मरणीय होगी कि मि. लिंडसे की योजना के अनुसार भारतीय मुद्रा पूरी तरह से रुपया आधारित मुद्रा होनी थी। सरकार को हर हाल में सोने के बदले रुपये वापस करने थे और सिर्फ विदेशी प्रेषण के संबंध में रुपयों के बदले में सोना दिया जाना था। इस योजना को दो कार्यालयों के ज़रिये मूर्त रूप दिया जाना था—पहला कार्यालय लंदन में और दूसरा भारत में। रुपयों की आवश्यकता होने पर लंदन के कार्यालय को ड्राफ्टों की ब्रिक्री करनी थी और भारत स्थित कार्यालय को सोने की ज़रूरत पड़ने पर ड्राफ्टों की बिक्री करनी थी। यह बहुत हैरानगी की बात है कि भारत में आज भी यही प्रणाली विद्यमान है। यहां पर यह बात ध्यान देने वाली है कि मि.

लिंडसे के प्रस्तावों के अनुसार, जो ध्यान दिया जाये कि वे सन् 1898 में निरस्त कर दिये गये थे, भारत सरकार ने दो सुरक्षित भंडार बनाये हैं, एक सोने का और दूसरा रुपयों का, जो नकद अधिशेष, कागजी मुद्रा और सोने के प्रतिमान सुरक्षित भंडार से बनाये गये हैं। मुद्रा प्रणाली की प्रकृति को ध्यान में रखते हुए ये दोनों मिश्रित हैं। नकदी अधिशेष जो राजस्व की प्राप्तियों से मिलती हैं, शुद्ध रुपयों में और स्वर्ण मुद्रा में इकट्ठी होती हैं और दोनों ही वैध मुद्रा उन दोनों के बदले नोट जारी होते हैं। इसलिये कागजी मुद्रा के भंडार में सोने की मुद्रा और रुपये, दोनों ही होते हैं। अगस्त, 1915 तक यह व्यवस्था थी कि स्वर्ण मानकों की आरक्षित निधि आंशिक रूप से सोने में और सामान्य रूप से रुपयों में रखी जाती थी। छंटायी (Sorting) की एक व्यवस्था द्वारा जिसे तकनीकी भाषा में "अंतरण अथवा ट्रांसफर" कहा जाता है, सरकार को रुपयों और सोने की मुद्रा पर अधिकार प्राप्त हो जाता है जिससे वह अपनी जिम्मेदारियों को निभा सकती है। इन विधियों के स्थान भी मि. लिंडसे द्वारा सुझाये गये स्थानों के समान ही हैं। नकद अधिशेष अर्थात् सरकार का चल धन अथवा तिजोरी रोकड़ (Till-money) जो अनिवार्य रूप से भारत में भारत सरकार और लंदन में राज्य सचिव के बीच बंटे होते हैं, उनमें राज्य सचिव के पास जो हिस्सा होता है, वह सारे - का सारा सोने के रूप में होता है और भारत सरकार के पास चांदी के रूप में। स्वर्ण मानक की आरक्षित निधि, नकद अधिशेषों की तरह, कोई वैधानिक निधि नहीं है। इसलिये इसके स्थान का निर्धारण करना कार्यपालिका के हाथ में होता है। इस स्थिति में इस तरह व्यवस्था की गयी है कि निधि का सोने वाला भाग लंदन में राज्य सचिव के पास और रुपयों वाला, जब तक उसे भारत सरकार रखना चाहे, भारत में रहेगा। एकमात्र आरक्षित निधि, जिसे मुद्रा में जोड़-तोड़ करके सरलता से बदला नहीं जा सकता, वह है कागजी मुद्रा की आरक्षित निधि और यह इसलिये कि इसकी प्रकृति और इसके स्थान का निर्धारण कानून द्वारा किया जाता है। इसे ध्यान में रखते हुए, ऐसा कानूनी अधिकार ले लिया गया है कि आरक्षित निधि के सोने वाले भाग के स्थान को बदला जा सके और इसके लिये सन् 1898 के अस्थायी अधिनियम II के प्रावधान को स्थायी रूप दे दिया गया और इसके तहत यह अधिकार दिया गया कि लंदन में राज्य सचिव के पास मौजूद सोने के बदले भारत में नोट जारी किये जा सकें। इस प्रकार मुद्रा की नयी प्रणाली के तहत लंदन में राज्य सचिव और भारत सरकार के पास दो आरक्षित निधियां हैं। पहला

आरक्षित भंडार सोने का होता है जो मुख्य रूप से राज्य सचिव के पास रहता है और दूसरा रुपये का जो पूर्ण रूप से भारत सरकार के पास भारत में रहता है लेकिन मौजूदा प्रणाली और मि. लिंडसे की प्रणाली इन कोषों के रखरखाव और स्थान के संबंध में ही नहीं है। दोनों कोषों के संचालन में भी यही समानता है। जैसा कि मि. लिंडसे का सुझाव था, जब भारत में रुपयों की ज़रूरत होती है, तो उस समय राज्य सचिव "कौंसिल बिल" बेच देता है जिनके बदले में भारतीय सरकारी खजानों से रुपये लिये जा सकते हैं। इस प्रकार भारत में रुपया - मुद्रा का प्रबंध हो जाता है। जब भारत सरकार को सोने की ज़रूरत होती है, तो वह "रिवर्स कौंसिल " लंदन की होम ट्रेज़री को बेच देती है और इस प्रकार विदेशी भुगतान करने के लिये सोने का प्रबंध हो जाता है। "कौंसिल बिलों" और " रिवर्स कौंसिल" के इन दोनों कोषों के बिलों का निष्कर्ष वही निकलता है जैसा कि फाउलर कमेटी ने चाहा था। वह यह कि भारतीय मुद्रा को सोने के मानक वाली सोने की मुद्रा बना दिया जाये, उसे बदल कर मि. लिंडसे की इच्छानुसार बग़ैर सोने की मुद्रा के सोने के मानक वाली मुद्रा बना दिया गया है।

जो प्रणाली मूल रूप से भारत सरकार द्वारा सोची गयी थी, उसके स्थान पर जो प्रणाली विकसित की गयी है, वह स्वर्ण विनिमय मानक है। इस शीर्षक का चाहे कुछ भी अर्थ निकलता हो, लेकिन यह वह प्रणाली नहीं है जिसके संबंध में सन् 1898 में भारत सरकार ने सोचा था। यह परिवर्तन कैसे हुआ, इसके बारे में हम कहीं और चर्चा करेंगे। यहां पर इतना कहना ही पर्याप्त है या यों कहिये कि आवश्यक है, क्योंकि कई लेखक इस बिंदु पर ग़लती कर चुके हैं- कि भारत सरकार ने स्वर्ण-विनिमय मानक की स्थापना हेतु कोई शुरुआत ही नहीं की थी। बल्कि सरकार एक वास्तविक स्वर्ण मानक की स्थापना करने पर विचार कर रही थी जिसे, हालांकि उन लोगों द्वारा पूरी तरह से समझा नहीं गया जिन्होंने इसे तैयार किया था। यह वास्तव में 1844 के इंगलिश बैंक चार्टर एक्ट के सिद्धांतों के अनुरूप बन गया था।

अब इस नयी प्रणाली के संबंध में हम क्या कहें? चैम्बरलेन आयोग ने इसके संबंध में अपनी रिपोर्ट में कहा था कि इसे आदर्श स्वर्ण मुद्रा वाले स्वर्ण मानक से तो हटा दिया गया है और संग ही इसमें यह टिप्पणी भी की गयी-

> "लेकिन यहां यह बताना ज़रूरी है कि इसे हटाने का यह अर्थ नहीं है कि हम इस संबंध में उठाये गये कदमों अथवा प्रचलित प्रणाली की निन्दा करते हैं....।"

अब ऐसा क्यों नहीं किया गया? क्या यह वही प्रणाली नहीं है जिसका सुझाव भारत सरकार द्वारा सन् 1878 में दिया था और जिसकी सन् 1879 में समिति ने निंदा की थी? यह बात तो सत्य है कि समिति ने 1879 में इस योजना के विरोध में जो तर्क प्रस्तुत किये थे, वे बहुत महत्त्वपूर्ण नहीं थे। फिर भी यह योजना निश्चित रूप से कोई ठोस योजना नहीं थी। स्वर्ण मानक जारी करने के पक्ष में महत्त्वपूर्ण बिंदु यह था कि रुपयों की मात्रा सीमित रखी जाये। हमें इसी नज़रिये से इस योजना को देखना चाहिये। लेकिन सन् 1878 की योजना में ऐसा कुछ नहीं था जिस पर इस दृष्टि से सोचा गया हो। रुपयों की मात्रा को सीमित करने के स्थान पर योजना में टकसालों को सोच-समझ कर यह छूट दी गयी थी कि वे चांदी के सिक्के बना लें। इस योजना की एक दिलचस्प बात यह थी कि इसमें मालिकाना अधिकार देने की प्रणाली का प्रबंध इस तरह किया गया था कि रुपयों की कीमती धातु का मूल्य इसे दिये गये सोने के मूल्य के समान हो। लेकिन, रुपयों के सिक्के ढालने की एक सीमा बांध देने के नज़रिये से यह एक व्यर्थ की बात थी। मात्र मालिकाना अधिकार दे देने से यह आवश्यक नहीं कि सभी स्थितियों में इससे रुपये के सिक्के बनाने की एक सीमा निर्धारित हो जायेगी। सब कुछ इस बात पर आधारित होगा कि सोने के रूप में चांदी की टकसालों और बाज़ार मूल्य के फ़र्क से मालिकाना अधिकार कितना ज़्यादा मिलता है। यदि मालिकाना हक इस फ़र्क से कम है तो इससे रुपये के सिक्के ढालने के लिये तब तक प्रोत्साहन प्राप्त होगा, जब तक कि उन पर बट्टा न मिलने लगे। इस पहलू से उस योजना में सन् 1816 के इंगलिश स्वर्ण मानक अधिनियम (Gold Standard Act) को और भी बुरे तरीके से लागू किया गया है। भारत सरकार की 1878 की योजना के समान यह एक्ट भी प्रकट तो यह करता था कि वह स्वर्ण मानक को लागू करने की इच्छा रखता है, लेकिन उसने उस टकसाल को पूरी तरह से खोलने को अधिकृत कर दिया था, जो बंद हो चुकी थी ताकि मालिकाना प्रभार (Seigniorage Charge) के साथ वह चांदी के सिक्के मुक्त रूप से ढालने शुरू कर दे। इसका सामान्य रूप से पता नहीं लगाया जा सकता कि इस अधिनियम की मुक्त रूप से चांदी के सिक्के ढालने की धारायें कितनी नासमझी भरी थीं जिसे पारंपरिक एक धातुवादी आदर्श मानते हैं? लेकिन यह इंग्लैण्ड की खुशकिस्मती थी कि टकसाल के मुख्य अधिकारी (Mint Master) को बाध्य कर देने वाली वह घोषणा कभी जारी ही

नहीं की गयी कि टकसाल में जो भी चांदी लायी जाये, उसके सिक्के बना दिये जायें। वरना सोने के मानक का चलना ही बहुत कठिनाई में पड़ जाता। सन् 1816 के अधिनियम में कम-से-कम एक सतर्कता अवश्य बरती गयी थी कि वैध मुद्रा के तौर पर चांदी की एक सीमा तय कर दी गयी थी। भारत सरकार की योजना में न सिर्फ चांदी के सिक्के खुले तौर पर बनाने की स्वीकृति प्रदान की गयी अपितु उसे पूर्ण वैध मुद्रा का अधिकार भी प्रदान किया गया था। इस प्रकार, जहां तक इस योजना में रुपयों की मांग पर नियंत्रण की व्यवस्था नहीं है, यह उस सोने के मानक को नुकसान पहुंचाने वाला भी है जिसे ध्यान में रखकर ही यह व्यवस्था की गयी है।

सन् 1878 की योजना में और भारत की मौजूदा प्रणाली में फर्क केवल इतना ही है कि पूर्व की योजना में टकसालें जनसाधारण के लिये भी खुली थीं जबकि मौजूदा प्रणाली में वे सिर्फ सरकार के लिये खुली हैं। दूसरे शब्दों में, एक मामले में चांदी के सिक्के जनता के लिये निर्मित किये जाते थे जबकि दूसरे मामले में वे सिक्के सरकार के लिये बनाये जाते हैं। यहां यह बात नहीं है कि सन् 1878 में सरकार ने यह तय ही कर रखा था कि टकसालें जनता के लिये बंद कर दी जायें, अपितु सरकार ने रुपये के सिक्के सरकार द्वारा बनवाने की सम्भावना पर भी सोचा था लेकिन उसे किन्हीं खास वजहों से रद्द कर दिया था। उस समय की सरकार ने इस योजना की रूपरेखा के संबंध में भेजी गयी विज्ञप्ति में कहा था-

"48. सुझाये गये बदलाव करने के लिये जो पहली सतर्कता बरती जानी चाहिये, वह यह है कि अगर यह देश की व्यापारिक ज़रूरत है तो मुद्रा के प्रसार के लिये पूरी स्वतंत्रता दी होनी चाहिये। हमारा मानना है कि अगर टकसालें जनता के लिये (चांदी के सिक्के ढालने के लिये) पूरी तरह बंद कर दी जायें, तो ऐसा सम्भव नहीं है। अगर ऐसा किया गया तो चांदी की मांग को पूरा करने का दायित्व सरकार के कंधों पर आ जायेगा और बाज़ार में सोने और चांदी की मांग की जो वर्तमान स्थिति है, उसे ध्यान में रखते हुए सरकार यह दायित्व उठा पाने में सक्षम नहीं होगी।"

"49. प्रथम दृष्टि में यह सबसे सरल प्रतीत होता है और इसीलिये यह स्वर्ण मानक के साथ चांदी की भारतीय मुद्रा को विस्तार देने हेतु सबसे उत्तम उपाय लगता है, जिससे सरकार यह उपाय कर सकती है कि वह सभी नागरिकों को सोने की मुद्रा के स्थान पर चांदी की मुद्रा दे और वह भी नयी प्रणाली में तय की गयी दर पर। इसके

अलावा, सरकार दो और टकसालों को सोने की मुद्रा बनाने के लिये खोल दे जो चांदी की मुद्रा के लिये बंद हो गयी थीं। लेकिन चूंकि भारत में चांदी की आपूर्ति इतनी अधिक नहीं है कि वह सिक्के बनाने के लिये पर्याप्त मात्रा में उपलब्ध हो सके, इसलिये सरकार यह दायित्व नहीं ले सकती क्योंकि ऐसा करने के लिये सरकार को चांदी की ख़रीद करने और उसका भंडार रखने की जटिल प्रक्रिया से गुज़रना पड़ेगा और ऐसा करना समझदारी नहीं होगी।"

इन कारणों से, जहां तक भारतीय कार्यालय द्वारा हाल ही में की गयी चांदी की ख़रीद में किये गये घोटाले में दिलचस्पी का सवाल है, हम सीधे तौर पर इससे नहीं जुड़े हैं। सबसे महत्त्वपूर्ण बात तो यह है कि क्या मुद्रा जारी करने के ढंग से रुपये के सिक्कों की मात्रा पर प्रभावपूर्ण तरीके से सीमा लगा देने से कोई फर्क पड़ता है। अब इस संबंध में स्थिति बहुत भ्रमपूर्ण है कि व्यक्तियों द्वारा सिक्के बनवाने के लिये टकसालों को बंद करने का क्या कोई विशेष फायदा हुआ है। अमूमन यह विश्वास किया जाता था कि जनता के लिये टकसालें बंद कर देने से सरकार को रुपये जारी करने का एकाधिकार प्राप्त हो जायेगा जिससे रुपये का स्वर्ण मूल्य स्थिर बना रहेगा, क्योंकि ज़्यादा रुपये जारी करने पर प्रतिबंध लगाया जा सकेगा। यह तो मानना ही पड़ेगा कि जनता के लिये टकसालें बंद कर देने से सरकार को वह एकाधिकार मिल चुका है। लेकिन एकाधिकार प्राप्त हो जाने से रुपये की मुद्रा का ज़्यादा मात्रा में जारी करना रुक जायेगा, यह बात सरलता से समझ आने वाली नहीं है। जनता के लिये मुक्त रूप से रुपये बनवाने के लिये टकसालों को बंद करना ठीक ऐसा ही है, जैसे बैंकों को नोट जारी करने की छूट न देकर यह एकाधिकार किसी केंद्रीय बैंक को दे देना। लेकिन यह तर्क कभी किसी ने नहीं दिया कि चूंकि केंद्रीय बैंक के पास यह एकाधिकार है, अत: वह आवश्यकता से अधिक नोट जारी नहीं कर सकता। इसी प्रकार, चूंकि भारत सरकार के पास एकाधिकार है, अत: यह तर्क देना नासमझी होगी कि वह आवश्यकता से अधिक मुद्रा जारी नहीं कर सकती। निश्चित रूप से, एकाधिकार रखने वाला एक निजी व्यक्ति भी ज़्यादा नहीं तो उतनी मात्रा में तो मुद्रा जारी कर ही सकता है, जितनी जनता के सब लोग मिलकर करते। सिक्के ढालने में फायदे के नज़रिये से तो मौजूदा योजना सन् 1878 की योजना से कहीं कमतर है। यह बात सच है कि दोनों ही मामलों में लाभ की मात्रा ढाले गये सिक्कों की मात्रा पर

निर्भर करेगी। लेकिन पहले मामले में लाभ के कारण सिक्के ढालने को कोई प्रोत्साहन नहीं मिलता था, न तो सरकार को, क्योंकि उसके पास सिक्के बनाने का अधिकार नहीं था और न ही लोगों को जो सिक्के ढालने की मात्रा तय करते थे क्योंकि व्यावहारिक रूप से मालिकाना नियंत्रण से टकसाल में सिक्के ढालने के लिये अतिरिक्त धातु लाने से कोई फायदा नहीं मिलता था। लेकिन मौजूदा मामले में चूंकि सिक्के ढालने का काम पूरी तरह से सरकार के पास होगा, अतः लाभ' कमाने के लिये सरकार मुद्रा को मजबूती प्रदान करने के नाम पर आवश्यकता से अधिक सिक्के ढलवा लेगी और खासकर तब जब इस स्थिति में चांदी की कीमतें बहुत ही कम हो जायें और रुपये के टकसाली मूल्य और बाज़ार मूल्य में बहुत फर्क आ जाये।

अगर यह तर्क दिया जाता है और यह हो सकता है, कि एक एकाधिकारी के रूप में भारत सरकार यह चाहती है कि मुद्रा के मूल्य में कमी न हो जाये और इसलिये सम्भव है कि वह आवश्यकता से अधिक रुपये जारी नहीं करे, अपेक्षाकृत उस समय के, जब सिक्के ढालने का काम जनता के पास हो। इसलिये इस बात का उत्तर यह है कि सरकार इस सीमा को उसी स्थिति में प्रभावकारी बना सकती है, जब उसके पास सिक्के जारी करने से इंकार करने का अधिकार हो। जहां तक इच्छा का प्रश्न है, तो केंद्रीय बैंक अपनी मुद्राओं की सीमा तय कर सकते हैं, क्योंकि उनकी किसी व्यक्ति को मुद्रा जारी करने अथवा न करने की कोई जिम्मेदारी नहीं होती। लेकिन दुर्भाग्य से इस संबंध में भारत सरकार की स्थिति बहुत कमज़ोर है। जब भी कोई मांग होगी, वह मुद्रा जारी करने के लिये बाध्य होगी। यह सच है कि हर बार मुद्रा जारी करने के यह मायने थे कि संचलन में जो मुद्रा है, उसमें भी बढ़ोतरी हो जायेगी, क्योंकि नयी जारी की गयी मुद्रा का एक मतलब तो वह होगा जो सरकार के पास वापस लौट आयी होगी। इसके बावजूद, हम यह नहीं कह सकते कि अपने एकाधिकार के बल पर सरकार मुद्रा की मात्रा की कोई उचित सीमा तय कर सकती है। दूसरी ओर, सरकार के पास मुद्रा जारी करने से बचने का कोई रास्ता न होने के कारण, निश्चित रूप से सरकार इस दायित्व से बंध गयी है और उसकी स्थिति मजबूत होने की अपेक्षा कमज़ोर हुई है। इस संबंध में चैम्बरलेन आयोग का दृष्टिकोण था-

> "हालांकि सरकारें विनिमय बाज़ार की बहुत बड़ी डीलर हैं, लेकिन फिर भी वह एकाधिकारवादी नहीं हैं (!) और इसमें संदेह है कि वह किसी ऐसी चीज़ के लिये (न्यूनतम निर्धारित दर) पूरे वर्ष भर सफलतापूर्वक खड़ी रह सकेंगी।"

आयोग का यह दृष्टिकोण एक कबूलनामे के रूप में दिलचस्प है कि इसमें यह कमी मान ली गयी है कि टकसाल बंद करने का यह फायदा नहीं होगा कि रुपये की मुद्रा की मात्रा की एक सीमा तय कर दी जाये जिससे सरकार हमेशा रुपये का मूल्य तय करती रहेगी जिसे वह खुद ही बना सकती है।

इस प्रकार मौजूदा मानक सन् 1878 के प्रस्तावित मानक से सिर्फ नाममात्र के लिये ही अलग है। अगर इसका यह गुण बताया जाये कि विनिमय की दर मुद्रा की मात्रा को नियंत्रित करने की सूचक होगी, तो यह बात पहले वाले मानक पर भी लागू होती थी। लेकिन जैसा कि मि. हाट्री ने टिप्पणी की है कि "रुपये की कीमत को बरकरार रखने के लिये चाहे जोड़-तोड़ का कोई भी माध्यम अपनाया जाये, लेकिन रुपये का मूल्य संचलन में मुद्रा की मात्रा से तय होगा। "

दूसरे शब्दों में, सोने के मानक को सुरक्षित रखने के लिये यह आवश्यक है कि अत्यधिक रुपये जारी करने के विरुद्ध एक प्रावधान बनाया जाये। लेकिन जैसा कि हमने देखा है कि न तो सन् 1878 की योजना और न ही मौजूदा योजना इस जोखिम से परे है। इसलिये हमारा विचार यह है कि चूंकि दोनों योजनायें एक जैसी ही हैं, इसलिये पहली के विरुद्ध जो तर्क प्रस्तुत किये जाते हैं, वही तर्क दूसरी के संबंध में भी दिये जा सकते हैं।

लेकिन चैम्बरलेन आयोग यह स्वीकार करने के लिये तैयार नहीं होगा कि विनिमय मानक एक दोषपूर्ण योजना को पुनर्जीवित करने के समान है। दूसरी ओर, यह तो मानक में विश्वास उत्पन्न करने की एक कोशिश की गयी है। उनका कहना है कि-

"वर्तमान भारतीय प्रणाली और कुछ महान यूरोपीय देशों और अन्य देशों की मुद्रा प्रणालियों में बहुत ज़्यादा समानतायें हैं। यह जानने के लिये कि ये समानतायें कौन-सी हैं अथवा थीं, हमें मि. केनेस के दिलचस्प शोधप्रबंध "इंडियन करेंसी एंड फाइनेंस' के दूसरे अध्याय का अध्ययन करना होगा। इस शोधप्रबंध में मि. केनेस ने यह बताने का प्रयास किया है कि भारतीय मुद्रा प्रणाली और यूरोप के कुछ महत्त्वपूर्ण देशों के केंद्रीय बैंकों के कामकाज में आधारभूत समानता है। उन्होंने पाया है कि इन बैंकों में यह परंपरा थी कि विदेशी को प्रेषण करने के प्रयोजन से ये बैंक विदेशी विनिमय-पत्रों (Bill of Exchange) को अपने पास रख लेते थे। इन विदेशी विनिमय-पत्रों को बेचने

और भारत सरकार द्वारा रिवर्स कौंसिल्स को बेचने में उन्होंने एक करीबी समानता देखी, क्योंकि दोनों में ही…"

"मुख्य तौर पर सोने का नहीं बल्कि स्थानीय मुद्रा का इस्तेमाल किया जाता है क्योंकि स्थानीय लोग, स्थानीय मुद्रा के बदले सोना देने के इच्छुक नहीं होते लेकिन एक निर्धारित अधिकतम दर पर स्थानीय मुद्रा में भुगतान करने के लिये विदेशी विनिमय-पत्र बेचने के बहुत ज़्यादा इच्छुक रहते हैं। "

"लेकिन जैसा कि प्रोफेसर केमेरर बताते हैं, भारत सरकार के रिवर्स कौंसिल बेचने और विदेशी बैंकों द्वारा विदेशी विनिमय-पत्रों को अपने पास रखने में कोई समानता देख पाना मुश्किल है। कोई समानता होने के बजाय ये दोनों प्रणालियां असल में एक-दूसरे के विपरीत हैं। रिवर्स कौंसिल्स को बेचने में।"

"सरकार ड्राफ्ट अपने फॉरेन गोल्ड क्रेडिट (अर्थात् सोने के आरक्षित भंडार) की साख पर बेचती है जबकि देश में मुद्रा अपेक्षाकृत अतिरिक्त मात्रा में पड़ी होती है। इसका पता इस बात से चलता है कि विनिमय सोने के निर्यात बिंदु तक पहुंच जाता है। इस प्रकार संचलन से मुद्रा निकालकर और ड्राफ्टों के भुगतान के परिणामस्वरूप मिली स्थानीय मुद्राओं को बंद कर देने से निष्क्रिय पड़ी मुद्रा पर भार कम हो जाता है। विदेशी बिलों को रोककर रखने की प्रणाली में मुद्रा बाज़ार को सुरक्षा प्रदान करने के लिये केंद्रीय बैंक अपने विदेशी विनिमय-पत्रों को बेच देता है, मुख्यत: उस समय, जब अपने देश में मुद्रा की अपेक्षाकृत कमी होती है। इस प्रकार आयात के लिये या उसके निर्यात को रोकने के लिये सोना प्राप्त हो जाता है। पहले मामले में, सोने का निर्यात करने के बजाय ड्राफ्टों की बिक्री की जाती है और स्थानीय मुद्रा का संचलन से निकलना, वास्तव में निर्यात करने के समान है। दूसरे मामले में, विदेशों में ड्राफ्ट की बिक्री आयात के लिये सोना प्राप्त करने अथवा उसका निर्यात रोकने के लिये होती है।"

इस प्रकार हम मि. केनेस की इस धारणा से सहमत नहीं हो सकते कि भारतीय मुद्रा प्रणाली और यूरोपीय मुद्रा प्रणालियों में किसी प्रकार की समानता है। लेकिन अगर हम भारतीय मुद्रा प्रणाली की किसी मुद्रा प्रणाली से तुलना करना चाहते हैं तो हमें इंग्लैण्ड में बैंक सस्पेंशन के समय (सन् 1797-1821) में प्रचलित मुद्रा प्रणाली से तुलना करनी चाहिये। अगर हम एक क्षण के लिये भारत सरकार के विप्रेषण

अथवा धन भेजने के कार्यों और राज्य सचिव को एक ओर कर दें, जिनसे भारतीय मुद्रा प्रणाली की स्थिति थोड़ी अस्पष्ट हो जाती है, तो दोनों प्रणालियों में आधारभूत समानता बिल्कुल स्पष्ट दिखायी देती है। अगर हम इस बाधा को हटा कर नज़दीक से इसका अवलोकन करें तो भारतीय मुद्रा प्रणाली के निम्नलिखित गुण दिखायी देते हैं-

(1) स्वर्ण सावरेन पूर्णतः एक वैध मुद्रा है;

(2) चांदी का रुपया भी पूरी तरह से वैध मुद्रा है,

(3) सरकार पाउंड के प्रतिफल में रुपये देने का वायदा करती है लेकिन रुपयों के बदले पाउंड देने का नहीं; अर्थात् रुपया एक अपरिवर्तनीय मुद्रा है जो असीमित मात्रा में जारी की जा सकती है।

बैंक सस्पेंशन की अवधि के दौरान, यदि हम इंगलिश मुद्रा प्रणाली को देखें तो पाते हैं कि-

(i) स्वर्ण का सावरेन पूर्णतः वैध मुद्रा थी।

(ii) कानून के अनुसार बेशक न हो, लेकिन व्यवहार में बैंक ऑफ इंग्लैण्ड के कागजी नोट मुद्रा के रूप में मान्य थे।

(iii) बैंक ऑफ इंग्लैण्ड सोने अथवा व्यापारिक बिलों के बदले में नोट देने को तत्पर रहता था, लेकिन नोटों के बदले में सोना नहीं देता था, यानी नोट अपरिवर्तनीय मुद्रा थे जो असीमित मात्रा में जारी किये जाते थे। सिर्फ एक ही मामले में यह समानता अधूरी कही जा सकती है। भारत सरकार यह वचन देती थी, यहां यह बात केवल नोट करने की है, इसमें कोई वैधानिक दायित्व नहीं होता था बल्कि कार्यपालिका की इच्छा के अनुसार अगर विनिमय एक निश्चित दर से नीचे गिर जाता है तो वह विदेशी विप्रेषण के लिये निर्धारित दर पर रुपयों के बदले सोना दे देगी। लेकिन, हमें यह कहने की अनुमति दी जानी चाहिये कि सस्पेंशन अवधि के दौरान बैंक ऑफ इंग्लैण्ड ने ऐसा नहीं किया था। इसलिये, अब सब कुछ इस प्रश्न पर निर्भर करता है कि क्या यह परिवर्तनीयता इतनी ज़्यादा है कि भारतीय मुद्रा को संस्पेंशन अवधि की इंगलिश मुद्रा से अलग माना जाये और दोनों प्रणालियों के मध्य की समानता को मंजूर न किया जाये। इस संबंध में कोई ठोस निर्णय करने से पूर्व हमें यह

अच्छी तरह समझ लेना चाहिये कि इस परिवर्तनीयता के विशेष मायने क्या हैं? अपरिवर्तनीय मुद्रा के विरुद्ध हमारा दृष्टिकोण इतना अधिक पक्षपातपूर्ण होता है कि लोग किसी भी ऐसी प्रणाली में संतुष्टि ढूंढ लेते हैं जिसमें किसी मात्रा में परिवर्तनीयता होती है, बेशक वह कम ही क्यों न हो। लेकिन हमारा यह दृष्टिकोण एक बहुत ही अहम् प्रश्न को बहुत सतही बना देता है। हमें अपने मस्तिष्क में यह बात बिल्कुल स्पष्ट कर लेनी चाहिये कि परिवर्तनीय मुद्रा व अपरिवर्तनीय मुद्रा में आख़िर फ़र्क क्या होता है। सामान्यत: जो फर्क बताया जाता है, वह यह है कि एक मुद्रा तो स्वत: चालित होती है और दूसरी मुद्रा का प्रबंध करना पड़ता है जिसे एक गम्भीर त्रुटि के रूप में छोड़ देना चाहिये। लेकिन यदि प्रबंधित मुद्रा (Managed Currency) से हमारा अर्थ ऐसी मुद्रा से है जिसे जारी करना, जारीकर्ता के विवेक पर निर्भर करता है, तो परिवर्तनीय मुद्रा की भी उतनी ही व्यवस्था करनी पड़ती है जितनी कि अपरिवर्तनीय मुद्रा की। दोनों में अंतर केवल इतना होता है कि परिवर्तनीय मुद्रा की व्यवस्था में मुद्रा जारी करने वाले के विवेक का विनियमन होता है जबकि अपरिवर्तनीय मुद्रा जारी करने के पीछे विनियमन नहीं होता। लेकिन विनियमित होने पर भी मुद्रा जारी करना विवेक पर निर्भर होता है और उस सीमा तक परिवर्तनीय मुद्रा भी उतनी सुरक्षित नहीं होती कि उसे अपरिवर्तनीय मुद्रा से पूर्णत: भिन्न मान लिया जाये। इसमें बढ़ोतरी करना चूंकि व्यक्ति के विवेक पर निर्भर करता है, अत: उसका असर यह होता है कि सोने तथा चांदी की मुद्रा संचलन (Circulation) से बाहर हो जाती है और इस प्रकार एक परिवर्तनीय मुद्रा भी अपरिवर्तनीय मुद्रा का रूप ले लेती है। इस प्रकार अंतत: परिवर्तनीय व अपरिवर्तनीय मुद्रा में इतना ही फर्क रहता है कि मुद्रा जारी करने के अधिकार का इस्तेमाल एक में ज़्यादा सतर्कतापूर्वक और समझदारी से किया जाता है जबकि दूसरे में कम समझदारी से। दूसरे शब्दों में, परिवर्तनीयता का अर्थ है मुद्रा को जारी करने के अधिकार पर रोक। इसे दिमाग़ में रखते हुए और इस तथ्य को भी देखते हुए कि परिवर्तनीय मुद्रा की यह प्रकृति है कि कुप्रबंधन के कारण वह भी अपरिवर्तनीय बन जाती है, हमारे लिये यह कल्पना करना सम्भव है कि परिवर्तनीयता की इस जिम्मेदारी को

> पूरा करना कितना मुश्किल होता है कि मुद्रा का प्रबंध इतनी कुशलता से किया जाये कि मुद्रा आवश्यकता से अधिक न जारी कर दी जाये। इसलिये अगर यह सत्य है कि परिवर्तनीय मुद्रा वाले देशों में मुद्रा की व्यवस्था इतनी कुशलतापूर्वक की गयी थी कि जब एक देश से सोने व चांदी की मुद्रा चली गयी, तो उसका स्थान लेने के लिये कागजी मुद्रा सोने की मुद्रा की तुलना में न केवल अधिक मात्रा में जारी नहीं की गयी अपितु कम कर दी गयी। ऐसा इस उद्देश्य से किया गया कि परिवर्तनीयता की जिम्मेदारी "प्रभावकारी निर्बाध तथा तात्कालिक" परिवर्तनीयता थी।

अब हम प्रो. सुमनेर के इन शब्दों का अर्थ अच्छी तरह समझ सकते हैं कि "मुद्रा में परिवर्तनीयता किसी व्यक्ति के अंतर्विवेक के समान होती है, इसकी कई श्रेणियां होती हैं और यह उसी अनुपात में बहुमूल्य होती है जितनी यह सही और शुद्ध होती है।"

ऐसी स्थिति में यह मान लेना बुद्धिहीनता होगी कि अपरिवर्तनीय मुद्रा का हम पर कोई असर ही नहीं होगा, जब तक कि हमें यह मालूम न हो कि प्रदान की गयी मुद्रा की परिवर्तनीयता किस श्रेणी की है। अब, भारत में रुपये की परिवर्तनीयता की प्रकृति क्या है? यह परिवर्तनीयता विलम्बित, गैर कानूनी, अस्थानीयकृत और इसलिये अत्यंत कमज़ोर किस्म की परिवर्तनीयता है। दरअसल, यह परिवर्तनीयता तो है ही नहीं बल्कि यह तो असल में प्रतिबंध है जो परिर्तनीयता को नकारने की तरह है। व्यवहार में विदेशी प्रेषण की परिवर्तनीयता के प्रावधान का क्या अर्थ होता है? इसका केवल यही अर्थ है कि जब तक विनिमय दर में कमी न हो, तब तक रुपये के संबंध में प्रतिबंध अथवा अपरिवर्तनीयता बनी रहती है। यह प्रतिबंध सिर्फ तब तक नहीं रहता, जब तक विनिमय दर नहीं गिरती, अपितु इसकी भी कोई गारंटी नहीं होती कि विनिमय दर में गिरावट के उपरांत भी यह प्रतिबंध हटा लिया जायेगा। सम्भव है कि यह न हटाया जाये, क्योंकि यह स्वेच्छा की बात है, कानून की नहीं। अगर किसी व्यक्ति में इस शब्द अर्थात् परिवर्तनीयता के प्रति कोई झुकाव है तो क्या परिवर्तनीयता की यह श्रेणी सस्पेंशन अवधि के नोटों की अपरिवर्तनीयता से कुछ अलग है? जो लोग ऐसा कहना चाहते हैं, उन्हें कहने दें। जो व्यक्ति सूक्ष्मता को समझ पाने में असमर्थ है, उसे इस परिवर्तनीयता और पूर्ण अपरिवर्तनीयता के मध्य का फर्क इतना कम

प्रतीत होगा कि वह यह नहीं समझ पायेगा कि इन दोनों में बहुत ज़्यादा फर्क है। जब हम भारत में और भारत के बाहर कीमतों की दिक्कतों का विश्लेषण करते हैं, तो हम पाते हैं कि हमें एक अलग किस्म का प्रमाण मिलता है कि इन दोनों में कोई अंतर नहीं है और व्यावहारिक रूप से दोनों में बहुत समानता है।

हालांकि उन्होंने कहा था कि यह हो सकता है कि एक अपरिवर्तनीय मुद्रा की व्यवस्था इतनी अच्छी हो कि इसमें सोने पर प्रीमियम न बढ़ाया जाये जिसके परिणामस्वरूप इसमें और पूरी तरह से परिवर्तनीय मुद्रा में से चुनाव करने की बहुत कम सम्भावना हो। लेकिन क्या एक अपरिवर्तनीय मुद्रा की व्यवस्था इतने बेहतर तरीके से की जा सकती है? यह तो उसके असली कामकाज पर निर्भर करेगा और फिर क्या सिर्फ सोने की मुद्रा पर प्राथमिकता न मिलने से ही अपरिवर्तनीय मुद्रा को परिवर्तनीय मुद्रा के बराबर माना जा सकेगा? कीमतों के संबंध में तो यह बात परिस्थितियों पर भी निर्भर करती है। इन सब सवालों पर उनके उचित स्थानों पर विचार किया जायेगा। इस समय हम इस बात पर विचार कर रहे हैं कि अपरिवर्तनीय मुद्रा की अंतर्निहित क्षमतायें क्या होती हैं। यहां इतना कहना ही काफी है कि स्वर्ण विनिमय मानक का नाम दे देने से भारतीय मुद्रा मानक की असली हकीक़त छिपाई नहीं जा सकती। इसका सार इस तथ्य में है कि हालांकि सोना एक असीमित वैध मुद्रा है, लेकिन इसके अलावा एक और किस्म की प्रत्ययी मुद्रा (Fudiciary Currency) चलायी जाती है जो लगभग अपरिवर्तनीय होती है और उसमें असीमित वैध मुद्रा की विशेषता भी होती है।

बहुत गम्भीरता से यह देखने की ज़रूरत नहीं कि इस व्याख्या के अनुसार, भारत की मौजूदा मुद्रा प्रणाली उससे एकदम विपरीत है जिसका खाका भारत सरकार ने सन् 1898 में पेश किया था और जिसे फाउलर समिति ने अपनी मान्यता प्रदान की थी। ये दोनों इसीलिये एक-दूसरे के उलट हैं, जिस कारण इंग्लैण्ड में बैंक चार्टर एक्ट और बैंक सस्पेंशन एक्ट एक-दूसरे के उलट थे। इन दोनों अधिनियमों के तहत इंग्लैण्ड में मिश्रित मुद्रा संचलन में थी जो आंशिकत: सोने की थी और आंशिकत: कागज की। फ़र्क केवल इतना था कि बैंक सस्पेंशन एक्ट के तहत सोने की मुद्रा सीमित मात्रा में होती थी और कागजी मुद्रा असीमित मात्रा में जबकि बैंक चार्टर एक्ट में स्थिति इसके विपरीत थी जिसमें कागजी मुद्रा सीमित मात्रा में थी और सोने की मुद्रा असीमित मात्रा

में। इसी प्रकार, भारत सरकार की मौलिक योजना में रुपये की मुद्रा सीमित होती थी और सोने की मुद्रा असीमित। मौजूदा प्रणाली में सोने की मुद्रा सीमित हो गयी है और रुपये की कागज़ी मुद्रा असीमित बन गयी है।

भारत सरकार ने मूलत: जैसा सोचा था, क्या मौजूदा प्रणाली से उसमें कोई सुधार आया है? उस योजना के संबंध में केवल एक एतराज़ यह था कि उसमें रुपयों को अपरिवर्तनीय बना दिया गया था। लेकिन क्या परिवर्तनीयता इतनी अहम् स्थिति है? और अगर है भी तो किन स्थितियों में? यह विचार बिल्कुल व्यर्थ सा प्रतीत होता है कि समय का मूल्य बनाये रखने के लिये परिवर्तनीयता ज़रूरी है। क्या केलों के मूल्य को बरकरार रखने के लिये केलों को सेबों में बदलना आवश्यक है? केलों का मूल्य इसलिये यथावत बना रहता है क्योंकि केलों की मांग होती है और उनकी पूर्ति सीमित मात्रा में होती है। यह मानने का कोई कारण नहीं कि मुद्रा इस नियम का अपवाद होती है। हमें तो सिर्फ इस बात की ज़्यादा चिंता है कि मुद्रा का मूल्य केलों की तुलना में ज़्यादा स्थिर रहे, क्योंकि आम तौर पर मुद्रा से कीमतों को मापा जाता है। मुद्रा का मूल्य बरकरार रखने के लिये अथवा किसी भी चीज़ के मूल्य को बनाये रखने के लिये आवश्यक होता है कि उसकी आपूर्ति प्रभावी तरीके से एक सीमा में रखी जाये। परिवर्तनीयता का इसलिये महत्त्व नहीं होता कि इससे मुद्रा का मूल्य बना रहता है। यह बेवकूफी भरी बात है, बल्कि इससे मुद्रा की आपूर्ति पर रोक लगी रहती है, वह अपनी सीमा में बंधी रहती है। लेकिन इस प्रयोजन की पूर्ति हेतु परिवर्तनीयता कोई अकेला उपाय नहीं है। अगर किसी प्रणाली में मुद्रा जारी करने की उच्चतम सीमा तय कर दी जाती है, तो उसका भी वही असर होता है, बल्कि उसका असर कहीं ज़्यादा होता है। अब अगर टकसालें रुपये के सिक्के ढालने के लिये पूरी तौर से बंद कर दी जायें तो मुद्रा जारी करने की उच्चतम सीमा तय हो जायेगी और ऐसे अपरिवर्तनीय रुपये से परिवर्तनीयता के सभी लक्ष्यों की पूर्ति हो जायेगी। बल्कि उससे भी अधिक उद्देश्यों की पूर्ति हो जायेगी। ऐसा अपरिवर्तनीय रुपया उस छद्म परिवर्तनीय रुपये से कहीं अधिक प्रभावी होगा जो भारत में संचलन में है। उच्चतम सीमा तय होने पर रुपये का मूल्य कम होने का कोई जोखिम नहीं रहेगा। अगर कोई जोखिम था भी तो वह यह था कि रुपये का मूल्य बहुत बढ़ जाता। लेकिन सामान्य वैध मुद्रा के रूप में स्थापित करके सोने को इस जोखिम से सुरक्षित कर लिया गया है। उच्चतम सीमा तय करने का

दूसरा असर यह होता कि इसकी व्यवस्था करने की आवश्यकता ही न रहती, क्योंकि मुद्रा जारी करने की मात्रा की समस्या का तो एक बार समाधान हो गया होता। अत: इन मामलों में स्वर्ण विनिमय मानक अपरिवर्तनीय रुपये की मौलिक योजना का विकृत रूप है जिसमें जारी की गयी एक निर्धारित मात्रा की प्रतिपूर्ति सोने से की जाती है और उसके बाद मूल्य का स्तर तय करने के नज़रिये से भी विनिमय मानक मौलिक योजना से ज़्यादा बेहतर नहीं है। बेशक यह कहा जा सकता है कि मौलिक योजना को इस प्रकार बिगाड़ना कोई अफ़सोस की बात नहीं। चाहे सोने के मूल्य का मानक हो अथवा प्रत्ययी मुद्रा मूल्य का मानक हो, दोनों से ही कोई अंतर नहीं पड़ता क्योंकि दोनों ही मूल्य का स्थिर मानक उपलब्ध नहीं करा सकते। सोने का मानक भी कागजी मानक के समान अस्थिर सिद्ध हुआ है क्योंकि दोनों ही संकुचन और प्रसार के प्रति बहुत संवेदनशील हैं। इसमें कोई संदेह नहीं, यह सब सत्य है। फिर भी यह बात ध्यान में रखनी चाहिये कि किसी भी मुद्रा प्रणाली में अनिश्चित मात्रा में संकुचन का कोई जोखिम नहीं होता। जिस बात पर ध्यान देने की आवश्यकता है, वह है अनिश्चित विस्तार की सीमा से बचना। लेकिन अनिश्चित विस्तार की सम्भावना मुद्रा के चरित्र के अनुरूप परिवर्तित होती रहती है। जब मूल्य का मानक स्टैंडर्ड धातु की मुद्रा हो तो उसका बहुत अधिक विस्तार नहीं हो सकता क्योंकि उत्पादन की लागत के चलते पर्याप्त रूप से सीमाबंदी हो जाती है। जब मूल्य का मानक परिवर्तनीय कागजी मुद्रा हो तो आरक्षित भंडार संबंधी प्रावधानों से यह विस्तार रुक जाता है।

लेकिन जब मूल्य का मानक ऐसी मुद्रा होता है जिसका मूल्य उसकी लागत की अपेक्षा अधिक होता है और मुद्रा अपरिवर्तनीय होती है तो यह जोखिम होता है कि उसका अनिश्चित मात्रा में विस्तार होने की सम्भावना होती है जो मूल्यहमें कमी अथवा मूल्य में बढ़ोतरी का दूसरा नाम है। इसलिये हम यह नहीं कह सकते कि बैंक चार्टर एक्ट से बैंक रेस्ट्रिक्शन एक्ट (Bank Restriction Act) में कोई सुधार नहीं हुआ है। यह दरअसल एक बहुत बड़ा सुधार था। इससे एक ऐसी मुद्रा की स्थापना हुई जिसका विस्तार कम होता था जबकि दूसरी मुद्रा का विस्तार कहीं ज़्यादा हो सकता था। अब रुपया एक ही सिक्का है, अपरिवर्तनीय है और असीमित वैध मुद्रा है। इस प्रकार यह एक ऐसी मुद्रा है जिसमें अनिश्चित विस्तार लेने की सम्भावना मौजूद है यानी मूल्य में कमी होने और वृद्धि होने की सम्भावना। इस स्थिति से दूर रहने के लिये पिछली

मौलिक योजना निश्चय ही कहीं ज़्यादा अच्छी थी जिसमें कहा गया था कि रुपये जारी करने की एक सीमा निर्धारित कर दी जाये ताकि भारतीय मुद्रा प्रणाली इंगलिश प्रणाली के समान हो जाये जो सन् 1844 के बैंक चार्टर एक्ट के तहत संचालित की जाती है।

अगर उपरोक्त तर्कों में कोई वज़न है तो विनिमय मानक संबंधी चैम्बरलेन आयोग के विचार से सहमत होना सरल नहीं है। बल्कि इससे तो यह प्रश्न खड़ा हो जाता है कि आयोग ने जो कुछ कहा है, उसमें कहीं ऐसी कोई कमज़ोरी तो नहीं जिससे यह व्यवस्था ही भंग हो जाये। अत: यह आवश्यक हो जाता है कि इस मानक की मूलभूत बातों पर नये पहलू से सोचा जाये।

अध्याय 6

विनिमय मानक की स्थिरता

यह बात याद रखी जायेगी कि जिस समय भारतीय टकसालों में मुक्त तौर पर चांदी के सिक्कों को ढालने का कार्य बंद कर दिया गया तो उस समय देश में दो ही पक्ष थे, एक पक्ष जो टकसालों को बंद करने के हक में था और दूसरा जो टकसालों को बंद करने का विरोध कर रहा था। रुपयों में गिरावट के कारण सरकार को बहुत ही शर्मनाक स्थिति का सामना करना पड़ रहा था। इस कारण से वह टकसालों को बंद कर देने की इच्छुक थी ताकि सोने के भुगतानों के भार से छुटकारा पाने के लिये वह रुपये की कीमत में वृद्धि कर सके। दूसरी ओर, देश के उत्पादकों के हितों को देखते हुए यह दबाव था कि रुपये के मूल्य में वृद्धि होने से यह भारत के व्यापार और उद्योग क्षेत्र के लिये विपत्ति का कारण बनेगा। इसके लिये यह तर्क दिया जा रहा था कि सन् 1873-93 की अवधि में भारतीय उद्योग ने बेतहाशा प्रगति की थी जिसका कारण था कि सौभाग्य से विनिमय दर में गिरावट आने से भारतीय निर्यात व्यापार को बढ़ावा मिला था। अगर टकसालों के बंद होने से रुपये का गिरना रुक गया था तो डर था कि इससे ज़रूर ही भारतीय व्यापार को दोनों ओर से हानि उठानी पड़ेगी। इससे भारत के मुकाबले चांदी का इस्तेमाल करने वाले देशों को बढ़ावा मिलेगा, जिससे भारत को वह बढ़ावा नहीं मिल पायेगा जो उसे विनिमय में गिरावट आने से सोने का इस्तेमाल करने वाले देशों के विरुद्ध मिलता था।

इन आशंकाओं से यह सिद्धांत तो पहले से ही गलत साबित हो चुका है। अत: यह देखना दिलचस्प होगा कि बाद के इतिहास ने भी इस सिद्धांत की पुष्टि की है। रुपये की गिरावट रोक देने पर भी भारत का व्यापार न तो सोने के मानक वाले इंग्लैंड जैसे देश से कम हुआ और न ही चांदी के मानक वाले देश चीन से। आगे दी गयी तालिकाओं में दिखाये गये आंकड़े इसकी विपरीत स्थिति के समर्थन में पर्याप्त साक्ष्य प्रस्तुत करते हैं। (देखें पृष्ठ 194-195 पर)

तालिका XXV

ग्रेट ब्रिटेन से भारत का व्यापार (टकसाल बन्दी के पहले और बाद में)

वार्षिक औसत	ग्रेट ब्रिटेन को निर्यात			ग्रेट ब्रिटेन से आयात		
	तिजारती माल पौंड	सोना-चांदी और सिक्के पौंड	योग पौंड	तिजारती माल पौंड	सोना चांदी और सिक्के पौंड	योग पौंड
I 1889-93	31,569,891	1,180,646	32,750,537	31,837,482	7,694,149	39,531,631
II 1894-98	26,329,764	2,215,049	24,544,813	28,963,180	6,750,736	35,713,916
III 1899-1903	28,709,819	2,089,656	30,799,475	33,498,480	7,301,172	40,799,652
IV 1903-08	36,784,628	2,232,857	39,017,485	47,294,311	9,586,706	56,881,017
प्रतिशत वृद्धि (+) या कमी (-)						
पहली अवधि की तुलना में दूसरी अवधि में	-16.598	+87.613	-25.055	-9.028	-12.261	-9.657
दूसरी अवधि की तुलना में तीसरी अवधि में	+9.039	-5.661	+25.483	+15.659	+8.154	+14.240
तीसरी अवधि की तुलना में चौथी अवधि में	+28.126	+6.853	+26.682	+41.183	+31.304	+39.415
पहली अवधि की तुलना में चौथी अवधि में	+16.518	+89.122	+19.135	+48.549	+24.597	+43.887

तालिका XXVI

चीन से भारत का व्यापार

वार्षिक औसत	चीन को निर्यात		योग	चीन से आयात		योग
	तिजारती माल	बहुमूल्य वस्तुएं		तिजारती माल	बहुमूल्य वस्तुएं	
	पौंड	पौंड	(पौंड)	(पौंड)	(पौंड)	(पौंड)
I 1889-93	9,454,014	20,223	9,474,238	1,666,840	1,992,914	3,659,754
II 1894-98	8,509,284	112,105	8,621,389	1,713,529	503,357	2,216,886
III 1899-1903	9,679,830	183,647	9,863,477	1,309,975	798,053	2,108,028
IV 1903-08	12,461,535	160,879	12,622,414	1,248,822	919,402	2,168,224
1	2	3	4	5	6	7
प्रतिशत वृद्धि(+) या कमी (-) पहली अवधि की तुलना में दूसरी अवधि में	–9.993	+454.333	–9.002	+2.801	–74.743	–39.425
दूसरी अवधि की तुलना में तीसरी अवधि में	+13.756	+63.817	+14.407	- 23.551	+58.546	-4.910
तीसरी अवधि की तुलना में चौथी अवधि में	+28.737	–12.398	+27.971	–4.668	+15.206	+2.856
पहली अवधि की तुलना में चौथी अवधि में	+31.812	+695.508	+33.229	–25.078	–53.866	–40.755

जैसी कि उम्मीद थी, टकसालों को बंद कर देने के कारण रुपये में होने वाली गिरावट रुक जाने से भारतीय वित्त व्यवस्था पर भार कम हो गया था। हालांकि कराधान में बड़ी मात्रा में कमी की गयी और सामाजिक उपयोगिता वाले कार्यों ज़्यादा ख़र्च करने पर भी वार्षिक बजटों में कभी-कभी ही घाटा देखने में आया था। (देखें तालिका XXVII)-

अब कुछ लेखकों में यह रुझान देखने में आता है कि वे इन तथ्यों को मुद्रा प्रणाली की सुदृढ़ता का अचूक सबूत सिद्ध करना चाहते हैं। उनका तर्क है कि यदि देश के व्यापार को कोई झटका नहीं लगा और यदि देश की वित्तीय स्थिति में सुधार आया है तो इससे यह संकेत मिलता है कि जिस मुद्रा के संबंध में इतने अच्छे अनुमान लगाये जा सकते हैं तो वह अच्छी ही होगी। इसके लिये मुद्रा के शिक्षार्थियों को सतर्क करना आवश्यक नहीं है कि मुद्रा प्रणाली की सुदृढ़ता के संबंध में इतनी सरलता से राय बना लेना बेशक ऊपर से सही प्रतीत हो, लेकिन इसमें भरोसा उत्पन्न करने वाले तर्क की कमी है। निश्चित रूप से व्यापार का आधार एक अच्छी मुद्रा ही होता है, लेकिन व्यापार में बढ़ोतरी इस बात का पक्का सबूत नहीं होती कि मुद्रा अच्छी है। यहां इस बात पर ध्यान दिया जाना चाहिये कि ऐसी अवधि के दौरान जब अपमिश्रित मुद्रा का संचलन बहुत आम था, उससे उत्पन्न सामाजिक कष्ट और परेशानियां इतनी ज़्यादा असहनीय थीं, फिर भी इस अवधि में इन देशों ने व्यापार में बहुत प्रगति की थी। 17वीं शताब्दी में इंग्लैण्ड में अपमिश्रित (Debased) मुद्रा थी और मुद्रा भी निरंतर बदलती रहती थी और इसके अलावा, उन्हीं दिनों वहां लम्बे समय से गृहयुद्ध चल रहा था और कई प्रकार की अव्यवस्था फैली हुई थी। उस समय की चर्चा करते हुए लॉर्ड लिवरपूल ने, जो उस समय के सबसे विवेकशील राजनीतिज्ञों में एक माने जाते थे और ख़राब अथवा अपमिश्रित की बुराइयों को बेहतर ढंग से समझते थे, उन्होंने इसके संबंध में निम्नलिखित टिप्पणी की-

> "हालांकि इतना तय है कि इस पूरी अवधि के दौरान जब हमारी मुद्रा के संबंध में इतना ज़्यादा भ्रम फैला हुआ था, हमारे राज्य की वाणिज्यिक व्यवस्था में निरंतर सुधार हो रहा था और व्यापार संतुलन लगभग हमेशा ही देश के पक्ष में रहा।"

मुद्रा बुरी होने के बावजूद भी वाणिज्य की स्थिति में निरंतर सुधार हो सकता है। इस बात की पुष्टि भारत के अपने अनुभव से भी की जा सकती है और किसी भी अवधि में भारत ने व्यापार में इतनी ज़्यादा वृद्धि नहीं हुई, जितनी सन् 1873 और

तालिका–XXVII

सरकार की विशेष व्यवस्था

वर्ष	बचत+ घाटा–	वर्ष	बचत+ घाटा–	वर्ष	बचत+ घाटा–	वर्ष	बचत+ घाटा–	वर्ष	बचत+ घाटा–
	रुपये		पौंड		पौंड		पौंड		
1893-94	–1,546,998	1898-99	+2,640,873	1903-04	+2,996,400	1908-09	–3,737,710	1913-14	+2,312,423
1894-95	+693,110	1899-1900	+2,774,623	1904-05	+3,456,066	1909-10	+606,641	1914-15	–1,785,270
1895-96	+1,533,998	1900-01	+1,670,204	1905-06	+2,091,854	1910-11	+3,936,287	1915-16	–1,188,661
1896-97	–1,705,022	1901-02	+4,950,243	1906-07	+1,589,340	1911-12	+3,940,334	1916-17	+7,478,170
1897-98	–5,359,211	1902-03	+3,069,549	1907-08	+300,615	1912-13	+3,107,634	–	–

1893 की अवधि के दौरान हुई। क्या उस अवधि की भारतीय मुद्रा बहुत अच्छी थी? दूसरी ओर, यह भी कहा जा सकता है कि व्यापार की स्थिति अच्छी इस कारण थी, क्योंकि उस समय मुद्रा बुरी थी। सन् 1873 और 1893 के मध्य भारत का व्यापार इसलिये समृद्ध था क्योंकि उसे यह पुरस्कार के रूप में मिल गया था। लेकिन यह पुरस्कार भारतीय मजदूर के लिये तो एक सज़ा ही था, क्योंकि उसके पारिश्रमिक में इतनी तीव्रता से नहीं वृद्धि नहीं हुई, जितनी तीव्रता से कीमतों में बढ़ोतरी हुई। इसलिये उस समयकाल में भारतीय की समृद्धि का आधार उत्पादन नहीं था अपितु ऐसा देश में मुद्रा-स्फीति के चलते हुई लूट-पाट के कारण हुआ।

इसी प्रकार यह बात भी निस्संकोच स्वीकार नहीं की जा सकती कि नयी मुद्रा निश्चित रूप से अच्छी है क्योंकि इसने सोने के भुगतान के भार को कम कर दिया है और भारतीय करदाताओं को राहत प्रदान की है। इस विचार से इस संबंध में ग़लत धारणा बनती है कि गिरती विनिमय दर के समय में भारत के लिये सोने के भुगतान का उचित स्रोत कौन-सा है। सामान्यत: यह बात कही जाती है कि सोने के भुगतान अथवा स्वर्ण भुगतान का बोझ इसलिये पड़ा कि चांदी के स्वर्ण - मूल्य कमी हो गयी थी। इस धारणा का यह निष्कर्ष निकलता है कि अगर भारत सोने के मानक वाला देश होता तो वह इस भारी बोझ से बच सकता था। लेकिन यह बात प्रमाणित करना भी आवश्यक नहीं कि यह धारणा कितनी ग़लत है। इस बात को नकारा नहीं जा सकता कि स्वर्ण भुगतान के बढ़े हुए मूल्य के चलते भारत को अतिरिक्त भार उठाने के लिये बाध्य होना पड़ा।

लेकिन जो बात ठीक से नहीं समझी जाती, वह यह है कि यह भार तो सभी स्वर्ण ऋणदाताओं को उठाना पड़ा, बेशक उन्होंने स्वर्ण मानक अपनाया हो या चांदी का मानक। इस संबंध में स्वर्ण मानक वाले देश आस्ट्रेलिया की स्थिति चांदी के मानक वाले देश भारत से अलग नहीं थी। जहां तक स्वर्ण देनदार देशों का प्रश्न था, उन में से प्रत्येक देश को उन्हीं कारणों से और उसी तरह से अर्थात उस मानक के मूल्य में वृद्धि होने के कारण कष्टों का सामना करना पड़ा जिसमें उनके ऋण आंके जाते थे। सच्चाई यह है कि चाहे एक देश ने अपने ऋण का भुगतान सोने में किया और दूसरे ने चांदी में, लेकिन उनकी स्थिति पर कोई फर्क नहीं पड़ा सिवाय इस बात के कि भारत द्वारा चांदी में ऋण का भुगतान करने से एक ऐसा मजबूत (रिफ्रेक्टरी) माध्यम मिल गया था

जिससे यह ज्ञात करना मुमकिन हो गया कि उस पर कितना भार पड़ा है। चांदी के मूल्य में गिरावट के कारण भारत पर सोने के भुगतान का भार नहीं बढ़ा बल्कि इससे तो यह आंका जा सका या मापा जा सका कि उस पर कितना भार बढ़ा है। रुपयों में गिरावट पर रोक लग जाने को इस बात का पहली ही नज़र में कारण नहीं माना जा सकता कि करदाता को राहत प्राप्त हुई है और इसलिये यह मुद्रा प्रणाली की सुदृढ़ता का सबूत है। ऐसा हो सकता है कि इस लाभ को प्राप्त करने के लिये भारी मूल्य चुकाया गया हो।

हालांकि चैम्बरलेन आयोग पर इसका विपरीत असर हुआ कि विनिमय मानक के तहत व्यापार में वृद्धि हुई और सरकारी वित्त में उछाल आया, फिर भी चैम्बरलेन आयोग ने इन तर्कों के आधार पर इसकी स्थिति का पता लगाने की परवाह नहीं की। जिस मुख्य आधार पर इसने विश्वास किया, वह यह था कि मुद्रा प्रणाली रुपयों की विनिमय दर सोने के साथ एक निर्धारित दर पर बरकरार रखने में सफल रही। अत: आयोग ने विनिमय मानक के पक्ष में जो दावा किया, हमें उसकी पड़ताल करनी चाहिये। तालिका XXVIII में दर्शाये गये आंकड़ों से इस प्रश्न पर काफी स्पष्टीकरण मिल जाता है।

अगर एक पल के लिये यह मान भी लें कि आयोग द्वारा अपनायी गयी कसौटी सही है, तो क्या ऊपर दिये गये आंकड़ों के आधार पर यह कहा जा सकता है कि रुपये ने अपना स्वर्ण मूल्य बनाये रखा है? बेशक यह कहना अविवेकपूर्ण न सही लेकिन अति-आत्मविश्वासपूर्ण अवश्य है कि इस व्यवस्था को, आयोग की संकीर्ण मानसिकता के बावजूद, निर्विवाद रूप से सफलता मिली है।

जून, 1893 और जनवरी, 1917 के सोने के रूप में रुपये की दर 1 = 7.53344 ट्राय ग्रेन शुद्ध सोना आंकी गयी थी। उस दर से एक पाउंड (सावरेन) 15 रुपये का होना चाहिये। तब के बार गोल्ड 100 टच' सोने की टकसाली दर 23 रुपये 14 आने 4 पाई प्रति तोला (अर्थात् 138 ग्रेन) होती है जो लंदन की 1 शिलिंग 4 पैंस होनी चाहिये और सोने के आयात के लिहाज़ से 1 शिलिंग 4.125 पैंस और निर्यात के लिहाज़ से 1 शिलिंग 3.906 पैंस होनी चाहिये।

यदि सोने में रुपये के मूल्य के संदर्भ में रुपये की स्थिरता की ग़ौर से जांच की जाये तो उससे ज्ञात होगा कि जब टकसालें बंद कर दी गयी थीं, तब से सन् 1898 तक रुपया अपनी सममूल्य दर से बहुत कम था। विनिमय दर अथवा सोने के मूल्य या

तालिका XXVIII

रुपये का स्वर्ण मूल्य

लन्दन में विदेशी विनिमय दर के संदर्भ में विभाषित			स्वर्ण के संदर्भ में विभाषित				
1 रुपया = 1 शिलिंग 4 पैंस			वर्ष	सावरेन कर रुपये में मूल 15 रु. = 1 सावरन		बार गोल्ड का मूल्य रुपये में एक तोला = 23 रु. 14 आने 4 पाई	
वर्ष	उच्चतम	न्यूनतम		उच्चतम	न्यूनतम	उच्चतम	न्यूनतम
	सिलिंग पैंस	सिलिंग पैंस		रु. आने. पाई.	रु. आने. पाई.	रु. आने. पाई.	रु. आने. पाई.
1892-93	1 3.969	1 2.625	1893	16 10 6	15 6 0	26 11 0	24 14 0
1893-94	1 4.031	1 1.500	1894	19 0 0	16 1 0	32 4 0	25 9 0
1894-95	1 1.906	1 0.000	1895	19 5 0	18 2 6	30 8 0	27 6 0
1895-96	1 2.875	1 1.000	1896	17 7 0	16 1 0	27 13 6	27 2 0
1896-97	1 3.842	1 1.781	1897	16 10 0	15 3 0	26 12 6	25 4 0
1897-98	1 4.125	1 2.250	1898	15 7 0	15 1 0	24 10 0	24 0 0
1898-99	1 4.156	1 3.094	1899	15 4 0	15 0 0	24 2 0	23 4 0
1899-1900	1 4.375	1 3.875	1900	15 1 3	15 0 0	24 2 0	23 15 6
1900-1901	1 4.156	1 3.875	1901	15 0 0	15 0 0	24 2 0	24 0 0
1901-1902	1 4.125	1 3.875	1902	15 4 6	15 2 6	24 2 6	24 0 0
1902-1903	1 4.156	1 3.875	1903	15 3 0	15 1 6	24 3 0	24 0 0
1903-1904	4 4.156	1 3.875	1904	15 5 0	15 1 3	24 2 0	24 0 3
1904-1905	1 4.156	1 3.970	1905	15 4 0	15 1 6	24 2 0	24 0 0
1905-1906	1 4.156	1 3.937	1906	15 1 0	15 2 0	24 4 6	24 0 0
1906-1907	1 4.187	1 3.937	1907	15 4 0	15 0 0	24 4 0	23 15 6
1907-1908	1 4.187	1 3.875	1908	15 1 0	15 0 0	24 10 0	24 2 0
1908-1909	1 4	1 3.875	1909	12 और 13	प्रतिशत के बीच प्रीमियम	24 3 6	23 15 0
1909-1910	1 4.156	1 3.875	1910	15 5 0	15 0 0	24 4 0	23 15 0
1910-1911	1 4.156	1 3.875	1911	15 0 0	15 0 0	24 0 6	23 14 0
1911-1912	1 4.156	1 3.937	1912	15 0 0	15 0 0	24 0 0	23 14 0
1912-1913	1 4.156	1 3.970	1913	15 0 0	15 0 0	24 0 3	—
1913-1914	1 4.156	1 3.937	1914	15 14 0	15 2 0	26 10 0	23 15 6
1914-1915	1 4.094	1 3.937	1915	15 13 6	15 5 0	25 14 0	24 8 0

पाउंड के रूप में रुपये के मूल्य में 25 से 30 प्रतिशत तक की कमी हुई। यह मूल्यह्रास इतना ज़्यादा था कि जब सोने से रुपये का मूल्य निर्धारित नहीं हुआ, तो सरकार के समक्ष आने वाली दिक्कतें बहुत बढ़ गयीं। कौंसिल बिल की बिक्री से घरेलू खजाने की वित्त व्यवस्था करना लगभग नामुमकिन हो गया। राज्य सचिव ने तब स्वयं को बहुत परेशान करने वाली स्थिति में पाया। अगर सममूल्य से कम मूल्य पर बिक्री की जाती तो उसकी इसलिये आलोचना की जाती कि यह विनिमय दर में स्थिरता लाने की नीति के मामले में एक बड़ी हार की तरह है। अगर बाज़ार दर पर बिक्री न की जाती तो उसमें खजाने के खाली हो जाने का डर था। भारत सरकार ने सुझाव दिया कि राज्य सचिव को या तो न्यूनतम दर तय कर देनी चाहिये या फिर बाज़ार में लाने वाले बिलों की अधिकतम मात्रा तय कर देनी चाहिये। राज्य सचिव को ये दोनों ही बातें स्वीकार नहीं हुईं लेकिन यह स्वीकार कर लिया कि निकालने वाली राशि कम कर देंगे जिससे विनिमय दर आवश्यकता से अधिक कम न हो पाये। टकसाल बंदी के पहले वित्त वर्ष के दौरान राज्य सचिव ने सबसे कम धन निकाला जैसा कि नीचे की तालिका से साफ हो जाता है-

तालिका XXIX

कौंसिल निकालना

आहरण की तारीख		आहरण की राशि (1000 पौंड में)	आहरण की दर पैंस प्रति रुपये
1893—	जून	2,478	15.039
	जुलाई	25	15.974
	अगस्त	78	15.243
	सितम्बर	7	15.350
	अक्तूबर	5	15.334
	नवम्बर	617	15.251
	दिसम्बर	14	15.242
1894—	जनवरी	98	14.408
	फरवरी	1,023	13.787
	मार्च	1,915	13.870
	अप्रैल	1,368	13.626

विनिमय दर को कम होने से बचाने के लिये आहरण में कमी करना कोई ज़्यादा फायदेमंद उपाय नहीं सिद्ध हुआ, क्योंकि घरेलू खजाने की वित्तीय व्यवस्था के लिये स्टर्लिंग को उधार लेने का जो तरीका अपनाना आवश्यक हो गया था, वह कम महंगा नहीं था। धन के आहरण (Drawings) के माध्यम से भुगतान की जाने वाली राशि सन्

1893-94 में घरेलू खजाने की वितरित की जाने वाली कुल राशि से 65,88,000 पाउंड कम रह गयी थी और 74,30,000 पाउंड के इस घाटे की पूर्ति स्थायी रूप से स्टर्लिंग ऋण लेकर की गयी और पहले से ही सोने भुगतान के भारी बोझ में इस राशि पर दिया जाने वाला ब्याज और जुड़ गया। इतने भारी जुर्माने का भुगतान करने की अपेक्षा राज्य सचिव ने बाज़ार पर अपना प्रभुत्व बनाये रखने की कोशिश छोड़ दी और इसकी अपेक्षा यही बेहतर समझा कि वह बाज़ार का अनुसरण करे। लेकिन "जाने दो" की इस नीति का भी अपना मूल्य चुकाना पड़ा। विनिमय की दर 1 शिलिंग 4 पैंस से भी कम होने से घरेलू खजाने अर्थात् होम ट्रेज़री को दी जाने वाली राशि पर भार और बढ़ गया और भारत सरकार को अपने यूरोपीय सैनिक और असैनिक अधिकारियों को विनिमय मुआवजा भत्ता चुकाने को बाध्य होना पड़ा जिसे उसने अब तक टाल रखा था। रुपये के अपने सममूल्य से भी कम हो जाने का जो मूल्य भारत सरकार को चुकाना पड़ा, वह बहुत अधिक था। ऐसी हालत में इसमें कोई हैरानी वाली बात नहीं कि रुपये की बुनियादी स्थिरता में सरकार का भरोसा समाप्त हो गया, क्योंकि जैसा कि हम देखते हैं, अक्तूबर, 1896 में कौंसिल के वित्त सदस्य निजी तौर पर इस नतीजे पर पहुंचे कि स्थिरता के हित में यही उत्तम होगा कि रुपये और सोने के मध्य विनिमय सममूल्यता को 16 पैंस के बजाय 15 पैंस कर दिया जाये। लेकिन इस सुझाव को त्याग दिया गया क्योंकि रुपये में सोने के मूल्य के बराबर पहुंचने के संकेत प्रकट होने लगे थे और ऐसा स्थापित सममूल्य से मूल्य में कमी होने के पूरे एक वर्ष उपरांत जनवरी, 1898 में हुआ।

सारणी XXX

रुपये में गिरावट की कीमत

वर्ष	कौंसिल बिलों को सममूल्य से कम मूल्य पर बेचने से होने वाला नुकसान	विनिमय मुआवजा भत्ता देने से होने वाला नुकसान	ब्रिटिश फौजियों का वेतन बढ़ने से नुकसान	हर खाते का वार्षिक योग	तीन वर्षों में सभी खातों का योग	
					रुपये में	स्टर्लिंग में 1 शिलिंग 4 पैंस की दर से
1894-95	3,74,15,000	78,02,000	3,784,000	490,01,000	11,91,86,000	7,945,733
1895-96	3,05,91,000	87,18,000	4,938,000	4,42,47,000		
1896-97	1,66,48,000	48,95,000	4,425,000	2,59,38,000		

जनवरी, 1898 और जनवरी, 1917 के मध्य रुपये में सोने की दर के मुकाबले दो बार गिरावट आयी। वर्ष 1907-1908 में यह दूसरा अवसर था, जब विनिमय मानक के तहत रुपयों की सममूल्यता की दर में गिरावट दर्ज की गयी। उस समय बाज़ार में मौजूद वास्तविक विनिमय दरें निम्नलिखित थीं-

तालिका XXXI

विनिमय दरें, लन्दन की भारत पर ('टाइम्स' से उद्धृत)

तिथि	दर – रुपया = 1 शि. 4 पैंस			
	कलकत्ता पर		बम्बई पर	
	उच्चतम	न्यूनतम	उच्चतम	न्यूनतम
1907 सितम्बर	1 $4_{1/32}$	1 $3_{31/32}$	1 $4_{1/32}$	1 $3_{31/32}$
अक्तूबर	1 $4_{1/32}$	1 $3_{31/32}$	1 $4_{1/32}$	1 $3_{31/32}$
नवम्बर	1 4	1 $3_{21/32}$	1 $3_{31/32}$	1 $3_{21/32}$
दिसम्बर	1 $3_{15/16}$	1 $3_{21/32}$	1 $3_{15/16}$	1 $3_{27/32}$
1908 जनवरी	1 $3_{15/16}$	1 $3_{29/32}$	1 $3_{15/16}$	1 $3_{7/8}$
फरवरी	1 $3_{31/32}$	1 $3_{7/8}$	1 $3_{31/32}$	1 $3_{7/8}$
मार्च	1 $3_{29/32}$	1 $3_{27/32}$	1 $3_{29/32}$	1 $3_{27/32}$
अप्रैल	1 $3_{7/8}$	1 $3_{27/32}$	1 $3_{27/32}$	1 $3_{27/32}$
मई	1 $3_{7/8}$	1 $3_{27/32}$	1 $3_{15/16}$	1 $3_{27/32}$
जून	1 $3_{29/32}$	1 $3_{27/32}$	1 $3_{7/8}$	1 $3_{27/32}$
जुलाई	1 $3_{7/8}$	1 $3_{27/32}$	1 $3_{7/8}$	1 $3_{27/32}$
अगस्त	1 $3_{29/32}$	1 $3_{27/32}$	1 $3_{29/32}$	1 $3_{27/32}$
सितम्बर	1 $3_{31/32}$	1 $3_{29/32}$	1 $3_{31/32}$	1 $3_{7/8}$
अक्टूबर	1 $3_{15/16}$	1 $3_{7/8}$	1 $3_{29/32}$	1 $3_{13/16}$
नवम्बर	1 $3_{29/32}$	1 $3_{7/8}$	1 $3_{7/8}$	1 $3_{7/8}$
दिसम्बर	1 $3_{15/16}$	1 $3_{29/32}$	1 $3_{31/32}$	1 $3_{7/8}$

एक वर्ष से भी ज़्यादा अवधि तक यह संकट जारी रहने के उपरांत रुपये में सुधार हुआ और वह सोने के पुराने मूल्य के बराबर पहुंच गया और उसी स्तर पर स्थिर रहा। हालांकि मजबूती से तो नहीं, लेकिन वह और 7 वर्ष तक स्थिर बना रहा। लेकिन सन् 1914-15 में वह पुन: अपनी सममूल्यता से नीचे गिर गया। (देखें तालिका XXXII)

तालिका XXXII

विनिमय दरें, कलकत्ता पर लन्दन की (नेशनल बैंक आफ इंडिया से)

	1914		1915	
महीना	अधिकतम	न्यूनतम	अधिकतम	न्यूनतम
जनवरी	...	...	1 $3_{15/16}$	1 $3_{15/16}$
फरवरी	...	...	1 $4_{1/32}$	1 $3_{29/32}$
मार्च	...	...	1 4	1 $3_{15/16}$
अप्रैल	...	...	1 $3_{15/16}$	1 $3_{29/32}$
मई	1 $4_{1/4}$	1 $3_{15/16}$	1 $3_{15/16}$	1 $3_{7/8}$
जून	1 $3_{31/32}$	1 $3_{15/16}$	1 $3_{7/8}$	1 $3_{27/32}$
जुलाई	1 $3_{31/32}$	1 $3_{15/16}$	1 $3_{22/32}$	1 $3_{21/32}$
अगस्त	1 $3_{7/8}$	1 $3_{15/16}$	1 $3_{15/16}$	1 $3_{27/32}$
सितम्बर	1 $3_{15/16}$	1 $3_{13/16}$	1 4	1 $3_{15/16}$
अक्टूबर	1 $3_{15/16}$	1 $3_{15/16}$	...	...
नवम्बर	1 $3_{15/16}$	1 $3_{15/16}$	...	...
दिसम्बर	1 $3_{15/16}$	1 $3_{15/16}$	...	...

सन् 1916 के पश्चात् विनिमय मानक की स्थिरता को ऐसी तिमाहियों से उत्पन्न ख़तरे से एक डर का मुकाबला करना पड़ा जिसके संबंध में कभी कल्पना भी नहीं की गयी थी। भारतीय विनिमय मानक इस नज़रिये पर आधारित था कि चांदी का सोने का मूल्य तो गिरना था या कम-से-कम उसके वास्तविक मूल्य (Intrinsic Price) स्तर तक पहुंचने की सम्भावना नहीं है कि वह रुपये के सामान्य मूल्य से ज़्यादा हो जाये। चांदी की कीमत पर रुपये का असली मूल्य उसके सामान्य मूल्य के तुल्य होना था जो 43 पैंस प्रति औंस था। जब तक रुपये का असली मूल्य इसके अंकित मूल्य से ज़्यादा था, यानी चांदी का मूल्य 43 पैंस से ज़्यादा नहीं बढ़ा, तब तक रुपये के मुद्रा के तौर पर संचलन में बने रहने को कोई जोखिम नहीं था। लेकिन जब चांदी का मूल्य उससे ज़्यादा बढ़ गया तो रुपया मुद्रा के तौर पर संचलन में नहीं रहा अपितु उसे तत्काल पिघलाया जाने लगा। सितंबर, 1904 से दिसंबर, 1907 की छोटी-सी अविध को छोड़ कर, सन् 1872 से ही चांदी के स्वर्ण मूल्य कमी होने का महत्त्वपूर्ण रुझान दिखायी दिया। इसके मूल्य में होने वाली गिरावट इतनी निरंतरता और इतने नियमित ढंग से हुई कि यह एक सामान्य धारणा बन गयी कि कीमतों में यह कमी बाकायदा बनी रहेगी और यह धारणा इतनी मजबूत थी कि विनिमय मानक के निर्माताओं ने इस सम्भावना के संबंध में कल्पना भी नहीं की थी कि चांदी की कीमत 43 पैंस से भी

ऊपर चला जायेगा। इसका अनुमान इतना कम लगाया गया था कि भारतीय मुद्रा पर बनी समितियों और आयोगों के समक्ष किसी भी साक्ष्य ने इस आधार पर इस प्रणाली की आलोचना नहीं की थी।

लेकिन कभी-कभी अनहोनी घटना भी घट जाती है। सन् 1916 के पश्चात् ऐसी ही एक अनहोनी घटना घटी और यह बिल्कुल अप्रत्याशित रूप से घटी। 10 फरवरी, 1914 को स्टैंडर्ड शुद्धता वाली चांदी का प्रति औंस नकद मूल्य 265 पैंस था जो 10 फरवरी, 1915 को कम होकर 22 11/16 पैंस हो गया। हालांकि, 1916 में इसी तिथि को यह बढ़कर 27 पैंस हो गया फिर भी, यह अभी रुपये के गलनांक बिंदु (Melting Point) से नीचे था। लेकिन इसके बावजूद, अंततः यह उल्लिखित तिथि के पश्चात् अत्यंत तीव्रता से बढ़ी। 9 फरवरी 1917 को यह बढ़कर 37 ⅝ पैंस और 8 फरवरी, 1918 को यह 43 पैंस हो गयी और 1919 में उसी तिथि को 48 7/16 पैंस हो गयी। और इस प्रकार यह रुपये के गलनांक बिंदु से काफी ज़्यादा हो गयी। लेकिन 11 फरवरी, 1920 को तो इसने सारे कीर्तिमान ध्वस्त कर दिये, जब इसका मूल्य बढ़कर 89 ½ पैंस प्रति स्टैंडर्ड औंस तक जा पहुंचा।

अंकित मूल्य की तुलना में रुपये के वास्तविक मूल्य में बढ़ोतरी होने से एकाएक यह समस्या उठ खड़ी हुई कि रुपये के संचलन को कैसे बरकरार रखा जाये। इस समस्या के समाधान के केवल दो ही उपाय दिखायी दे रहे थे। एक उपाय तो यह था कि रुपये की शुद्धता को कम कर दिया जाये और दूसरा यह था कि इसकी सोने की दर अथवा सममूल्यता को बढ़ा दिया जाये। दूसरे जितने भी देशों के समक्ष यह समस्या उत्पन्न हुई थी, उन्होंने अपनी चांदी की मुद्रा के संबंध में पहले वाले उपाय को चुना था। यह उपाय सन् 1904-07 के दौरान फिलीपींस, जलडमरूमध्य के उपनिवेशों और मैक्सिको में पूरी कामयाबी के साथ अपनाया गया था। इन वर्षों के दौरान इन देशों में चांदी के मूल्य में वृद्धि होने से यही समस्या उत्पन्न हो गयी थी। लेकिन राज्य सचिव ने दूसरा उपाय अपनाया था। प्रत्येक बार चांदी की कीमत में वृद्धि होने के साथ-साथ रुपये की दर भी बदलती गयी। चांदी के मूल्यों में बदलाव होने के उपरांत रुपये के मूल्यों में होने वाले बदलावों को नीचे दी गयी तालिका में दिखाया गया है। (देखें तालिका XXXIII)

इस प्रकार, रुपये के सममूल्य में 2 वर्ष तक बदलाव करने के पश्चात् जैसे सामाजिक रूप से इनका कोई असर ही न हुआ हो, ऐसे राज्य सचिव ने 30 मई, 1919 को बाबिंगटन स्मिथ की अध्यक्षता में एक नयी मुद्रा समिति की नियुक्ति की

जिसका मुख्य उद्देश्य था "एक स्थिर स्वर्ण विनिमय मानक सुनिश्चित करने के लिये" उपायों संबंधी सुझाव देना। समिति के अधिकांश सदस्यों ने छ: महीने के गम्भीर विचार-विमर्श के उपरांत निम्नलिखित रिपोर्ट प्रस्तुत की-

तालिका XXXIII

रुपये की दर में परिवर्तन की तारीख	सम मूल्य में परिवर्तन	
	शिलिंग	पैंस
3 जनवरी, 1917	1	4½
28 अगस्त, 1917	1	5
12 अप्रैल, 1918	1	6
13 मई, 1919	1	8
12 अगस्त, 1919	1	10
15 सितम्बर, 1919	2	0
22 नवम्बर, 1919	2	2
12 दिसम्बर, 1919	2	4

1. देखें ई. डब्ल्यू केमेरर कृत माडर्न करेंसी रिफार्म्स, 1916, पृष्ठ 349–54, 445–49 और 535–47

(i) मुख्य लक्ष्य होना चाहिये रुपये की स्थिरता को फिर से स्थापित करना और व्यावहारिक तौर पर जहां मुमकिन हो सके, शीघ्रातिशीघ्र मुद्रा प्रणाली को फिर से स्वत: कार्य करने की विधि स्थापित करना।

(ii) यह स्थायी संबंध सोने के साथ होना चाहिये, स्टर्लिंग के साथ नहीं।

(iii) रुपये का मूल्य पर्याप्त रूप से सोने के समान इतना ऊंचा होना चाहिये कि जहां तक व्यावहारिक हो सके, वह इतना आश्वस्त कर सके कि रुपया अपने मौजूदा भार व शुद्धता के बावजूद, एक प्रतीक मुद्रा बना रहे, या दूसरे शब्दों में, उसमें मौजूद चांदी का बुलियन मूल्य विनिमय मूल्य से ज़्यादा न हो।

"(समिति ने कहा कि) अत्यंत सावधानीपूर्वक विचार करने के पश्चात् हम सर्वसम्मति से (हमारे केवल एक सदस्य को छोड़कर जिसने अलग रिपोर्ट पर हस्ताक्षर किये हैं) अनुशंसा करते हैं कि रुपये और सोने के मध्य मौजूद संबंध इतना स्थायी होना चाहिये कि एक विदेशी विनिमय व आंतरिक संचलन, दोनों के लिये एक रुपया 11.30016 ग्रेन शुद्ध सोने के बराबर हो अर्थात् रुपया 2 शिलिंग (सोने) के बराबर होना चाहिये।

थोड़े से सदस्यों ने रिपोर्ट में वही पुराना राग अलापा कि कम विनिमय दर को बढ़ावा दिया जाये और अधिक विनिमय दर पर दंड का प्रावधान किया जाये। इसमें

कहा गया कि पुरानी दर को बरकरार रखा जाना चाहिये अर्थात् 15 रु. का सोने का पाउंड या 113.0016 ग्रेन ट्राय शुद्ध सोने का हो और यह सुझाव दिया कि जब तक न्यूयार्क में चांदी की दर 92 सेंट से ज़्यादा रहती है, तब तक 2 रुपये मूल्य का चांदी का नया सिक्का जारी करना चाहिये जिसकी शुद्धता पुराने रुपये की तुलना में कम हो।

2 फरवरी, 1920 की घोषणाओं के अनुसार, राज्य सचिव ने और भारत सरकार ने समिति के अधिकांश सदस्यों की सिफारिशों को अपनी स्वीकृति प्रदान कर दी जिसने प्रति रुपया 7.53344 ग्रेन की पुरानी सममूल्यता को ख़त्म करके 11.30016 ग्रेन ट्राय की नयी सममूल्यता को मान लिया। अब, क्या रुपया सोने के साथ अपनी नयी सममूल्यता को बनाये रख सका है?

इस सच्चाई का पता लगाने के मामले में लंदन की विनिमय दर कोई मार्गदर्शक का कार्य नहीं करती है क्योंकि रुपये का मूल्य 2 शिलिंग सोना है, न कि 2 शिलिंग स्टर्लिंग। यदि सोना और स्टर्लिंग बराबर होते, तो मामला अलग होता। लेकिन युद्ध काल में मुद्रा वास्तव ही में अपरिवर्तनीय हो गयी थी और सोने के रूप में पाउंड स्टर्लिंग का मूल्य कम हो गया था।

इसलिये हमें मानक के तौर पर एक ऐसी मुद्रा को लेना पड़ेगा जो सोने के के बराबर मूल्य की रही थी। ऐसी मुद्रा थी अमरीकी डॉलर। इसी कारण लंदन की स्टर्लिंग दर की अपेक्षा न्यूयार्क की विनिमय दर रुपये के स्वर्ण मूल्य का पता लगाने के लिये प्रत्यक्ष रूप से ज़्यादा मददगार सिद्ध होती। हम चाहते तो लंदन की स्टर्लिंग दर को मापने के लिये रुपये - स्टर्लिंग की वास्तविक दर का भी इस्तेमाल कर सकते थे और उसकी तुलना स्टर्लिंग की उस राशि से करते, जितनी एक रुपया खरीद सकता था और 11.30016 ग्रेन शुद्ध सोने के सममूल्य होती और उसे न्यूयार्क और लंदन के बीच मौजूद विपरीत दर के माध्यम से ठीक कर लिया जाता।

विनिमय की सममूल्यता की तुलना करने पर लंदन अथवा न्यूयार्क में वास्तविक विनिमय दर से ज्ञात होता है कि रुपये के मूल्य में गिरावट आयी है जो निश्चित रूप से हैरानगी वाली बात है। (देखें तालिका XXXIV)।

सावरेन व बार गोल्ड के मामले में रुपये के आंतरिक मूल्य के साथ-साथ इसके बाहरी स्वर्ण मूल्य पर भी विचार करें। (देखें तालिका XXXV)।

इन तालिकाओं पर कोई टिप्पणी करने की आवश्यकता नहीं है। रुपया न सिर्फ 2 शिलिंग (सोने) से बहुत दूर है, बल्कि यह 1 शिलिंग 4 पैंस स्टर्लिंग के नज़दीक भी नहीं है।

क्या ये तथ्य विनिमय मानक की निरर्थकता के पर्याप्त सबूत प्रस्तुत नहीं करते? जो प्रणाली सोने के रूप में अपने मूल्य को बनाये रखने में सक्षम नहीं है, जिसकी

तालिका XXXIV

रुपये का वास्तविक स्वर्ण मूल्य और विदेशी विनिमय के सन्दर्भ में उसकी नई पैरिटी या समानता

महीने के मध्य की स्थिति	बम्बई पर न्यूयार्क (सैंट में)						बम्बई पर लन्दन (शिलिंग पैंस मे)					
	1920		1921		1922		1920		1921		1922	
	सममूल्य दर	वास्तविक दर	सममूल्य दर	वास्तविक दर	सममूल्य दर	वास्तविक दर	सममूल्य दर	वास्तविक दर	सममूल्य दर	वास्तविक दर	सममूल्य दर	वास्तविक दर
जनवरी	0.4866	0.4400	0.4866	0.2925	0.4866	0.2800	2 7½	2 $3^{1}/_{4}$	2 $7^{5}/_{16}$	1 $5^{5}/_{8}$	2 $3^{5}/_{8}$	1 $3^{15}/_{16}$
फरवरी	0.4866	0.4850	0.4866	0.2800	0.4866	0.2845	2 $10^{11}/_{32}$	2 $9^{1}/_{8}$	2 $5^{13}/_{16}$	1 $4^{1}/_{8}$	2 $2^{7}/_{32}$	1 $3^{9}/_{16}$
मार्च	0.4866	0.4850	0.4866	0.2625	0.4866	0.2787	2 $7^{19}/_{32}$	2 $5^{1}/_{4}$	2 $5^{13}/_{32}$	1 $3^{1}/_{4}$	2 $2^{29}/_{32}$	1 $3^{5}/_{16}$
अप्रैल	0.4866	0.4775	0.4866	0.2625	0.4866	0.2785	2 $5^{7}/_{16}$	2 $3^{3}/_{4}$	2 $5^{13}/_{16}$	1 $3^{5}/_{8}$	2 $2^{1}/_{2}$	1 $3^{1}/_{2}$
मई	0.4866	0.4325	0.4866	0.2675	0.4866	0.2930	2 $6^{19}/_{32}$	2 $2^{3}/_{8}$	2 $5^{7}/_{32}$	1 $3^{1}/_{2}$	2 $2^{1}/_{4}$	1 $3^{9}/_{16}$
जून	0.4866	0.4125	0.4866	0.2525	0.4866	0.2900	2 $5^{31}/_{32}$	1 $10^{13}/_{16}$	2 $6^{29}/_{32}$	1 $3^{3}/_{8}$	2 $2^{1}/_{8}$	1 $3^{19}/_{32}$
जुलाई	0.4866	0.3900	0.4866	0.2400	0.4866	0.2900	2 $5^{31}/_{32}$	1 $8^{9}/_{15}$	2 $8^{9}/_{32}$	1 $3^{1}/_{4}$	2 $2^{5}/_{8}$	1 $3^{5}/_{8}$
अगस्त	0.4866	0.3650	0.4866	0.2475	0.4866	0.2916	2 $8^{9}/_{32}$	1 $10^{5}/_{16}$	2 $7^{19}/_{32}$	1 $4^{3}/_{4}$	2 $2^{3}/_{16}$	1 $3^{19}/_{32}$
सितम्बर	0.4866	0.3325	0.4866	0.2675	0.4866	0.2875	2 $9^{9}/_{16}$	1 $10^{1}/_{16}$	2 $7^{15}/_{32}$	1 $5^{5}/_{16}$	2 $2^{9}/_{16}$	1 $3^{9}/_{16}$
अक्तूबर	0.4866	0.3025	0.4866	0.2825	0.4866	—	2 $9^{21}/_{32}$	1 $7^{3}/_{4}$	2 $6^{1}/_{32}$	1 $5^{7}/_{16}$	—	—
नवम्बर	0.4866	0.3025	0.4866	0.2695	0.4866	—	2 $10^{9}/_{16}$	1 $7^{1}/_{8}$	2 $5^{19}/_{32}$	1 $4^{1}/_{8}$	—	—
दिसम्बर	0.4866	0.2650	0.4866	0.2775	0.4866	—	2 $9^{9}/_{16}$	1 $5^{1}/_{4}$	2 4	1 $3^{5}/_{8}$	—	—

तालिका XXXV

रुपये का स्वर्ण मूल्य तथा सावरेन और स्वर्ण के मूल्य के संदर्भ में नया साम्य

महीना	1920						1921						1922					
	ब्रिटिश सावरेन का रुपये के साथ सममूल्य 10 रु. प्रति 1 सावेरन			स्वर्णस्तर का प्रति तोला 100 टच सममूल्य 15 रु. 14 आने 10 पाई प्रति 1 तोला			ब्रिटिश सावरेन का रुपये के साथ सममूल्य 10 रु. प्रति 1 सावेरन			स्वर्णस्तर का प्रति तोला 100 टच सममूल्य 15 रु. 14 आने 10 पाई प्रति 1 तोला			ब्रिटिश सावरेन का रुपये के साथ सममूल्य 10 रुपये प्रति 1 सावेरन			स्वर्ण स्तर का प्रति तोला 100 टच सममूल्य 15 रुपये 14 आने 10 पाई प्रति 1 तोला		
	रुपये	आने	पाई	रुपये	आने	पाई	रुपये	आने	पाई	रुपये	आने	पाई	रुपये	आने	पाई	रुपये	आने	पाई
जनवरी	बराये नाम			28	0	0	बराये नाम			सरकारी आंकड़े अभी तक प्रकाशित नहीं हुए हैं			17	14	0	सरकारी आंकड़े अभी तक प्रकाशित नहीं हुए हैं		
फरवरी	बराये नाम			22	0	0	बराये नाम						17	14	0			
मार्च	बराये नाम			24	0	0	बराये नाम						17	14	0			
अप्रैल	बराये नाम			24	8	0	18	12	0									
मई	बराये नाम			22	12	0	19	0	0				–					
जून	बराये नाम			22	4	0	19	12	0				–					
जुलाई	बराये नाम			23	0	0	20	9	0				–					
अगस्त	बराये नाम			21	8	0	20	9	0				–					
सितम्बर	बराये नाम			25	4	0	19	2	0				–					
अक्तूबर	बराये नाम			27	6	0	18	14	0				–					
नवम्बर	बराये नाम			28	10	0	18	8	0				–					
दिसम्बर	बराये नाम			27	12	0	18	6	0				–					

इससे अपेक्षा की जाती है, तो उसे एक सुदृढ़ मुद्रा प्रणाली कैसे माना सकते हैं? इस प्रणाली के कार्य करने में कहीं-न-कहीं कोई ऐसा दोष अवश्य मौजूद है जिसे समय-समय में इसमें बिगाड़ उत्पन्न होने के लिये जिम्मेदार ठहराया जा सकता है और जिससे इस प्रणाली के काम करने में रुकावट पैदा होती है। सन् 1893 में रुपये में गिरावट आयी थी अथवा यह सममूल्य से नीचे आ गया था और सन् 1900 तक इसकी सममूल्यता में कोई सुदृढ़ता नहीं आयी। सात वर्ष की अवधि के पश्चात् 1907 में रुपया अपनी सममूल्यता से पुन: नीचे आ गया। सन् 1914 में रुपये में एक बार और गिरावट आयी। सन् 1917 से इसमें बहुत तीव्र उछाल आया और 1920 के पश्चात् इसमें एक बार फिर गिरावट दिखायी दी। इस अदभुत् स्थिति से स्वाभाविक रूप से यह सवाल खड़ा होता है कि इन मौकों पर रुपया सोने से अपने मूल्य की बराबरी क्यों नहीं कायम रख पाया। इस प्रश्न के सही उत्तर ज्ञात होगा कि विनिमय मानक की कमज़ोरी किस चीज़ में है। रुपये में गिरावट के एकमात्र तर्कसंगत स्पष्टीकरण में यह कहा जा सकता है कि रुपया अपनी सामान्य क्रय-शक्ति खो बैठा है।

तालिका XXXVI

अवधि I—1890—99

वर्ष	प्रचलन में मुद्रा रुपये +नोट		भारत में कीमतों का सूचकांक	इंग्लैंड में कीमतों का सूचकांक
	करोड़ रुपये में	सूचकांक 1890-94=100	1890-94=100	1890-94=100
1890	120	92	113	104
1891	131	100	106	105
1892	141	108	100	99
1893	132	101	96	99
1894	129	99	85	93
1895	132	101	89	90
1896	127	97	99	89
1897	125	96	120	90
1898	122	93	109	91
1899	131	100	108	94

तालिका XXXVII

अवधि II 1900–1908

वर्ष	प्रचलन में मुद्रा रुपये + नोट		भारत में कीमतों का सूचकांक	इंग्लैंड में कीमतों का सूचकांक
	करोड़ रुपये में	सूचकांक 1890–94=100	1890–94=100	1890–94=100
1900	134	103	126	103
1901	150	115	120	98
1902	143	109	115	96
1903	147	113	111	97
1904	152	116	110	100
1905	164	126	120	100
1906	185	142	134	107
1907	190	145	138	113
1908	181	139	147	104

तालिका XXXVIII

अवधि III 1909–14*

वर्ष	प्रचलन में मुद्रा रुपये + नोट		भारत में कीमतों का सूचकांक	इंग्लैंड में कीमतों का सूचकांक
	करोड़ रुपये में	सूचकांक 1890–94=100	1890–94=100	1890–94=100
1	2	3	4	5
1909	198	152	138	105
1910	199	152	137	110
1911	209	160	139	114
1912	214	164	147	117
1913	238	182	152	124
1914	237	182	156	124

**1913 और 1914 के आंकड़े मि0 शिराज कृत इंडियन फाइनेंस एंड बैंकिंग के परिशिष्ट में दिए गए हैं। कालम 3 के आंकड़ों का हिसाब इनके आधार पर लगाया गया है।*

तालिका XXXIX

वर्ष	प्रचलन में मुद्रा रुपये + नोट		भारत में कीमतों का सूचकांक	इंग्लैंड में कीमतों का सूचकांक
	करोड़ रुपये में	सूचकांक 1890–94=100	1890–94=100	1890–94=100
1	2	3	4	5
1915	266	104	112	127.1
1916	297	116	125	159.5
1917	338	132	142	206.1
1918	407	155	178	226.5
1919	463	180	200	241.9
1920	411	160	209	295.3
1921	393	114	183	182.4

अवधि IV 1915–1921*

*कीमतों के सूचकांक *लीग आफ नेशन्स के मेमोरेंडम ऑन करेंसी*, 1913-21, द्वितीय संस्करण (1922) से लिए गए है। सारणी VIII प्रचलन के आंकड़े एच. एस. जेवंस कृत *दि फ्यूचर ऑफ एक्सचेंज एंड इंडियन करेंसी* 1922, पृष्ठ 44 से लिए गए हैं। प्रचलन के सूचकांकों का हिसाब लगाया गया है।

यह एक प्रमाणित सत्य है कि किसी मुद्रा या मौद्रिक इकाई का मूल्य किसी अन्य मुद्रा में या किसी अन्य मौद्रिक इकाई में उतना ही होगा, जितना सामान उससे ख़रीदा जा सकता है। अब इसका एक ठोस उदाहरण लेते हैं- अंग्रेज लोग तथा दूसरे लोग भारत के रुपये का उतना ही मूल्य लगायेंगे, जितना वे रुपयों से भारतीय सामान खरीद सकेंगे। दूसरी ओर, भारतीय लोग अंग्रेजी पाउंड का (या लेखा की दूसरी किसी इकाई का) उतना मूल्य लगायेंगे, जितना वे इन पाउंडों से अंग्रेजी सामान ख़रीद सकेंगे। अगर भारत में रुपये की क्रय-शक्ति में बढ़ोतरी होती है (यानी भारत के मूल्य स्तर में कमी होती है) जबकि पाउंडों की क्रय-शक्ति कम हो जाती है अथवा स्थिर रहती है अथवा कम तेजी से बढ़ती है (यानि अंग्रेजी मूल्य स्तर में भारतीय मूल्य स्तर की तुलना में ज़्यादा वद्धि होती है), ज़्यादा वद्धि होती है), तो पहले से कम रुपये पाउंड के बराबर हो जायेंगे यानी पाउंड के रूप में भारतीय रुपये के विनिमय मूल्य में वृद्धि हो जायेगी। दूसरी ओर, अगर भारत में रुपये की क्रय-शक्ति घट जाती है यानी भारतीय मूल्य स्तर बढ़ जाता है जबकि पाउंड की क्रय शक्ति में बढ़ोतरी हो जाती है अथवा वह स्थिर रहती है अथवा कम तीव्रता से गिरती है (अर्थात् अगर अंग्रेजी मूल्य स्तर भारतीय मूल्य स्तर की तुलना में गिरता है) तो ज़्यादा रुपये एक पाउंड के बराबर होंगे यानी पाउंड की अपेक्षा रुपये के विनिमय मूल्य में कमी हो जायेगी।

इस सिद्धांत के अनुसार भारतीय विनिमय स्तर में गिरावट का वास्तविक कारण भारतीय मूल्य स्तर के उतार-चढ़ाव की गतिविधियों में तलाशना होगा। इस प्रस्ताव की वैधता के संबंध में कोई संदेह न हो, इसके लिये हमें गिरावट की प्रत्येक घटना पर ध्यान देना चाहिये और यह देखना चाहिये कि क्या यह गिरावट रुपयों की क्रय-शक्ति में गिरावट के अनुसार है।

अब क्या ये तालिकायें इस बात की पुष्टि करती हैं अथवा नहीं कि रुपये के स्वर्ण मूल्य में गिरावट रुपये की सामान्य क्रय-शक्ति में गिरावट के अनुसार है? जब सोने का मूल्य गिरा था तो उस समय रुपये की सामान्य क्रय-शक्ति क्या थी? यदि हम उपरोक्त तालिकाओं में दिखाये गये आंकड़ों का आकलन करें तो निश्चित रूप से इस तर्क के पीछे मजबूत आधार दिखायी देता है। इन तालिकाओं से ज्ञात होता है कि सन् 1893 1898 के दौरान रुपये के स्वर्ण मूल्य में इसलिये बढ़ोतरी हुई, क्योंकि उसकी सामान्य क्रय-शक्ति में लगातार सुधार होता गया। अगर कभी उसमें गिरावट आयी और तत्पश्चात् जब कुछ मौकों पर विनिमय दर गिरी, जिस तरह यह सन् 1908, 1914 और 1920 में गिरी थी तो देखा जायेगा कि इन वर्षों के दौरान भारत में कीमतों का स्तर शिखर पर पहुंच गया था। दूसरे शब्दों में, इन वर्षों के दौरान रुपये की सामान्य क्रय-शक्ति में सबसे ज़्यादा कमी आयी। अगर आवश्यकता हो तो, तर्क का एक और साक्ष्य यह है कि रुपये के विनिमय मूल्य को उसकी सामान्य क्रय-शक्ति के आधार पर आंका जाना चाहिये। यह सन् 1920 से रुपये - स्टर्लिंग की विनिमय दरों की गतिविधियों से पता चलता है। (देखें तालिका XL)

लेकिन, हालांकि इसके कारणों की सांख्यिकीय प्रमाणों से इसके सैद्धांतिक दृष्टिकोण की पुष्टि हो चुकी है जिनसे यह पता चलता है कि समय-समय पर रुपये के स्वर्ण मूल्य में बदलाव क्यों होता है (जिसे अन्यथा विनिमय में गिरावट कहा जाता है), लेकिन भारत सरकार इस विचार से सहमत नहीं है। रुपये के स्वर्ण मूल्य में गिरावट के लिये सरकार यह तर्क देती है कि इसका कारण प्रतिकूल व्यापार संतुलन है। विनिमय मानक के प्रतिष्ठित पक्षधर जैसे मि. केनेस और मि. शिराज भी यही तर्क प्रस्तुत करते हैं।

इसमें कोई संदेह नहीं है कि ऐसे ही तर्कों के कारण सन् 1920 की मुद्रा विफल हो गयी थी। वरना रुपये के विनिमय मूल्य में बढ़ोतरी होने का और क्या कारण बताया

जा सकता है? भारतीय मुद्रा पर स्मिथ समिति और भारत सरकार, दोनों का यही विचार था कि रुपये के मूल्य में भारी गिरावट हो चुकी है। इसका सबसे बड़ा प्रमाण थे भारत के बढ़ते हुए मूल्य।

तालिका XL

तारीख	भारत में रुपये की कीमतें 1913=100	इंगलैंड में स्टर्लिंग की कीमतें 1913=100	लन्दन और कलकत्ता के मध्य औसत विनिमय दर	रुपया–स्टर्लिंग क्रयशक्ति समता 16 पैंस x $\frac{\text{कालम 3}}{\text{कालम 2}}$
(1)	(2)	(3)	(4)	(5)
1920 जनवरी	202	289	27.81	22.89
फरवरी	203	306	32.05	24.12
मार्च	194	301	29.66	25.40
अप्रैल	193	300	27.88	25.95
मई	190	298	25.91	25.77
जून	192	293	23.63	25.08
जुलाई	196	282	22.63	24.49
अगस्त	193	263	22.75	24.70
सितम्बर	188	244	22.31	24.94
अक्तूबर	188	232	19.88	24.00
नवम्बर	186	215	19.69	22.62
दिसम्बर	179	209	17.44	21.81
1921 जनवरी	169	200	17.66	21.96
फरवरी	164	191	16.31	20.98
मार्च	162	183	15.53	20.40
अप्रैल	163	186	15.75	19.63
मई	170	182	15.44	17.98
जून	172	176	15.53	17.14
जुलाई	171	163	15.38	17.40
अगस्त	178	161	16.25	16.36
सितम्बर	178	157	17.22	15.82
अक्तूबर	178	156	17.02	14.65
नवम्बर	173	161	16.25	14.89
दिसम्बर	169	157	15.94	14.86
1922 जनवरी	162	156	15.88	15.41
फरवरी	159	156	15.59	16.70
मार्च	160	157	15.34	15.70
अप्रैल	160	159	15.19	15.90
मई	162	159	15.59	15.70
जून	169	160	15.63	15.14
जूलाई	170	158	15.69	14.87
अगस्त	166	153	15.66	14.74

इस तथ्य को ध्यान में रखते हुए कि रुपये का स्वर्ण मूल्य 2 शिलिंग स्वर्ण तक बढ़ाने का कोई अर्थ नहीं है, क्योंकि उसकी क्रय-शक्ति शिलिंग के 4 पैंस के बराबर भी नहीं थी। समिति ने बड़े ही लापरवाह शब्दों में भारतीय विनिमय को स्थिरता प्रदान करने की इच्छा दिखायी। लेकिन इस नज़रिये से समिति का इस बात पर दबाव देना कि रुपयों को सोने से जोड़ दिया जाये, कुछ हास्यास्पद ही कहा जायेगा। प्रो. मार्शल के शब्दों में, स्थिर विनिमय की बात करना ठीक ऐसा ही है जैसे कि विश्व भर की रेलों के विभिन्न गेजों को मुख्य लाइन के गेज में परिवर्तित कर दिया जाये। अगर स्थिर विनिमय से यही अपेक्षा की जाती है तो रुपये को सोने से जोड़ने का अर्थ ही क्या है, जब सोना "मुख्य माध्यम' रहा ही नहीं? लोग तो एक ऐसे मानक के स्थिर विनिमय की इच्छा करते हैं जिनमें मूल्यों को मापा जा सकता हो। रुपये को सोने से जोड़ने का तात्पर्य है कि उसे स्टर्लिंग से अलग कर दिया जाये, जबकि वास्तविक महत्त्व स्टर्लिंग का है, सोने का नहीं। सोने की अपेक्षा स्टर्लिंग के महत्त्व को ध्यान में रखते हुए क्या किसी स्थिर विनिमय नीति की आवश्यकता भी है?

अब स्थिरीकरण की समस्या मुख्य तौर पर दो मुद्राओं के बीच क्रय-शक्ति समानता से असमान्यता को नियंत्रित करने की समस्या है। भारत के संबंध में रुपये और स्टर्लिंग की क्रय-शक्ति समानता में कोई असामान्य बदलाव नहीं हुआ बल्कि दूसरी ओर, भारतीय विनिमय लगभग उसके अनुसार ही चलता रहा। अत: विनिमय स्थिरीकरण की नीति को आरम्भ करने का कोई भी आधार नहीं था। लेकिन यदि हम यह मान लें कि उसमें किन्हीं कारणों से असामान्य बदलाव हुए और जिनके संबंध में समिति जानती थी कि समिति को यह भरोसा था कि रुपया अपने पुराने विनिमय मूल्य को नहीं पा सकेगा जो उसकी क्रय-शक्ति को ध्यान में रखते हुए सही था कि समिति को विनिमय की एक ऐसी दर तय कर देनी चाहिये थी तो रुपये की क्रय-शक्ति की सीमा के अंदर ही होती। ऐसा लगता था कि समिति ने रुपये का ऐसा मूल्य स्थिर कर दिया था जो कभी भी रुपये का मूल्य नहीं रहा था। यह स्पष्ट है कि समिति ने रुपये का मूल्य उसी क्रय-शक्ति की समानता से ज़्यादा तय करके रुपये के मूल्य को स्थिरता प्रदान करने की एक आसान-सी समस्या का समाधान निकालने के स्थान पर उससे कहीं बड़ी और बिल्कुल अलग समस्या उत्पन्न कर दी थी जिसमें रुपये के मूल्य की

हवा निकालने अथवा उसका पूरा अथवा मूल्य बढ़ा देना शामिल था। इस उद्देश्य की पूर्ति कैसे की जा सकती थी? समिति ने इस समस्या पर सोचा ही नहीं। और क्यों? क्या इसलिये कि चांदी मूल्य में वृद्धि हो गयी थी? सम्भवत: ऐसा ही था। लेकिन यह बात संदिग्ध है कि क्या समिति को यह पक्का भरोसा था कि चांदी के मूल्य में स्थायी तौर पर इतनी बढ़ोतरी हो जायेगी कि सोने की अपेक्षा उसकी दर में सुधार किया जाये। किसी भी व्यक्ति ने जिसने चांदी की कीमत में बढ़ोतरी का अध्ययन किया है, उसे ज्ञात हो गया होगा कि यह बढ़ोतरी मुख्य रूप से सट्टेबाजी के कारण ही थी, और स्थायी नहीं थी। लेकिन यदि मान लें कि चांदी की कीमत में सट्टेबाजी के आधार पर बढ़ोतरी नहीं हुई, तो क्या इससे यह माना जाये कि रुपये की कीमत में बढ़ोतरी मोटे तौर पर सट्टेबाजी के कारण हुई थी? कमेटी ने इसका मूल्यांकन करते समय भारी ग़लती की। कमेटी के समक्ष रखे गये तथ्यों से यह समझ पाना मुश्किल है कि जिस व्यक्ति को कीमतों के उतार-चढ़ाव की बहुत कम जानकारी है, वह कैसे इस नतीजे पर पहुंच सकता था कि चूंकि चांदी की कीमत में वृद्धि हुई है, इस कारण रुपये की कीमत में भी वृद्धि हो गयी है। दूसरी ओर, यह हुआ कि चांदी और सोने समेत अन्य वस्तुओं के संदर्भ में रुपये के मूल्य में कमी हो गयी थी। निश्चित रूप से, चांदी के मूल्य में वृद्धि होने से रुपये के मूल्य में गिरावट आयी थी। निम्नलिखित तालिका (तालिका XLII) इस तथ्य का ठोस प्रमाण है-

तालिका XLI

चांदी की स्टर्लिंग (पैंस) में* कीमत

वर्ष	उच्चतम	न्यूनतम	औसत	फेरबदल की सीमा
1913	$29_{3/8}$	$25_{15/16}$	$27_{9/16}$	$3_{7/16}$
1914	$27_{3/4}$	$22_{1/8}$	$25_{5/16}$	$5_{5/8}$
1915	$27_{1/4}$	$22_{5/16}$	$23_{11/16}$	$4_{15/16}$
1916	$37_{1/8}$	$26_{11/16}$	$31_{5/16}$	$10_{7/16}$
1917	55	$35_{11/16}$	$40_{7/8}$	$19_{11/16}$
1918	$49_{1/2}$	$42_{1/2}$	$47_{9/16}$	7
1919	$79_{1/8}$	$47_{3/4}$	$57_{1/16}$	$31_{3/8}$
1920	$89_{1/2}$	$38_{7/8}$	$61_{7/16}$	$50_{5/8}$
1921	$43_{3/8}$	$30_{5/8}$	37	$12_{3/4}$

तालिका–XLII
रुपये का मूल्य ह्रास

तिथि	भारत (बम्बई) में सोने की छड़ की 180 ग्रेन के एक तोला की कीमत	भारत (बम्बई) में चांदी का प्रति 100 तोला मूल्य	भारत में मूल्यों का सूचक अंक 1913=100
	रु. आने	रु. आने	
1914	24.10	65.11	–
1915	24.14	61.2	112
1916	27.2	78.10	125
1917	27.11	94.10	142
	(जुलाई) 34.0	(16 मई) 117.2	178
1918	28	(28 नवंबर) 82.10	–
1918 अगस्त	30.0	–	–
1918 सितम्बर	32.4	–	–
1919 मार्च	32.0	113.00	200

इस प्रकार चांदी के मूल्य में बढ़ोतरी रुपये के मूल्य में गिरावट के परिणामस्वरूप मूल्यों में हुई सामान्य बढ़ोतरी का ही एक हिस्सा थी। समिति की इच्छी थी कि रुपये के स्वर्ण मूल्य को बढ़ाकर 10 रुपये प्रति सावरेन कर दिया जाये जबकि बाज़ार में सावरेन ख़रीदने हेतु इससे दुगुने रुपयों का भुगतान करना पड़ता था। सोने के रूप में रुपया इतना अधिक कम हो गया था कि समिति की रिपोर्ट पेश करने से कुछ माह पूर्व कलकत्ता के समाचार-पत्र "स्टेट्समैन" ने लिखा था-

> "अगर आप देश में एक सावरेन लेकर आते हैं तो सरकार आपसे इसे लेकर बदले में आपको 11 रु. 3 आने देगी। अगर आप देश के अंदर आ जायें और आपके पास सावरेन हो जिसे आप मुद्रा कार्यालय ले जायें तो आपको उसके बदले में 15 रुपये प्राप्त हो जायेंगे। दूसरी ओर, अगर आप उसे बाज़ार में ले जायें तो आपको ऐसे ख़रीदार भी मिल जायेंगे जो आपको इसके बदले में 21 रुपये देने को तैयार हो जायेंगे।"

इस सच्चाई को भारत सरकार के वित्त विभाग ने भी माना था कि यह काफी हद तक सही है। लेकिन इसके बावजूद कमेटी का सुझाव था कि रुपये को 2 शिलिंग के स्वर्ण मूल्य के बराबर समझा जाये। समिति ने रुपये को चांदी के साथ गड़बड़ कर दिया और वह रुपये को संचलन में बनाये रखने व सोने के विनिमय को बढ़ाने की

समस्या में फर्क करने में विफल रही। बाद वाला समाधान केवल तभी अमल में लाया जा सकता था, जब रुपये का मूल्य बढ़ जाता। लेकिन हुआ यह कि रुपये के संबंध में चांदी का मूल्य बढ़ गया। अब एकमात्र व्यवहार्य समाधान यह था कि रुपये की शुद्धता में कमी करने का प्रस्ताव लाया जाये। अगर समिति किसी भी दूसरी वस्तु के समान चांदी को रुपये से भिन्न एक वस्तु मानकर चलती जिसका मूल्यांकन रुपये में किया जाता तो सम्भवत: वह ऐसी भयानक ग़लती करने बच जाती जो उसने की थी। लेकिन ज्यादा सम्भावना इस बात की है कि समिति ने यह कभी कल्पना भी नहीं की होगी कि जिस संबंध में कमेटी को रिपोर्ट पेश करने के लिये कहा गया था, उसमें रुपयों की क्रय-शक्ति की भी कोई महत्त्वपूर्ण भूमिका हो सकती है। रुपये के विनिमय मूल्य को स्थिर रखने के लिये उसके विचार में सबसे महत्त्वपूर्ण बात यह थी कि व्यापार संतुलन अनुकूल होना चाहिये और जब समिति ने रिपोर्ट का खाका तैयार किया, तो उस समय व्यापार संतुलन अनुकूल था। समिति ने विनिमय मानक के संबंध में सामान्य टिप्पणी करते हुए कहा था कि-

> "यह प्रणाली रुपये के मूल्य को 1 शिलिंग 4 पैंस से नीचे नहीं गिरने देने के लिहाज़ से बहुत प्रभावशाली साबित हुई है, और जब तक अनुकूल व्यापार संतुलन वाले एक निर्यातक देश के तौर पर भारत की स्थिति में कोई विशेष असाधारण बदलाव नहीं होता, तब तक यह नहीं समझना चाहिये कि स्थिति बुरी तरह से ख़राब हो जायेगी।"

जब समिति ने इस नज़रिये से प्रश्न पर विचार-विमर्श किया तो स्वाभाविकत: उसका यह तर्क देना पूर्णत: उचित था कि अगर 1 शिलिंग स्वर्ण विनिमय पर व्यापार संतुलन को अनुकूल बनाये रखा जा सकता है तो 2 शिलिंग स्वर्ण विनिमय पर अनुकूल क्यों नहीं बनाये रखा जा सकता? और निश्चित रूप से यह एक ऐसा अनुमान है जो इस बात को साफ कर सकता है कि समिति के सुझावों को उस समय अपनाया गया, जब उन्हें अपनाने की ज़रूरत ही नहीं रही थी। अगर रुपये का वास्तविक मूल्य उसके अंकित मूल्य से ज़्यादा होता तो उस स्थिति में भी ऐसा कोई जोखिम नहीं था कि रुपया संचलन से पूरी तरह से गायब हो जाता, क्योंकि रुपया भारत में बहुत बड़ी मात्रा में संचलन में है। ऐसे में यह न होता कि अंधाधुंध तरीके से रुपयों को पिघलाया जाता अपितु धीरे-धीरे और असंवैधानिक तरीके से भारत सरकार द्वारा जारी किये गये आदेश का उल्लंघन किया जाता कि रुपये के सिक्के पिघलाये न

जायें अथवा उनका निर्यात न किया जाये। जिस समय दिसंबर, 1919 में समिति ने रिपोर्ट प्रस्तुत की, इसमें कोई संदेह नहीं कि उस समय चांदी का मूल्य ज़्यादा था। लेकिन जब सरकार ने इस रिपोर्ट पर अमल किया तो (सन् 1920 में) चांदी की कीमतों में गिरावट आने लगी थी। वास्तव में, 31 अगस्त, 1920 को जब कौंसिल में रुपये के स्वर्ण मूल्य में बदलाव करने का विधेयक प्रस्तुत किया गया तो उस समय सोना 2314 रुपये प्रति तोला की दर से बिक रहा था, और जबकि सावरेन 10 रुपये के बराबर था तो सोने का बाज़ार भाव 15 रु. 14 आने प्रति तोला होना चाहिये था ताकि रुपये के स्वर्ण से बाज़ार अनुपात और नये टकसाली अनुपात में 74 रुपये अथवा 33 प्रतिशत का फर्क होता। और फिर चांदी का मूल्य भी गिर कर 44 पैंस के आसपास पहुंच गया था। इसलिये रुपये के सिक्कों को पिघला दिये जाने की कोई आशंका नहीं थी और इस प्रकार से वे संचलन में बने रहते। लेकिन इस फ़र्क के बावजूद सरकार ने रुपये का ज़्यादा ऊंचा सम-मूल्य रखने के लिये जल्दबाजी दिखायी। फिर भी जल्दबाजी में उठाये गये इस कदम के पीछे जो वित्तीय कारण था, वह पूरी तरह साफ था। आगामी दिनों में जो संवैधानिक बदलाव होने जा रहे थे, उनके तहत ब्रिटिश भारत में प्रांतीय और शाही वित्त को एक-दूसरे से पूर्णत: अलग कर दिया जाना था। वित्त की पुरानी व्यवस्था के अधीन सरकार अगर चाहती तो प्रांतीय सरकारों पर अंशदान के तौर पर नज़राना लगा सकती थी जिससे ऐसी तात्कालिक ज़रूरतों की पूर्ति की जा सके जिन्हें वह अपने साधनों से पूरा करने में समर्थ नहीं थी। इसके अलावा, वह हर बार प्रांतीय वित्त का निर्धारण करते समय भी सबसे बड़ा हिस्सी ले लेती थी। नये संविधान में उसे इस अधिकार से वंचित कर दिया जाना था। इस कारण सरकार राहत के किसी ऐसे साधन की तलाश कर रही थी जो किसी पर विशेष कर की तरह न महसूस हो। ऐसा करने के लिये ऊंची विनिमय दर एक बड़ा राहत भरा साधन था क्योंकि अनुमान लगाया गया था कि इससे घरेलू प्रभार (Home Charges) में बहुत अधिक मात्रा में बचत हो जाती। लेकिन यदि यह मान लें कि वित्तीय नज़रिये से ऊंची विनिमय दर रखना आवश्यक था तो इसके बावजूद, प्रश्न यह था कि इसे किस प्रकार बरकरार रखा जाये? उस समय न सिर्फ चांदी के मूल्य गिर गये थे और सोने के संबंध में रुपये का भी साफ तौर पर मूल्यह्रास हो गया था बल्कि बाज़ार संतुलन भी भारत के विरुद्ध हो गया था। लेकिन असाधारण जल्दबाजी में निर्मित यह

कानून इस उम्मीद से बनाया गया था कि कुछ समय पश्चात् व्यापार संतुलन अनुकूल हो जायेगा जो रुपये के मूल्य को 2 शिलिंग स्वर्ण पर बरकरार रखने में सहायक सिद्ध होगा। उक्त कथन सरकारी गणना की उचित व्याख्या है, यह उस पत्र से साफ हो जाता है जो सरकार ने बंगाल चैंबर ऑफ कॉमर्स की मुद्रा के मोर्चे पर मिली पूर्ण विफलता की व्याख्या करते हुए लिखा था। इसमें पहले वाणिज्य को प्रोत्साहन प्रदान करने के लिये अंतर्राष्ट्रीय ऋण स्वीकार करने की चर्चा करने के पश्चात् आगे कहा गया था-

> "लेकिन शेष चीज़ों के लिये वह (अर्थात् भारत सरकार) अब घटनाओं को स्वाभाविक रूप से होने पर और निर्यात की उत्साहपूर्ण परिस्थितियों पर और उसी के साथ आयात कम होने पर ही निर्भर रह सकती है ताकि विनिमय को सुदृढ़ता प्रदान की जा सके। अनुभव ने दर्शा दिया है कि भरोसे भरी मौजूदा परिस्थिति में स्थिरता नहीं पायी जा सकती... लेकिन भारत सरकार को इस बात का कोई कारण दिखायी नहीं देता कि स्वाभाविक परिस्थितियों को ही ..... विनिमय दर उस स्तर पर क्यों न निर्धारित करने दी जाये जिसकी पक्षधरता मुद्रा समिति की रिपोर्ट में की गयी है।"

इन दोनों विचारों में से कौन-सा विचार सही प्रतीत होता है? क्या इसकी गिरावट के लिये उत्तरदायी रुपये की कम क्रय-शक्ति है अथवा प्रतिकूल व्यापार संतुलन? अब यहां यह बात तत्काल बता देनी चाहिये कि प्रतिकूल व्यापार संतुलन को विनिमय में गिरावट का उत्तरदायी बताना, भारत के सरकारी दस्तावेजों में एक नयी चीज़ है। सन् 1873 व 1893 के दौरान विनिमय में सामान्यत: गिरावट आती रही लेकिन किसी भी सरकारी अधिकारी ने इसकी जिम्मेदारी कभी प्रतिकूल व्यापार संतुलन पर नहीं डाली। और क्या प्रतिकूल व्यापार संतुलन का सिद्धांत सन् 1907, 1914 और 1920 में आने वाली गिरावट की प्रामाणिक व्याख्या कर सकता है? सर्वप्रथम अगर सब दृश्य और अदृश्य वस्तुओं को ध्यान में रखा जाये तो किसी भी देश के व्यापार का तुलन-पत्र (Balance Sheet) सदैव संतुलित रहना चाहिये। वास्तव में भारतीय कागजी मुद्रा की रिपोर्टों के साथ जो अनुसंधान जुड़ा होता है, जिनमें सामान्यत: यह बताया जाता है कि प्रतिकूल संतुलन विनिमय में गिरावट का कारण होता है, उसमें यह बताने में कभी परहेज़ नहीं किया जाता कि भारत से किसी भी चीज़ का "निकास" नहीं किया जाता। इसमें एक-एक वस्तु के साथ यह दिखाया जाता है कि किस प्रकार भारत से होने वाले निर्यात का भुगतान उन वर्षों में भी आयात से होता है, जब विनिमय में गिरावट आ जाती है। सबसे अजीब बात तो यह है कि वहीं ये रिपोर्टें बार-बार प्रतिकूल व्यापार

संतुलन का ज़िक्र करती हैं। अगर यह मान लिया जाये कि भारत के समस्त निर्यात का भुगतान हो जाता है तो यह समझ पाना मुश्किल है कि संतुलन के संबंध में और कुछ कहने की आवश्यकता क्या रह जाती है। व्यापार के जिस हिस्से को धन के माध्यम से संपन्न किया जाता है, उसे "संतुलन" क्यों कहते हैं? कोई व्यक्ति व्यापार संतुलन को कटलरी अथवा किसी दूसरी वस्तु के रूप में भी दिखा सकता है। दो देशों के व्यापारिक लेनदेनों के बीच धन की जितनी मात्रा शामिल होती है, वह किसी भी दूसरी वस्तु के समान सापेक्ष मूल्यों के उसी कानून से संचालित होता है। अगर पहले की तुलना में ज़्यादा धन देश से बाहर जाता है तो इसका यही अर्थ है कि यह अन्य वस्तुओं की तुलना में सस्ता हो गया है। लेकिन अगर प्रतिकूल संतुलन जैसी कोई चीज़ होती है अर्थात् वस्तुओं का आयात वस्तुओं के निर्यात की अपेक्षा बढ़ जाता है तो फिर अगला प्रश्न यह उत्पन्न होता है कि निर्यात में कमी क्यों होती है और आयात में वृद्धि क्यों होती है? दूसरे शब्दों में, व्यापार के सामान्य संतुलन को देखते हुए, व्यापार के प्रतिकूल संतुलन का कारण क्या होता है? इस बात का कोई अधिकारिक स्पष्टीकरण नहीं है। निश्चित रूप से सरकारी दस्तावेजों में भी ऐसे प्रश्नों के संबंध में सोचा नहीं जा सकता। लेकिन यह तो हुआ एक बुनियादी प्रश्न। उपरोक्त आधार पर प्रतिकूल व्यापार संतुलन यह बताने का एक अन्य तरीका है कि वह देश एक ऐसा बाज़ार बन गया है, जहां बेचना तो अच्छा है लेकिन ख़रीदना बुरा है। अब एक बाज़ार बेचने के लिहाज़ से अच्छा और ख़रीदने के लिये बुरा उस स्थिति में होता है, जब उस बाज़ार में कीमतें बाहरी कीमतों से ज़्यादा होती हैं। इसलिये अगर विनिमय में गिरावट के चलते प्रतिकूल व्यापार संतुलन होता है और अगर व्यापार संतुलन प्रतिकूल इस कारण होता है कि आंतरिक कीमतें बाहरी कीमतों की तुलना में ज़्यादा होती हैं, तो इसका तात्पर्य यह है कि विनिमय में गिरावट मुद्रा की क्रय-शक्ति में गिरावट के अलावा कुछ नहीं है, और यह ठीक वैसे ही है जैसे कीमतों का बढ़ना। प्रतिकूल व्यापार संतुलन की व्याख्या अंतिम व्याख्या से एक कदम पहले की व्याख्या होती है। कोई व्यक्ति इस समस्या को किसी प्रकार देर करना भी चाहे, लेकिन इस निष्कर्ष से बचना असम्भव है कि रुपये के विनिमय मूल्य में गिरावट रुपये की क्रय-शक्ति में गिरावट के कारण होती है।

अब रुपये की क्रय-शक्ति में गिरावट का कारण क्या है? मूल्य जांच समिति की रिपोर्ट (Report of Price Inquiry Committee) अगर बेतुकी नहीं तो एक भ्रामक दस्तावेज अवश्य है। उसमें दूसरे कारणों के अतिरिक्त, भारत में मूल्य वृद्धि का एक कारण यह भी बताया गया था कि जनसंख्या की तुलना में माल की आपूर्ति में कमी

आयी है। अब सामान्यत: यह सिद्धांत माना जाता है कि मूल्य निर्धारण का मुख्य कारण मुद्रा की मात्रा होती है, इसलिये समिति ने जो कारण बताया है, वह कुछ अजीब-सा प्रतीत होता है। लेकिन यह बात समझने के पर्याप्त कारण हैं कि समिति ने कीमतों में वृद्धि की यह अजीबोगरीब व्याख्या क्यों दी। भारतीय मुद्रा के प्रबंध के संबंध में सरकार की स्थिति बहुत नाजुक है। कागजी मुद्रा जारी करने का मुद्दा पहले से ही सरकार के पास था। टकसाल बंद करने के कारण रुपये की मुद्रा की व्यवस्था भी सरकार ने अपने हाथों में ले ली। अब चूंकि रुपये के सिक्कों और कागजी मुद्रा यानी सारी ही मुद्रा का नियंत्रण सरकार के अपने हाथों में आ गया है, इसलिये मुद्रा के जो भी नतीजे निकलेंगे, उसकी पूरी जिम्मेदारी सरकार पर होगी। फिर भी हमें यह नहीं भूलना चाहिये कि सरकार पर विपक्ष बड़ी समझदारी से हमले करता रहा है और वह अपने व्यंग्य बाणों में कोई कमी नहीं रखता। इस स्थिति के फलस्वरूप सरकार ने बहुत सतर्कता से कदम बढ़ाये हैं और वह बहुत सतर्कता के साथ ही किसी चीज़ को स्वीकार करती है। होमर के सन् 1811 के प्रस्ताव पर बहस में हिस्सा लेते हुए लॉर्ड कैसलेरे ने कहा था कि आवश्यकता से अधिक मात्रा में जारी करने के कारण बैंक नोटों के मूल्य में कमी हो गयी है, और हाउस ऑफ कामंस से पूछा था कि बेशक यह एक वास्तविकता हो लेकिन अगर सदन यह मान लेता कि मूल्य में गिरावट है तो ऐसे में नेपोलियन भी क्या करता। भारत सरकार की स्थिति भी ठीक वैसी ही है और उसे सोचना चाहिये कि अगर उसने यह या वह, कोई भी सिद्धांत स्वीकार कर लिया तो विपक्ष की प्रतिक्रिया क्या होगी। भारत सरकार द्वारा इसे स्वीकारने का कारण यह है कि प्रतिकूल व्यापार संतुलन से ही विनिमय में गिरावट आयी है। जिस प्रकार समिति ने यह कहा है कि कीमतें वस्तुओं की आपूर्ति में कमी होने के कारण बढ़ी हैं, इन दोनों सिद्धांतों की व्याख्या में समान बात यह है कि इसमें घटनाओं को सरकारी नियंत्रण से परे बताया गया है और इस प्रकार सरकार को किसी भी ऐसे आरोप से सुरक्षित कर लिया गया है जो उस पर लगाया जा सकता था। अगर व्यापार संतुलन प्रतिकूल हो जाये तो ऐसे में सरकार क्या कर सकती है? और अगर वस्तुओं की आपूर्ति में कमी हो जाये तो क्या यह सरकार की गलती है? सरकार ऐसे भारी सुरक्षा कवचों के साथ सुरक्षित रह सकती है। लेकिन क्या समिति द्वारा प्रस्तुत की गयी व्याख्या के कारण इस व्याख्या को ग़लत मान लिया जाये कि भारत में कीमतों में वृद्धि का कारण मुद्रा की

मात्रा में वृद्धि होना था। धन का मूल्य मुद्रा और वस्तुओं के (विनिमय के) एक समीकरण के नतीजे पर टिका होता है। इस समीकारण के दो पहलू हैं, मुद्रा का पहलू और वस्तुओं का पहलू। अर्थशास्त्रियों में यह विवाद युगों से चला आ रहा है कि जब विनिमय के समीकरण का नतीजा बदलाव के दौर से गुज़र रहा होता है अर्थात् सामान्य मूल्य-स्तर में बदलाव होता है, तो इन दोनों में से कौन सा कारक निर्णायक होता? कई अर्थशास्त्री ऐसे हैं जो पैसे की सामान्य क्रय-शक्ति के महत्त्व पर चर्चा करते समय मुख्य निर्धारक तत्व के रूप में आय मूल्य स्तर में परिवर्तन धन के मूल्य अथवा समीकरण में धन के पहलू की तुलना में वस्तुओं के पहलू पर ज़ोर देते हैं। उनके अनुसार, अगर कीमतों में सामान्य गिरावट होती है तो सम्भव है कि यह धन के अभाव के कारण न हो बल्कि इसका कारण वस्तुओं की अधिक आपूर्ति हो। इसी प्रकार अगर कीमतों में सामान्य बढ़ोतरी होती है तो यह धन की अधिकता की अपेक्षा वस्तुओं की मांग में कमी के कारण हो सकता है। इस तरह से विचार किया जा सकता है जैसा कि कुछ अर्थशास्त्रियों ने किया था, लेकिन यह सोचना भी एक भूल ही होगी कि धन की मात्रा का सिद्धांत ग़लत प्रमाणित हो गया है। वास्तव में वे इस विचार से धन की मात्रा के सिद्धांत को बिल्कुल भी नुकसान नहीं पहुंचा रहे हैं। वे उसी को एक भिन्न तरीके से पेश कर रहे हैं। उनके इस विचार में कमी यह है कि इसमें इस बात पर विचार नहीं किया गया है कि अगर वस्तुओं के आधिक्य या अभाव में उसी के साथ-साथ मुद्रा को सम्मिलित कर लिया जाये तो आय मूल्य स्तर पर उसका क्या असर पड़ेगा, अगर वस्तुओं की मात्रा में वृद्धि हो जाये जिसमें मुद्रा की बढ़ी हुई मात्रा भी सम्मिलित हो, तो इस बात का कोई कारण नहीं कि सामान्य कीमतों का आय स्तर क्यों गिर जाये। इसी प्रकार अगर वस्तुओं की मात्रा और उस के साथ मुद्रा की मात्रा कम हो जाये तो इस बात का कोई कारण नहीं कि कीमतों का स्तर क्यों गिर जाये। इसी तरह यदि वस्तुओं की मात्रा घट जाये और इसी के साथ मुद्रा की मात्रा भी कम हो जाये तो इस बात का कोई कारण नहीं कि सामान्य कीमतें क्यों बढ़ जायें। अगर वस्तुओं के रूप में व्याख्या की जाये, तो यह धन के मूल्य की मात्रा व्याख्या के विपरीत नहीं है। जो कुछ अभी कहा गया है उसे देखते हुए समिति के तर्क को बगैर उसकी भाषा में परिवर्तन किये इस तरह पेश किया जा सकता है कि भारत में कीमतों में बढ़ोतरी इसलिये हुई कि वस्तुओं की आपूर्ति में कमी आने के साथ-साथ मुद्रा की

मात्रा में कमी नहीं आयी। संक्षेप में, रुपये की क्रय-शक्ति में इसलिये कमी हुई क्योंकि मुद्रा ज़रूरत से ज़्यादा मात्रा में जारी कर दी गयी और निस्संदेह सन् 1893 में टकसालें बंद होने के कारण भारत में भारी मात्रा में मुद्रा जारी की गयी।

सन् 1893-98 की पहली अवधि अपेक्षाकृत अकेली ऐसी अवधि थी जिसमें मुद्रा को विस्तार देने के संबंध में ख़ास तौर पर सतर्कतापूर्वक नीति अपनायी गयी थी। उसका कारण सबको पता है। उस समय टकसालों को बंद कर दिया गया था और मुद्रा पहले ही अतिरिक्त मात्रा में मौजूद थी। फिर भी यह अवधि भी मुद्रा विस्तार से पूर्णत: मुक्त नहीं थी। जिस वक्त टकसालों को बंद किया गया, उस समय लोगों के पास रखी चांदी के बुलियन का मूल्य घट जाने से उसका मूल्यह्रास हो गया। जिन लोगों का हित इससे जुड़ा हुआ था, उन्होंने एक आंदोलन आरम्भ कर दिया जिससे सरकार को उनकी हानि की क्षतिपूर्ति करने के लिये मजबूर किया जा सके। अंतत: सर जेम्स मैके (अब लॉर्ड इंचकेप) सरकार को इस बात के लिये राजी करने में कामयाब हो गये कि सरकार बैंकों से चांदी ले ले। सर मैके वही व्यक्ति थे जिन्होंने सरकार को टकसालें बंद करने के लिये बाध्य किया था। सरकार ने राज्य सचिव को प्रस्ताव भेजा कि उसे नुकसान उठा कर भी, चांदी बेचने की आज्ञा दी जाये, अपेक्षाकृत इसके कि वह चांदी के सिक्के बनाये क्योंकि मुद्रा पहले ही अतिरिक्त मात्रा में बनी पड़ी है। चूंकि राज्य सचिव ने इस प्रस्ताव को स्वीकार नहीं किया था इसलिये चांदी के सिक्के बना लिये गये और मुद्रा की मात्रा में और भी वृद्धि हो गयी। सन् 1893-94 में कौंसिल बिलों की रोक से खजानों में कुछ समय के लिये सिक्कों का बड़ा भंडार जमा हो गया था। इससे व्यवहारिक रूप से मुद्रा में संकुचन आ गया। लेकिन बाद में सरकार ने निर्णय लिया कि यह पैसा रेल निर्माण पर खर्च कर दिया जाये। यह नीति मुद्रा में वृद्धि करने के समान ही थी। सन् 1894 के पश्चात् कौंसिल बिल को फिर से चालू करने का भी वही असर हुआ क्योंकि बिलों की बिक्री में अतिरिक्त मुद्रा शामिल होती थी। चूंकि घरेलू खजाने के लिये वित्त व्यवस्था करने के लिये सोने उधार लेने पर भारी लागत आयी, अत: बिक्री फिर से आरम्भ नहीं की जा सकती थी। लेकिन जो बात बिल्कुल भी माफ़ करने योग्य नहीं थी, वह थी कागजी मुद्रा के अस्थायी भंडार को 8 करोड़ रु. से 10 करोड़ रुपये कर देना। इस प्रकार, 2 करोड़ रुपये के सिक्के संचलन में आ गये, विशेषत: इस कारण कि वित्त मंत्री ने इस पर विचार करने से साफ मना कर दिया कि उसका मुद्रा नीति पर कोई असर होगा। उनका तर्क था-

> "मुझे इस संबंध में तनिक संदेह है कि मुद्रा के भंडार के निवेश के सवाल पर विचार करते हुए क्या हम इस तरह बाहरी प्रभावों पर विचार कर सकते हैं।"

फिर भी कुल मिला कर पहली अवधि में दूसरी अवधि (सन् 1900-1908) की अपेक्षा मुद्रा में बढ़ोतरी न के बराबर हुई। इस अवधि के दौरान सरकार ने भारी मात्रा में मुद्रा को संचलन में उतार दिया जिससे मुद्रा की मात्रा में अभूतपूर्व वृद्धि हो गयी। इस अवधि में जो रुपये के सिक्के बनाये गये, उसके संबंध में मि. केनेस ने, जो सरकारी नीतियों के विरोधी आलोचक थे, लिखा-

> "वर्ष 1900 में रुपये के सिक्कों का बड़ी मात्रा में फिर से ढालना आरम्भ कर दिया गया। स्थिर वार्षिक मांग के कारण सन् 1901-02 में मांग में कमी बनी रही। जो 1903-04 में ज़्यादा थी, लेकिन वह असाधारण कभी भी नहीं थी।) इसलिये टकसालें आराम से सिक्के ढालकर कुछ समय के लिये विश्राम ले लेती थीं, हालांकि सन् 1903-04 में उन्हें तनिक मुश्किल हुई। सन् 1905-06 में मांग में तीव्रता से वृद्धि हुई और जुलाई, 1905 हुई और जुलाई, 1905 से तो ग़ैर सिक्के वाले चांदी के सिक्के बनाने पर भी नयी आपूर्ति से मांग की पूर्ति नहीं कर सकी। लेकिन यह थोड़ी सी कमी भी सरकार को परेशान करने के लिये काफी थी। और एक बार जब उसने तेज गति से सिक्कों का निर्माण आरम्भ कर दिया तो फिर वह निरंतर यह निर्माण करती गयी। बिना सामान्य विवेक का इस्तेमाल किये.... बिना इसका इंतज़ार किये कि सन् 1906-07 का व्यस्त मौसम कैसे व्यतीत होगा, सरकार गर्मी के महीनों में तेजी से सिक्कों का निर्माण करती चली गयी। 1906 की गर्मियों के समान ही सरकार 1907 की गर्मियों में भी सिक्के ढालती गयी, बिना यह इंतज़ार किये कि जब तक 1907-08 के मौसम की समृद्धि का आश्वासन नहीं मिल गया।"

ज़ाहिर है कि सरकार ने इस अवधि के दौरान अपनी नीति कुछ इस प्रकार से बनायी कि जैसे "एक समाज लगातार अपनी भूख मिटाने के लिये मुद्रा का उपभोग इस प्रकार कर रहा है, जैसे अन्य समाज बीयर का उपभोग

करते हैं।" इस अवधि के दौरान कागजी मुद्रा में भी पर्याप्त मात्रा में वृद्धि हुई। सन् 1903 तक करेंसी नोटों का बहुत सीमित मात्रा में इस्तेमाल होता था जिसका कारण था कि उन्हें जारी किये जाने वाले अपने सर्कल यानी मंडल से बाहर वैध मुद्रा नहीं माना जाता था और एक कारण यह भी था कि उन्हें केवल जारी करने वाले मंडल के कार्यालय से ही भुनाया जा सकता था। भारत में कागजी मुद्रा के विस्तार के लिये यह एक बड़ी सीमा थी। 1903 के अधिनियम VI द्वारा 5 रुपये के नोट को बर्मा के अतिरिक्त समूचे ब्रिटिश भारत में मान्यता प्रदान कर दी गयी थी अर्थात् वह सभी मंडलों के लिये वैध मुद्रा बन गया और जारी किये जाने वाले सभी कार्यालयों से उसको भुनाया जा सकता था। इसके अलावा, 1905 के अधिनियम III के तहत कागजी मुद्रा भंडार का प्रत्ययी अथवा फिडुशियरी भाग बढ़ाकर 12 करोड़ रुपये कर दिया गया। पहले कदम का प्रयोजन तो था नोटों के संचलन को बढ़ावा देना लेकिन दूसरे कदम का प्रयोजन रुपया- मुद्रा के मूल्य को कम करना था। भारत में मुद्रा के विस्तार की दृष्टि से तीसरी अवधि (सन् 1909-14) को तुलनात्मक रूप से एक शान्त अवधि कहा जा सकता है हालांकि वह किसी भी तरह से मंदी का समय नहीं था। इस अवधि के प्रथम तीन वर्षों को रुपये के सिक्के जारी करने के नज़रिये से "मंदी की भावनाओं" का वर्ष कह सकते हैं। वर्ष 1910 को छोड़ दें, जब रुपये के सिक्कों में कोई भारी बढ़ोतरी नहीं हुई, और सन् 1911 में जब नये सिक्के बहुत कम मात्रा में जारी किये गये थे, तो सन् 1909 और सन् 1912 में 24 से 30 लाख रुपये के सिक्के जारी किये गये। लेकिन इस अवधि के आखिरी दो वर्षों के दौरान अकस्मात ही बहुत बड़ी मात्रा में रुपये के सिक्के जारी कर दिये गये और सिक्कों की कुल मात्रा 26 1/2 करोड़ रुपये तक पहुंच गयी। इस दौरान कागजी मुद्रा में भी तीव्रता से वृद्धि हुई। सन् 1909 में 5 रुपये के नोट को बर्मा में भी हर स्थान पर स्वीकार्य मुद्रा के रूप से मान्यता मिल गयी। इससे पूर्व इसे

भारत के सभी भागों में स्वीकृत मुद्रा मान लिया गया था। इस अवधि के दौरान नोटों को हर स्थान पर स्वीकृत करने की प्रक्रिया जारी रही और कागजी मुद्रा अधिनियम (1910 का II) के तहत प्रदान किये गये अधिकार से सन् 1910 में 5 रुपये और 50 रुपये और सन् 1911 में 100 रुपये के नोट सर्वत्र मान्य समझ लिये गये। इसी के साथ बड़ी मात्रा में कागजी मुद्रा को बढ़ावा दिया गया और सन् 1911 के अधिनियम VII के तहत भारत सरकार ने कागजी मुद्रा के प्रत्ययी अथवा फिडुशियरी भाग को 12 करोड़ से बढ़ाकर 14 करोड़ रुपये कर दिया। इस प्रकार और 2 करोड़ रुपये संचलन में आ गये।

चौथी अवधि (सन् 1915-20) में सभी सावधानियों को त्याग दिया गया। इसी अवधि के दौरान दूसरा महायुद्ध आरम्भ हो गया जिससे भारतीय सामान की मांग बहुत बढ़ गयी और भारत को ब्रिटिश साम्राज्य की ओर से भी भारी खर्च करना पड़ा। इन दोनों के लिये सरकार को ख़रीद के अपने मौजूदा साधनों को बढ़ाना पड़ा।

इस ज़रूरत को पूरा करने हेतु सरकार के पास तीन साधन थे (1) सोने का आयात किया जाये, (2) रुपये के सिक्कों की मात्रा में वृद्धि की जाये और (3) कागजी मुद्रा में वृद्धि की जाये। लेकिन इससे यह बिल्कुल नहीं समझना चाहिये कि भारत सरकार के पास ज़रूरी मुद्रा उपलब्ध कराने के साधन नहीं थे। भारत सरकार भारत में जो कुछ भी ख़र्च करती थी, लंदन में राज्य सचिव को उसका भुगतान कर दिया जाता था। इस प्रकार भरपूर मात्रा में साधन उपलब्ध थे। समस्या मात्र यह थी कि उन्हें उचित खाते में कैसे परिवर्तित किया जाये। आम तौर पर, राज्य सचिव अपने पास मौजूद सोने से चांदी खरीद लेता है ताकि भारत में उससे रुपये के सिक्के बनाये जा सकें। इस अवधि के प्रथम दो वर्षों के दौरान यही सामान्य तरीका अपनाया गया था और इसी तरीके से मुद्रा की मात्रा में वृद्धि कर दी जाती थी। लेकिन चांदी के मूल्य में वृद्धि होने से इस साधन की उपलब्धि कम हो गयी। इस प्रकार राज्य सचिव को दो बातों में से एक को चुनना था - या तो वह सोना बाहर भेजे अथवा कागजी मुद्रा जारी करे। इसमें से पहले वाले विकल्प को देशभक्ति का संकेत नहीं माना गया था।

दरअसल, राज्य सचिव का यह मानना था कि राज्य के नज़रिये से यह बात भी पूर्णत: अशिष्टतापूर्ण होगी कि उन्हें लंदन में जो सोना प्राप्त किया था, उसे भारत के सोने का "नाम" दिया जाये। लेकिन तब भारत में मुद्रा की अतिरिक्त मांग की पूर्ति कैसे की जाती? इस पर सोच-विचार करने के परिणामस्वरूप सहमति बनी कि भारत में राज्य सचिव के लिये सोने के बग़ैर मुद्रा जारी करने का सबसे अच्छी तरीका यह होगा कि उन्हें भारत की ओर से जो सोना प्राप्त हो, वह भारत की ओर से उसका निवेश ब्रिटिश ट्रेजरी बिलों की खरीद में कर दे और भारत सरकार इन बिलों की गारंटी के आधार पर मुद्रा के नोट जारी कर दे। इस प्रकार भारत में कागजी मुद्रा जारी करने के मूलभूत सिद्धांत में बहुत ज़्यादा संशोधन करना शामिल था। सिद्धांत यह था कि प्रत्ययी (फिडुशियरी) नोटों की मात्रा में वृद्धि कर दी जाये और ऐसा करने के लिये सुरक्षित धातु के एक हिस्से का तभी निवेश किया जाये, जब काफी लम्बे समय के पश्चात् यह देखा जाये कि संचलन में कुल नोटों की तुलना में सुरक्षित धातु के अनुपात से यह पता चले कि सुरक्षित निवेश का विस्तार करने की और धातु के सुरक्षित भंडार में कमी करने की ज़रूरत है। इस सिद्धांत का सबसे ज़्यादा असर यह था कि कागजी मुद्रा की मात्रा लोगों की आदतों पर निर्भर करती है, क्योंकि किसी भी वक्त प्रत्ययी नोटों की मात्रा उस सुरक्षित धातु भंडार के अनुरूप होती थी जो एक समय मौजूद होते थे। नयी योजना में पुराने सिद्धांत को शामिल नही किया गया था और कागजी मुद्रा बगैर किसी सुरक्षित धातु भंडार के जारी कर दी जाती है और उससे भी अहम बात यह है कि कागजी मुद्रा की मात्रा लोगों की आदतों पर नहीं अपितु सरकार की ज़रूरत पर और सरकार के पास उपलब्ध सिक्युरिटी पर निर्भर करती थी। भारत सरकार द्वारा खुद को हानि पहुंचाने वाली और सहज प्रक्रिया को इतना ज़्यादा अपनाया गया कि चार वर्षों में ही उसे एक के बाद एक आठ अधिनियम पास करने पड़े और सिक्यूरिटीज़ के बदले वह नोट जारी करती गयी। तालिका - XLIII को देखने से पता चलता है कि अधिनियम में कितनी सीमा तय की गयी और उनके तहत वास्तव में कितनी मुद्रा जारी की गयी।

तालिका XLIII

जारी किए गए करेंसी नोट

	फिडुशियरी कागजी नोट जारी करने वाले अधिनियम						
I. फिडुशियरी नोटों की सीमा	1915का एक्ट V	1916का एक्ट IX	1917का एक्ट XI	1917का एक्ट XIX	1918का एक्ट VI	1919का एक्ट II	1919का एक्ट XXVI
				(लाख रुपयों में)			
(क) स्थायी	14,00	14,00	14,00	14,00	14,00	14,00	14,00
(ख) अंतरिम	6.00	12,00	36,00	48,00	72,00	86,00	106,00
कुल सीमा	20,00	26,00	50,00	62,00	86,00	100,00	120,00
II. कुल जारी करेंसी नोटों की संख्या	61.63	67,73	86,38		99,79	153,46	179,67*
स्वर्ण	32.34	23.57	19,22		10,79	37,39	47,44
चांदी	15,29	24.16	18,67		27,52	17,49	32,70
III. सुरक्षित (सिक्यूरिटियां)	14,00	20,00	48,49		61,48	98,58	99,53

* 30 नवम्बर, 1919 की स्थिति। बाकी सभी आंकड़े 31 मार्च के हैं।

लेकिन इस आसान सी प्रक्रिया को स्थायी रूप से जारी नहीं रखा जा सकता क्योंकि उसका नोटों की परिवर्तनीयता पर ख़राब असर होता। इसलिये, कागजी मुद्रा की मात्रा में वृद्धि करने से मुद्रा की मांग बढ़ी जिसने सरकार को इस बात के लिये मजबूर कर दिया कि वह धातु की मुद्रा की व्यवस्था करे ताकि खरीद के वर्तमान साधनों का इंतज़ाम किया जा सके और कमज़ोर पड़ती कागजी मुद्रा को भी मजबूती प्रदान की जा सके। चूंकि चांदी की कीमतों में वृद्धि हो रही थी, इसलिये सरकार स्वाभाविक तौर पर सोने को अपनाने के लिये मजबूर हो गयी। 29 जून, 1917 को एक अध्यादेश जारी किया गया जिसके तहत यह आवश्यक हो गया कि भारत में आयात किया जाने वाला सारा सोना सरकार को स्टर्लिंग विनिमय पर आधारित मूल्य पर बेचना होगा, और मोहरों के निर्माण हेतु बम्बई में . एक टकसाल खोली गयी। इसके लिये अलग-अलग जगहों से सोना प्राप्त करने की बहुत कोशिशें की गयीं। 9 जून, 1917 को संयुक्त राज्य अमरीका के सोने के निर्यात पर लगे प्रतिबंध को हटाने और दक्षिण अफ्रीका व आस्ट्रेलिया के सोने को बाज़ार में मुक्त रूप से आने देने के कारण सरकार को इस धातु की थोड़ी सी मात्रा की आपूर्ति हासिल हुई। 18 जुलाई, 1919 से कनाडा में ओटावा स्थित टकसाल में जमा किये गये सोने के सिक्कों या सोने को मौजूदा विनिमय दरों पर तार द्वारा हस्तांतरित करने की सुविधा प्रदान की गयी और 22 अगस्त, 1919 से न्यूयार्क में प्रतिस्पर्धी निविदाओं के आधार पर यह सुविधा प्रदान की गयी। लंदन और संयुक्त राज्य अमरीका में प्रत्यक्ष रूप से सोना खरीदने के भी प्रबंध किये गये। अंततः सोने के निजी आयात को बढ़ावा देने के लिये 15 सितंबर, 1919 से प्राप्ति दर (Acquisition Rate) में परिवर्तन किया गया जिससे स्टर्लिंग में होने वाली कमी को ध्यान में रखा जा सके। लेकिन इस तरीके से जो सोना प्राप्त हो सका, उसकी मात्रा बहुत ही कम थी और सोने के सिक्के जारी करने से भी उस उद्देश्य की पूर्ति नहीं हो पायी जैसा सरकार सोचती थी कि ये सिक्के संचलन में बने रहें। उस समय जिस प्रकार की स्थिति बनी हुई थी, उसमें यह नामुमकिन था। सोने के मुकाबले में रुपये के मूल्य में भारी गिरावट हो गयी। इस कारण मौजूदा विनिमय की दर पर सरकार जैसे ही सोने के सिक्के जारी करती, वे बाज़ार में आते ही ख़त्म हो

जाते थे। अत: सरकार सिर्फ इतना ही कर पायी कि सोने और चांदी के सिक्कों का इस्तेमाल मुद्रा के अलावा दूसरे किसी भी तरीके से इस्तेमाल में लाने पर रोक लगा दी गयी और उनका निर्यात भी रोक दिया गया। सरकार ने 29 जून और 3 सितंबर, 1917 की अधिसूचनाओं के माध्यम से ऐसा किया। जब सरकार को महसूस हो गया कि वह सोने पर निर्भर नहीं रह सकती तो उसने रुपये के सिक्के जारी करने की अपनी कोशिशें तीव्र कर दीं। रुपये की धातु की खरीद को आसान बनाने के लिये 3 सितंबर, 1917 से निजी तौर पर चांदी के आयात को रोक दिया गया। फिर भी इस उपाय से कुछेक छोटे-मोटे प्रतिस्पर्धी ही कम हुए और विश्व में चांदी की मांग इतनी ज़्यादा मात्रा में थी कि राज्य सचिव पर्याप्त मात्रा में चांदी प्राप्त करने में असमर्थ रहा। हालांकि छोटे सिक्कों में चांदी के स्थान पर गिलट (Nickel) का इस्तेमाल सहायक तौर पर करके चांदी की काफी बचत की गयी और एक रुपये व 2.8 रुपये के छोटे नोट भी जारी किये गये। संयुक्त राज्य अमरीका की सरकार से संपर्क करके उससे भी यह अनुरोध किया गया कि वह अपने रिज़र्व में रखे चांदी के डॉलरों का एक हिस्सा जारी कर दे। अमरीकी सरकार इसके लिये रज़ामंद हो गयी और उसने पिटमैन एक्ट (Pittman Act) पास किया जिसके तहत भारत सरकार 101 1/1⁄2 सेंट प्रति औंस की दर से पर्याप्त मात्रा में चांदी प्राप्त कर सकी। इस अवधि के दौरान प्राप्त कुल चांदी का ब्यौरा निम्नानुसार है-

तालिका XLIV

रुपये के सिक्कों की ढलाई, 1915–20

वर्ष	खुले बाजार में खरीदी गई चांदी (स्टैंडर्ड औंस)	संयुक्त राज्य अमरीका से खरीदी गई चांदी (स्टैंडर्ड औंस)	कुल स्टैंडर्ड औंस
1915-16	8,636,000	–	–
1916-17	124,535,000	–	–
1917-18	70,923,000	–	–
1918-19	106,410,000	152,518,000	–
1919-20	14,108,000	60,875,000	
योग	324,612,000	213,393,000	538,005,000

अब, इस तथ्य को ध्यान में रखते हुए कि सन् 1900 से 1914 तक सरकार ने 53 करोड़ स्टैंडर्ड औंस चांदी के सिक्के बनाये थे, जिसका अर्थ यह है कि इन पांच वर्षों के दौरान चांदी के सिक्कों की मात्रा गत 14 वर्षों की तुलना में 5 करोड़ औंस ज़्यादा थी।

इस प्रकार अपरिवर्तनीय मुद्रा असीमित मात्रा में जारी करने के अधिकार का इस्तेमाल करने का एक अनिवार्य नतीजा था कि रुपये का स्वर्ण मूल्य कम हो गया। अब तक के इतिहास में सभी प्रकार की अपरिवर्तनीय मुद्राओं का यही भाग्य रहा है। लेकिन ऐसा कहा जाता है कि रुपये की मुद्रा को इसका एक अपवाद समझना चाहिये क्योंकि अगर सरकार के पास यह स्वतंत्रता है कि वह इसे असीमित मात्रा में जारी कर सके तो मुद्रा के मूल्य में कमी होने की स्थिति में सरकार के पास इन दुष्प्रभावों को सही करने के तरीके भी मौजूद हैं। इसलिये अब हमें इन तरीकों की जांच करनी चाहिये।

इस तर्क का आधार यह है कि रुपया एक सांकेतिक मुद्रा है और यदि सांकेतिक मुद्रा के मूल्य को सोने में भुगतान करने का सिद्धांत (Principle of Redemption into Gold) के माध्यम से सोने के बराबर मूल्य पर बनाये रखा जा सकता है तो इसी प्रक्रिया से रुपये को सोने के बराबर रखा जाना भी मुमकिन होना चाहिये। लेकिन इसके लिये आवश्यक है कि सरकार के पास सोने का पर्याप्त भंडार मौजूद होना चाहिये और जब तक सरकार के पास यह भंडार मौजूद है, तब तक हम इस संबंध में आश्वस्त हो सकते हैं कि हमें रुपये के मूल्य में होने वाली सम्भावित कमी के बारे में चिंतित नहीं होना चाहिये। भारत सरकार के पास ऐसा भंडार मौजूद है और सभी तीनों मौकों पर जब रुपये का स्वर्ण मूल्य सममूल्य ज़्यादा नीचे आ गया तो ऐसे में इस भंडार का ही सहारा लिया गया। भुगतान की यह प्रक्रिया मुख्य रूप से तीन तरीकों से की जाती है (1) रिवर्स कौंसिल्स की बिक्री से जिससे सरकार लंदन में सोना वापस करके बदले में रुपये प्राप्त कर सकती है; (2) भारत में रुपये प्राप्त करने के लिये अंदरूनी तौर से सोना जारी कर सकती है; (3) राज्य सचिव के कौंसिल बिलों को रोककर रुपयों को ज़्यादा मात्रा में संचलन में आने से रोक सकती है। कहा जाता है कि इन

सबका कुल असर यह होगा कि इससे मुद्रा में संकुचन आयेगा और उसका मूल्य सममूल्य पर आ जायेगा। हालांकि ये तीनों ही उपाय प्रयोग में लाये जा सकते हैं, फिर भी सरकार सोने के बदले में करने की प्रक्रिया का ही सबसे ज्यादा इस्तेमाल करती है। इन तीनों मौकों पर भुगतान का कितना इस्तेमाल किया गया था, यह अगले पृष्ठों पर दी गयी तालिकाओं XLV, XLVI, XLVII तथा XLVIII से साफ हो जाता है।

सरकार ने न सिर्फ व्यापक स्तर पर रिवर्स काउंसिल्स को अपितु आंतरिक संचलन के लिये सोने को भी रुपयों में बेच दिया, जैसा उसने इससे पूर्व कभी नहीं किया था।

सन् 1920 में राज्य सचिव ने भारत सरकार पर कौंसिल बिलों का आहरण नहीं किया।

गत दो मौकों पर इस प्रक्रिया की कामयाबी से इस विश्वास को बल प्राप्त हुआ है कि इससे रुपये के मूल्य को फिर से बहाल किया जा सकता है। लेकिन सन् 1920 के संकट के समय इस प्रक्रिया की विफलता से इसके सामान्य तौर पर प्रभावी होने पर संदेह उत्पन्न हो गया। हम यह नहीं कह सकते कि विनिमय दर इसलिये सफल नहीं हुई, क्योंकि इस प्रक्रिया को प्रयोग में नहीं लाया गया था। फिर भी दूसरी ओर, सन् 1920 में रिवर्स कौंसिल्स की बिक्री के संबंध में सरकार की सोच में सन् 1907-08 के संकट की तुलना में बहुत ज़्यादा बदलाव आ गया था। उस संकट के समय सरकार एक कंजूस के समान पेश आयी थी; वह अपने सोने के भंडार पर कुंडली मार कर बैठी हुई थी और जिस प्रयोजन से सोने के भंडार की स्थापना की गयी थी, उसकी पूर्ति के लिये सरकार ने उसका इस्तेमाल करने से इंकार कर दिया। भारत सरकार को सोने को मुक्त करने के लिये मनाने में एक महालेखाकार (Accountant General) को "घुटनों के बल" चलने के लिये मजबूर होना पड़ा था। सन् 1907 में सोने के भंडार का इस्तेमाल न कर पाने पर चैम्बरलेन आयोग ने इसको जो डांट पिलाई थी, सम्भवत: उसे ध्यान में रख कर सन् 1920 के संकट के दौरान सरकार ने रिवर्स कौंसिल्स बेचने की नीति पर इतनी निर्भकतापूर्वक सोचा था।

तालिका XLV

1. मुद्रा का प्रतिदान, 1907–08

तिथि	रिवर्स कौंसिल्स की बिक्री से		सरकार के पास उपलब्ध सोने के स्टाक में से महीने में निकाला गया सोना	महीने के दौरान सोने के सिक्कों का प्राइवेट निर्यात	सैक्रेट्री आफ स्टेट का आह्वान
	प्रस्तावित रकम	बेची गई रकम			
	पौंड £	पौंड £	पौंड £	पौंड £	पौंड £
1907–					
सितम्बर	...	...	152,000	14	858,596
अक्तूबर	...	...	254,000	9109	921,678
नवम्बर	...	...	532,000	3	427,344
दिसम्बर	...	...	338,000	2501	571,905
1908					
मार्च, 26	500,000	70,000	226,000	...	172669 (पूरे महीने के लिए)
अप्रैल 2	500,000	449,000 }			
अप्रैल 9	500,000	340,000 }			
अप्रैल 16	500,000	441,000 }	461,000	...	66,834
अप्रैल 23	500,000	329,000 }			
अप्रैल 30	500,000	205,000			
मई 7	500,000	81,000 }			
मई 14	500,000	145,000 }	645,000	...	62,764
मई 21	820,000	793,000 }			
मई 28	500,000	500,000 }			
जून 4	1000,000	75,000 }			
जून 11	1000,000	70,000 }	334,000	...	169,810
जून 18	500,000	Nil }			
जून 25	500,000	50,000 }			
जुलाई 2	500,000	470,000 }			
जुलाई 9	500,000	304,000 }			
जुलाई 16	500,000	500,000 }	16,000	...	186,847
जुलाई 23	1000,000	968,000 }			
जुलाई 30	1000,000	860,000			
अगस्त 6	1000000	418000 }			
अगस्त 13	500000	310000 }	354,000	...	262,217
अगस्त 20	500000	नगण्य }			
अगस्त 27	500000	नगण्य }			
सितम्बर 3	500000	नगण्य }	502,000	–	1,431,012
सितम्बर 10	500000	नगण्य }			
योग	15,320,000	8,058,000	4,394,000	2,49,942	...

1907-08 में मुद्रा का रिडेंप्शन

तालिका XLVI
II 1914—16 में प्रतिदान

तिथि	रिवर्स कौंसिल्स 1000 पौंड में	सैक्रेट्री आफ स्टेट का आहरण (लाख रुपये)
1914 अप्रैल	शून्य	270
मई	"	61
जून	"	68
जुलाई	"	66
अगस्त	2,778	72
सितम्बर	1,515	25
अक्तूबर	1,895	41
नवम्बर	1,044	32
दिसम्बर	1,250	30
1915 जनवरी	225	29
फरवरी	शून्य	181
मार्च	"	287
	योग 8,707	1,162
1915 अप्रैल	शून्य	1,53
मई	"	1,03
जून	651	17
जुलाई	3,377	8
अगस्त	815	23
सितम्बर	50	2,17
अक्तूबर	शून्य	2,25
नवम्बर		2,02
दिसम्बर	"	3,28
1916 जनवरी	"	5,26
फरवरी	"	6,02
मार्च	"	6,33
योग	4,893	30,37

1914-16 में रिडेंप्शन

तालिका XLVII

III. 1920 में किया गया प्रतिदान

रिवर्स कौंसिल्स की बिक्री (आंकड़े हजार पौंड में)

बिक्री की तिथि	हर बिक्री के लिए प्रस्तुत रकम की मांग	हर बिक्री के लिए प्रस्तुत रकम	हर बिक्री में विक्रय की रकम	हर बिक्री राशि का प्रगामी योग
1920 जनवरी 2	1,000	770	770	770
जनवरी 8	1,000	8,499	990	1,760
जनवरी 15	2,000	300	300	2,060
जनवरी 22	2,000	4,890	2,000	4,060
जनवरी 29	2,000	1,334	5,000	5,394
फरवरी 5	2,000	32,390	2,000	7,394
फरवरी 12	2,000	41,312	2,000	12,394
फरवरी 19	2,000	122,335	2,000	14,394
फरवरी 26	2,000	78,417	2,000	16,394
मार्च 3	2,000	64,931	2,000	18,394
मार्च 11	2,000	117,185	2,000	20,394
मार्च 18	2,000	153,559	2,000	22,394
मार्च 25	2,000	56,295	2,000	24,394
मार्च 31	2,000	35,050	1,988	26,382
अप्रैल 1				
अप्रैल 8	2,000	16,721	2,000	28,382
अप्रैल 15	2,000	48,270	2,000	30,382
अप्रैल 22	2,000	59,020	2,000	32,382
अप्रैल 29	1,000	53,210	1,000	33,382
मई 6	1,000	89,514	1,000	34,382
मई 13	1,000	101,625	1,000	35,382
मई 20	1,000	122,279	1,000	36,382
मई 26	1,000	85,620	1,000	37,382
जून 3	1,000	101,821	1,000	38,382
जून 10	1,000	109,245	1,000	39,382
जून 15	1,000	122,991	1,000	40,382
जून 24	1,000	73,391	1,000	41,382
जुलाई 1	1,000	106,751	1,000	42,382
जुलाई 8	1,000	63,690	1,000	43,382
जुलाई 15	1,000	101,830	1,000	44,382
जुलाई 22	1,000	103,960	1,000	15,382
जुलाई 29	1,000	75,486	1,000	46,382
अगस्त 5	1,000	101,260	1,000	47,382
अगस्त 12	1,000	112,230	1,000	48,382
अगस्त 19	1,000	114,767	1,000	49,382
अगस्त 26	1,000	117,390	1,000	50,382
सितम्बर 2	1,000	126,425	1,000	51,382
सितम्बर 7	1,000	117,200	1,000	52,382
सितम्बर 13	1,000	115,095	1,000	53,382
सितम्बर 21	1,000	122,590	1,000	54,382
सितम्बर 28	1,000	120,050	1,000	55,382

सरकार ने रिवर्स कांउसिल्स को न केवल बड़े पैमाने पर बेचा बल्कि आन्तरिक परिचालन हेतु स्वर्ण को भी रुपयों में बेचा, जो उसने पहले कभी नहीं किया था।

तालिका XLVIII

III. 1920 में किया गया प्रतिदान

स्वर्ण की बिक्री

बिक्री की संख्या	बिक्री की तिथि	स्वीकृत निविदा की न्यूनतम दर	स्वीकृत निविदा की औसत दर	बिक्री की गई मात्रा (तोलों में)	बम्बई के बाजार में देशी सोने की सिल्ली की कीमत
		रु. आ. पा.	रु. आ. पा.		रु. आ. पा.
1.	1919 सितम्बर 3	25 8 0	26 12 1	3,29,130	28 10 0
2.	सितम्बर 17	24 8 0	24 10 0	3,96,640	26 1 0
3.	अक्तूबर 6	25 8 0	25 9 8	3,26,000	27 0 0
4.	अक्तूबर 20	26 15 3	27 0 2	3,34,000	28 0 0
5.	नवम्बर 3	27 14 6	27 15 6	3,25,000	28 5 0
6.	नवम्बर 17	26 15 0	27 0 11	5,18,500	26 2 0
7.	दिसम्बर 8	26 0 6	26 4 6	10,00,650	27 10 0
8.	1920 जनवरी 5	26 4 3	26 7 9	7,63,300	27 3 0
9.	जनवरी 19	26 13 3	26 14 7	8,00,000	27 5 0
10.	फरवरी 5	25 2 3	25 9 7	7,56,450	25 6 0
11.	फरवरी 19	16 2 3	21 9 4	9,60,590	26 4 0
12.	मार्च 3	18 8 0	16 12 1	12,96,125	21 7 0
13.	मार्च 17	21 6 0	21 7 7	12,53,325	22 13 0
14.	अप्रैल 7	22 7 3	22 9 4	12,46,200	24 0 0
15.	अप्रैल 21	23 7 4	23 8 6	10,68,175	24 4 0
16.	मई 5	20 13 3	21 3 2	11,96,750	21 8 0
17.	मई 19	21 0 3	21 1 7	12,46,050	21 12 0
18.	जून 9	21 8 9	21 9 8	11,32,350	22 2 6
19.	जून 23	20 14 10	21 0 5	12,23,250	21 8 0
20.	जुलाई 7	21 1 4	22 2 2	12,81,500	21 6 0
21	जुलाई 21	22 0 1	22 0 11	12,42,000	22 5 0
22.	अगस्त 4	22 5 6	23 6 3	12,78,950	23 7 0
23.	अगस्त 19	23 9 4	23 10 2	5,54,500	23 7 0
24.	सितम्बर 1	22 8 3	22 10 8	8,27,700	23 1 6
25.	सितम्बर 14	23 9 4	23 12 11	2,30,500	23 8 0
			योग	2,15,89,635	

1920 में सैक्रेट्री आफ स्टेट ने भारत सरकार पर कौंसिल बिलों का आहरण नहीं किया।

जनसाधारण ने अज्ञानतावश इस नीति की कड़ी आलोचना करते हुए इसे "संगठित लूट' कहा था। लेकिन वित्त मंत्री ने निडरता से तर्क दिया कि-

"यह हमारी विनिमय नीति का एक अनिवार्य गुण है... कि हम न सिर्फ लगभग गोल्ड पाइंट पर कौंसिल बिल्स के माध्यम से लंदन से भारत को धन भेजें बल्कि विनिमय की कमज़ोरी के समय भी गोल्ड पाइंट पर ही भारत से लंदन को भी स्टर्लिंग प्रेषित करें, या जिसे रिवर्स कौंसिल्स कहा जाता है, उसकी बिक्री का प्रबंध होना चाहिये। सामान्य भाषा में यह सोने के निर्यात का एक विकल्प है। इसमें कोई नयी बात नहीं है। हम वर्षों से रिवर्स कौंसिल्स बेचते चले आ रहे हैं। और जब तक हम ऐसा नहीं करेंगे, विनिमय नीति प्रभावकारी नहीं होगी। इसीलिये और केवल इसीलिये हमने रिवर्स कौंसिल्स बेचे हैं..... यह दरअसल विनिमय दर को गोल्ड पाइंट के करीब रखने की एक चेष्टा है... अगर हमने दबाव के सामने घुटने टेक दिये और कौंसिल बिलों को बेचना बिल्कुल बंद कर दिया तो उसका नतीजा क्या होगा? इस मांग को तो मैं समझ सकता हूं कि रिवर्स कौंसिल्स किसी दूसरे ढंग से बेचे जायें अथवा मौजूदा समय में लागू दरों से अलग दरों पर बेचे जायें लेकिन मैं इस मांग को नहीं समझ पा रहा कि रुपयों को बाहरी मुद्रा में परिवर्तित करने की सुविधायें बिल्कुल ही वापस ले ली जायें। बम्बई में यह कहा जाता है कि विनिमय को अपने 'स्वाभाविक स्तर' पर आने दिया जाये। इस सूत्र शब्द का मुझ पर कोई असर नहीं पड़ता। हाल ही में जिस विचार को लेकर इस शब्द " स्वाभाविक स्तर' का इस्तेमाल किया गया है, विनिमय में ऐसी कोई चीज नहीं होती, क्योंकि जब हम अंदरूनी मुद्रा को किसी अन्य मुद्रा में परिवर्तित करते हैं, तो कोई ऐसा सामान्य मापदंड होना चाहिये जिसके लिये दोनों मुद्रायें लायी जा सकें, यह सोना भी हो सकता है, या चांदी भी, स्टर्लिंग भी, स्पेन का पेसेटा भी, जिसे आधार बनाया जा सकता है। रुपये को भी ऐसी किसी चीज के साथ संबद्ध करना चाहिये और जब उसे किसी चीज से संबद्ध किया जाये तो उसकी एक निर्धारित दर होनी चाहिये और इसके लिये यह आवश्यक है कि कभी-कभी हमें रिवर्स कौंसिल्स बेचने के लिये भी तत्पर रहना चाहिये ताकि हम इस दर को बनाये रखने में समर्थ हों। अगर रिवर्स कौंसिल्स को पूर्णत: वापस ले लिया जाये तो हमारा न तो कोई स्वर्ण मानक (गोल्ड स्टैंडर्ड) होगा, न ही स्वर्ण विनिमय मानक होगा और न ही किसी और तरह का कोई मानक।"

लेकिन इससे केवल एक ही प्रश्न खड़ा होता है- अगर रिवर्स कौंसिल्स की बिक्री विनिमय को सही करने में प्रभावपूर्ण है तो फिर इसका परिणाम इतनी अनर्थकारी

विफलता क्यों है? वित्त मंत्री ने बड़े ही स्पष्ट और तर्कसंगत शब्दों में इसका उत्तर देते हुए कहा-

> "अगर हम रुपये के बाज़ार भाव और उसकी सैद्धांतिक स्वर्ण- कीमत के फ़र्क को कम करने में विफल रहे हैं... तो इसलिये नहीं है कि हमने बहुत अधिक रिवर्स कौंसिल बेचे हैं; लेकिन इसका कारण यह है कि हमने बहुत कम मात्रा में रिवर्स कौंसिल बेचे हैं। मैं यहां मौजूद व्यापारी वर्ग के किसी भी सदस्य से पूछता हूं, और बग़ैर किसी विरोधाभासी डर के पूछता हूं कि अगर हमारे साधन हमें अनुमति देते... और अगर यदि हम 20, 30 अथवा 40 करोड़ के रिवर्स कौंसिल बेच सकते, तो रुपये के बाज़ार भाव और उसके सैद्धांतिक स्वर्ण मूल्य में सम्भवत: कोई फर्क नहीं रहता। हमारी मुश्किलों में से एक मुश्किल यही नहीं थी कि हमने बहुत ज़्यादा मात्रा में रिवर्स कौंसिल बेचे हैं, बल्कि यह थी कि हम विवश थे बहुत कम रिवर्स कौंसिल बेचने के लिये।"

उनकी इस दलील में कुछ दम अवश्य होता यदि बेचे गये रिवर्स बिलों की राशि "बहुत कम" होती। मात्र 20, 30 अथवा 40 करोड़ के रिवर्स बिल नहीं अपितु 55 12 करोड़ के रिवर्स बिल बेचे गये थे। इसके अलावा, देश में भी बड़े पैमाने में सोना जारी किया गया और कौंसिल बिलों को पूरी तरह से रोक दिया गया। इसके बावजूद भी रुपये के मूल्य में 1 शिलिंग 4 पैंस स्टर्लिंग से ज़्यादा वृद्धि नहीं हुई, 2 शिलिंग स्वर्ण तक पहुंचने की बात तो दूर रही। रिवर्स कौंसिल्स को इतनी मात्रा में क्यों नहीं बेचा गया कि विनिमय सही हो जाता? इसलिये इसके भुगतान की प्रभावकारिता के सारे प्रश्न पर गौर करना चाहिये।

इस बात को आरम्भ में ही समझ लेना आवश्यक है कि सोने में भुगतान से यह भी सम्भव है कि एक मुद्रा का स्थान दूसरी मुद्रा ले ले और अथवा एक मुद्रा संचलन से ही बाहर हो जाये। जहां तक एक मुद्रा का स्थान दूसरी मुद्रा के ले लेने का प्रश्न है, तो उसका कोई असर नहीं पड़ता, क्योंकि इस भुगतान से मुद्रा में संकुचन नहीं होता। किसी मुद्रा के मूल्य के बहाल होने के लिये यह आवश्यक होता है कि उसका संकुचन हो जाये अर्थात् या तो वह संचलन से हट जाये अथवा उसे रद्द कर दिया जाये। इस प्रक्रिया के संबंध में अहम् सवाल यह नहीं है कि किस हद तक उसे जारी किया जाता

है बल्कि अहम् यह है कि किस हद तक उसे संचलन से बाहर किया जाता है। मौजूदा समय में प्रचलित विचारधारा के अनुसार बग़ैर कोई प्रश्न खड़ा किये यह मान लिया जाता है कि यह भारत सरकार और राज्य सचिव स्वर्ण साधनों पर निर्भर है। सर्वप्रथम हम यह साफ कर दें कि ये स्वर्ण साधन किन जगहों पर हैं और किस तरह वितरित किये जाते हैं। यहां यह बात ध्यान देने योग्य है कि स्वर्ण साधन (1) कागजी मुद्रा का आरक्षित भंडार (2) स्वर्ण मानक का आरक्षित भंडार, और (3) राज्य सचिव के रोकड़ शेष के बीच बंटे रहते हैं। जब कभी विनिमय की समस्या उत्पन्न होती है तो इन साधनों पर, जिन्हें तीन " रक्षा पंक्तियां" कहने की आदत सी हो गयी है, सरकार निशंक होकर भरोसा कर सकती है। लेकिन क्या ये वास्तव में ही ऐसी हैं? अगर ये सब "मुक्त" साधन हों तो तभी ये संचलन से हटाने के लिये अथवा दूसरे शब्दों में ये अनुपयुक्त साधन न हों तो ही ये विश्वसनीय हो सकते हैं। ये किस सीमा तक अनुपयुक्त होते हैं? क्या राज्य सचिव कागजी मुद्रा के भंडार के लिये रखे सोने को वापस ले सकता है? हां, वह इसे ले सकता है। लेकिन ऐसे में उसे सोने के स्थान पर कुछ और रखना पड़ेगा अथवा फिर उतने नोट रद्द करने पड़ेंगे। क्या राज्य सचिव अपने रोकड़ शेष में से सोना ले सकता है? बिल्कुल, वह ले सकता है। लेकिन इस स्थिति में उसे अपने खजाने को भरने के लिये ऋण लेना पड़ेगा अथवा वह भारत सरकार की ओर से ख़र्च करेगा बशर्ते कि कोई उसका बिल ख़रीदने के लिये राज़ी हो जो रुपये की मुद्रा जारी करने की तरह ही है। कागजी मुद्रा के रिज़र्व में और रोकड़ शेष में जो सोना है, उसका कोई इस्तेमाल नहीं हो सकता क्योंकि उससे रुपये की मुद्रा को रद्द नहीं किया जा सकता। जब इसका मूल्य गिरता है तो तब यही उसके मूल्य को फिर से बहाल करता है। इसलिये यह कहना पूरी तरह से विवेकहीनता है कि रिडेंप्शन की प्रभावकारिता ऐसी ही है जैसे राज्य सचिव के पास सोने के साधन हों। यह विषय बहुत अहम् है और यहां एक उदाहरण देना अनुचित न होगा। मान लें कि "क' के पास रुपये हैं और वह उनके बदले में सोना प्राप्त करना चाहता है। इसके लिये वह तीन काउंटरों पर जा सकता है (1) रोकड़ शेष काउंटर के प्रभारी नियंत्रक के पास, (2) कागजी मुद्रा रिज़र्व के प्रभारी मुद्रा नियंत्रक के पास, अथवा (3) स्वर्ण मानक के

संरक्षक के पास। यदि "क' पहले काउंटर पर जायेगा तो उसका क्या परिणाम होगा? रोकड़ शेष उतना कम हो जायेगा। अगर यह मान लें कि रोकड़ शेष कम से कम है, जैसा कि होना भी चाहिये तो नियंत्रक अपनी ऋण शोधन क्षमता को बहाल रखने के लिये भारत पर एक बिल ड्रा करेगा और इस प्रकार सोने के बदले में प्राप्त रुपयों को फिर से संचलन में डाल देगा जिससे मुद्रा का संकुचन न हो। अगर "क' मुद्रा नियंत्रक के पास जाता है, तो तब क्या होता है? तब नियंत्रक उसे सोना दे देता है, लेकिन यह मान कर कि कागजी मुद्रा खाता एक अलग वैधानिक खाता (Statutory Account) है और "क' से मिले रुपयों को उसे अपने भंडार से दिये गये सोने के बदले में देना चाहिये। इससे फिर वही होता है कि उसके आरक्षित भंडार अथवा रिज़र्व की संरचना तो परिवर्तित हो जाती है लेकिन कागजी मुद्रा की कुल मात्रा में कोई बदलाव नहीं होता, वह उतनी की उतनी ही रहती है। इसलिये यह बात सदैव दिमाग़ में रखनी चाहिये कि जहां तक कागजी मुद्रा रिज़र्व में और रोकड़ शेष में सोने का संचलन होता है, तो उसका परिणाम मुद्रा का संचलन से बाहर होने के रूप में नहीं होता। जैसा कि अक्सर कहा जाता है, उन्हें "रक्षा पंक्तियां" बताना इस बात को नजरंदाज करना होता है कि ये दोनों मुक्त संसाधन नहीं अपितु विनियोजित संसाधन हैं। तब सरकार के पास रुपया मुद्रा को बंद करने के कौन से साधन बच जाते हैं? सिर्फ स्वर्ण मानक रिज़र्व। सिर्फ यही एक ऐसा आरक्षित भंडार है जिसकी राशि किसी विशेष इस्तेमाल के लिये विनियोजित नहीं की जाती। यह मुक्त नकदी होती है और उसी सीमा तक, जहां तक सरकार के लिये रुपये के स्वर्ण मूल्य के कम होने की स्थिति में रुपये की मुद्रा को फिर से स्थापित करना मुमकिन हो। बेशक यहां यह ध्यान में रखना बहुत ज़रूरी है कि इसी सीमा तक मुद्रा को बंद करना संभव है। ऐसा नहीं कि यह होगा ही, सम्भव है कि ऐसा न हों और ऐसे मामलों की कमी नहीं है जहां ऐसा नहीं हुआ। यहां दो उदाहरण देना ही काफी होगा। जब प्रथम बार सन् 1893-98 में टकसाल बंद की गयी थी, तब सरकार के पास किस प्रकार भारी मात्रा में रुपये इकट्ठे हो गये थे और रुपये के मूल्य में वृद्धि करने के लिहाज़ से यह आवश्यक था कि उन्हें बंद रखा जाये। लेकिन इसके विपरीत हुआ यह कि भारत सरकार ने रेलों को विस्तार प्रदान करने और दूसरे

सार्वजनिक कार्यों पर रुपये ख़र्च करने आरम्भ कर दिये जैसे सरकार द्वारा रुपये ख़रीदने का उससे अलग कोई नतीजा होगा जो जनता द्वारा रुपये ख़र्च करने पर होता। इसी प्रकार एक अन्य ग़ैर-जिम्मेदारी भरा व्यवहार सन् 1920 में रिवर्स कौंसिल्स की बिक्री से संबंधित था। इन रिवर्स कौंसिल्स की ज़रूरत की पूर्ति करने के लिये राज्य सचिव ने कागजी मुद्रा के आरक्षित भंडार में से सोना निकाल लिया। लेकिन जितनी मात्रा में सोना निकाला गया था, उसके बराबर नोट रद्द करने के बजाय सरकार ने सन् 1920 के अधिनियम XXI के तहत यह अधिकार पा लिया कि इस फ़र्क को दूर करने के लिये तदर्थ आधार पर सिक्यूरिटीज़ का निर्माण कर लिया जाये, जिससे रिडेंप्शन तो हुआ लेकिन मुद्रा बंद नहीं हुई और इतनी बड़ी मात्रा में सोना बेकार हो गया क्योंकि न तो उससे कीमतों पर कोई असर हुआ और न ही विनिमय पर। मार्च, 1920 में पास किया गया। यह अधिनियम कुछ समय के लिये ही था और इसकी अवधि अक्तूबर, 1920 में ख़त्म हो जानी थी। तब तक सरकार मुद्रा बंद कर सकती थी। लेकिन ऐसा करने के बजाय सरकार ने कागजी मुद्रा कानून ही सन् 1920 के अधिनियम XLV के माध्यम से अस्थायी के स्थान पर स्थायी तौर पर बदलाव कर दिया और उसके प्रावधानों को इस प्रकार बदल दिया कि सरकार अपनी बनायी सिक्यूरिटियों को बंद करके मुद्रा को कम से कम मात्रा में रद्द कर सकती थी। यहां तक कि सरकार के बजट में घाटे के फलस्वरूप ऐसा भी नहीं किया गया।

लेकिन अगर ऐसे बुद्धिहीनता भरे कार्य फिर से नहीं भी किये गये, तब भी यह एक सच्चाई है कि स्वर्ण मानक आरक्षित भंडार के अनुसार जितना सम्भव है, सरकार उससे ज़्यादा मात्रा में सिक्कों को नहीं बंद कर सकती। यदि वह आरक्षित भंडार विफल हो जाये तो ऐसे में सरकार के पास दो ही साधन बचते हैं (1) रुपयों को पिघला दें और इस तरह सोने के स्थान पर चांदी की धातु को बेच दें और मुद्रा में तब तक और संकुचन करते जायें जब तक कि उसका मूल्य फिर से स्थापित नहीं हो जाता, या (2) सोना उधार लिया जाये। साफ है कि ये दोनों ही तरीके बहुत महंगे पड़ते हैं। निश्चित है कि रुपये को चांदी के रूप में बेचने से नुकसान होगा बशर्ते कि बिक्री के समय चांदी का मूल्य उस समय की तुलना में ज़्यादा हो, जब उसे सिक्के

बनाने के लिये खरीदा गया था। दूसरी प्रक्रिया अर्थात् उधार लेने के तरीके को जिससे एक आरक्षित निधि (Reserve Fund) बन सके और जिससे संचलन बंद किया जा सके, सरलता से नहीं अपनाया जा सकता। ये तरीके वाकई इतने महंगे हैं और इसका पक्का सबूत यह है कि अगर उन्हें अपनाया जाता है तो उससे विनिमय मानक में निश्चित तौर पर अस्थिरता पैदा हो जायेगी। इसीलिये सरकार ने कभी इस पर गम्भीरता से सोचा ही नहीं कि विनिमय के संकट के समय उससे छुटकारा पाने के लिये उन्हें एक सम्भावित उपाय के तौर पर अपनाया जाये। हालांकि यह तय प्रतीत होता है कि सरकार भी यह स्वीकार करती है कि स्वर्ण मानक आरक्षित निधि स्वयं में विनिमय को बनाये रखने के लिये काफी नहीं है। जैसा कि हम देखते हैं, सन् 1907-08 से लंदन और भारत के बीच सरकारी अधिशेष के वितरण में पूरी तरह से बदलाव हो गया है। उस समय तक राज्य सचिव की यह नीति थी कि सिर्फ उतना ही निकाला जाये जितना घरेलू खजाने को धन उपलब्ध कराने के लिये आवश्यक हो। उस दिन के पश्चात् यह पद्धति अपनायी गयी थी कि उतना निकाला जाये जितने की भारत सरकार व्यवस्था कर सके, और चूंकि भारत सरकार वित्त संबंधी मामलों में सर्वोपरि है, अत: उसने ज़्यादा कर लगाकर तथा बचत का बजट बना कर काउंसिल आहरणों के लिये बड़ी मात्रा में धन उपलब्ध कराया। इसका परिणाम यह हुआ कि राज्य सचिव के पास रोकड़ शेष बहुत अधिक हो गया। घरेलू खजाने के लिये वित्त व्यवस्था करने के ऐसे अद्भुत तरीके अपनाने के लिये सरकार की तरफ से कोई संतोषप्रद कारण नहीं पेश किया गया। लेकिन अगर हम यह कहें कि यह रोकड़ शेष इकट्ठा करने का प्रयोजन सोने के एक और आरक्षित भंडार का निर्माण करना है जो सही मायनों में सोने के आरक्षित भंडार का पूरक हो, तो हम सम्भवत: गलत नहीं होंगे। इस आकस्मिक साधन से सरकार अभी बेशक कुछ अधिकार हासिल कर ले, लेकिन यह साफ है कि ऐसा स्थायी तौर पर नहीं होगा। सरकार के वित्त का नियंत्रण जब लोकप्रिय हाथों में होगा, तो रोकड़ शेष इतना कम रखना होगा कि जो खजाने के कार्य करने के लिये आवश्यक हो और स्वर्ण मानक आरक्षित भंडार ही ऐसा आरक्षित भंडार होगा, जिस पर सरकार को निर्भर रहना पड़ेगा।

रुपये के लिये स्वर्ण मानक आरक्षित भंडार (Gold Standard Reserve) का वही महत्त्व है जो नोटों के लिये कागजी मुद्रा के आरक्षित भंडार का है। दोनों का उद्देश्य है अपनी-अपनी मुद्राओं को मजबूती प्रदान करना और उन्हें गिरने न देना अथवा उन्हें बट्टे पर न मिलने देना। लेकिन सरकार ने रिज़र्व के संबंध में रुपये और कागजी मुद्रा के लिये जैसा रवैया दिखाया है, उसमें काफी विरोधाभास दिखायी पड़ता है। कागजी मुद्रा के संबंध में, जैसा कि ऊपर भी कहा गया है, जो रिज़र्व होता है, वह वैधानिक रिज़र्व होता है और जब भारतीय कागजी मुद्रा का पूरा का पूरा आधार ही परिवर्तित कर दिया गया, उसके बावजूद रिज़र्व संबंधी प्रावधान अभी भी बहुत सख़्त हैं और बिना कानून का उल्लंघन किये सरकार उनकी उपेक्षा नहीं कर सकती। आजकल भी रुपया केवल चांदी पर छपे नोट के समान है। इसलिये ज़रूरी है कि रिज़र्व संबंधी प्रावधान भी हों जो कागजी मुद्रा के संबंध में होते हैं। फिर भी यह बात बहुत विचित्र प्रतीत होती है कि स्वर्ण मानक रिज़र्व के संबंध में किसी भी प्रकार का विनियमन न होना सबको अखरता है। न सिर्फ सरकार के लिये यह ज़रूरी है कि वह रुपये को छुड़ा ले लेकिन ऐसा भी महसूस होता है कि सरकार रिज़र्व रखने तक के लिये विवश नहीं है। और अगर उसने ऐसा कोई रिज़र्व रखा हुआ है तो भी इस बात की कोई गारंटी नहीं है कि इस रिज़र्व के ख़त्म होने पर उसके स्थान पर अन्य रिज़र्व बनाया जायेगा। इन अंतरों के अलावा भी क्या गोल्ड स्टैंडर्ड रिज़र्व काफी हैं? सरकारी दस्तावेजों में गोल्ड स्टैंडर्ड रिज़र्व के विस्तार के जो आंकड़े प्रस्तुत किये जाते हैं, उनका कोई अर्थ नहीं है। परिसंपत्तियां (Assets) दिखाने का तब तक कोई फायदा नहीं है, जब तक कि उसके साथ दायित्व (Liabilities) न दिखाये जायें? ऐसे आरक्षित भंडार के पर्याप्त मात्रा में उपलब्ध रहने के संबंध में किसी नतीजे पर पहुंचते समय हमें यह अवश्य ज्ञात होना चाहिये कि संचलन में कुल कितने रुपये हैं। फिर भी जब हम संचलन में रुपयों की तुलना रिज़र्व से करते हैं तो वह अनुपात इतना ज़्यादा नहीं प्रतीत होता कि इस प्रणाली के स्थायित्व के संबंध में कोई भरोसा बने। (देखें तालिका XLIX)

तालिका XLIX

गोल्ड स्टैंडर्ड रिजर्व का वितरण और प्रचलन में रुपयों से उसका अनुपात (1000 पौंड स्टर्लिंग में)

प्रति वर्ष 31 मार्च को	इंगलैंड में						भारत में		स्वर्ण	योग	कुल रिजर्व इंगलैंड और भारत में	प्रचलन में रुपयों का परिमाण (करोड़ रुपयों में)	रिजर्व तथा प्रचलन में रुपयों का प्रतिशत (पौंड–15 रुपये*
	स्टर्लिंग रिक्यूरिटीज का क्रय मूल्य	अल्प सूचना पर नकदी	होम (घरेलू) खजाने को अल्पकालिक कर्जा	बैंक आफ इंगलैंड में जमा किया गया स्वर्ण	योग	भारत में ढाले गए रुपये	राज कोष की ओर बकाया ऋण	राज कोष को अल्प-कालीन कर्जा					
(1)	(2)	(3)	(4)	(5)	(6)	(7)	(8)	(9)	(10)	(11)	(12)	(13)	(14)
1901	—	—	—	—	—	—	1,831	—	1,200	3,031	3,031	143	3.1
02	3,454	—	—	—	3,410	—	—	—	—	—	3,454	138	3.7
03	3,810	—	—	—	3,810	—	1	—	—	1	3,811	136	3.4
04	6,377	—	—		6,377	—	167	—	—	167	6,544	144	6.8
05	8,377	—	—		8,377	—	152	—	—	152	8,529	152	8.4
06	12,165	—	—	-	12,165	—	287	—	—	287	12,452	164	10.7
07	12,519	—	—	—	12,519	4,000	301	—	22	4,323	16,842	178	10.6
08	13,187	—	1,131	—	14,318	4,000	—	—	—	4,000	18,318	191	11.2
09	7,414	—	470	-	7,884	10,587	—	—	—	10,587	18,471	187	7.1
10	13,219	3,011	—	—	16,230	2,534	—	—	—	2,534	18,764	186	13.8
11	15,849	1,477	—	—	17,326	1,934	—	—	—	1,934	19,260	184	14.8
12	16,748	1,074	—	—	17,822	1,934	—	—	—	1,934	19,956	182	14.9
13	15,946	1,006	—	1620	18,572	4,000	35	—	—	405	22,607	191	14.8
14	17,165	25	—	4320	21,510	4,000	22	—	—	4,022	25,532	187	17.2
15	12,149	8	—	1250	13,407	—	70	7000	5,238	13,308	25,715	204	18.9
16	16,219	5,792	—	-	22,011	—	1	4000	239	4,240	26,251	212	15.7
17	25,406	6,001	—		31,407	—	—	—	103	103	31,510	227	20.8
18	28,453	6,000	—	—	34,453	—	—	—	—	—	24,453	219	23.5
19	29,729	6,016	—	—	35,745	—	—	—	—	—	35,745	228	23.5

*अनुपात निकालते समय रिजर्व मे रुपयों वाले भाग को शामिल नहीं किया गया है।

जब रिज़र्व बहुत छोटा हो तो संचलन को रोकने की प्रक्रिया को हम पर्याप्त हद तक किस प्रकार ले जा सकते हैं? हमेशा ऐसा नहीं किया जा सकता, सन् 1920 के संकट से इसका प्रचुर मात्रा में सबूत मिल जाता है। लेकिन विनिमय मानक का समर्थन करने वालों का यह कहना है कि आरक्षित भंडार अर्थात् रिज़र्व के कम होने से कोई फर्क नहीं पड़ता क्योंकि रिज़र्व मात्र विदेशों में प्रेषण करने के ही काम में आता है। ऐसा कहा जाता है कि इस तरह की स्थिति में यह अनिवार्य नहीं होता कि रिज़र्व बड़ा हो। अगर यह बात मान भी लें कि रिज़र्व का आकार किन बातों पर निर्भर करना चाहिये ताकि वह किसी भी हालत में और हर हालत में पर्याप्त सिद्ध हो, तो इस संबंध में मार्गदर्शक नियम बनाने का प्रयास केवल प्रोफेसर केनेस द्वारा किया गया है। उस नियम को वह भारत के व्यापार संतुलन की सम्भावित भिन्नता में पाते हैं। अब, क्या इससे रिज़र्व को विनियमित करने की समस्या दूर हो जाती है? जैसा कि पहले वर्णन किया जा चुका है, प्रतिकूल व्यापार संतुलन का कारण मुद्रा मूल्य में गिरावट हो सकती है जिससे प्रो. केनेस का कथन कुछ इस तरह का हो जाता है कि मूल्य में ह्रास के स्तर के अनुसार ही रिज़र्व में बदलाव होने चाहियें। लेकिन सरकार आख़िर यह करे तो कैसे करे? इसका उत्तर है सिर्फ मूल्य के स्तर में होने वाले उतार-चढ़ाव पर ध्यान देकर ऐसा किया जा सकता है। लेकिन मुद्रा का प्रबंधन करते हुए भारत सरकार कीमतों की समस्या की ओर कभी ध्यान नहीं देती। जैसा कि ऊपर वर्णन किया गया है, वास्तव में यह विनिमय में गिरावट होने के कारणों की अवधारणा, एकमात्र सही अवधारणा से पूरी तरह से अलग है। सिर्फ उसी के संबंध में अच्छी समझ होने पर ही इस संकट से बचा जा सकता है। उचित अवधारणा का ज्ञान न होने से यह तब तक अंधाधुंध मुद्रा जारी करती रहती है, जब तक कि व्यापार संतुलन प्रतिकूल नहीं हो जाता। इसका प्रयोजन केवल गोल्ड रिज़र्व को बनाये रखना है और जब तक इसके पास वह रिज़र्व है, वह इस संबंध में कभी विचार नहीं करती कि वह कितनी मात्रा में मुद्रा जारी कर रही है। चूंकि जारी मुद्रा और रिज़र्व में कोई आपसी संबंध नहीं होता, इसलिये जहां तक विनिमय की स्थिरता रिज़र्व पर निर्भर होती है, वह कभी भी स्पष्ट नहीं होगी और इस प्रणाली में भरोसा उत्पन्न होने में सदैव दिक्कत रहेगी। अपितु विदेश

में प्रेषण के भुगतान की देनदारी जो बहुत छोटी प्रतीत होती है, वह इतनी ज़्यादा अनिश्चित हो जायेगी कि विनिमय मानक की स्थिरता को फिर से बहाल करना ही पूरी तरह से जोखिम में पड़ जायेगा।

लेकिन क्या मुद्रा के मूल्य को बनाये रखने के लिये सोने का आरक्षित भंडार इतना ज़्यादा मायने रखता है? कहते हैं कि विनिमय मानक के सभी समर्थक इस सिद्धांत पर भरोसा करते हैं। लेकिन इस विचार से किसी भी आलोचना का उत्तर नहीं दिया जा सकता। सभी तरह का धन सोने के बराबर होता है, इसका कारण सोने के रिज़र्व को मान लेना एक भ्रम के सिवा कुछ नहीं है। ऐसा सोचना भी साधारण सी बात को उल्टा कर के देखने जैसा है। सोने के रिज़र्व के कारण संचलन की मुद्रा का मूल्य स्थिर नहीं रहता अपितु वह उसकी कुल मात्रा के सीमित होने से होता है जिससे न सिर्फ इसका स्वयं का मूल्य स्थिर बना रहता है बल्कि इससे यह भी मुमकिन हो जाता है कि देश में सोने का जितना भी आरक्षित भंडार है, उसे इकट्ठा करके रखा जा सके और उसे सुरक्षित रखा जा सके। मुद्रा की मात्रा की सीमा को हटा दें, तो इससे न सिर्फ यह स्वयं का मूल्य बनाये रखने में विफल हो जायेगा बल्कि सोने का जो भी रिज़र्व है, उसका संचय होना भी रुक जायेगा। किसी मुद्रा का मूल्य सुरक्षित रखने में सोने का रिज़र्व इतना कम महत्त्वपूर्ण होता है कि अगर उसके जारी करने पर कड़ी रोक लगा दी जाये तो हम सोने के सारे रिज़र्व के ख़त्म हो जाने पर भी अपना काम चला सकेंगे और मुद्रा के मूल्य पर भी इसका कोई असर नहीं पड़ेगा। चैम्बरलेन आयोग का सुझाव था कि रुपयों के को कायम रखने के लिये भारत सरकार को एक रिज़र्व संचित करना चाहिये, क्योंकि यूरोपीय बैंक भी अपनी मुद्राओं का मूल्य अपने-अपने रिज़र्व के माध्यम से बनाये रखते हैं। सत्य का इससे बड़ा और व्यापक रूप कोई दूसरा नहीं हो सकता। यूरोपीय बैंकों ने जो कुछ भी किया था, वह चैम्बरलेन आयोग के सुझावों के पूर्णत: विपरीत था। जब भी उनका सोना समाप्त होने को होता था, वे अपनी मुद्रायें कम कर देते, न केवल तुलनात्मक तौर पर बल्कि पूरी तरह से भी। वे अपनी मुद्राओं की। सीमायें बनाकर अपनी मुद्राओं का मूल्य और सोना दोनों को ही बनाये रखते थे।

किसी रिज़र्व के होने से कभी भी किसी स्वर्ण-विनिमय मानक को मजबूती नहीं मिलती। दूसरी ओर, अगर हम रिज़र्व की उत्पत्ति की जांच करें तो ज्ञात होगा कि यह वास्तव में उस स्वर्ण-विनिमय मानक के लिये एक कमज़ोरी सिद्ध होता है। सरकार अपने स्वर्ण-मानक के रिज़र्व को कैसे प्राप्त करती है? क्या वह अपने रिज़र्व में इसी प्रकार वृद्धि करती है जैसे बैंक अपने द्वारा जारी मुद्रा आदि के संचलन में कमी करते हैं? लेकिन होता इसके पूर्णत: विपरीत है। भारतीय स्वर्ण मानक रिज़र्व की व्यवस्था इतनी अजीब है कि इसकी परिसंपत्तियां (Assets) अर्थात् आरक्षित निधियां (Reserves) और इसकी देयतायें अर्थात् रुपया पूरी तरह एक-दूसरे से जुड़े हुए हैं। दूसरे शब्दों में, रिज़र्व में तब तक वृद्धि नहीं हो सकती, जब तक कि रुपये की मुद्रा में वृद्धि न हो। इस भयानक स्थिति के उत्पन्न होने का कारण यह है कि रिज़र्व को रुपये के सिक्के की ढलाई से होने वाले लाभ से निर्मित किया जाता है। उसके इस स्रोत से यह साफ हो जाता है कि इस कोष में सिर्फ तभी वृद्धि हो सकती है, जब रुपये के सिक्कों को बड़ी मात्रा में ढाला जाये। एक रुपये के सिक्के ढालने से प्राप्त लाभ इस बात पर निर्भर करता है कि रुपये की लागत कितनी आती है और इसका विनिमय मूल्य क्या है। ढलाई पर आने वाली लागत के अलावा, जो अमूमन निश्चित होती है, लाभ की इस स्थिति का सबसे ज्यादा असर चांदी की कीमत पर पड़ता है। रिज़र्व में डालने के लिये कोई लाभ होगा अथवा नहीं, यह इस बात पर निर्भर होगा कि रुपये ढालने वाली चांदी की कितनी कीमत का भुगतान किया गया था।

जैसा कि इसके स्रोत से ज्ञात होता है, यह रिज़र्व न सिर्फ एक बुराई है, बल्कि इसकी दस्तावेजी प्रकृति को ध्यान में रखते हुए संकट की स्थिति आने पर इस रिज़र्व पर पूरी तरह से निर्भर नहीं रहा जा सकता। निस्संदेह रिज़र्व के निवेश के पीछे सरकार का मंतव्य केवल यही है कि जिन सिक्यूरिटियों में इसका निवेश किया जाता है, उसका ब्याज जमा होने से रिज़र्व में और भी वृद्धि हो जायेगी। सरकार की आलोचना करने वालों की इच्छा है कि रिज़र्व बड़ा होने के साथ-साथ धातु में होना चाहिये। लेकिन इन आलोचकों को यह एहसास नहीं कि रिज़र्व के स्रोत को देखते हुए दोनों मांगें असंगत हैं। अगर रिज़र्व बड़ा होना चाहिये तो उसका निवेश किया जाना

चाहिये। दरअसल, अगर रिज़र्व का निवेश नहीं किया जाता तो वह बहुत कम रह जाता है। लेकिन क्या इस तरह के रिज़र्व में कोई ख़तरा नहीं है?

ऐसे ही रिज़र्व में छिपे ख़तरे के कारण की ओर जेवंस ने ध्यान दिलाया था जब उन्होंने कहा था-

> "... अच्छी सरकार की निधि और अच्छे बिल को कभी भी किसी भी कीमत पर बेचा जा सकता है ताकि इस तरह की सुदृढ़ रिज़र्व वाली एक बैंकिंग फर्म सदैव अपनी ऋण शोधन की क्षमता को कायम रख सकती है। लेकिन समाज के लिये बीमारी की तुलना में बीमारी का उपाय अर्थात् निदान उससे भी ज़्यादा बुरा हो सकता है और किसी मजबूरी में रिज़र्व बेचने से मुद्रा बाज़ार में एक ऐसी घबराहट पैदा हो जायेगी कि वह भुगतान को रोक देने से भी कहीं ज़्यादा नुकसानदेह सिद्ध होगी।"

इसी प्रकार, यह कौन कह सकता है कि ब्याज से रिज़र्व में होने वाली वृद्धि विनिमय के संकट के दौरान सिक्यूरिटियों को सोने में बदल देने के परिणामस्वरूप सिक्यूरिटियों की कीमतों में मंदी आने से नष्ट नहीं हो जायेगी? मान लें कि सिक्यूरिटियों की पूरी कीमत मिल जाती है, तो प्रतिशत का अवसर आने पर रिज़र्व कितना रुपया लगायेगा, यह इस बात पर निर्भर होगा कि रुपये किस मूल्य पर वापस ख़रीदे जायेंगे। अगर रुपये में कम गिरावट होती है, तो मुद्रा को बड़ी मात्रा में बंद करना सम्भव है और इस प्रकार उसके मूल्य को फिर से बहाल किया जा सकता है। दूसरी ओर, अगर उसके मूल्य में गिरावट ज़्यादा है तो मुद्रा के थोड़े से अंश को बंद करना ही काफी होगा और सम्भव है कि उससे रुपये का मूल्य फिर से स्थापित न हो जैसा कि सन् 1920 में हुआ था जिससे कि एक बड़ा रिज़र्व भी पूरी तरह से पर्याप्त सिद्ध नहीं हो पायेगा। लेकिन इस विचार के अलावा कि अपेक्षाकृत कितने बड़े रिज़र्व का निर्माण किया जा सकता है, यहां जो मुद्रा को नज़रंदाज़ किया गया है, वह यह है कि रिज़र्व बनाने की प्रक्रिया में प्रत्यक्ष रूप से ही मुद्रा की मात्रा में वृद्धि करने की प्रक्रिया आरम्भ करनी पड़ती है।

मि.एम.एल. रेड्डी गारु के प्रश्न के उत्तर में निम्नलिखित वक्तव्य पटल पर रखा गया।

खरीदी गई चांदी की औसत लागत को दर्शाने वाला वक्तव्य

वर्ष	स्टैंडर्ड औंस के लिए शाही टकसाल की औसत लागत	स्टैंडर्ड औंस के लिए इंडिया आफिस की औसत लागत	वित्त वर्ष
	पैंस	पैंस	
1893	36 5/16	कोई खरीद नहीं	1893-94
1894	29 1/4	कोई खरीद नहीं	1894-95
1895	30 3/8	कोई खरीद नहीं	1895-96
1896	30 5/16	कोई खरीद नहीं	1896-97
1897	27 7/8	कोई खरीद नहीं	1897-98
1898	27 1/4	कोई खरीद नहीं	1898-99
1899	27 1/2	28	1899-1900
1900	28 1/4	29	1900-01
1901	27 15/16	कोई खरीद नहीं	1901-02
1902	24 5/16	22.80	1902-1903
1903	23 11/16	27.19	1903-1904
1904	26 1/2	27.14	1904-1905
1905	27 7/16	29.74	1905-1906
1906	31 1/16	31.59	1906-1907
1907	30 9/36	31.27	1907-1908
1908	24 7/16	कोई खरीद नहीं	1908-1909
1909	23 11/16	"	1909-1910
1910	24 7/8	"	1810-1911
1911	24 11/16	"	1911-1912
1912	27 15/16	28.71	1912-1913
1913	28 1/16	28.71	1913-1914
1914	24 5/16	कोई खरीद नहीं	1914-1915
1915	24 1/4	33.96	1915-1916
1916	30 5/8	33.96	1916-1917
1917	39 15/16	42.78	1917-1918
1918	47 15/16	48.20	1918-1919
1919	49 5/8	52.04	1919-1920
1920	50 7/8	बाल्डविन खानो से और पर्थ टकसालों विशेष दरों पर खरीदी गई चांदी	1920-1921

* लेजिस्लेटिव असेम्बली डिबेट्स खंड II नं 3, 10 सितम्बर, 1921, पृष्ठ 181

इस बारे में कोई जानकारी नहीं कि कीमत जहरत तक निशुल्क (एफ ओ बी) है या लागत बीमा भाड़ा कीमत (सी आई एफ) है। इसलिए यह कहना कठिन है कि क्या भारत मंत्री के मास्टर आफ दी रायल मिंट की अपेक्षा चांदी की अधिक कीमत देनी पड़ी थी।

चैम्बरलेन आयोग को यह बात ज्ञात थी कि स्वर्ण मानक रिज़र्व का निर्माण तब तक नहीं किया जा सकता, जब तक कि रुपये के सिक्के न ढाले जायें। दरअसल, उसने इस बात के लिये सतर्क किया था कि स्वर्ण मुद्रा को चाहने वाले लोगों को यह याद रखना चाहिये कि अगर सोने ने नये रुपयों की जगह ले ली, जिनका अन्यथा ढाला जाना अनिवार्य होगा, तो उसका असर यह होगा कि स्वर्ण मानक रिज़र्व की शक्ति उस अनुपात में कम हो जायेगी, जिस अनुपात में सिक्कों के ढालने में लाभ प्राप्त होगा। समिति ने ऐसी नीति की अनुशंसा करने के बदले, जिससे स्वर्ण मानक रिज़र्व की स्वाभाविक बढ़ोतरी समाप्त हो जायेगी, सरकार को इसकी आज्ञा प्रदान कर दी कि वह रुपये ढाल सकती है। लेकिन क्या इस प्रकार के रिज़र्व में कोई जोखिम नहीं है? इस प्रकार के रिज़र्व का लाभ ही क्या है जिससे ऐसी बुराई उत्पन्न हो जिसको बाद में समाप्त करने की उससे उम्मीद की जाये? जो लोग भारतीय स्वर्ण-मानक रिज़र्व को बढ़ाने के लिये आंदोलन करने में लगे हुए हैं, वे दरअसल इस बात के प्रति जागरुक नहीं हैं कि इस प्रकार के रिज़र्व में क्या ख़तरे छिपे हो सकते हैं। सोने का रिज़र्व जितना छोटा होगा, वह असल में उतना ही अच्छा होगा क्योंकि तब मुद्रा स्फीति नहीं होगी, रुपये की क्रय-शक्ति में कोई कमी नहीं आयेगी, और इसे बंद करना भी कोई आवश्यक नहीं होगा।

स्वर्ण मानक रिज़र्व के स्रोत को ध्यान में रखते हुए यह रिज़र्व आंख मूंद कर रुपये की मुद्रा जारी करने पर रोक लगाने के बजाय उसका प्रत्यक्ष कारण बन जाता है और एक अपरिवर्तनीय मुद्रा की बुराइयों का विरोध करने की अपेक्षा इनमें और वृद्धि कर देता है। इससे ज़्यादा विकृति नहीं हो सकती। अगर स्वर्ण मानक रिज़र्व जैसी प्रक्रिया जिसका निर्माण मुद्रा को सीमित रखने के मकसद से किया गया था, बगैर मुद्रा की मात्रा में बढ़ोतरी किये अपना काम नहीं कर सकती, तब यदि वह प्रणाली मुद्रा को कमज़ोर नहीं बनाती तो हैरानगी है कि फिर और कौन कमज़ोर बना सकता है। विनिमय मानक के पक्ष लेने वालों में बड़े-बड़े नामों का ज़िक्र किया जाता है। इससे पहले इस योजना का कोई उदाहरण तलाश करने के लिये जी-तोड़ प्रयास करने के पश्चात् मि. लिंडसे ने फाउलर समिति के समक्ष दावा किया कि इसे आयरिश एक्सचेंज के संबंध में बनायी गयी संसदीय समिति की रिपोर्ट में देखा गया है। मि. फाउलर के पास इसके लिये एक मजबूत आधार था। दूसरी बातों के अलावा, समिति

ने यह भी अनुशंसा की थी कि इंग्लैण्ड व आयरलैंड के बीच विनिमय में स्थिरता लाने के लिये बैंक ऑफ आयरलैंड को बैंक ऑफ इंग्लैण्ड में एक क्रेडिट खाता खोल लेना चाहिये और लंदन में एक निर्धारित मूल्य पर ड्राफ्ट बेचने चाहियें। जहां तक लंदन में विनिमय मानक स्वर्ण रिज़र्व पर निर्भर करने का सवाल है, यह कहा जा सकता है कि लिंडसे द्वारा पूरी ईमानदारी के साथ विनिमय पर बनी आयरिश समिति की योजना को अपनाया गया है। लेकिन उन्होंने समिति की एक और तथा बेहद ज़रूरी अनुशंसा की अनदेखी की। इस अनुशंसा में सुझाव दिया गया था कि "इलाज के इस तरीके में सुझाये गये जिन लाभों का वर्णन किया गया है, वे तब तक प्राप्त नहीं होंगे और बहुत ही कम अवधि के होंगे, जब तक कि बैंक ऑफ आयरलैंड यह वचन नहीं देता कि वह ज़्यादा मात्रा में जारी की गयी मुद्रा को कम नहीं करेगा, जिससे आयरलैंड में कागजी मुद्रा में मूल्यह्रास का समाधान हो सके।" दरअसल, जारी की गयी मुद्रा को एक सीमा में रखने पर इतना ज्यादा दबाव डाला गया था कि जब पार्नेल ने हाउस ऑफ कामंस में आयरिश मुद्रा में सुधार लाने के संबंध में एक प्रस्ताव प्रस्तुत किया, तो उन्होंने इस बात पर खेद प्रकट किया कि समिति की अनुशंसा को स्वीकार नहीं किया गया। थार्नटन ने अपने उत्तर में ध्यान दिलाया कि आयरिश विनिमय में तब तक स्थिरता नहीं आयेगी, जब तक समिति द्वारा रखी गयी शर्त की अनदेखी की जायेगी। इस विनिमय को स्थिर रखने के हाल ही के अनुभव से इस अति अनिवार्य शर्त की अहमियत का पता चलता है। विनिमय को स्थिर रखना मूल रूप से एक ऐसा उपाय होता है जिससे आंतरिक मूल्य के साथ-साथ मुद्रा के बाहरी मूल्य को भी गिरने से बचाया जाये। यहां पर यह देखना बहुत अहम् है कि विनिमय को स्थिर रखने का इस पर क्या असर पड़ता है। इसे स्थिर रखने का बुनियादी असर यह होता है कि एक तय मूल्य पर घरेलू मुद्रा के बदले विदेशी मुद्रा प्राप्त करके विदेशी सामान खरीदने की आज्ञा प्रदान करना और यह तय मूल्य उस मूल्य से ज़्यादा होता है जो दोनों देशों की मुद्राओं की क्रय-शक्ति के आधार पर तय की जाती है। विनिमय की स्थिरता से कम मूल्य पर प्राप्त की गयी विदेशी मुद्रा से लोगों को विदेशी सामान ख़रीदने से विदेशी मूल्य बढ़ कर घरेलू मूल्यों के बराबर आने लगते हैं। इस प्रकार विनिमय दर स्थिर इस कारण नहीं होती कि उसे स्थिर कर दिया गया है अपितु ऐसा इसलिये होता है कि दोनों देशों के मध्य मूल्य स्तर एक नयी बराबरी पर पहुंच जाता है। मुख्यत: विनिमय दर इसलिये स्थिर

है, क्योंकि यह कृत्रिम क्रय-शक्ति की सममूल्यता है। यह ऐसी बनी रहेगी या नहीं, यह घरेलू मूल्यों के उतार-चढ़ाव पर निर्भर करता है। अगर घरेलू कीमतों में बढ़ोतरी विदेशी मूल्यों में स्थिरता के बावजूद ज़्यादा होती है तो इस प्रक्रिया को अवश्य टूटना चाहिये। इसी बात को ध्यान में रख कर विनिमय के संबंध में आयरिश समिति ने जारी की गयी मुद्रा की सीमा के बारे में शर्त लगायी थी और यह एक बहुत महत्त्वपूर्ण विशेषता है। भारतीय मुद्रा के संबंध में इस शर्त का वर्णन न करना आयरिश समिति की रिपोर्ट के सर्वोत्तम भाग की अनदेखी करने जैसा है।

मि. लिंडसे ने अपना विनिमय मानक बनाने में आने वाली दिक्कतों पर कोई ध्यान क्यों नहीं दिया, इसका कारण यह है कि उन्होंने बेशक एक नयी प्रणाली के आविष्कारक के तौर पर ख्याति प्राप्त कर ली हो, लेकिन मुद्रा के मूल्य के वास्तविक सिद्धांत के संबंध में उन्हें कोई जानकारी नहीं थी। न तो उन्होंने और न ही सन् 1890 के दशक में भारतीय विनिमय की समस्याओं का समाधान करने के उपायों की योजनायें बनाने वाले अनेकों मुद्रा के व्यापारियों ने यह समझा था कि विनिमय को स्थिर करने की समस्या वास्तव में उसकी मात्रा को नियंत्रित करके मुद्रा की क्रय-शक्ति को स्थिर बनाये रखने की समस्या है। स्वर्ण विनिमय मानक में इस बात की अनदेखी की जाती है कि लम्बे समय में तो मुद्रा की सामान्य क्रय-शक्ति ही अंततः विनिमय मूल्य का निर्धारण करती है। इसका मुख्य प्रयोजन है विनिमय को स्थिर करना और क्रय-शक्ति की समस्या को समाप्त कर देना। दरअसल नीति यह होनी चाहिये कि मुद्रा की सामान्य क्रय-शक्ति को स्थिर रखा जाये और विनिमय को अपने आप नियंत्रित होने दिया जाये। अगर चैम्बरलेन आयोग ने विनिमय मानक पर इस दृष्टि से सोचा होता तो उसने इसे एक मजबूत मानक न कहा होता क्योंकि यह बुनियादी तौर पर इसके बिल्कुल विपरीत था। अब अगर कोई व्यक्ति विनिमय मानक की इस कमज़ोरी से संतुष्ट नहीं होता तो वह यह कह सकता है कि इसकी स्थिरता का अनुमान लगाते समय हमने सिर्फ उन्हीं अवसरों पर ध्यान दिया है जब यह मानक असफल हो गया। इस प्रणाली के लिये ऐसे व्यवहार को यह ग़लत मान सकता है और कह सकता है कि उन वर्षों के संबंध में क्या कहना चाहिये जब स्थिरता बनाये रखी गयी थी। क्या उस प्रणाली के समर्थन में कुछ नहीं कहना जिसने सन् 1901 से 1907 तक या फिर सन् 1909 से 1914 तक रुपये के स्वर्ण मूल्य को स्थिर रखा? यह प्रश्न बहुत उचित है

और इसका समर्थन करने वाले लोग यह समझते हैं कि यहां उनकी स्थिति बड़ी सुदृढ़ है और वे विनिमय मानक का विरोध करने वालों से कहते हैं कि या तो वे यह मान लें कि यह एक स्थिर मानक है अथवा वे दिखायें कि इस मानक के तहत रुपया कभी भी अपने स्वर्ण मूल्य को बरकरार नहीं रख पाया।

इस स्थिति की मान्यता कुछ ऐसी अवधारणाओं पर आधारित है जो इतनी तर्कसंगत और सबको स्वीकार्य लगती हैं कि विनिमय मानक के खिलाफ दिये गये तर्कों का तब तक कोई असर नहीं होगा, जब तक कि उनकी व्यर्थता को पूरे तौर पर प्रकट न किया जाये। पहली अवधारणा तो यह है कि मुद्रा के मूल्य में तब तक कमी नहीं हो सकती, जब तक कि सोने के रूप में उसके मूल्य में कमी न हो जाये। दूसरे शब्दों में, अगर बढ़ोतरी से मुद्रा के मूल्य में कमी किसी एक विशेष वस्तु जैसे सोने के रूप में दिखायी नहीं देती, तो तब सामान्य रूप से वस्तुओं की कोई अधिकता नहीं है। एक समय था, खासकर बुलियन रिपोर्ट पर चर्चा के समय, जब सामान्य वस्तुओं के संबंध में मुद्रा के मूल्य में बदलाव की अवधारणा को बहुत से जानकार लोग भी ठीक से नहीं समझते थे और उच्च सरकारी अधिकारी भी इसे स्वीकार्य नहीं मानते थे। जब सूचकांकों की प्रणाली अस्तित्व में नहीं थी, तो मूल्य में गिरावट को किसी वस्तु के रूप में आंकने को, जैसे सोने के रूप में आंकने को, उचित समझा जा सकता है। लेकिन आज यह बात नहीं है। अब किसी को यह प्रदर्शित करने की आवश्यकता नहीं कि प्रत्येक वस्तु के मूल्य में उतना ही बदलाव हुआ है और उसी दिशा में हुआ है जैसा कि वस्तुओं के सामान्य मूल्य में हुआ है। सिर्फ सोने जैसी एक ही वस्तु को मूल्य में गिरावट का पैमाना क्यों बनाये जाये? अगर सोने के मूल्य में गिरावट दूसरी सभी वस्तुओं के रूप में मुद्रा के मूल्य में गिरावट का उचित पैमाना है तो इसकी आज्ञा दी जा सकती है हालांकि यह अदूरदर्शितापूर्ण नज़रिया है। लेकिन ऐसी बात है नहीं। गृह युद्ध के दौरान संयुक्त राज्य अमरीका के ग्रीनबैक्स के अनुभव का वर्णन करते हुए प्रो. डब्ल्यू सी. मिशेल ने कहा-

> "सोने के मूल्य में उतार-चढ़ाव को, जिसने लोगों का इतना ज़्यादा ध्यान अपनी ओर खींचा, दूसरी वस्तुओं के मूल्यों में आये भारी उतार-चढ़ाव की तुलना में सीमित ही कहा जायेगा। सोने के मूल्य दूसरी वस्तुओं के मूल्यों में होने वाले उतार-चढ़ाव के क्षेत्र के बहुत भीतर ही रहते हैं। युद्ध के समय सोने के मूल्य में

> दूसरी के मूल्यों की अपेक्षा ज़्यादा उतार-चढ़ाव हुआ। जब सोने के मूल्य बढ़ रहे थे तो दूसरी अधिकतर वस्तुओं के मूल्य भी बढ़े लेकिन सोने की अपेक्षा कम तीव्रता से। जब सोने के मूल्य गिर रहे थे, तब अधिकतर वस्तुओं के मूल्य स्थिर रहे अथवा कम गति से गिरे। युद्ध के पश्चात् वस्तुओं के मूल्य गिरने की दर में कमी आना और भी ज़्यादा स्पष्ट प्रतीत होने लगा। हालांकि मूल्यों में तेजी से गिरावट आयी लेकिन यह गिरावट सोने में आयी गिरावट जितनी तीव्र नहीं थी। एक और दिलचस्प बात यह है कि दस वर्ष तक वस्तुओं का मूल्य स्तर सोने की अपेक्षा ज़्यादा बना रहा।

इससे ज्ञात होता है कि विनिमय मानक के समर्थकों द्वारा जो कसौटी अपनायी गयी, वह गलत है और उससे मुद्रा के मूल्य के संबंध में गलत जानकारी मिलती है। इसमें कोई शक नहीं कि जिन लोगों ने इस कसौटी की इस मानक पर लागू करने की बात की है, अगर वह इस बात को ठीक से ध्यान में रखते कि सोने के रूप में किसी मुद्रा के विशेष मूल्यह्रास और वस्तुओं में आये सामान्य मूल्यह्रास में फर्क होता है तो सम्भवत: वह इस बात पर इतना दबाव न देते, जितना कि अभी उन्होंने दिया था। रोक की अवधि में बैंक ऑफ इंग्लैण्ड का अनुभव इस सिद्धांत का सबसे बड़ा उदाहरण है, जहां मुद्रा का तो सामान्यत: मूल्यह्रास हुआ लेकिन विशेष मूल्यह्रास दिखायी नहीं दिया।

अगले अध्याय में हम इस बात पर विचार करेंगे कि किस कारण से मूल्यों में गिरावट ज़्यादा बड़ी बुराई है। अभी तो हम बैंक ऑफ इंग्लैण्ड के इस अनुभव को देखेंगे। हमारे पास यह तथ्य है कि बगैर विशेष अवमूल्यन के भी सामान्य अवमूल्यन सम्भव है। इस बात पर गौर करते हुए विनिमय मानक के समर्थक इस बात पर गौरव महसूस नहीं कर सकते कि लम्बी-लम्बी अवधियों में रुपये ने विशेष अवमूल्यन के लक्षण प्रदर्शित नहीं किये। एक बैंक नोट जो पूरी तरह से अपरिवर्तनीय है और जिसे जारी करते समय किसी भी नियम को दृष्टि में नहीं रखा गया और इसके बावजूद यह 13 वर्ष तक सममूल्य पर कायम रहा, रुपये का यह अनुभव आस्थगित प्रणाली के समर्थन में कहीं ज़्यादा जाता है, अपेक्षाकृत विनिमय मानक के। दूसरी बात की तुलना में पहली बात ज़्यादा हैरानगी पैदा करती है। इस बात के बावजूद कि हालांकि रुपये का मूल्य सोने के रूप में मापा जाता है और सोने का मूल्य कम हो रहा था, इसके

बावजूद रुपयों का मूल्य अपने स्तर पर बना रहा। यह पहले प्रस्तुत किये गये इंग्लैण्ड में सामान्य कीमतों के आंकड़ों से साफ होता है और ज़रा-सी यह उम्मीद कि किसी न किसी प्रकार की परिवर्तनीयता भी आज नहीं तो कल होगी ही। यद्यपि बैंक ऑफ इंग्लैण्ड के नोटों में उसकी कोई जगह नहीं थी, फिर भी शायद ही किसी व्यक्ति ने स्थगन अवधि की मुद्रा प्रणाली की सराहना की होगी अथवा उसे न्यायसंगत ठहराया होगा। हालांकि इसके कारण काफी बड़े समय तक मूल्यों में कोई विशेष गिरावट नहीं आयी।

सोने के संबंध में मूल्य की गिरावट मापने का तरीका अपेक्षाकृत एक सुरक्षित विचार है बशर्ते उसे एक अन्य ऐसी अवधारणा का आधार न बनाया जाता जिस पर विनिमय मानक टिका हुआ है, यानी मुद्रा में सामान्य और विशेष मूल्यह्रास की घटनाओं का परस्पर कोई संबंध नहीं है। इसके विपरीत यह आग्रह करना आवश्यक है कि विनिमय मानक के समर्थकों के फायदे हेतु बैंक ऑफ इंग्लैण्ड के अनुभव से यह सीखें कि हालांकि उनके उतार-चढ़ाव में कोई भी तालमेल नहीं है, फिर भी वे वास्तव में एक-दूसरे से जुड़े हुए हैं। इस बात को संक्षेप में इस प्रकार बताया जा सकता है कि जब मुद्रा का सामान्य मूल्यह्रास हुआ हो, तब अन्य तत्वों के स्थिर रहने पर विशेषज्ञ मूल्यह्रास का घटित होना आवश्यक है, हालांकि यह समय पर निर्भर करता है अगर सामान्य मूल्यह्रास एक हद को पार कर जाये। सामान्य मूल्यह्रास घटित होने के पश्चात् विशेष मूल्यह्रास में कितना समय लग सकता है, यह विभिन्न प्रकार की परिस्थितियों पर निर्भर है। निरंतर पानी बढ़ जाने पर झील की सतह के समान सामान्य मूल्यह्रास का प्रभाव अलग-अलग वस्तुओं पर अलग-अलग समय में पड़ता है जो इस बात पर निर्भर करता है कि सामान्य समय के दौरान उसकी मांग में अपेक्षाकृत कितनी तेजी रहती है। अगर मुद्रा के लिये या औद्योगिक उपयोग के लिये सोने की मांग नहीं हो रही तो सोने के संबंध में मुद्रा का मूल्यह्रास देर से होगा। यह तो विदेशी भुगतान के लिये ही सोने की मांग महसूस की जाती है और यहीं पर सर्वप्रथम विशेष मूल्यह्रास की जानकारी होती है। लेकिन यहां पर भी यह आवश्यक नहीं होता क्योंकि प्रत्येक वस्तु इस बात पर निर्भर करती है कि क्या दूसरी विदेशी वस्तुओं को भी सोने के समान कबूल कर लेगा अथवा नहीं, और क्या वे उपलब्ध हैं भी या नहीं। अब भारत में लगभग ये तीनों घटक काम कर रहे हैं जिनसे विशेष मूल्यह्रास में देरी की जा सकती

तालिका L

बैंक आफ़ इंग्लैंड के नोटों का मूल्य ह्रास[1]

				बैंक नोटों का प्रतिशत मूल्य	
				स्वर्ण के रूप में	वस्तुओं के रूप में
1797	...	...	...	100.0	110
1798	...	...	...	100.0	118
1799	...	...	...	...	130
1800	...	...	...	107.0	141
1801	...	...	...	109.0	153
1802	...	...	...	...	119
1803	...	...	...	...	128
1804	...	...	...	103.0	122
1805	...	...	...	103.0	136
1806	...	...	...	...	133
1807	...	...	...	...	132
1808	...	...	...	...	149
1809	...	...	...	...	161
1810	...	...	...	...	164
1811	...	...	...	123.9	147
1812	...	...	...	130.2	148
1813	...	...	...	136.4	149
1814	...	...	...	124.4	153
1815	...	...	...	118.7	132
1816	...	...	...	102.9	109
1817	...	...	...	102.2	120
1818	...	...	...	104.6	135

1 हॉट्रे कृत *क्रेडिट एंड करेंसी* के पृष्ठ 269 से स्वर्ण के रूप मे नोटों के मूल्य के बारे में प्रो0 फॉक्सवेल कहते हैं–"बैंक के सबसे कटु आलोचक भी स्वीकार करते हैं कि इस बात का कोई ठोस आधार नहीं हैं कि 1808-09 तक प्रतिबन्ध के दौरान बैंक के व्यवहार की कोई शिकायत की जाए। ऐसा नहीं लगता कि इस तारीख तक इसके नोटों का कोई वास्तविक मूल्य ह्रास हुआ था। चार पौंड प्रति औंस की कीमत 1803-9 के दौरान लगभग एक समान बनी रही। यह वास्तव मे अपनी मर्जी से बैंक ने निर्धारित की थी जिस पर वह विदेशी सोना खरीदेगा।" *प्रीफेस टु एंड्रीडीस*, पृष्ठ XVI। कुछ लोग इस बात पर सन्देह करने लगते हैं कि 1810 तक बैंक आफ इंगलैंड के अपरिवर्तनीय नोटों में कोई विशेष मूल्य ह्रास नहीं हुआ। दुर्भाग्यवश इस तथ्य के बारे में प्रत्यक्ष प्रमाण के रूप में कोई आंकड़े उपलब्ध नहीं हैं। किन्तु परिस्थिति जन्य साक्ष्य उपलब्ध हैं। यह बात याद रखने योग्य है कि उन दिनों मूल्य ह्रास मापने का एकमात्र तरीका जो बैंक आफ इंगलैंड को पता था, वह स्वर्ण पर मिलने वाला प्रीमियम था। तथा हार्नर, रिकार्डो और अन्य व्यक्ति बैंक आफ इंगलैंड के जाने-माने शत्रु थे। ऐसी हालत में यह संभावना नहीं लगती कि यदि इस अवधि मे बैंक आफ इंगलैंड के नोटों का मूल्य ह्रास हुआ होता तो हार्नर 1810 तक हाउस आफ कामन्स मे अपना प्रस्ताव रखने की प्रतीक्षा न करता।

है। रुपया पूरी तरह से एक वैध मुद्रा है और सोने का सहारा लेने की विवशता के बगैर इससे ऋणों का निबटान करना सम्भव है। भारत जैसे निर्धन देश में उद्योगों के लिये सोने की मांग कभी बहुत ज़्यादा नहीं हो सकती। इसलिये सामान्य तौर पर रुपये का जो मूल्यह्रास हुआ है, उसका देश के अलावा व्यापार या मूल्यह्रास के तौर पर तुरंत कोई असर नहीं पड़ता। जहां तक विदेशी भुगतान का प्रश्न है, भारत की स्थिति यहां भी उतनी ही सुदृढ़ है लेकिन इस कारण नहीं जैसा कि विवेकहीनतावश समझा जाता है कि उसका व्यापार संतुलन अनुकूल है बल्कि इसका कारण यह है कि भारत के पास कई ऐसी अत्यंत आवश्यक वस्तुयें हैं, जो किसी विदेशी को सोने के स्थान पर लेनी ही पड़ती हैं। भारत में रुपये का विशेष मूल्यह्रास उस स्थिति में होगा, जब वे वस्तुयें सामान्य मूल्यह्रास के तहत आ जायेंगी जो भारत के विदेश व्यापार का अंग हैं। लेकिन यह आवश्यक है कि मूल्यह्रास का असर उन वस्तुओं पर भी पड़ेगा जैसा कि नीचे बताया गया है। आज के किसी भी आधुनिक समाज में विभिन्न वस्तुओं की कीमतें एक पूर्ण संगठित प्रणाली का निर्माण करती हैं जिसके अलग-अलग हिस्से एक जटिल व्यापारिक प्रक्रिया के अनुरूप परस्पर सामंजस्य बिठाते रहते हैं। महत्त्वपूर्ण वस्तुओं के मूल्यों में कोई विशेष बदलाव आने से इस प्रणाली का संतुलन बिगड़ जाता है और व्यापारिक प्रक्रियायें तत्काल प्रकट होने लगती हैं, जिसके तहत दूसरी वस्तुओं के मूल्यों के साथ तालमेल आरम्भ हो जाता है ताकि वह फिर से स्थापित हो सकें।"

1. **विभिन्न देशों में स्वर्ण की खपत के बारे में निम्नलिखित तालिका बहुत रोचक है:–**

स्वर्ण की खपत (मिलियनस्स पौंड स्टर्लिंग, 85 शिलिंग प्रति फाइन औंस की दर से)*

	1915	1916	1917	1918	1919	1920
औद्योगिक कलाएं (यूरोप और अमेरिका)	17.0	18.0	16.0	17.0	22.0	22.0
भारत (3 वर्ष से अगले वर्ष 31 मार्च तक)	1.4	5.1	19.6	–3.3	27.7	5.1
चीन	–1.7	2.6	2.6	0.04	11.5	–3.7
मिश्र	–0.8	–0.2	–0.1	–0.0	–0.0	?
मुद्रा के रुप में रोकड़ शेष (अंतर)	80 5	68.0	48.2	64.9	13.8	46.6
विश्व	96.4	93.5	86.3	79.0	75.0	70.0

यह एक सच्चाई है कि भारत में आंतरिक व्यापार हेतु उत्पादन और विदेशी व्यापार के लिये उत्पादन के मध्य वैसा नज़दीकी रिश्ता नहीं है जैसा कि दूसरे देशों में होता है। ऐसे में इससे केवल यही फर्क आ सकता है कि सामान्य मूल्यह्रास की रफ़्तार

धीमी पड़ जाये ताकि विदेशी व्यापार की वस्तुओं पर इसका तत्काल कोई प्रभाव न पड़े। लेकिन यह इसके असर को अंततोगत्वा मूल्यों में वृद्धि होने से रोक नहीं सकती, और एक बार जब मूल्य बढ़ जायेंगे तो वह वस्तु बेशक कितनी भी अनिवार्य क्यों न हो, विदेशी उसे लेने को तैयार नहीं होगा। सोने की मांग में अवश्य वृद्धि होनी चाहिये जिससे मुद्रा का विशेष मूल्यह्रास होगा। यह कथन इस मामले में बैंक ऑफ इंग्लैण्ड के साथ-साथ भारत के अनुभव से भी बहुत ज़्यादा मेल खाता है। बैंक ऑफ इंग्लैण्ड के संबंध में यह अर्थात् बैंक के नोटों का विशेष मूल्यह्रास एक "बहुत बड़ी बुराई" है जिसके प्रति हार्नर को बहुत ज़्यादा शिकायत थी और यह मूल्यह्रास सन् 1809 में प्रकट हुआ था, निलंबन की घोषणा होने के पूरे 13 वर्ष पश्चात्। इसी प्रकार भारत के संदर्भ में भी हम पाते हैं कि मूल्यह्रास समय के अलग-अलग अंतराल के पश्चात् आया था। यहां तक कि इसने यह भी दर्शा दिया था कि विशेष मूल्यह्रास से बचने के लिये भी यह आवश्यक है कि मुद्रा के सामान्य मूल्यह्रास की ओर भी पूरा ध्यान दिया जाये।

इन तथ्यों को ध्यान में रखते हुए, जो सिद्धांत रूप से और इतिहास की दृष्टि से भी प्रमाणित हो चुके हैं कि रुपये ने लम्बे समय तक अपने स्वर्ण मूल्य को बरकरार रखा है, किसी को डर कर यह नहीं समझ लेना चाहिये कि विनिमय मानक एक स्थायी मानक है। इस सच्चाई को मान लेने से, जो कुछ भी ऊपर बताया गया है, वह बिल्कुल अर्थहीन नहीं हो जाता। चूंकि हमारी स्थिति यह है कि दीर्घकाल में मुद्रा का सामान्य मूल्यह्रास, सोने के रूप में अपना विशेष मूल्यह्रास लाएगा, इसलिये जब हम अपनी स्थिति के बारे में बात करते हैं तो बेशक हमें मुद्रा के विशेष मूल्यह्रास का सामना नहीं करना पड़ा हो, लेकिन हम अपने इस विचार का खंडन नहीं कर सकते कि सर्वश्रेष्ठ मुद्रा प्रणाली वही है जिसमें मौद्रिक इकाई के सामान्य ह्रास को रोका जा सके। विनिमय मानक ऐसा कोई नियंत्रक प्रभाव प्रदान नहीं करता। इसका सोने का आरक्षित भंडार जो मूल्यह्रास के होने पर नियंत्रण करने का एक माध्यम है, दरअसल वही मूल्यह्रास का सीधा कारण होता है। फिलहाल, यदि इस समय मूल्यह्रास नहीं है तो यह एक उल्लेखनीय और दिलचस्प घटना से ज़्यादा कुछ नहीं है। इससे यह मान लेना कि यह विनिमय मानक की सुरक्षा देता है, अपनी कमियां स्वयं सामने लाने के समान है, क्योंकि जो लोग "मूर्खों के स्वर्ग" में रहते हैं, उन्हें इसका परिणाम कमोबेश भुगतना ही पड़ता है।

अध्याय 7

स्वर्ण मानक की ओर वापसी

विनिमय मानक की तरफ से जो दावा किया जाता है कि वह सोने से रुपये की सममूल्यता को बनाये रखने में सक्षम है, उसी के आधार पर हमने इसकी जांच की है। इसका मानदंड चैम्बरलेन आयोग द्वारा निर्धारित किया गया था जिसके आधार पर इसके गुण-दोषों का पता लगाया जाता था। लेकिन क्या यह मानदंड पर्याप्त रूप से विवाद से परे है? दूसरे शब्दों में, मान लीजिये कि रुपये ने सोने से अपनी सममूल्यता बनाये रखी है, जो दरअसल जितनी बार उसने बनाये रखी है, उतनी ही बार नहीं भी बनायी, तो क्या इसका यह तात्पर्य निकलता है कि एक श्रेष्ठ मुद्रा प्रणाली के सभी लक्ष्यों को प्राप्त कर लिया गया है?

विनिमय मानक में, "जैसे कि आज इस प्रणाली का संचालन किया जा रहा है, सोने से इसकी समानता बनाये रखने के लिये सिक्कों की ढलाई में कुशलतापूर्वक प्रबंध किया जाता है, मानो मुद्रा का महत्त्व इसी बात में हो कि वह कितना सोना हासिल कर सकती है। लेकिन जो लोग धन का इस्तेमाल करते हैं, उनके लिये यह बात कोई मायने नहीं रखती कि सोने में उसका मूल्य कितना है, बल्कि यह चीज़ मायने रखती है कि वस्तुओं में उस मुद्रा का कितना मूल्य है और इन वस्तुओं में सोना बिल्कुल न के बराबर होता है। अत: हर स्थान पर यह कोशिश की जाती है कि सामान्यत: वस्तुओं के रूप में मुद्रा का मूल्य स्थिर बना रहे, और ऐसा करना ठीक भी है क्योंकि लोगों के हित में सोना उतना महत्त्वपूर्ण नहीं है जितनी की सीधे तौर पर प्रयोग में लायी जाने वाली वस्तुयें व सेवायें होती हैं। सोने के रूप में मुद्रा की स्थिरता का महत्त्व मात्र सोने का व्यापार करने वाले व्यापारियों के लिये होता है। लेकिन वस्तुओं के रूप में मुद्रा की स्थिरता से सब चीज़ों पर असर पड़ता है जिसमें सोने के व्यापारी भी शामिल हैं। यहां तक कि प्रो. केनेस ने भी सन् 1919 की भारतीय मुद्रा समिति के समक्ष अपनी गवाही में कहा था कि -

"मेरा सदैव यह लक्ष्य होना चाहिये... भारतीय कीमतें वस्तुओं के संबंध में सदैव स्थिर रहनी चाहिये अपेक्षाकृत इसके कि वे किसी धातु अथवा विदेशी मुद्रा के संबंध में स्थिर रहें। मुझे भारत के लिये यह कहीं ज़्यादा महत्त्वपूर्ण प्रतीत होता है।" हां, यहां यह समझ पाना थोड़ा मुश्किल सा प्रतीत होता है कि ऊंची विनिमय दर को अपनाने से, जिसका वे पक्ष लेते हैं, यह लक्ष्य कैसे हासिल होगा। विनिमय को ऊंचा करना एक बेकार की परियोजना है, क्योंकि यह रुपये की क्रय-शक्ति के आधार पर नहीं है। मूल्यों के तय करने पर असर डालने की इसकी जो विशेषता बतायी जाती है, उसका इसमें अभाव है। कीमतों के मौजूदा स्तर पर यह किसी तरह की असर डालने में असमर्थ है, और न विनिमय को ऊंचा करने से भविष्य से कीमतों में वृद्धि होनी रुक जायेगी। इससे तो सिर्फ कीमतें मापने के आधार में परिवर्तन होता है। भविष्य में नयी आधार रेखा को लेकर भी कीमतों में उसी प्रकार सरलता से वृद्धि हो जायेगी, जिस प्रकार पहले पुरानी आधार रेखा से वृद्धि होती थी। दूसरे शब्दों में, मि. केस ने इस बात को नज़रंदाज़ कर दिया कि विनियम मात्र कीमतों के स्तर को दर्शाता है, और इस पर नियंत्रण पाने के लिये यह आवश्यक है कि कीमतों के स्तर को नियंत्रित रखा जाये, न कि इसे एक नया नाम प्रदान कर दिया जाये, जिसके वह अनुकूल न हो, और जिस पर वह चल न सके जैसा कि सन् 1920 में साबित हो गया था, जब वैधानिक रूप से रुपये का मूल्य 2 शिलिंग (सोना) कर दिया गया था जबकि वास्तव में उसके 1 शिलिंग 4 पैंस स्टर्लिंग भी प्राप्त नहीं होते थे। इसका परिणाम यह हुआ कि रुपये का विनिमय कम होकर उस स्तर पर आ गया जो उसकी क्रय-शक्ति से तय हुआ था। लेकिन इस सवाल के अलावा भी हमारे पास विनिमय मानक के सबसे मुखर पक्षधरों की स्वीकृति है कि किसी मुद्रा प्रणाली का वास्तविक गुण सामान्यत: वस्तुओं के रूप में मूल्य के मानक को स्थिर रखना होता है।

यह देखते हुए कि किसी मुद्रा के संबंध में राय कायम करने के लिये यह एक सही मानदंड है, तो हमें यह सवाल करना चाहिये कि सन् 1893 में टकसालें बंद होने के पश्चात् भारत में घटनाचक्र किस प्रकार घूमा? यह एक बुनियादी सवाल है, लेकिन फिर भी विनिमय मानक की विशेषताओं की सराहना करने वालों में एक भी व्यक्ति ऐसा नहीं है जिसने इस सवाल की ओर कोई ध्यान दिया हो। प्रो. केनेस, प्रो.

केमेरेर या मि. शिराज के लिखित दस्तावेजों का अध्ययन करने से भी किसी व्यक्ति को यह ज्ञात नहीं हो पायेगा कि इस नज़रिये से विनिमय मानक के संबंध में उनका विचार क्या है। चैम्बरलेन आयोग ने या भारतीय मुद्रा पर स्मिथ समिति ने भारत में कीमतों की समस्या पर कभी कोई ध्यान नहीं दिया और स्वयं को इस बात के लिये संतुष्ट किये बगैर यह समझ पाना वास्तव में ही मुश्किल है कि कोई भी व्यक्ति कैसे उस मानक की सुदृढ़ता अथवा कमज़ोरी के संबंध में अपने बहूमूल्य विचार प्रकट कर सकता है। कीमतों के नज़रिये से विनिमय मानक पर विचार व्यक्त करते हुए यह बात ध्यान में रखनी पड़ेगी कि भारतीय टकसालों को मुक्त रूप से चांदी के सिक्के ढालने के लिये बंद करने का एक मुख्य कारण यह था कि रुपये का मूल्य कम हो रहा था जिसके परिणामस्वरूप कीमतों में वृद्धि हो रही थी। इस नज़रिये से टकसालों को बंद करने का परिणाम यह निकलना चाहिये था कि भारत में कीमतें गिर जातीं, क्योंकि प्रो. फिशर के शब्दों में कहा जाये तो धन मुद्रा का जलाशय है और बहुमूल्य धातु का जलाशय जिस पाइप से जुड़ा हुआ है; टकसाल बंद होने के फलस्वरूप वह पाइप बंद हो गया था अथवा वह निष्क्रिय हो गया था। इस प्रकार बहुमूल्य धातुओं में से चांदी की धातु का मुद्रा के जलाशय में जाना रुक गया था। दूसरे शब्दों में, खानों से नयी निकाली गयी, चांदी टकसालें बंद होने से मुद्रा का रूप नहीं ले सकती थी और संचलन में पड़े रुपये की क्रय-शक्ति कम नहीं कर सकती थी। अगर यह ऐसा है तो टकसाल बंद करने का असर कितना निराशाजनक रहा है! कीमतों के दृष्टिकोण से रुपया एक ऐसी समस्या बन चुका है, जैसा वह पहले कभी नहीं था। टकसाल बंद कर देने के उपरांत से भारत के इतिहास में कीमतों में असाधारण बढ़ोतरी हुई (देखें अध्याय 6)। निश्चित रूप से, टकसाल बंद होने से पूर्व जब चांदी व मूल्यवान धातु के भंडारों को परस्पर जोड़ने वाले स्रोत ठीक थे तो कीमतों में जो बढ़ोतरी हुई थी, टकसाल बंद होने के पश्चात् ये स्रोत समाप्त हो जाने के बाद कीमतों में हुई बढ़ोतरी की तुलना में लगभग शून्य थी। अत: कीमतों के दृष्टिकोण से टकसालों को बंद करना वरदान के बजाय अभिशाप ज़्यादा सिद्ध हुआ है और सही बात यह है कि लगातार कीमतों के बढ़ते स्तर से भारत में जीना दुष्कर होता जा रहा है। विश्व के किसी भी अन्य देश के

व्यक्ति को कीमतों में वृद्धि होने से उतने कष्टों का सामना नहीं करना पड़ा है, जितना भारत के लोगों को। युद्ध काल के दौरान कीमतें इतनी ज़्यादा ऊंचाई तक पहुंच गयीं कि रिपोर्टें मिलीं कि काफी बड़ी संख्या में स्त्री और पुरुषों ने भोजन और कपड़ा न खरीद पाने के कारण स्वहत्या कर ली थी। फिर भी यह तर्क दिया जा सकता है कि अगर टकसालें बंद न की जातीं तो कीमतों में और भी ज़्यादा बढ़ोतरी होती और भारत मात्र चांदी के मानक वाला देश बन कर रह जाता। इसमें कोई संदेह नहीं कि यह एक बढ़िया कदम है, इसके समर्थन में ऐसा कहा जा सकता है। बात सोलह आने सच है। चूंकि चांदी को सभी स्थानों ये हटाया जा रहा है, इसलिये यह मूल्य के मानक के तौर पर काम नहीं कर सकती। इस सीमा तक शुद्ध चांदी के मानक की तुलना में विनिमय मानक कहीं ज़्यादा अच्छा है। लेकिन क्या यह सोने के मानक के रूप में अच्छा है?

अगर वास्तविक विनिमय दरों की व्याख्या क्रय-शक्ति कि सममूल्यता के सिद्धांत के आधार पर की जाये तो इस सवाल का जवाब "हां' हो सकता है। चूंकि यह तर्क पेश किया जा सकता है कि अगर रुपये का स्वर्ण मूल्य स्थिर रहा था तो यह इसलिये कि रुपये की कीमतें और सोने की कीमतें एक समान थीं। ऐसा कहा जा सकता है कि विनिमय मानक का यही उद्देश्य था जो उसने पूरा करके दिखा दिया। यह तथ्य कि सोने के मानक के भंडार में कभी कमी नहीं हुई, इस बात का सबूत है कि भारत में भी कीमतों का सामान्य स्तर वही है, जो भारत के बाहर था। ऐसी धारणाओं के आधार पर तो यह कहा जा सकता है कि विनिमय मानक सोने के मानक जितना ही अच्छा होता है।

अब कोई व्यक्ति यह प्रश्न पूछ सकता है कि अगर भारतीय कीमतें सोने की कीमतों से ज़्यादा ऊंची नहीं थीं तो उन्हें इतना ऊंचा क्यों रखा जाना चाहिये था और क्या यह बेहतर न होता कि भारतीय कीमतों को नीचे रखा जाता। लेकिन हम यह प्रश्न नहीं पूछेंगे। हम इस बात से संतुष्ट हो जायेंगे, क्या भारतीय कीमतें सिर्फ सोने की कीमतों जितनी ऊंची होतीं। अब क्या भारतीय कीमतें उतनी ही बढ़ गयी थीं जितनी कि केवल सोने की कीमतें? संलग्न चार्ट को एक नज़र देखने से यह आश्चर्यजनक तथ्य प्रकट होता है कि भारत में कीमतों में न सिर्फ सोने की कीमतों जितनी बढ़ोतरी हुई

अपितु उनमें सोने की कीमतों से भी अधिक बढ़ोतरी हुई। यह सही है कि विनिमय मानक की प्रभावकारिता का पता लगाने के लिये भारतीय कीमतों की सोने की कीमतों से तुलना करते हुए यह आवश्यक है कि युद्ध काल की अवधि को ध्यान में न रखा जाये, क्योंकि अधिकतर देशों ने सोने को मूल्य का मानक स्वीकार करना बंद कर दिया था। और अगर इस समय को हम अपनी गणना में सम्मिलित कर भी लें, तो भी हमारे निकाले गये परिणाम पर इसका कोई ख़ास असर नहीं पड़ता क्योंकि भारत कोई युद्ध में शामिल देशों में से नहीं था। लेकिन फिर भी भारत में कीमतें उन देशों से ज़्यादा कम नहीं थीं, जहां युद्ध के दौरान मुद्रा का बहुत ज़्यादा प्रसार हुआ था और एक छोटी-सी अवधि के अलावा वे संयुक्त राष्ट्र अमरीका की सोने की कीमतों से निश्चित रूप से ज़्यादा थीं।

यह साफ है कि संबंधित तथ्य हमारे विनिमय मानक का समर्थन करने वाली पूर्व धारणाओं से मेल नहीं खाते। ध्यान देने योग्य बात यह है कि भारत में कीमतों में स्थानीय बढ़ोतरी, इंग्लैण्ड की कीमतों के सामान्य स्तर की तुलना में ज़्यादा थी और यह साफ दिखता था कि प्रो. केनेस को भी, जो विनिमय मानक की कमियों को ज़्यादा बढ़ा-चढ़ा कर नहीं देखते थे, स्वतंत्र रूप से की गयी अपनी जांच से यह भरोसा हो गया था कि-

> "ब्रिटेन के लिये सॉरबेक इंडेक्स नम्बर दिखाते हैं कि दूसरी जगहों की तुलना में भारत में होने वाले बदलाव कहीं ज्यादा हैं।"

तो फिर इस मामले की संबंधित धारणाओं व तथ्यों में मौजूद अंतर के लिये क्या स्पष्टीकरण दिया जा सकता है? इसका स्पष्टीकरण यह है कि वास्तविक विनिमय दरें दो मुद्राओं की सभी वस्तुओं के रूप में नहीं बल्कि सिर्फ कुछेक वस्तुओं के रूप में क्रय-शक्ति पर निर्भर करती हैं। इस संबंध में यह ज्यादा अच्छा रहेगा कि कुछ शर्तों समेत क्रय-शक्ति सममूल्यताओं का विनिमय दरों से संबंध के सिद्धांत को फिर से दोहराया जाये। इस सिद्धांत की ज़्यादा यथार्थवादी परिभाषा यह होगी कि अंग्रेज व दूसरे लोग भारतीय रुपयों की उतनी कीमत लगायेंगे कि भारतीय रुपयों से कहां तक और कितना ऐसा भारतीय सामान ख़रीदना सम्भव है जिस सामान की अंग्रेजों को

ज़रूरत है। इसकी तुलना में भारतीय अंग्रेजी पाउंड की उतनी कीमत लगायेंगे कि इन पाउंडों से कहां तक और कितना ऐसा अंग्रेजी सामान ख़रीदना सम्भव है जिसकी भारतीयों को ज़रूरत है।

इस तरह के स्पष्टीकरण से यह साफ हो जाता है कि वास्तविक विनिमय दरों का संबंध उस क्रय-शक्ति से होता है जिससे अंतर्राष्ट्रीय व्यापार वाली वस्तुओं को ख़रीदना सम्भव होता है। यह सोच कर चलना कि वास्तविक विनिमय दरें दो मुद्राओं की सभी वस्तुओं के रूप में क्रय-शक्ति पर निर्भर करती हैं, यह समझ लेने के समान है कि किसी मुद्रा की क्रय-शक्ति में बदलाव सभी वस्तुओं के रूप में होता है, चाहे उनका व्यापार होता हो अथवा न होता हो। निश्चित रूप से इन दोनों श्रेणियों के सामानों की कीमतों में बदलाव की एक प्रवृत्ति होती है जो लम्बे समय में परस्पर असर डालती है, जिससे यह कहना मुमकिन हो जाता है कि किसी मुद्रा की विनिमय दर उसकी आंतरिक क्रय-शक्ति पर निर्भर करेगी। क्रय-शक्ति सममूल्यता का सिद्धांत विनिमय दरों की एक व्याख्या करने में उस सीमा तक मायने रखता है, जिस सीमा तक यह विदेशी विनिमयों को नियंत्रित करने के लिये व्यावहारिक उपयोगिता के एक उपकरण के रूप में काम करता है, और इसलिये इस अध्ययन के शुरुआती हिस्से में इस सिद्धांत का प्रयोग रुपये के स्वर्ण मूल्य में होने वाली गिरावट की व्याख्या करने के प्रयोजन से किया गया था। लेकिन किसी मुद्रा की क्रय-शक्ति और उसके विनिमय मूल्य के बीच मौजूद इस संबंध के आधार पर आगे बढ़ना या यह तर्क प्रस्तुत करना कि किसी विशेष समय पर विनिमय दर दो सामान्य मुद्राओं की सामान्य क्रय-शक्ति का कमोबेश वही माप है, यह मानकर चलने के समान है जो सम्भव नहीं कि हमेशा ठीक ही हो यानी व्यापार वाली वस्तुओं और बिना व्यापार वाली वस्तुओं की कीमतों में एक-दूसरे की देखा-देखी बदलाव आता है। यह धारणा बहुत ही व्यापक है और यह कहा जा सकता है कि हालात के अनुसार यह कमोबेश सही होती है। अब जैसा कि प्रो. केमेरर ने बताया है-

CHART VI

PRICES AND WAGES IN INDIA AND ENGLAND, 1873-93

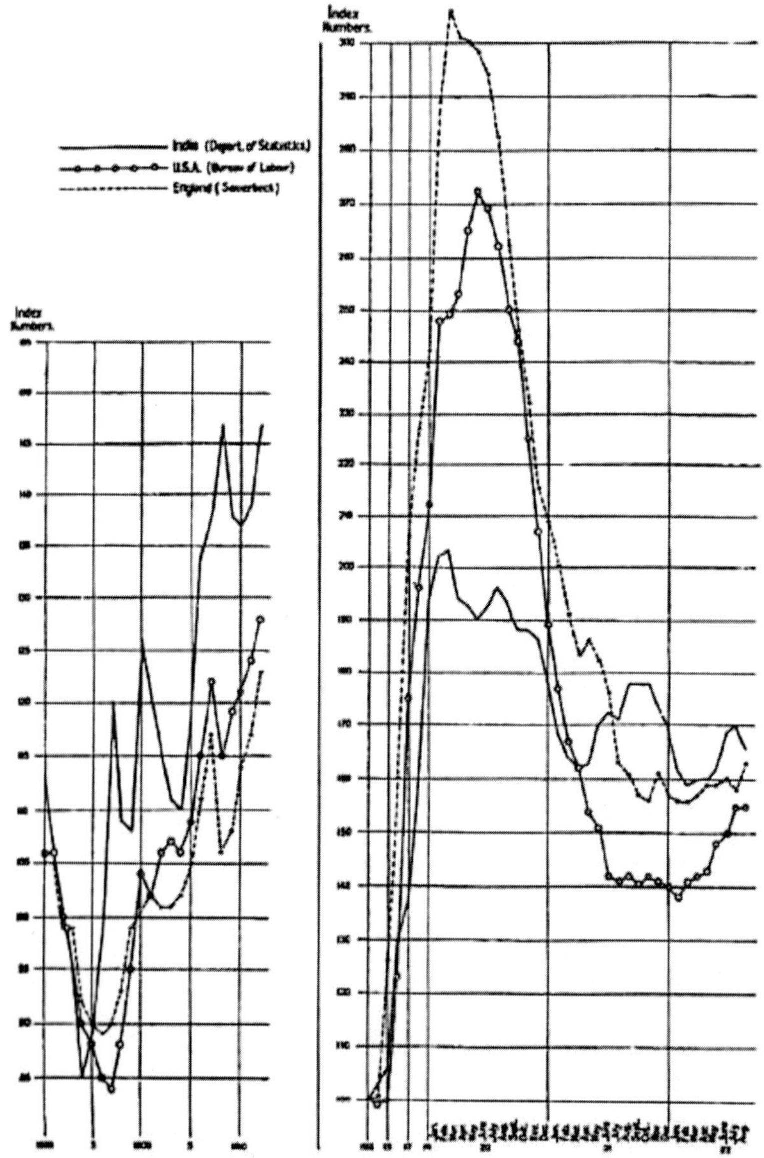

> "हालांकि समग्र रूप में भारत के निर्यात और आयात बहुत बड़े होते हैं, लेकिन अधिकांशत: भारत के लोग अपने यहां निर्मित वस्तुओं का ही उपयोग करते हैं और इन वस्तुओं का भी बड़ा हिस्सा, उत्पादन से लेकर उपभोग तक, उस छोटे-से क्षेत्र से मिलता है, जहां वे अपना जीवन व्यतीत करते हैं। विदेशी व्यापार, सोने और स्वर्ण विनिमय से उनका बहुत दूर का और नाममात्र का संबंध होता है। हां, अगर समय पाकर देश के आयात अथवा निर्यात व्यापार के मूल्य संतुलन में कोई बड़े बदलाव आयें, तो उनका स्थानीय कीमतों पर असर अवश्य होगा। लेकिन अगर अपवादों को छोड़ दिया जाये तो इन बदलावों का असर बहुत धीरे-धीरे होता है और इस लम्बी प्रक्रिया के दौरान उनकी गति बहुत कम हो जाती है।"

इन दोनों के मध्य के संबंध बहुत कमज़ोर होने के कारण, यह स्पष्ट है कि जो भारतीय वस्तुयें अंतर्राष्ट्रीय व्यापार का हिस्सा बनती हैं, उनकी कीमतों में हमेशा उस मात्रा में परिवर्तन नहीं होता जितना उन वस्तुओं की कीमतों में होता है जो अंतर्राष्ट्रीय व्यापार का हिस्सा नहीं होतीं। इसके अलावा, इन संबंधों के कमज़ोर होने से वास्तविक विनिमय दरों के स्तर की तुलना में मुद्रा की सामान्य क्रय-शक्ति सम्भव है कि अलग हो। यहां यह बात गौर करने लायक है कि जो भारतीय वस्तुयें मुख्य तौर पर अंतर्राष्ट्रीय व्यापार का हिस्सा बनती हैं, उनकी कीमतों पर स्थानीय वस्तुओं और सेवाओं का कोई असर नहीं होता। भारत द्वारा किये जाने वाले निर्यात में गेहूं, खालें, चावल और तिलहन अंतर्राष्ट्रीय वस्तुयें हैं। युद्ध जैसी असामान्य घटनाओं को छोड़ दें तो इन दोनों परिस्थितियों का मिश्रित असर यह होता है कि व्यापारिक और ग़ैर-व्यापारिक वस्तुयें एक-दूसरे के प्रभाव से शीघ्रता से नहीं बदलतीं।'

अगर यह सच है तो, हालांकि विनिमय मानक को बरकरार रखने का यह अर्थ अवश्य होता है कि सोने के साथ रुपये की क्रय-शक्ति सममूल्यता बनाये रखती है, लेकिन यह क्रय-शक्ति सममूल्यता सभी वस्तुओं के संबंध में दोनों मुद्राओं की क्रय-शक्ति सममूल्यता नहीं होती। इन सबका अभिप्राय यही होता है कि जो वस्तुयें अंतर्राष्ट्रीय व्यापार में सम्मिलित होती हैं, उनके लिये रुपये की क्रय-शक्ति सोने के बराबर मूल्य पर रखी जाती है। इससे सोने के आरक्षित भंडार को समाप्त करने की अक्सर ज़रूरत नहीं पड़ती। सोने के रिज़र्व को संरक्षित रखने का अर्थ मात्र यही है कि

जहां तक अंतर्राष्ट्रीय व्यापार की वस्तुओं की कीमतों का प्रश्न है, उसमें समानता बनी हुई है। इस प्रकार व्याख्या करने से यह तथ्य कि रुपये का स्वर्ण मूल्य बनाये रखा जाता है, उनमें यह सम्भावना रहती है कि भारतीय कीमतें, समग्र रूप से सोने की कीमतों से ज्यादा हों जिससे पहले की इस धारणा का खंडन हो जाता है कि विनिमय मानक सोने के मानक के जितना ही अच्छा होता है। यहां इस बात को ध्यान में रखा जाना चाहिये कि कीमतों में होने वाले तमाम बदलावों का असर व्यक्ति के जीवन पर सामान्यत: पड़ता ही है। हालांकि आधुनिक आर्थिक व्यवस्था में जो लचीलापन, पूंजी और श्रम के एक स्थान से दूसरे स्थान पर जाने, खुली प्रतिस्पर्धा, चुनने के अधिकार, अन्वेषक प्रतिभाओं और उद्यमियों और व्यवसायियों की बौद्धिक क्षमताओं के साथ कीमतों में होने वाले सामान्य व अस्थाई बदलावों को नियंत्रित कर लेता है, लेकिन जब कीमतों का स्तर सामान्य तौर से और लगातार ही एक दिशा में बढ़ता चला जाता है, तो तब स्थिति बदल जाती है। तब इस अपेक्षा के साथ व्यवस्था करना कि कीमतों का उतार-चढ़ाव मात्र अस्थायी रूप से ही है और यह फिर से पिछले सामान्य स्तर पर आ जायेगा, अक्सर विफल हो जाती है। बदलाव की उम्मीद में अपने पास रखे रहने से जो दु:ख झेलना पड़ता है, उसे दूसरी दिशा में होने वाले लाभ से दूर नहीं किया जा सकता। संक्षेप में, इस प्रकार एक ही दिशा में कीमतों के चलने से सामान्य व्यापारिक बुद्धि असमंजस में पड़ जाती है और इससे भविष्य के सारे अनुमान गड़बड़ा जाते हैं जिसका नतीजा यह होता है कि असीमित रूप से हानि उठानी पड़ती है और व्यक्ति को इतना ज़ोर से और इतना अचानक झटका लगता है कि उसका अपने आर्थिक जीवन पर कोई काबू नहीं रह जाता और अपने अस्तित्व के लिये अपनी बुद्धिमत्ता, दूरदर्शिता और शक्ति का इस्तेमाल करके भी वह कुछ नहीं कर पाता। किसी भी मौद्रिक मानक में मूल्यों की पूरी तरह से स्थिरता केवल एक आदर्श अवस्था होती है। लेकिन अस्थिरता के नतीजे इतने बुरे होते हैं, कि प्रो. मार्शल को भी, जिन्हें यह भरोसा था कि आर्थिक जीवन पर असर डालने वाले मौद्रिक आधार के हस्तक्षेप करने के प्रति जो सामान्य पूर्वाग्रह है, वह सचमुच सही है, यह कहना पड़ा कि "इस उतार-चढ़ाव में कमी लाकर समुदायों के आर्थिक कल्याण की रक्षा हेतु बहुत कुछ करना सम्भव है। मूल्य में कम होता मानक एक बुराई होता है जैसे सन् 1896 से सोने में गिरावट हो रही है।

लेकिन अगर किसी मूल्य के मानक में हमेशा कमी होती रहे जैसा कि विनिमय मानक के संबंध में हुआ है, और वह भी स्वर्ण मान की तुलना में ज़्यादा तीव्रता से हो, अथवा दूसरे शब्दों में, कीमतों में ज़्यादा तेजी से वृद्धि हो, तो क्या उसे मूल्य का अच्छा मानक माना जा सकता है?

इस बात को ध्यान में रखते हुए यह बात अजीब सी प्रतीत होती है कि प्रो. केनेस ने अपने शोधप्रबंध "इंडियन करेंसी एंड फाइनेंस में यह कहा है कि विनिमय मानक में भविष्य के एक आदर्श मानक बनने की सभी विशेषतायें मौजूद हैं। इसी मत पर आगे चल कर चैम्बरलेन आयोग ने भी सहमति जतायी है। अगर क्रय-शक्ति की स्थिरता को सामान्य रूप से वस्तुओं के रूप में मापने की किसी प्रणाली का मानदंड समझा जाये तो अर्थशास्त्र के बहुत कम विद्यार्थी ही प्रो. केनेस के विचार का समर्थन करेंगे। सम्भवत: इसे अति उत्साह नहीं कहा जायेगा कि प्रो. केनेस सन् 1920 के स्वर्ण विनिमय मानक के समान स्वर्ण मानक को वरीयता प्रदान करेंगे, क्योंकि पहले मानक में दूसरे मानक की तुलना में कीमतों में बहुत कम उतार-चढ़ाव होगा।

इस संबंध में भारत में प्रचलित इस ग़लत धारणा की तरफ ध्यान दिलाना ज़रूरी है कि भारत एक स्वर्ण मानक वाला देश है। यह तो सभी मानेंगे कि किन्हीं दो देशों में मूल्य का वही मानक होता है, इसका व्यावहारिक मानदंड इन देशों की कीमतों के स्तर में उतार-चढ़ाव के गुण होंगे। यह मानदंड इतना विश्वसनीय है कि ग्रीन बैंक अवधि के लिये विभिन्न देशों में और अमरीका की कीमतों के स्तर का बड़ी सर्तकतापूर्वक और विवेकपूर्वक सर्वेक्षण करने के पश्चात् प्रो. मिशेल की निम्नलिखित टिप्पणी थी-

> "जब दो देशों की मुद्रा प्रणाली एक-सी हो और उनके परस्पर महत्त्वपूर्ण व्यावसायिक संबंध हों तो उनकी कीमतों के स्तर में होने वाले उतार-चढ़ावों में, जो वहां के सूचकांकों से पता चलते हैं, परस्पर बहुत ज़्यादा समानता होती है। इनमें परस्पर इतनी ज़्यादा समानता मिलती है कि उतार-चढ़ाव की यह समानता उस समय भी इतनी ज़्यादा दिखायी देती है, जब ये सूचकांक विभिन्न प्रकार की वस्तुओं को लेकर अलग-अलग वर्षों के लिये बनाये जाते हैं।"

अब हमें यह ज्ञात है कि युद्ध से पूर्व इंग्लैण्ड एक स्वर्ण मानक वाला देश था, और हम यह भी जानते हैं कि भारत और इंग्लैण्ड में समकालीन कीमतों के उतार-चढ़ाव में

कोई बहुत अधिक समानता नहीं थी। इस लिहाज़ से यह कहना केवल एक भ्रम ही होगा कि भारत स्वर्ण मानक वाला देश रहा है। दूसरी ओर यह स्वीकार करना बेहतर है कि भारत का अभी स्वर्ण मानक वाला देश बनना बाकी है, जब तक कि हम वह भूल न कर बैठें जो प्रो. फिशर ने तब की थी, जब उन्होंने भारत में असामान्य तौर पर बढ़ती हुई कीमतों का कारण भारत में स्वर्ण मानक की मौजूदगी को बताया था। हालांकि वास्तविकता यह थी कि भारत में कीमतें स्वर्ण मानक के न होने के कारण बढ़ी थीं।

भारत एक स्वर्ण मानक वाला देश कैसे बन सकता है? इसका उत्तर बिल्कुल साफ है कि स्वर्ण मुद्रा जारी करके। प्रो. केनेस इस विचार का उपहास करते हैं कि बगैर स्वर्ण मुद्रा के स्वर्ण मानक रखने की बात करना केवल एक बुद्धिहीनता है। उनका विचार यह प्रतीत होता है कि मुद्रा और मूल्य का मानक दो भिन्न-भिन्न चीजें हैं। यहां वह निश्चित तौर पर ग़लती पर हैं। चूंकि समाज को ज़रूरत होती है विनिमय के एक माध्यम की, मूल्य के मानक की तथा मूल्य के संचय की ताकि उसका आर्थिक जीवन निर्बाध रूप से चलता रहे। ऐसा तर्क देना पूरी तरह से ग़लत है कि ये तीनों काम अलग-अलग साधनों द्वारा किये जा सकते हैं। दूसरी ओर, जैसा कि प्रो. डेवनपोर्ट ज़ोर देकर कहते हैं-

> "मुद्रा के विभिन्न उपयोग मात्र मध्यवर्ती कार्यों के विभिन्न पहलू हैं। स्थगित भुगतान मात्र मध्यवर्ती आस्थगित भुगतान है। यही बात मानक के पहलू की भी है। जो कुछ भी सामान्य मध्यवर्ती होता है, वही वास्तव में मानक होता है। कार्य दो नहीं हैं, बल्कि एक है... स्पष्ट रूप से मध्यवर्ती की क्रय-शक्ति का भंडार भी हो सकता है। वस्तु विनिमय के दूसरे आधे भाग को स्थगित रखा जा सकता है। वस्तु विनिमय का दूसरा भाग अस्थगित (Deferred) हो सकता है। मध्यवर्ती कार्य की एक विशिष्ट सुविधा यह है कि उसे देर तक रोक कर रखा जा सकता है।"

इस प्रकार चूंकि रुपया मुद्रा है, इसलिये वह मूल्य का मानक भी है। यदि हम चाहते हैं कि भारत में स्वर्ण मूल्य का मानक बने तो उसे भारत की मुद्रा में भी सम्मिलित करना पड़ेगा। लेकिन यह पूछा जा सकता है कि अगर सोने को भारतीय मुद्रा का एक हिस्सा बना दिया जाये तो उससे भारत में कीमतों में क्या बदलाव होगा? इस सवाल का जवाब देने के लिये आवश्यक है कि पहले रुपया मुद्रा की प्रकृति का

वास्तविक स्वरूप सामने लाया जाये। अब यहां यह बात स्वीकार कर लेनी चाहिये कि मूल्य के जिस मानक का विस्तार या संकुचन करना सम्भव है, वह ऐसे मानक की तुलना में ज़्यादा स्थिर होगा, जिसका संकुचन या विस्तार नहीं किया जा सकता। रुपया मुद्रा में आसानी से विस्तार पाने की क्षमता मौजूद है लेकिन इसमें सरलता से संकुचन की क्षमता नहीं है, क्योंकि न तो इसका निर्यात किया जा सकता है और न ही इसे पिघलाया जा सकता है और न ही इच्छा होते ही इसे बदला जा सकता है। माननीय मि. गोखले ने अपने एक भाषण में ऐसी मुद्रा की तुलना निर्यात योग्य मुद्रा से बड़े अच्छे तरीके से इस प्रकार की थी-

> "अब, यदि हमारे पास एक स्वत: परिचालित, स्वत: समायोजित होने वाली मुद्रा है, जैसे कि सोना हो सकता है या जिस प्रकार सन् 1893 से पूर्व हमारे पास चांदी की मुद्रा थी और अब हमारे यहां जैसे कृत्रिम मुद्रा मौजूद है, तो इन दोनों में फर्क ही क्या है! अब जैसी भौगोलिक स्थिति भारत की है, उसमें हमें व्यापार की मांग की पूर्ति करने के लिये निर्यात के मौसम के छ: महीनों के दौरान हमेशा सोने अथवा चांदी के सिक्कों की एक निर्धारित मात्रा में ज़रूरत होगी। जब निर्यात का मौसम तेजी पर होगा तो वस्तुओं के ख़रीदने हेतु धन हमें देश के आंतरिक हिस्सों में भेजना पड़ेगा। यह बात दोनों ही स्थितियों में लागू होती है, फिर बेशक वर्तमान जैसी कृत्रिम मुद्रा हो या सन् 1893 से पूर्व की चांदी की मुद्रा। लेकिन फर्क इस बात में है कि मंदी के मौसम के शेष छ: मास के अंदर हमारे पास मुद्रा प्रचुर मात्रा में हो जाती है और स्वत: समायोजित हो जाने वाली स्वत:चालित मुद्रा भरपूर मात्रा में हो जाने से उसके लिये तीन मार्ग खुले होते हैं। अतिरिक्त सिक्के या तो बैंकों में चले जाते हैं या फिर सरकार के खजाने में वापस आ जाते हैं, या फिर उनका निर्यात कर दिया जाता है, अथवा लोग अपनी आवश्यकता के कामों के लिये उन्हें पिघला देते हैं। लेकिन जहां स्वत: समायोजित होने वाली स्वत:चालित मुद्रा नहीं होती, जहां सिक्का सिर्फ एक कृत्रिम प्रतीक मुद्रा होता है, जैसा कि वर्तमान में हमारा रुपया है। इन तीन मार्गों में से दो मार्ग उसके लिये बंद हो जाते हैं। आप बग़ैर भारी नुकसान उठाये रुपये देश से बाहर भेज नहीं सकते, आप बग़ैर भारी नुकसान उठाये रुपये पिघला नहीं सकते। इसका परिणाम यह होता है कि सिक्के जो ज़रूरत से ज़्यादा मात्रा में हैं, या तो वापस बैंकों में आ सकते हैं अथवा सरकारी खजाने में वापस पहुंच सकते हैं अथवा लोगों के द्वारा इस्तेमाल में

> लाये जा सकते हैं। बाद वाले मामले में अर्थात् लोगों के मामले में उसकी स्थिति पानी के सैलाब में डूबी मिट्टी के समान हो जायेगी, जहां निकासी की कोई उत्तम व्यवस्था नहीं है और जिससे नमी को नहीं हटाया जा सकता। इस देश में बैंकिंग की सुविधायें नाकाफी हैं। इस कारण से हमारा धन बैंकों के पास अथवा सरकारी खजाने में तीव्रता से वापस नहीं आता। नतीजतन, अतिरिक्त धन जो देश के आंतरिक क्षेत्रों में भेजा जाता है, पानी के छोटे-छोटे तालाबों के समान यहां-वहां पड़ा रहता है जिससे भूमि दलदल में बदल जाती है। मेरा मानना है कि दो मार्ग बंद हो जाने से तीसरे मार्ग के माध्यम से धन की प्रचुरता होने से कीमतों में बढ़ोतरी हो जाती हैं।"

अगर सोना भारतीय मुद्रा का एक हिस्सा होता, तो न सिर्फ यह मुद्रा विस्तार की ज़रूरतों की पूर्ति कर लेता अपितु इससे मुद्रा का इतना ज़्यादा संकुचन भी सम्भव हो सकता था जिसकी रुपये से पूर्व जानकारी नहीं थी। सोना, रुपये की तुलना में मूल्य का एक श्रेष्ठ मानक इसलिये होता कि पहले वाले का विस्तार भी हो सकता है और संकुचन भी; जबकि दूसरे का सिर्फ विस्तार ही हो सकता है, संकुचन नहीं। पहले जो कुछ बताया जा चुका है, यह उसी को दूसरी भाषा में कहने जैसा है कि भारतीय मौद्रिक मानक न तो स्वर्ण मानक है और न ही स्वर्ण विनिमय मानक बल्कि इसमें तो अपरिवर्तनीय रुपया मानक की सारी विशेषतायें हैं जो कि "बैंक स्थगन' के दौरान कागज़ी पाउंड के थे, और स्थानीय कीमतों का बड़ी मात्रा से बढ़ना दोनों प्रणालियों की समानता का अटूट साक्ष्य है। ये विशेषतायें इन तीनों प्रणालियों में मौजूद हैं। बुलियन रिपोर्ट में इन्हें इन शब्दों में कीमत में बढ़ोतरी का कारण बताया गया है-

> "एक ऐसे देश में जिसने ऐसी मुद्रा अपनायी है जिसका दूसरे देशों को निर्यात करना सम्भव नहीं है या इच्छा होने पर जिसे ऐसे सिक्के में परिवर्तित नहीं किया जा सकता जिसका निर्यात हो सके, तो स्थानीय कीमतों के ज़्यादा बढ़ जाने का कारण उस देश में अतिरिक्त मुद्रा का संचलन होता है।"

इसलिये अगर हम भारत में बढ़ी हुई कीमतों को थोड़ा सा कम करने की इच्छा रखते हैं तो सबसे आवश्यक कार्य यह करना चाहिये कि सोने जैसी किसी निर्यात हो सकने वाली मुद्रा को भारतीय मौद्रिक प्रणाली का एक प्रतिरूप बना देना चाहिये।

चैम्बरलेन आयोग ने भारत में सोने की मुद्रा चलाने के विरुद्ध तर्क देने में बहुत कुशलता का प्रदर्शन किया। इस आयोग ने जो तर्क प्रस्तुत किये, वे इस प्रकार थे (1)

भारत के लोग सोने की जमाखोरी करने लगेंगे और संकट के समय उसे बाहर नहीं निकालेंगे; (2) भारत इतना निर्धन देश है कि सोने जैसी महंगी धातु के सिक्कों की देखरेख नहीं कर सकेगा; (3) भारत के लोग इतने कम सौदे करते हैं कि सोने के सिक्कों के संचलन की आज्ञा प्रदान नहीं की जा सकती; और (4) भारत के लोगों के लिये सबसे अच्छी है कागजी मुद्रा जो रुपये में परिवर्तित की जा सकती हो, क्योंकि यह भारत के लोगों के लिये सबसे सस्ती होगी और सोने की मुद्रा जारी करने से भारत के लोग कागजी मुद्रा और रुपये की मुद्रा दोनों के ख़िलाफ़ हो जायेंगे। जमाखोरी का भय पैदा करना बहुत पुरानी बात है और इस तर्क में कुछ वज़न हो सकता है बशर्ते कि इसके पीछे कोई भी नियम न हो। लेकिन वास्तविकता कुछ और ही है। मुद्रा जो सबसे अधिक बिकने योग्य वस्तु है और किसी भी सुव्यवस्थित मौद्रिक प्रणाली में इस बात की सम्भावना सबसे कम होती है कि थोड़े से समय में इसके मूल्य में कमी हो जायेगी। इसलिये लोग हमेशा इसे अपने पास जमा करके रखते हैं और इसे मूल्य के एक भंडार के तौर पर रखते हैं। लेकिन मूल्य के भंडार के तौर पर रखने वाला व्यक्ति इस बात की तुलना करता है कि आज इससे वह जितनी उपयोगिता हासिल कर सकता है, भविष्य में उसकी तुलना में वह कितनी उपयोगिता ले सकता है और अगर आज की उपयोगिता की तुलना में भविष्य की उपयोगिता बहुत ज़्यादा है और ऐसा करते हुए वह समय और जोखिम को ध्यान में रखता है, तो वह मुद्रा को अपने पास जमा करके रखेगा। दूसरी ओर, अगर भविष्य के उपयोग की तुलना में वर्तमान उपयोग ज़्यादा महत्त्वपूर्ण है, तो वह धन अथवा मुद्रा को जमा करके नहीं रखेगा। ऐसी स्थिति में यह समझना बहुत मुश्किल है कि भारत के लोगों के लिये सोने की मुद्रा की जमाखोरी पर आपत्ति की जाये। अगर वे सोने की जमाखोरी करते हैं तो इसका तात्पर्य यह है कि या तो वे मौजूदा ख़रीदारी पर पैसा नहीं खर्च करना चाहते या फिर उनके पास अन्य कोई घटिया मुद्रा भी है और पहले वे उसे ख़र्च करना चाहते हैं। दूसरी ओर, अगर उन्हें अभी ख़रीदारी करनी है और उनके पास सोने से ज़्यादा ख़राब कोई मुद्रा नहीं है, तो वे सोने की जमाखोरी नहीं करेंगे। ऐसे मौके आने पर ही भारत से बहुमूल्य धातुओं का निर्यात हुआ है जिससे प्रमाणित होता है कि भारत के लोगों की जमाखोरी

की आदत कोई ऐसी अनजानी चीज़ नहीं है, जितनी अक्सर समझी जाती है। अगर कुछ मौकों पर उन्होंने निर्यात योग्य मुद्रा की जमाखोरी की जबकि उन्हें उस समय उसे दे देनी चाहिये थी, तो यह लोगों की नहीं बल्कि मुद्रा प्रणाली की कमी है जिसमें कुल मुद्रा भंडार के अलग-अलग हिस्से मूल्य के भंडार के तौर पर एक जैसे अच्छे नहीं हैं। जमाखोरी का तर्क, यदि यह तर्क समझा जाये तो यह तर्क किसी भी देश के व्यक्तियों पर लागू हो सकता है, ख़ास तौर पर सिर्फ भारत के लोगों पर नहीं।

भारत में सोने की मुद्रा के ख़िलाफ़ दिया जाने वाला दूसरा तर्क भी पहले तर्क से ज़्यादा वज़नदार नहीं है। अगर सोने की मुद्रा संचलन से बाहर हो जाती है तो इसका कारण और कुछ नहीं सिवाय इसके कि दूसरी तरह की मुद्रा आवश्यकता से अधिक जारी कर दी गयी है। नब्बे के दशक में जब भारत में स्वर्ण मानक स्थापित करने के संबंध में अभी सोचा ही जा रहा था तो कुछ लोग इटली व आस्ट्रियाई साम्राज्य द्वारा सोने के संचलन को बढ़ावा देने की निरर्थक सी कोशिशों का ज़िक्र करते थे। यह एक सच्चाई है कि उनका सोना लुप्त हो जाता था लेकिन यह उनकी निर्धनता के कारण नहीं होता था बल्कि यह उनकी कागजी मुद्रा के कारण होता था। कोई भी देश सोने की मुद्रा चला सकता है बशर्ते कि उसी के साथ वह उसका कोई अन्य सस्ता विकल्प न जारी कर दे।

और फिर अगर सौदे छोटे होने के कारण सोने के सिक्के संचलन (Circulation) में नहीं आयेंगे तो इसका यह तात्पर्य कदापि नहीं कि सोने के सिक्के संचलन से बाहर कर दिये जायें, अपितु इसका तात्पर्य यह है कि स्थिति का सामना करने हेतु बेहतर है कि मुद्रा की इकाई को छोटा रखा जाये। संचलन संबंधी कठिनाइयों से सिक्कों की ढलाई की परेशानी हो सकती है। लेकिन सिक्कों की ढलाई की समस्या को इस सवाल का निर्णय का अधिकार नहीं दिया जा सकता कि मूल्य का मानक क्या होना चाहिये। अगर सावरेन संचलन में नहीं चलता तो इसका तात्पर्य यह नहीं है कि भारत सोने की मुद्रा रखे ही नहीं। इसका तात्पर्य यह है कि संचलन के लिहाज़ से सावरेन एक बहुत बड़ी मुद्रा है। यहां मामला अगर कोई है भी तो वह सावरेन सिक्के की इकाई के ख़िलाफ़ दिया जा रहा है, न कि सोने की मुद्रा के सिद्धांत के ख़िलाफ़। अगर सावरेन

इतना छोटा नहीं है कि संचलन में आ सके तो इसका यह अर्थ निकलता है कि सोने के संचलन को असरकारी बनाने के लिये हम कोई दूसरा छोटा सिक्का बनायें।

सोने की मुद्रा के विरुद्ध चौथा तर्क एक तथ्य के रूप में है जिसे न तो सच साबित किया जा सकता है और न ही झूठ। इसके लिये साक्ष्य देखने पड़ेंगे कि क्या सोने की मुद्रा में वह गुण होता है जो बताया जाता है। लेकिन क्या हम यह पूछ सकते हैं कि क्या मुद्रा की उस प्रणाली में कोई ख़तरा नहीं होता जिसमें कागजी मुद्रा रुपयों में परिवर्तनीय होती है? क्या रुपये के मूल्य पर कागज का कोई असर नहीं पड़ेगा? अगर आयोग द्वारा इस प्रश्न पर सोचा भी गया है, जिस पर आशंका होती है, तो सम्भवत: उसे इस आम राय को स्वीकार करने के लिये प्रेरित किया था कि कागजी मुद्रा परिवर्तनीय होती है। अत: वह रुपये के मूल्य अथवा उसकी क्रय-शक्ति पर कोई असर नहीं डालती। यह राय बनाना अनुचित था, क्योंकि कागजी मुद्रा के जितने हिस्से को सुरक्षा राशि के अंदर किया गया, उस सीमा तक उसकी परिवर्तनीयता उसे नाममात्र मौद्रिक इकाई के मूल्य को कम होने से नहीं बचा सकती जिसमें वह परिवर्तनीय है क्योंकि प्रतिस्पर्धा के कारण लेखे की उस इकाई की मांग में कमी आ जाती है जिससे उसका मूल्य गिर जाता है। इस प्रकार कागज़, हालांकि मुद्रा के रूप में सस्ता पड़ता है, रुपये के मूल्य के लिये एक ख़तरा होता है। अगर रुपया सोने में मुक्त रूप से परिवर्तनीय होता, तो यह ख़तरा एक सीमित स्तर तक ही होता। लेकिन मौद्रिक इकाई को परिवर्तनीय कागजी मुद्रा का ख़तरा उतना ही ज़्यादा हो जाता है जितना अपरिवर्तनीय कागजी मुद्रा का होता है, जब तक कि उस इकाई को संरक्षित करके अंतिम प्रतिदान की धातु से, उस धातु में मुक्त परिवर्तनीयता करके, उससे कम नहीं होने दिया जाता। रुपया ऐसी किसी परिवर्तनीयता द्वारा सुरक्षित नहीं है और चूंकि आयोग नहीं चाहता था कि यह इस प्रकार सुरक्षित हो, तो आयोग को यह समझना चाहिये था कि वह रुपये को सामान्य तौर पर वस्तुओं के रूप में और इस तरह सोने के रूप में सममूल्य में बने रहने की सम्भावनाओं को कागजी मुद्रा के विस्तार को बढ़ा करके बहुत ज़्यादा नुकसान पहुंचा रहा था, बेशक वह कागजी मुद्रा पूर्णत: परिवर्तनीय हो, ठीक उसी प्रकार जैसे वह उसे पूरी तरह से अपरिवर्तनीय बनाकर कर रहा था।

लेकिन आयोग किफायत के संदर्भ में इतना दृढ़ और मूल्य की स्थिरता के संबंध में इतना असावधान था कि उसने वास्तव में एक ऐसे बदलाव का परामर्श दिया कि भारतीय कागजी मुद्रा "स्थायी इश्यू प्रणाली' के बजाय "स्थायी आनुपातिक प्रणाली' पर चले। किफायत के लिये आयोग ने प्रश्न के इस पहलू की अनदेखी कर दी, यह इस बात का एक अन्य सबूत है कि जहां तक भारतीय मुद्रा की क्रय-शक्ति की स्थिरता का प्रश्न है, उसे आयोग ने उसी उपेक्षा भरी नज़र से देखा।

ऊपर जो कुछ बताया गया है, अगर उसमें कुछ बल है तो सोने की मुद्रा मात्र "भावना' का प्रश्न नहीं है और न ही यह मात्र एक "महंगी विलासिता ' है बल्कि यह एक ज़रूरत है जो मूल्य के भारतीय मानक के बनाये रखने के सबसे बड़े हित से प्रेरित होती है और इस प्रकार कुछ सीमा तक, चाहे थोड़ा ही सही, वह बढ़ती हुई कीमतों के अप्रिय दुष्परिणामों से भारतीय जनता के हितों की रक्षा करता है। इस प्रकार हम देखते हैं कि भारत सरकार की मौलिक योजना से हटकर, जिसे फाउलर समिति की मान्यता मिली हुई थी, चैम्बरलेन आयोग ने कितनी बड़ी भूल की 1

लेकिन इससे यह सवाल उठता है कि उस आदर्श को इतनी बेरहमी के साथ क्यों निष्फल कर दिया गया? अगर फाउलर समिति ने सुझाव दिया था कि सोने को भारतीय मुद्रा बना दिया जाये, तो फिर यह कैसे हो गया कि सोना भारतीय मुद्रा के मुद्रा प्रवेशद्वार बंद कर दिये गये हैं, क्योंकि इसे वैधानिक मुद्रा घोषित किया गया है। प्रो. फिशर के शब्दों में, जहां तक इस कथन का प्रश्न है, भारत के मुद्रा भंडार में सोने के प्रवेश को चांदी की तुलना में कहीं ज़्यादा छूट दी गयी है। चांदी के रूप में रुपया इस भंडार में बहुत ही संकरे द्वार से होकर प्रवेश करता है, लेकिन उसके बाहर आने के लिये कोई निकास द्वार नहीं है। दूसरी ओर, सोना इस भंडार में एक स्रोत के माध्यम से प्रवेश करता है, जहां से वह अंदर प्रवेश भी कर सकता है और बाहर निकल भी सकता है। तब भला सोना भारत के मुद्रा भंडार में प्रवेश क्यों नहीं करता? इस प्रश्न को सही तरीके से समझ लेने के बाद ही हम सन् 1898 में प्रस्तावित एक मजबूत मुद्रा प्रणाली की ओर जा सकते हैं।

प्रश्न के इस पक्ष से जुड़े साहित्य का अध्ययन करने से ज्ञात होता है कि भारत की मुद्रा प्रणाली में सोने के प्रवेश न करने के दो स्पष्टीकरण दिये जाते हैं। एक को

राज्य सचिव द्वारा कौंसिल बिलों की बिक्री कहा जाता है, कि कौंसिल बिलों की बिक्री का असर यह होता है कि सोने के भारत में प्रवेश करने पर ही प्रतिबंध लग जाता है। मा. सूबेदार ने, जिन्हें भारतीय मुद्रा का एक विशेषज्ञ समझा जाता है, स्मिथ समिति के समक्ष (प्रश्न संख्या 3502) अपनी गवाही में कहा-

> "जो लोग हमारी मुद्रा नीति का संचालन करते हैं, उन्होंने सन् 1905 के बाद से सोच-समझ कर यह कोशिश की कि सोने को भारत में प्रवेश करने से और उसे संचलन में आने से रोका जाये।"

कौंसिल बिलों का इतिहास ईस्ट इंडिया कम्पनी के दिनों से आरम्भ होता है। भारत सरकार की एक विचित्र स्थिति इस बात से उत्पन्न होती है कि वह अपना राजस्व भारत में ही प्राप्त करती है और उसे भुगतान इंग्लैण्ड में करने होते हैं। इस प्रकार उसके लिये यह आवश्यक हो जाता है कि भारत से इंग्लैण्ड को धन भेजा जाये। ईस्ट इंडिया कम्पनी के समय से ही नीति यह रही है कि इस धन का इस प्रकार भुगतान किया जाये कि बुलियन के अंतरण से बचा जाये। ईस्ट इंडिया कम्पनी के निदेशकों के पास धन प्रेषित करने के तीन तरीके थे (1) भारत से सर्राफा इंग्लैण्ड भेजी जाये। (2) भारत सरकार पर बिलों के बदले इंग्लैण्ड से धन लिया जाये, और (3) इंग्लैण्ड को माल भेजने के लिये खरीद के लिये भारत में व्यापारियों को एडवांस दे दिया जाये और इंग्लैण्ड में कंपनी के कोर्ट ऑफ डाइरेक्टर्स अर्थात् निदेशक मंडल को जिनके पास माल गिरवी रखा जाता है, उनका उन्हें पुनर्भुगतान किया जाये। इन तीनों तरीकों में से आखिरी दो तरीकों पर ज़्यादा निर्भर रहा जाता था। कुछ समय पश्चात्, माल की गिरवी के बदले भुगतान करने के तरीके को छोड़ दिया गया, क्योंकि इससे उधार का "एक दुष्चक्र आरम्भ हो जाता था जो व्यापार के सामान्य काम-काज में रुकावट पैदा करता था। इन तीनों विकल्पों में से भारत में बिलों की बिक्री को ही सबसे उचित विकल्प माना गया। जब ब्रिटिश साम्राज्य ने कंपनी से भारत सरकार का कार्यभार अपने हाथों में ले लिया तो राज्य सचिव अर्थात् सेक्रेटरी ऑफ स्टेट इन कौंसिल ने इस प्रथा को बनाये रखा और इसी से इसका नाम कौंसिल बिल पड़ गया। राज्य सचिव के द्वारा कौंसिल बिल में कुछ संशोधन किये गये। अब यह बिक्री साप्ताहिक रूप से की जाती है और इसका प्रबंधन बैंक ऑफ इंग्लैण्ड के माध्यम से किया जाता है जो प्रत्येक

बुधवार को भारत के लिये राज्य सचिव की ओर से एक विज्ञापन प्रकाशित करवा कर आगामी बुधवार तक बम्बई, कलकत्ता अथवा मद्रास में मांग पर भुगतान किये जाने वाले बिलों (Bills payable on demand) के लिये टेंडर आमंत्रित किये जाते हैं। जिस कीमत पर ये टेंडर स्वीकार किये जाते हैं, वे अब पैनी के 1/32 वें भाग तक तय की गयी है। कौंसिल बिल एक ही तरह का नहीं होता जैसा कि पहले हुआ करता था। उसके मुकाबले अब इन बिलों की चार श्रेणियां होती हैं (1) सामान्य बिल ऑफ एक्सचेंज जो प्रत्येक बुधवार को बेचे जाते हैं और जिन्हें संक्षेप में "कौंसिल" कहा जाता है; (2) तार द्वारा अंतरण (Telegraphic Transfers) जो बुधवार को बेचे जाते हैं और जिन्हें संक्षेप में "ट्रांसफर" कहा जाता है। (3) सामान्य एक्सचेंज बिल जिन्हें बुधवार के अलावा सप्ताह में किसी भी दिन बेचा जाता है। उन्हें "इंटरमीडिएट" कहा जाता है; और (4) तार द्वारा अंतरण जिन्हें बुधवार के अलावा किसी भी दिन बेचा जाता है और जिन्हें "स्पेशल" का नाम दिया गया है। अब राज्य सचिव किस प्रकार अपने कौंसिल बिलों की मशीनरी का इस्तेमाल करते हैं, जिससे सोने को भारत जाने से रोका जा सके? कहते हैं कि बिक्री की कीमत और आकार की व्यवस्था ही इस प्रकार की जाती है कि सोना भारत में प्रवेश नहीं कर पाता। इस बात की जांच करने से पूर्व कि इससे फाउलर समिति की नीति को किस सीमा तक विफल कर दिया गया था, आगे के पृष्ठों पर दी गयी तालिका -LI और LII से इसे समझा जा सकता है।

इन तालिकाओं से दो तथ्य एकदम साफ हो जाते हैं। एक तो कौंसिल बिलों की भारी मात्रा जिन्हें राज्य सचिव द्वारा बेचा जाता है। टकसालें बंद करने से पूर्व कौंसिल बिलों की बिक्री " होम चार्जेज़" के आकार के अनुसार बहुत क़रीबी रूप से चलती थी और वास्तव में निकाला गया रुपया बजट के अनुमानों से बहुत ज़्यादा अलग नहीं होता था। टकसालें बंद होने के बदले राज्य सचिव द्वारा निकाला जाने वाला धन शुद्ध रूप से घरेलू खजाने की ज़रूरतों पर निर्भर नहीं करता था। टकसालें बंद होने के बाद से राज्य सचिव यह प्रयास करता रहा है-

> "(1) वित्तीय वर्ष में भारत सरकार के खजानों से इतना धन निकालना कि जिसकी बजट में पूरे वर्षभर का काम चलाने के लिये व्यवस्था हो जाये

(2) इतना धन और निकालना जो सिक्के ढालने के लिये इस्तेमाल होने वाली चांदी ख़रीदने के लिये ज़रूरी हो।

(3) इतना और धन निकालना कि जितना अचानक किसी अच्छे मौसम के कारण सरकार बचा सके जो इंग्लैण्ड में ऋण लेने से बचने के काम आ सके।

(4) व्यापार की सुविधा हेतु अतिरिक्त बिल और ट्रांसफर बेचना।

(5) भारत पर टेलीग्राफिक ट्रांसफर जारी करना जो उन सावरेनों के भुगतान के लिये हो जिन्हें राज्य सचिव द्वारा आस्ट्रेलिया से आते समय अथवा मिस्र से भारत आते समय ख़रीदा गया हो।"

इस प्रकार धन निकालने का नतीजा यह निकलता है कि कौंसिल भारत के व्यापार संतुलन में समायोजन करने में महत्त्वपूर्ण भूमिका निभाते हैं; होम ट्रेजरी का रोकड़ शेष बढ़ा देते हैं और भारतीय धन निधि लंदन में बंध जाती है।

इन तालिकाओं में जो दूसरी बात महत्त्वपूर्ण है जिस पर ध्यान दिया जाना चाहिये, वह यह है कि राज्य सचिव किस कीमत पर यह बिक्री करते हैं। टकसालें बंद होने से पूर्व कौंसिल बिलों की कीमतों पर राज्य सचिव का कोई नियंत्रण नहीं होता था; अत: उन्हें साप्ताहिक बिक्री के समय सबसे ऊंची बोली लगाने वाले व्यक्ति की कीमत स्वीकार करनी पड़ती थी। लेकिन अब इस बात पर एतराज़ किया जाता है कि जब टकसालें बंद होने के उपरांत राज्य सचिव को निर्माण का पूर्ण अधिकार प्राप्त हो गया है, तब वह रुपया सबसे ऊंची बोली लगाने वाले को कभी भी बेचता रहे। ज़ोर देकर यह कहा जाता है कि अपनी एकाधिकार वाली स्थिति का फायदा उठाते हुए उसे ये बिल 1 शि. 4 % पैंस अथवा 1 शि. 4 3/32 पैंस पर नहीं बेचने चाहियें, क्योंकि 15 रुपये प्रति सावरेन की दर से यह भारत के लिये सोना आयात करने का अंक बैठता है। व्यवहार में राज्य सचिव ने अपनी इस स्थिति का फायदा नहीं उठाया है और सोना आयात करने के अंक से नीचे की दरों के टेंडर स्वीकार कर लिये हैं, जैसा कि उनके द्वारा बिलों को स्वीकार करने की न्यूनतम दरों से ज्ञात होता है।

तालिका—LI

1893 के पहले व्यापार संतुलन, कौंसिल आहरण और स्वर्ण का आयात

वर्ष	व्यापार संतुलन व्यापक वस्तुएं निजी लेखा	मूल्यवान धातुओं का निबल आयात		आहरण किए गए कौंसिल बिलों की राशि	बजट अनुमानों के मुकाबले आहरण किए गए बिलों का अधिकता (+) अथवा कमी (–)	होम चार्जिज	होम ट्रेजरी में नकद रोकड़ शेष	कौंसिल बिलों की न्यूनतम दरें	
		सोना	चांदी						
(1)	(2) पौंड	(3) पौंड 000,000 में	(4) पौंड 000,000 में	(5) पौंड	(6) पौंड	(7) पौंड	(8) पौंड	(9) शि.	पैं.
1870–71	20,863,000	2.13	.9	—	—	10,031,261	3,305,972	1	10 1/4
1871–72	31,094,000	3.43	6.3	—	—	9,703,235	2,820,091	1	10 1/8
1872–73	23,376,000	2.41	.7	13.939095	–939,095	10,248,605	2,998,44	1	10 1/8
1873–74	21,160,000	1.29	2.3	13.285,678	-214,322	9,310,926	2,013,638	1	9 1/2
1874–75	20,137,000	1.73	4.3	10.841,615	+841,615	9,490,391	2,796,370	1	9 1/4
1875–76	19,204,000	1.40	1.4	12.389,613	–1,910,387	9,155,050	919,899	1	9
1876–77	23,573,000	.18	6.1	12.695,800	–964,200	13,851,296	2,713,967	1	6 1/16
1877–78	23,578,000	.41	12.7	10.134,455	–2,115,545	14,048,350	1,067,657	1	8 3/8
1878–79	23,167,000	.74	3.3	13.948,565	–3,051,435	13,851,296	1,117,925	1	6
1879–80	26,064,000	1.45	6.5	15.261,810	+261,810	14,547,664	2,270,107	1	7
1880–81	21,464,000	3.03	3.2	15.239,677	–1,660,323	14,418,986	4,127,749	1	7 1/2

(1)	(2) पौंड	(3) पौंड 000,000	(4) पौंड 000,000	(5) पौंड	(6) पौंड	(7) पौंड	(8) पौंड	(9) शि. पे.
1881—82	32,855,000	4.02	4.5	18,412,429	+1,212,429	14,399,083	2,620,909	1 7 1/8
1882—83	31,389,000	4.10	6.1	15,120,521	−221,479	14,101,262	3,429,874	1 7
1883—84	23,611,600	4.44	5.2	17,599,805	+1,299,805	15,030,195	4,113,221	1 7 1/4
1884—85	20,034,100	3.76	5.8	13,758,909	−2,741,091	14,100,982	2,249,378	1 6 3/4
1885—86	21,344,200	2.10	8.8	10,292,692	−3,481,008	14,014,733	4,726,585	1 5 1/8
1886—87	19,844,200	1.58	5.2	12,136,279	−1,195,121	14,409,949	5,280,829	1 4 1/8
1887—88	18,724,400	2.10	6.5	15,358,577	−891,432	15,389,065	5,900,697	1 4 1/8
1888—89	20,271,900	1.92	6.3	14,262,859	+262,859	14,983,221	3,259,933	1 4
1889—90	24,557,800	3.18	7.6	15,74,496	+784,596	14,848,923	5,402,873	1 4
1890—91	20,733,800	4.25	10.7	15,969,034	+980,034	15,568,875	3,885,050	1 4 5/16
1891—92	27,632,400	1.68	6.3	16,093,854	+93,854	15,874,699	4,122,626	1 3 1/16
1892—93	29,287,300	1.75	8.0	16,532,215	−467,785	16,334,541	12,268,388	1 2 5/8

तालिका—LII

1893 के बाद व्यापार संतुलन, कौंसिल आहरण और स्वर्ण का आयात

वर्ष	व्यापार संतुलन (व्यापारिक वस्तुएं: निजी लेखा)	मूल्यवान धातुओं का निवल आयात		आहरण किए गए कौंसिल बिलों की राशि	बजट अनुमानों के मुकाबले आहरण किए गए बिलों का अधिकता (+) अथवा कमी(—)	होम चर्जिज	होम ट्रेजरी में नकद रोकड़ शेष	कौंसिल बिलों की न्यूनतम दरें	
		स्वर्ण	चांदी						
(1)	(2)	(3)	(4)	(5)	(6)	(7)	(8)	(9)	
	पौंड	पौंड 000,000 में	पौंड 000,000 में	पौंड	पौंड	पौंड	पौंड	शि.	पै.
1893—94	21,660,500	—.39	8.3	9,530,235	—9,169,765	15,826,815	1,300,564	1	1.500
1894—95	25,765,000	—2.7	3.4	16,905,102	—94,898	15,707,367	1,503,124	1	0.000
1895—96	29,963,800	1.5	3.7	17,664,492	+664,492	15,606,370	3,393,798	1	1.000
1896—97	21,333,100	1.4	3.5	15,526,547	—973,453	15,795,836	2,832,354	1	1.781
1897—98	18,847,000	3.2	5.4	9,506,077	—3,493,923	16,198,263	2,534,244	1	2.250
1898—99	29,560,700	4.3	2.6	18,692,377	+2,692,377	16,303,197	3,145,768	1	3.094
1899—1900	25,509,600	6.3	2.4	19,067,022	+2,067,022	16,392,846	3,330,943	1	3.875
1900—01	20,727,400	.5	6.3	13,300,277	—3,139,723	17,200,957	4,091,926	1	3.875
1901—02	28,630,600	1.3	4.8	18,539,071	+2,039,071	17,368,655	6,693,137	1	3.875
1902—03	33,352,600	5.8	4.6	18,499,946	+1,999,946	18,361,821	5,767,787	1	3.875
1903—04	45,424,100	6.6	9.1	23,859,303	+6,859,303	18,146,474	7,294,782	1	3.875

(1)	(2)	(3)	(4)	(5)	(6)	(7)	(8)	(9)
1904—05	40,548,200	6.5	8.9	24,425,558	+7,925,558	19,463,757	10,262,581	1 3.969
1905—06	39,086,700	.3	10.5	32,166,973	+14,333,973	18,617,465	8,436,519	1 3.938
1906—07	45,506,600	9.9	16.0	33,157,196	+15,357,196	19,208,408	5,606,812	1 3.969
1907—08	31,640,000	11.6	13.0	16,232,062	–1,867,938	18,487,267	5,738,489	1 3.906
1908—09	21,173,300	2.9	8.0	13,915,426	–4,584,574	18,925,159	8,453,715	1 3.906
1909—10	47,213,000	14.5	6.3	27,096,586	+10,896,586	19,122,916	15,809,618	1 3.906
1910—11	53,685,300	16.0	5.8	26,783,303	+11,283,303	19,581,563	18,174,349	1 3.906
1911—12	59,512,900	25.1	3.6	27,058,550	+9,900,250	19,957,657	19,463,723	1 3.937
1912—13	57,020,900	22.6	11.5	25,759,706	+10,259,706	20,279,572	9,789,634	1 3.969
1913—14	43,753,900	15.6	8.7	31,200,827	+10,000,827	20,311,673	3,157,732	1 3.937
1914—15	29,108,500	5.1	5.9	7,748,111	–12,251,889	20,208,598	7,913,236	1 3.937
1915—16	44,026,600	–.7	3.2	20,354,517	+13,354,517	20,109,094	12,803,348	1 3.937
1916—17	60,843,200	8.82	12.5	32,998,095	+29,093,095	21,145,627	11,391,993	1 4.031
1917—18	61,420,000	16.8	12.7	34,880,682	+34,880,682	26,065,057	16,625,416	1 4.156
1918—19	56,540,000	–3.7	45.3	20,946,314	+20,946,314	23,629,495	14,715,827	1 4.906

कहा जाता है कि अगर कौंसिल बिलों की बिक्री करते समय इस बात पर कड़ी सतर्कता बरती जाती कि उतने ही कौंसिल बिल बेचे जायें, जितने होम ट्रेजरी के लिये आवश्यक हैं और अगर वह सोना आयात करने के अंक से कम कीमतों पर न बेचे जाते तो उससे भारत में सोना का आयात होने लगता और वह भारतीय मुद्रा माध्यम का एक अंग बन जाता।

ऐसे में राज्य सचिव द्वारा उठाये गये कदम से भारतीय सोना लंदन में बंद हो जाता है। यहां हमें इस बात से कोई मतलब नहीं है कि लंदन में भारतीय सोने का उपयोग होता है अथवा दुरुपयोग। लेकिन जो लोग भारतीय कार्यालय द्वारा भारतीय निधियों के प्रबंध में होने वाले कलंक से भरी करतूतों को न्यायसंगत सिद्ध करना चाहते हैं और उन्हें वैज्ञानिक आधार प्रदान करने के लिये अपनी सेवायें पेश कर रहे हैं, उन्हें यह बात स्मरण करायी जा सकती है कि डाउनिंग स्ट्रीट के एक ओर चलने वाली यह कार्रवाई, जिसे बैजहॉट के शब्दों में, अगर दूसरी ओर भी की गयी तो उसकी कड़ी आलोचना ज़रूर की जायेगी। उसे ठीक प्रमाणित करने के लिये उन्होंने जो कुछ कहा है, उससे और अधिक चतुराई की आवश्यकता होगी। ऐसा प्रतीत होता है कि यह बात दोनों ओर मान ली गयी है कि राज्य सचिव के कार्यों से भारत में सोने का आयात पूर्ण रूप से रुकता तो नहीं, लेकिन उतना अवश्य रूक जाता है जितना इन कार्यकलापों के तहत आता है। जो लोग यह कहते हैं कि फाउलर समिति के आदर्शों को बिल्कुल त्याग दिया गया है, निश्चित ही उनका सोचना उचित है कि राज्य सचिव की कार्रवाई को सीमित कर देने से भारत में सोने का आयात आरम्भ हो जायेगा। लेकिन यह मानने का क्या औचित्य है कि आयातित सोना भारत में मुद्रा का एक अंग बन जायेगा? यह समझ लेना कि राज्य सचिव की वित्तीय कार्रवाइयां बंद कर देने से सोना अपने आप ही भारत की मुद्रा का एक अंग बन जायेगा, बहुत ही निराधार धारणा होगी। आयातित सोना भारतीय मुद्रा का अंग बनेगा अथवा नहीं, यह पूरी तरह से अलग परिस्थितियों पर निर्भर करता है।

फाउलर समिति के आदर्श की विफलता का वर्णन करने के लिये दिया गया एक और स्पष्टीकरण दिया जाता है भारत में ऐसी टकसाल न खोलना जहां सोने को मुक्त रूप से सिक्कों में ढाला जाता हो। फाउलर समिति का सबसे महत्त्वपूर्ण सुझाव यह था कि ऐसी टकसालें खोली जानी चाहियें जहां सोने को मुक्त रूप से सिक्कों में ढाला

जाये। यहां तक भी कहा गया है कि फाउलर समिति के आदर्शों को विफल करने के लिये जो भूल जिम्मेदार है, वह है सरकार द्वारा इन सुझावों को अमल में लाना। सोने की मुद्रा के समर्थक हमेशा ही सिर्फ इसी बात पर अपना गुस्सा व्यक्त करते हैं कि खजाने के उग्र बर्ताव के कारण ही सरकार ने सन् 1900 में इस सुझाव को छोड़ देने पर अपनी सहमती प्रदान कर दी थी। वर्ष 1911 में सर वी. थैकरसे ने सर्वोच्च विधान परिषद (Supreme Legislative Council) में एक प्रस्ताव प्रस्तुत करते हुए सरकार से आग्रह किया था कि अगर खजाना अपनी सहमति दे दे, तो वह सावरेन ढालने के लिये सोने की टकसाल खोलने की आवश्यकता पर विचार करें, और अगर ऐसा सम्भव नहीं हो सकता तो, वह सोने के दूसरे सिक्के को ढालने के संबंध में सोचें। कौंसिल की एक स्वर से उठायी गयी इस आवाज़ को ध्यान में रखते हुए भारत सरकार ने राज्य सचिव से फिर से अनुरोध किया कि वह खजाने से इसे सहमति देने को कहें। इस अवसर पर खजाने ने भारत सचिव के समक्ष दो विकल्प रखे (1) रॉयल मिंट अर्थात् शाही टकसालें या राजकीय टकसालें भारत में एक शाखा सिर्फ सोने के सावरेन ढालने के लिये खोलें जो पूर्णत: इसके नियंत्रण में हों, या (2) बम्बई की टकसाल का नियंत्रण पूरे तौर पर इसे हस्तांतरित कर दिया जाये। इन दोनों में से भारत सरकार को कोई भी विकल्प मंजूर नहीं था और भारतीय भावनाओं का सम्मान करते हुए राज्य सचिव ने भारतीय टकसाल से दस रुपये का सोने का सिक्का ढालने के लिये अपनी स्वीकृति प्रदान कर दी। भारत सरकार ने इस समाधान को ट्रेजरी के सुझाव से ज़्यादा अच्छा माना लेकिन उसने यह इच्छा भी जतायी कि चैम्बरलेन आयोग जो उस समय कार्यरत था, इस पर नये सिरे से विचार करे। आयोग ने सोने की टकसाल खोलने की स्वीकृति तो नहीं दी लेकिन उसकी स्थापना में उसने कोई एतराज़ प्रकट नहीं किया किन्तु शर्त यह थी कि वह सिर्फ सावरेन का सिक्का ही जारी करे और भारतीय जनसाधारण की भी इच्छा है कि यह सिक्का ढाला जाये और भारत सरकार सिक्का ढालने का ख़र्च वहन करने को तत्पर हो।

आयोग के इस विचार के चलते प्रस्ताव आगे नहीं बढ़ा और स्थिति वही हो गयी जो वर्ष 1900 में थी। बाद में युद्ध आरम्भ होने से सरकार को मजबूर होकर शाही टकसाल की एक शाखा के तौर पर सोने के सिक्के ढालने के लिये बम्बई टकसाल खोलनी पड़ी। लेकिन सन् 1919 में इसे पुन: बंद करना पड़ा। 1919 के मुद्रा आयोग

(Currency Commission) ने इसे फिर से खोलने की अनुशंसा की और इस योजना का इतना उत्साहपूर्वक स्वागत हुआ कि सुप्रीम कौंसिल के एक माननीय सदस्य ने सरकार को इस बात का प्रलोभन दिया कि बजट अनुमानों में "मिंट" मद के तहत ज्यादा व्यवस्था रखी जायेगी ताकि सरकार उसकी लागत का खर्चा वहन कर सके। फिर भी सरकार ने इस प्रस्ताव को अस्वीकार कर दिया। इस प्रकार अब केवल भारत ही अकेला ऐसा अनूठा देश बन गया जहां सन् 1835-93 के मध्य सोने का वैध सिक्का न होने पर भी सोने की टकसाल थी और 1893 से हालांकि सोने का वैध सिक्का है लेकिन सोने की कोई टकसाल नहीं है। यह कल्पना करना कठिन है कि फाउलर समिति के आदर्श की पूर्ति के लिये सिर्फ मुद्रा टकसाल क्या कर सकती है; लेकिन सोने की मुक्त टकसाल खोलने के सबसे मुखर पक्षधर (मि. वेब) की चैम्बरलेन आयोग के समक्ष दी गयी गवाही के इस उद्धरण से यह जानने में सहायता मिलेगी कि सोने की टकसाल से क्या आशा की जा सकती है।

> "सोने की टकसाल अथवा स्वर्ण टकसाल से आप जिस प्रमुख फायदे की आशा करते हैं वह यह है कि आप संचलन में सोने के सिक्कों की मात्रा में बढ़ोतरी कर देंगे? यह भी कई लक्ष्यों में से एक लक्ष्य होगा।"
>
> "क्या इसका कोई दूसरा लाभ भी है? एक लाभ यह है कि देश में एक ऐसी मौद्रिक प्रणाली स्थापित हो जायेगी जिसे मैं इसका एक अनिवार्य हिस्सा समझता हूं। ऐसा अनवार्य हिस्सा जिसमें अपनी एक टकसाल होनी चाहिये जहां देश की जनता की मांग पर मुद्रा ढाली जा सके।
>
> "मैं ठीक तरह से आपके कारण को जानना चाहता हूं कि आखिर यह अनिवार्य क्यों है। क्या मैं यह ठीक समझ रहा हूं कि आप एक सही मुद्रा प्रणाली के लिये यह आवश्यक मानते हैं कि मुद्रा सोने की होनी चाहिये? - हां।
>
> "और क्या सोने की मुद्रा होने के लिये यह आवश्यक है कि इसके लिये सोने की टकसाल हो? हां, स्वयं भारत में ही होनी चाहिये। .... इससे एक प्रकार से विदेशी विनिमय की व्यवस्था राज्य सचिव के अधीन नहीं रहेगी, क्योंकि यहां एक ऐसी टकसाल होगी जहां जाकर जनता किसी भी समय अपने सोने के बदले वैध मुद्रा के सिक्कों में परिवर्तित करवा सकेगी। ऐसा तभी होगा जब राज्य सचिव द्वारा कोई ऐसा कदम उठाया जाये जिसे जनता अपनी स्वीकृति न दे। यह एक

सुरक्षाकवच है, या कहना चाहिये कि एक अतिरिक्त सुरक्षा कवच है कि जनता सोना के बदले में तुरंत धन प्राप्त कर ले।"

यहां फिर से यह धारणा सामने आती है कि सोने की टकसाल का होना यह सुनिश्चित करता है कि मुद्रा सोने की होगी। परंतु यह स्वीकार कर लेना भी इसी तरह निराधार है जैसे कि अगर सोने का खुल कर आयात होने दिया जाता है तो उसी से वह सोने की मुद्रा का एक अंग हो जायेगा। इसके विपरीत, ऐसे कई उदाहरण मौजूद हैं जब टकसालें तो खुली थीं, लेकिन फिर भी न तो सोने के सिक्के बनाये जाते थे और न ही सोने की मुद्रा थी। लंदन की शाही टकसाल में सिक्कों की ढलाई के इतिहास से कई उदाहरण पेश किये जा सकते हैं। बैंक स्थगन अवधि सन् 1797-1821 और गत महायुद्ध की अवधि सन् 1914-18 इस नज़रिये से बहुत प्रकाश डालते हैं। दोनों ही अवधियों के दौरान टकसालें खुली थीं। लेकिन आख़िर सोने के कुल कितने सिक्के बने? सारी "स्थगन अवधि' में लगभग शून्य के बराबर सोने के सिक्के बने। वर्ष 1807, 1812 और 1814-16 के मध्य सोने का एक भी सिक्का नहीं बनवाया गया। पिछले महायुद्ध में भी सन् 1915 के पश्चात् सोने के सिक्के बनाने में कमी आयी और सन् 1917 के पश्चात् से तो उनका बनना बिल्कुल ही बंद हो गया।

ये घटनायें निर्णायक रूप से बताती हैं कि हालांकि टकसाल एक लाभदायक संस्था होती है, फिर भी टकसाल में कोई ऐसा जादू नहीं होता कि वह सोने को अपनी ओर आकर्षित करे। इसमें कोई संदेह नहीं कि ऊपर जो उदाहरण प्रस्तुत किये गये हैं, उनसे यह साबित हो जाता है कि सोने के सिक्कों का संचलन अथवा सर्कुलेशन कई बातों पर निर्भर होता है और उनमें ऐसी टकसाल के होने अथवा न होने का कोई असर नहीं होता जहां मुक्त रूप से सिक्के बनवाये जा सकते हैं।

अब राजनीतिक व्यवस्था में यह एक जाना-माना सिद्धांत है कि जब मुद्रा के तौर पर दो तरह के माध्यम इस्तेमाल में लाये जाते हैं, तो बुरा माध्यम अच्छे माध्यम को संचलन से बाहर कर देता है। अब अगर इस सिद्धांत को भारतीय स्थितियों में लागू करें तो यह साफ हो जायेगा कि जब तक रुपये असीमित मात्रा में जारी किये जाते हैं, तब तक भारत में सोने का संचलन नहीं हो सकता। जो लोग निरंतर मुद्रा जारी करने पर ज़ोर देते हैं, उन्होंने इस महत्त्वपूर्ण सिद्धांत को इस कदर नज़रंदाज़ किया है कि उन्होंने असीमित मात्रा में रुपये जारी करने के विरोध में एक शब्द तक नहीं बोला। मि.

वेब, भारतीय कार्यालय के अनाचारों के कट्टर विरोधी तथा इस विचारधारा के सच्चे पक्षधर हैं कि अगर राज्य सचिव को अपना कम धन निकालने के लिये बाध्य कर दिया जाये तो सोना भारत में आने लगेगा और भारतीय मुद्रा का एक अंग बन जायेगा। उन्होंने चैम्बरलेन आयोग को अनुशंसा की कि " कौंसिल ड्राफ्टों को बिक्री सिर्फ़ होम चार्जेज़ की ज़रूरत की पूर्ति करने तक की सीमा पर रहे और इसका सख्ती से पालन कराया जाये तथा किसी भी हालत में आवंटन राशि 1 शि. 4 % पैंस से 1 शि. 4 3/32 पैंस से अर्थात् भारत में सोने के आयात के बराबर नीचे न जाने दिया जाये। एक बार लंदन में होम चार्जेज़ के लिये ज़रूरी धन प्राप्त कर लेने के पश्चात् कौंसिल ड्राफ्ट की और बिक्री रोक देनी चाहिये और सिर्फ नये प्रतीक सिक्कों के निर्माण के लिये धातु खरीदने की आज्ञा होनी चाहिये तथा इसके संबंध में जनसाधारण को अधिसूचना जारी करके जानकारी देनी चाहिये। कौंसिल ड्राफ्ट की ऐसी विशेष बिक्री सोने के आयात के धातु बिंदु से कम कभी नहीं की जानी चाहिये।"

और फिर सर वी. थैकरसे ने 22 मार्च, 1912 को विधान परिषद में अपना एक प्रस्ताव सामने लाकर सरकार से भारत में सोने के सिक्के ढालने की टकसाल खोलने के लिये अपने भाषण में कहा *"एक मामले पर मैं अपनी एक बात स्पष्ट कर देना चाहता हूं। मैं यह परामर्श नहीं दे रहा कि सरकार रुपये ढालने का अधिकार त्याग दे अथवा जब जनता रुपयों की मांग करे तो वह उन्हें देने से मना कर दे। मैं स्वर्ण मानक भंडार को भी नहीं छूना चाहता। यह हमारी मुद्रा की अंतिम गारंटी के तौर पर रखा ही रहना चाहिये। मेरा प्रस्ताव मौजूदा व्यवस्था में किसी भी प्रकार से दखलंदाजी नहीं करना चाहता। यह तो सिर्फ उसका पूरक है ...। भारत सरकार को अपनी क्षमता की अधिकतम सीमा तक सोना एकत्रित करने दो लेकिन जिस अतिरिक्त सोने की वह खपत नहीं कर सकती, उसके सिक्के बना दिये जायें और जनता चाहे तो उसे संचलन में आने दिया जाये। हमारे प्रगति करते व्यापार और संतुलन को हमारे पक्ष में होने के कारण सामान्य समय के दौरान भी सोने का आयात होता रहेगा और अगर भारत में ढलाई की सुविधायें उपलब्ध करा दी जायें तो वह संचलन में भी ले जाना चाहिये।"*

इसमें कोई संदेह नहीं कि ये सोने की मुद्रा को बढ़ावा देने के तरीके नहीं हैं, बल्कि ये दरअसल उसके बिल्कुल उलट हैं। जब तक रुपये के सिक्कों का निर्माण होता रहेगा, सोना हमारी मुद्रा का अंग नहीं बन पायेगा। एक तरफ तो हम इन बातों

का विरोध करते हैं कि राज्य सचिव बहुत अधिक मात्रा में धन निकालता है जिसके परिणामस्वरूप भारतीय धन लंदन में हस्तांतरित कर दिया जाता है और राज्य सचिव उसकी व्यवस्था गलत तरीके से करता है और दूसरी ओर उसे रुपयों के और ज़्यादा प्रतीक सिक्के बनाने की स्वीकृति प्रदान कर दी जाती है। इससे न सिर्फ मुद्रा के बुनियादी सिद्धांत के संबंध में अज्ञानता ज़ाहिर होती है बल्कि इससे यह भी ज्ञात होता है कि वे इस बात को समझने में पूर्णत: विफल रहे हैं कि यह सारी परेशानी आरम्भ होने का स्रोत कहां है। यह सच है कि भारत सरकार राज्य सचिव को कोई विशेष कार्रवाई करने के लिये विवश नहीं कर सकती और वह अक्सर ही वार्षिक बजट के प्रावधानों की उपेक्षा कर देता है। लेकिन यह प्रश्न अपनी जगह बना रहता है कि यह कैसे सम्भव हुआ कि सन् 1893 के पश्चात् राज्य सचिव इतना ज़्यादा धन निकालने में सफल रहा, जितना पहले कभी नहीं निकाला गया था? यहां यह बात ज़रूर स्मरण रखनी चाहिये कि राज्य सचिव लंदन में धन के साथ जो भी कुछ करता है, अपने निकाले गये धन का भुगतान उसे भारत में ज़रूर करना पड़ता है। सन् 1893 से पूर्व वह कम धन निकालता था; क्योंकि उसके भुगतान के साधन कम थे; सन् 1893 के पश्चात् उसने ज़्यादा धन निकाला क्योंकि उसके भुगतान के साधन ज़्यादा थे। और उसके भुगतान के साधन ज़्यादा क्यों हो गये? सिर्फ इसलिये कि वह रुपये के सिक्कों को ढालने में सक्षम है। धन निकालने की सीमा का अर्थ है कि उनकी मांग कितनी है और रुपये ढालने में उसकी क्षमता कितनी है। अत: राज्य सचिव पर यह दोष मढ़ना बेवकूफी होगी कि वह भारत के हितों के साथ धोखा करता है जबकि उसी के साथ-साथ उसे रुपये ढालने की स्वीकृति प्रदान की जा रही है, जिससे वह भारत के हितों से धोखा कर सकता है। अगर सोने की मुद्रा की ज़रूरत है और इसलिये ज़रूरत है, क्योंकि रुपया मूल्य का बुरा मानक है, तो आवश्यक यह नहीं है कि राज्य सचिव द्वारा धन निकालने की एक सीमा तय कर दी जाये या सोने की टकसाल खोल दी जाये। इसके लिये तो छोटा-सा कानून बनाकर रुपयों का ढालना रोक देना चाहिये। सिर्फ तभी सोने को वैध मुद्रा बनाया जा सकेगा जिसका रुपये से एक उचित अनुपात हो और तभी वह भारतीय मुद्रा का अंग बन पायेगा। रुपये के सिक्के बनाना रोक देना इसका पर्याप्त उपाय है, इसका बहुत सुंदर उदाहरण भारतीय मुद्रा के इतिहास की सन् 1898-1902 की एक विस्तृत घटना से मिलता है। सोने को वैध मुद्रा बनाये जाने के

डेढ़ वर्ष की छोटी-सी अवधि के उपरांत ही, जब भारत में सोने की कोई भी टकसाल नहीं थी, तब भी माननीय मि. सी. ई. डाकिंस ने मार्च, 1901 में अपने बजट भाषण में कहा था-

> "अंततः भारत सोने की मुद्रा के अपने संक्रमण काल से बाहर निकलने में सफल रहा है जिसके लिये वह वर्षों से संघर्षरत था। उसने स्वर्ण मानक और सोने की एक मुद्रा की स्थापना कर दी है और व्यावहारिक रूप से अब विनिमय स्थिर हो गया है जिससे व्यक्तियों को भी और सरकारी वित्त को भी राहत मिली है।"

सोने के संबंध में उत्साह इतना ज्यादा था कि मि. डाकिंस ने आगे कहा कि-

"... सोने से ... हम खुशी से सराबोर हो गये हैं...." तब मुद्रा की स्थिति में जो बदलाव आया, उसे उस समय के वायसराय, लॉर्ड कर्ज़न ने बड़े ही सजीव तरीके से इन शब्दों में कहा था-

> "मि. डाकिंस ने... सफलतापूर्वक एक नवीन युग की शुरुआत की जिसके तहत भारत में सावरेन ने एक वैध सिक्के का रूप ले लिया है और भारत में विनिमय में स्थिरता आ गयी है जो, हमें आशा है कि टकसाली शैली की हो सकती है। यह बड़ा बदलाव कई तरह की बुरी भविष्यवाणियों के बावजूद किया गया, और ख़ासकर इस भविष्यवाणी के संबंध में कि यह सम्भव है कि सोना भारत में आये ही नहीं, और अगर आ भी गया तो हम इतनी जल्दी उसे खो देंगे कि हो सकता है कि उसकी ज़रूरी आपूर्ति को बनाये रखने के लिये हमें वह उधार भी लेना पड़े। असलियत यह है कि हम लगभग उस पौराणिक राजा की स्थिति में हैं जिसने वर मांगा था कि वह जिस वस्तु को भी स्पर्श करे, वह सोने की हो जाये और बाद में वह यह देख कर हक्का-बक्का रह गया था कि उसका भोजन भी उसी धातु अर्थात् सोने में बदल गया था जिसे वह हज़म भी नहीं कर सकता था। हमें दरअसल इतनी अधिक मात्रा में सोना प्राप्त हो गया है कि हम सोने के बदले में रुपये दे रहे हैं और रुपयों के बदले सोना अर्थात् हम पूरी तरह से परिवर्तनीयता की ऐसी सुखद स्थिति में पहुंच गये हैं, जिसे विशेषकर एक वर्ष पूर्व नामुमकिन कह कर उसका उपहास करते।"

उदाहरणार्थ, सन् 1900-01 की स्थिति की तुलना सन् 1910-11 की मौजूदा स्थिति से करके देखें। उस वर्ष मुद्रा की जैसी स्थिति थी, उसके संबंध में माननीय सर (अब लॉर्ड) जेम्स मेस्टन ने कहा था-

"हम मुद्रा नीति के कई बदलावों के दौर से होकर गुज़रे हैं जिनमें से बहुत से ग़लत भी थे लेकिन हमारे द्वारा व्यापक तौर पर उठाये गये कदम और हमारे उद्देश्य ग़लत नहीं हैं और अपने आदर्श की ओर लगातार बढ़ते रहने में हमने किसी बुनियादी चीज़ को छोड़ा नहीं है। फाउलर समिति के बाद से ही हम वास्तविक रूप से और निर्बाध रूप से प्रगति करते रहे हैं। इस आदर्श को हासिल करने के लिये हमें अभी भी एक बड़ा कदम उठाना है। हम भारत को विश्व के सोने के मानक वाले देशों की कतार में ले आये हैं। हम स्वर्ण विनिमय मानक तक आ पहुंचे हैं जिसे हम बराबर आगे लेकर जा रहे हैं और निरंतर सुधाररत हैं। हमारा अगला और निर्णायक कदम संचयी स्वर्ण मुद्रा होगा और मैं पूरी तरह से आश्वस्त हूं कि कुछ समय पश्चात् यह आ जायेगी..... एक पल के लिये वक्ता की इन हल्की टिप्पणियों को छोड़ भी दें तो हक़ीकत यह है कि सन् 1900 में भारत में सोने की मुद्रा मौजूद थी। लेकिन सन् 1910 के अंत में हालत यह थी कि सोने की यह मुद्रा चल नहीं रही थी। ऐसा क्या हो गया कि जिससे यह अंतर आ गया? और कुछ नहीं सिवाय इसके कि सन् 1893-1900 के मध्य रुपये नहीं ढाले गये थे लेकिन सन् 1900 -10 के मध्य व्यापक मात्रा में रुपयों को ढाला गया। पहली अवधि के दौरान रुपये बनाने का लालच निश्चित रूप से बहुत बड़ा था। विनिमय बिल्कुल भी स्थिर नहीं था और सरकार को "होम चार्जेज़" का भुगतान करने के लिये बहुत बड़ी मात्रा में रुपये चाहिये थे। सर्वोच्च विधान परिषद के एक सम्मानित सदस्य ने पूछ ही लिया था-

"क्या इस बात में कोई एतराज़ होना चाहिये कि सरकार टकसालें स्वयं चलाये? यह देखते हुए कि चांदी की कीमतें कम हैं और सर्राफे व रुपये की कीमतों में बहुत ज़्यादा फ़र्क है, क्या सरकार खुद अपने लिये रुपये नहीं बनायेगी ताकि उससे होने वाले लाभ से मौजूदा घाटे को काफी हद तक पूरा किया जा सके? मुझे तो आय अर्जित करने का यह एक वैध तरीका प्रतीत होता है और भौतिक रूप से हमारी वित्तीय स्थिति में काफी हद तक सुधार लाने में सक्षम है।"

लेकिन सर जेम्स वेस्टलैंड ने, जो उस समय भारत के वित्त प्रभारी थे, उत्तर दिया-

"मुझे यह स्वीकार करना चाहिये कि आपकी माननीय परिषद के एक वाणिज्यिक सदस्य द्वारा पेश किये गये प्रस्ताव को देख कर मुझे वास्तव में ही थोड़ी हैरानगी हुई है कि हम वर्तमान की कम कीमत पर चांदी ख़रीदें और उसके सिक्के ढाल कर रुपये की बढ़ी हुई कीमत पर बेचें.. मैं निश्चित ही इस लालच में आने वाला नहीं हूं।"

तत्पश्चात्, एक बार फिर जब सन् 1898 में मि. लिंडसे के कुछ अनुयायियों ने यह इच्छा ज़ाहिर की कि मुद्रा संबंधी समस्याओं पर नियंत्रण पाने के लिये सरकार को सिक्के ढालने चाहियें, इस पर सर जेम्स वेस्टलैंड ने निम्नलिखित टिप्पणी की-

> "... हम समझते हैं कि रजत मानक अब अतीत की चीज़ बन चुका है। यह "कदम वापस न खींच सकने" (Vestigia Nulla Restorsum) का मामला है। अब हमारे समक्ष दिक्कत सिर्फ यही है कि स्वर्ण मानक फिर से सर्वोत्तम तरीके से किस प्रकार पाया जाये। हमारे लिये मुक्त टकसालों की स्थिति पर वापस जाना सम्भव नहीं है। वहां तक वापस जाने के सिर्फ दो ही मार्ग हैं। या तो हम सामान्य तौर पर जनसाधारण के लिये टकसालें खोल सकते हैं, या हम खुद अपने लिये उनमें सिक्कों की ढलाई कर सकते हैं। दोनों ही स्थितियों का यही अर्थ होगा कि रुपयों का मूल्य कम होकर चांदी के मूल्य के आसपास आ जायेगा। अगर टकसालें जनता के लिये खोल दी जाती हैं तो यह गिरावट तीव्रता से उठ जायेगी। अगर टकसालों में सिर्फ सरकार ही सिक्के ढालने लगेगी तो यह गिरावट कम तीव्रता से होगी, लेकिन होगी अवश्य।"

माननीय सी.ई. डाकिंस द्वारा भी सरकार द्वारा सिक्के ढालने की इस परियोजना की उतनी ही ज़्यादा भर्त्सना की गयी। जब उन्हें लालच दिया गया कि चूंकि सिक्के ढालने से फायदा होगा और उन्हें इसके लिये अपनी मूक सहमति दे देनी चाहिये, तब उन्होंने उत्तर दिया कि-

> "मुझे लगता है कि मुझे अपने माननीय मित्र से निवेदन करना चाहिये कि किसी की आंखों के समक्ष चांदी पर होने वाले मुनाफे का लालच नही दिखाना चाहिये, फिर बेशक वह बहुत अच्छी सरकार ही क्यों न हो। एक बार जब ये मुनाफे हमारे कार्यकलापों का एक हिस्सा बन गये, तो फिर स्थिरता को अलविदा ही समझो।"

सरकार के इस दृढ़ निश्चय का कि वह सिक्के नहीं ढालेगी, एक और उदाहरण उन कारणों की जांच से मिलता है कि सरकार ने अनिश्चित मात्रा में निश्चित दरों पर कौंसिल बिलों की बिक्री का दायित्व कभी क्यों नहीं अपने कंधों पर लिया। चैम्बरलेन आयोग का तर्क था कि सरकार यह दायित्व इसलिये नहीं निभा सकती क्योंकि उसे निश्चित दर की बात स्वीकार नहीं हो सकती और सम्भव है कि वे उसे सममूल्य से भी कम दर पर बेचने पड़ें। जहां तक सरकार की मूर्खता से स्थिति को कमज़ोर कर

देने की स्वीकृति का सवाल है कि वह रूपये की अत्यधिक मात्रा में ढलाई करने में शामिल रही है तो यह बात सच है। लेकिन सरकार ने यह स्पष्टीकरण सन् 1900 में उस समय नहीं दिया, जब उसे सर्वप्रथम वह दायित्व सौंपा गया था। सरकार को अच्छी तरह यह ज्ञात था कि ये बिल निश्चित रूप से बेचते रहने का अर्थ यह होगा कि रुपये अनिश्चित काल के लिये ढाले जाते रहें। उसने यह दायित्व लेने से इसलिये मना कर दिया क्योंकि उसकी रुपये ढालने में कोई रूचि नहीं थी। इस मूल कारण को माननीय मि. डाकिंस ने उन लोगों को साफ-साफ शब्दों में बता कर स्मरण दिलाया जो सरकार को ऐसा दायित्व सम्भालने को कहते थे "इसके फलस्वरूप सरकार के पास रखा चांदी के सिक्कों का आरक्षित भंडार शीघ्रता से उस बिंदु के पास आ गया, जहां असीमित मात्रा में (कौंसिल बिलों का) अंतरण करना नामुमकिन हो गया। अत: राज्य सचिव ने निर्णय लिया कि क्रमश: दरों में वृद्धि करके इनकी मांग को सीमित कर दिया जाये। इस प्रकार अति आवश्यक मांगों को पूरा कर दिया जाये और कम आवश्यक मांगों को छोड़ दिया जाये और जिन लोगों की मांग बहुत आवश्यक नहीं हो, उन्हें चेतावनी दे दी जाये कि वे भारत को सोना भेज दें। इसके अतिरिक्त अन्य कोई व्यावहारिक मार्ग था भी नहीं। राज्य सचिव की यह जिम्मेदारी समझी गयी कि वह 1 शि. 4 5/32 पैसे पर भुगतान करता रहे। लेकिन मुझे नहीं लगता कि उसकी कोई ठोस जिम्मेदारी है; और मुझे इस बात पर हैरानगी होती है कि जो लोग यह समझाते हैं कि यह जिम्मेदारी है (और जो इसी स्थिति को अच्छी तरह समझता है), वे यह कैसे मानते हैं कि हमारी मुद्रा की स्थिरता पर रुपयों के आरक्षित भंडार के तीव्रता से कम होने का असर होगा (और जिसे रुपयों के ज़्यादा सिक्के ढाले बिना बढ़ाया नहीं जा सकता)। और जब सोने की मुद्रा वाले स्वर्ण मानक का आदर्श प्राप्त होने ही वाला था, तभी इस दृश्यावली में सर एडवर्ड ला का भारत के वित्त मंत्री के रूप में पदार्पण हुआ जिसने एक बेरहम समुद्री डाकू के समान नयी मुद्रा की समूची संरचना के टुकड़े-टुकड़े कर दिये। उसका यह कदम बहुत ही बेवकूफी से भरा और अकारण था। उसकी 28 जून, 1900 की रिपोर्ट ने सारे घटनाक्रम का चेहरा ही बदल कर रख दिया। उस रिपोर्ट में निम्नलिखित वाक्य बहुत महत्त्वपूर्ण था-

> "15. इन बातों के फलस्वरूप, मैं समझता हूं कि यह मान लेना चाहिये कि मुद्रा के आरक्षित भंडार में सोने की जितनी मात्रा रखी जा सकती है, उनका नियमन उन्हीं नियमों के माध्यम से करना चाहिये, जो इस संबंध में बतायेंगे कि वह राशि

> कितनी होनी चाहिये जिसके आधार पर सरकारी सिक्यूरिटीज़ में तय किया गया अनुपात सरलता से बढ़ाया जा सके। संचलन में नोटों की संख्या में वृद्धि करने तक अथवा मौजूदा शर्तों में कोई बदलाव करने तक, मुझे लगता है कि मुद्रा के भंडार में अधिकतम 7,000,000 पाउंड सोने के रूप में सरलता से रखे जा सकते हैं। फिर भी मैं यह नहीं चाहूंगा कि इस आंकड़े को हर हाल में सीमित रखा जाये क्योंकि इस राशि का निर्धारण अपनी ही इच्छा से किया गया है और विशेषत: मैं सार्वजनिक रूप से कोई घोषणा करके सरकार को विवश नही करना चाहूंगा। क्योंकि यह सम्भव है कि किन्हीं अनदेखी घटनाओं के कारण आगे चल कर इसमें कमी करने की आवश्यकता हो जाये।"

इस रिपोर्ट की रूपरेखा में, मुद्रा रिज़र्व में अधिकतम सोना रखने के प्रावधान में संशोधन के साथ, इसे भारत की मुद्रा प्रणाली का आधार बनाया गया है। लेकिन इस रिपोर्ट के लेखक ने सम्भवत: कभी एक पल के लिये भी स्वयं से यह प्रश्न नहीं पूछा होगा कि स्वर्ण मानक और सोने की मुद्रा का आदर्श का क्या होगा? क्या वह स्वर्ण मानक को समाप्त करने में मदद कर रहा था, या इसका परित्याग करना चाहता था और इस कारण से वह रिज़र्व में सोना रखने की एक सीमा तय करना चाहता था? इस रिपोर्ट की नीति को व्यवहार में लाने से पूर्व भारतीय मुद्रा प्रणाली लगभग बैंक चार्टर एक्ट 1844 के अनुसार चल रही थी जिसको सीमित मात्रा में रुपये जारी किये जाते थे और सोना असीमित मात्रा में। इस रिपोर्ट में यह सुझाव दिया गया था कि सोना जारी करने की मात्रा सीमित होनी चाहिये और सिक्कों की असीमित। यह बैंक सस्पेंशन अवधि की प्रणाली के ठीक विपरीत था। उस रिपोर्ट की यही बात अहम थी जिसमें सोच-समझ कर भारतीय मुद्रा में सोने के स्थान पर रुपये को स्थापित करने की नीति को रेखांकित किया गया था और इस प्रकार सन् 1893 से हम जिस आदर्श की ओर बढ़ रहे थे और सन् 1900 तक जिसे लगभग पा लिया गया था, उसे पूरी तरह से त्याग दिया गया।

अगर सर एडवर्ड लॉ यह महसूस कर लेते कि इसका मतलब होगा स्वर्ण मानक को त्याग देना, तो वह सम्भवत: यह रिपोर्ट लिखते ही नहीं। लेकिन ऐसी कौन-सी बातें थीं जिनके फलस्वरूप उसके स्वर्ण मानक और स्वर्ण मुद्रा की नीति को त्याग दिया गया और मुद्रा के रुपये वाले भाग के बदले उसके सोने वाले भाग पर सीमा लगा दी?

इन बातों का वर्णन भारत सरकार के दिनांक 6 सितंबर, 1900 के दस्तावेज सं. 302 में किया गया है जिसमें कहा गया है-

> "2. गत दिसंबर से सोना प्राप्त होता रहा और बढ़ता रहा। जून 18 के दस्तावेज में जिन सीमाओं का वर्णन किया गया था, उससे लगभग आठ महीने तक मुद्रा के रिज़र्व में सोने में वृद्धि हुई और चांदी घटी रही। जनवरी के मध्य तक भारत में मुद्रा रिज़र्व में सोने का भंडार बढ़ कर 5,000,000 पाउंड हो गया। इस दस्तावेज में की गयी सिफारिश को तुरंत व्यवहार में लाया गया। इसके पश्चात् हमने बड़े जिला खजानों को सावरेन भेज दिया और उन्हें ये निर्देश दिये कि जो भी चाहता हो, उन्हें मिलने वाले भुगतान के तौर पर अथवा रुपयों के बदले सावरेन दे दिये जायें, और मार्च में हमने डाकघरों से कह दिया कि प्रांतीय शहरों में और रंगून में सभी मनीऑर्डरों का भुगतान सावरेनों में किया जाये; और इसके अलावा, हमने सभी प्रांतीय बैंकों से भी आग्रह किया कि यथासम्भव प्रांतीय शहरों और रंगून में सरकारी खातों में सावरेन में भुगतान किया जाये। ये सब उपाय कर लिये गये, इस उम्मीद में इतने नहीं कि इससे निकट भविष्य में हम अपने पास रखे अतिरिक्त सोने से निजात पा लेंगे बल्कि इस उम्मीद में कि इससे लोग सोने के अभ्यस्त हो जायेंगे और इस प्रकार शीघ्र ही वह समय आ जायेगा, जब सोने के सिक्के पर्याप्त मात्रा में संचलन में आ जायेंगे और ऐसा करने से आगामी वर्षों में हमें उन दिक्कतों से निजात मिल जायेगी जो हम सोने के भंडार बढ़ने और रुपयों का भंडार कम होने के फलस्वरूप महसूस कर रहे थे।

3. इन दिक्कतों को दूर करने के लिये और उनसे सुरक्षित होने के लिये, अगर सम्भव हो तो हमारे पास इतने रुपये होने चाहिये कि जिससे हम मुद्रा नोट और सोना प्रस्तुत करने वालों को भुगतान कर सकें, जिसके लिये हमने अतिरिक्त रुपये ढालने शुरू कर दिये .....

* * * *

> "14. यहां हम यह कह सकते हैं कि हमने अनुच्छेद 2 में वर्णित उपायों के नतीजों को काफी बारीकी से देखा है। बहुत अधिक मात्रा में सोना जारी किया गया, लेकिन उसमें से बहुत सा सोना हमारे पास मुद्रा विभाग और प्रांतीय बैंकों के माध्यम से वापस आ गया। महानियंत्रक ने जून माह के आखिर में सचलन में शेष बची राशि का अनुमान लगाया कि उस समय तक जारी लगभग 20 लाख

सिक्कों में से 12 1/2 लाख सिक्के संचलन में थे। लेकिन इस गणना में कई आंकड़े अविश्वसनीय हैं। हम अभी भी यह नहीं कह सकते कि बड़े स्तर पर सोने का इस्तेमाल मुद्रा के तौर पर होने लगा है।

"15. यह अत्यंत आवश्यक है कि हम इस संबंध में आश्वस्त हों कि हम रुपयों की जनता की मांग की पूर्ति करने में सक्षम हैं जो करेंसी नोट और सोना प्रस्तुत करने से ज्ञात होती है। अत: हम महामहिम से आग्रह करते हैं कि तुरंत ऊपर प्रस्तावित (रुपयों के) और सिक्के ढालने की आज्ञा प्रदान की जाये.....

* * * *

"17. लेकिन हम नहीं चाहते कि हमारे प्रस्ताव ऐसे तर्कों पर आधारित समझे जायें जिनका अभी वर्णन किया गया है। हम मुख्य रूप से व्यावहारिक नज़रिये से यह ज़रूरी मानते हैं कि हम अपनी जिम्मेदारी निभा सकें, हालांकि ऐसा करने के लिये हम पर कोई कानूनी बाध्यता नहीं है। लेकिन हम तब तक अपनी इस जिम्मेदारी को निभाना आवश्यक समझते हैं, जब तक हमें इसके लिये बहुत ज़्यादा असुविधा न महसूस हो, (अर्थात् सोने के सभी निविदाकर्ताओं को रुपये देने और सावन की अपेक्षा रुपये को वरीयता देने वाले सभी लोगों को करंसी नोटों के भुनाने में रुपये देने की जिम्मेदारी।)"

यहां रुपये ढालने के मामले में इस वक्तव्य में प्रस्तुत किये गये तर्क बहुत ही बेतुके हैं। सर्वप्रथम यही बात कभी सुनने में नहीं आयी कि जो सरकार स्वर्ण मानक और स्वर्ण मुद्रा की स्थापना करने की इच्छुक थी। वह इस बात से परेशान हो उठी कि उसके पास सोने की अत्यधिक मात्रा हो गयी है जबकि उसे इस विचार के शीघ्रता से पूरे हो जाने के लिये बहुत प्रसन्न होना चाहिये था। यदि इस प्रश्न के मनोवैज्ञानिक पक्ष को एक तरफ कर दें तो भी, जैसा कि सरकार के अपने वक्तव्य से साफ-स्पष्ट है, सरकार ने दो वजहों से रुपयों के सिक्के ढालने आरम्भ किये (1) सरकार ने खुद इसे अपनी जिम्मेदारी माना कि जब भी कहा जायेगा, सरकार उसे रुपया दे देगी, और (2) क्योंकि लोग सोना नहीं चाहते। इन तर्कों के पीछे कितनी शक्ति है? जहां तक पहले तर्क का सवाल है, तो यह मानना मुश्किल है कि सरकार ने रुपये देने को खुद ही अपनी जिम्मेदारी क्यों माना। यह ऋणी की जिम्मेदारी होती है कि वह देश की वैध मुद्रा में भुगतान करे। सोने को वैध मुद्रा बना दिया गया था और सरकार निस्संकोच अथवा बिना किसी शर्म के वैध मुद्रा में भुगतान कर सकती थी। दूसरे, इस बात का क्या

सबूत है कि लोग वैध मुद्रा के रूप में सोना नहीं चाहते। कहा जाता है कि सरकार ने जिस सोने में भुगतान किया, वह पुन: सरकार के पास वापस आ गया और यह इस बात का सबूत है कि लोग इसे नहीं चाहते। लेकिन यह मात्र एक भ्रम है। भारत जैसे देश में सरकारी देयराशि लोगों के खर्चे का एक बड़ा हिस्सा होती है और अगर लोग इसका भुगतान सोने में करते हैं, सरकार को सोने की वापसी का यही अर्थ है, तो इससे तो इसी धारणा को बल मिलता है कि लोग मुद्रा के तौर पर सोने का इस्तेमाल करने के इच्छुक हैं। लेकिन अगर यह बात सत्य है कि लोग सोना नहीं चाहते तो इस तथ्य की क्या व्याख्या हो सकती है कि लोगों की मांग के बावजूद सरकार सोना देने से इंकार करती है? इसके लिये निरंतर मना करते रहना क्या इस बात का सबूत नहीं है कि उसकी मांग निरंतर बनी रहती है? इस प्रकार की व्याख्या में कोई औचित्य नहीं है। सच्चाई यह है कि निराधार किसी एक बात का इतना समर्थन सरकार इस कारण से चाहती है कि लोगों का ध्यान इस तथ्य से भटक जाये कि सरकार इसलिये रुपये के सिक्के ढालना चाहती है, इसलिये नहीं कि लोग सोना नहीं चाहते, अपितु सरकार चांदी के अलावा सिक्के ढालने से होने वाले मुनाफे से सोने का एक आरक्षित भंडार बनाना चाहती है। सरकार के इस प्रयोजन का सर एडवर्ड लॉ की रिपोर्ट से बिल्कुल स्पष्ट तौर पर ज्ञात हो जाता है। यह तर्क कि लोग सोना नहीं चाहते आदि-आदि सिर्फ सही इरादे पर परदा डालना था। रिपोर्ट के निम्नलिखित अंश से यह साफ तौर से ज्ञात हो जाता है जिसमें लेखक ने तर्क दिया है कि-

> "16. अगर यह मान लें कि मौजूदा स्थिति में मुद्रा भंडार में अधिकतम 7,000,000 पाउंड की राशि सोने के रूप में रखी जा सकती है, जो उन दस करोड़ रुपयों के अलावा है जिनका निवेश पहले किया जा चुका है, तो इस भंडार में चालाकी से जोड़-तोड़ करके भी जो मदद हासिल की जा सकती है और इससे भी इस राशि को सोने के रूप में प्राप्त करने में कामयाबी नहीं प्राप्त होगी जो कि स्थिर विनिमय को बरकरार रखने के लिये रखना उपयोगी माना जाता है। इस उद्देश्य के लिये कितनी राशि पर्याप्त होगी, यह किसी भी अधिकारी ने अभी तक बताया नहीं है, लेकिन इस संबंध में आम सहमति है और जिससे मैं भी पूरी तरह से सहमत हूं कि इसके लिये बहुत अधिक राशि की आवश्यकता होगी। तुरंत इतनी ज़्यादा राशि पाने का तरीका है सोने के रूप में उधार ले लेना। लेकिन मुद्रा आयोग की राय इस तरीके के प्रति बहुत ही प्रतिकूल थी। अत: यह प्रश्न अनुत्तरित रह जाता है कि "सोने का ज़रूरी भंडार कैसे प्राप्त किया जाये?"

> "17. मैं इस मुश्किल सी समस्या का तुरंत कोई समाधान नहीं बता सकता, लेकिन मैं कुछ सलाह अवश्य देना चाहता हूं और मुझे पूरा भरोसा है कि अगर उसे मान लिया गया तो इस मुश्किल का समाधान करने के लिये यह काफी महत्त्वपूर्ण सिद्ध हो सकेगा। मेरा सुझाव है कि एक विशेष स्वर्ण विनिमय निधि की स्थापना की जाये जो यूं तो स्वतंत्र हो लेकिन विनिमय संबंधी उद्देश्यों हेतु असाधारण आवश्यकताओं के मामले में उसका इस्तेमाल मुद्रा भंडार के स्वर्ण साधनों के साथ मिलकर किया जा सके। इस निधि की स्थापना उस लाभ में से की जाये जो 7,000,000 पाउंड से ज़्यादा की राशि की कीमत के सोने को रुपयों में ढालने से होगा।"

क्या अब इस संबंध में कोई आशंका है कि रुपयों के सिक्के ढालने का वास्तविक कारण क्या था? जिन लोगों ने यह लिखा है कि रुपये के सिक्के इस कारण से ढाले जा रहे हैं कि लोगों को सोना पसंद नहीं है, तो यह नहीं कहा जा सकता है कि उन्होंने भारत में विनिमय मानक की उत्पत्ति के इतिहास को सही ढंग से पढ़ा है।

लेकिन क्या यह सर एडवर्ड लॉ का दुष्ट दिमाग़ था जिसने एक मजबूत मुद्रा प्रणाली को रुपये के सिक्के ढालने की अपनी अनर्थकारी नीति से कमज़ोर बना डाला था? सरकार के विरोधी और उसके समर्थक सभी लोग इस बात से सहमत हैं कि यह फाउलर समिति के आदर्शों से दूर हटना था। सरकार किस मायने में फाउलर समिति की सिफारिशों से दूर हटी है, यह भारतीय मुद्रा से संबंधित जितने भी सरकारी अथवा ग़ैर-सरकारी दस्तावेज़ मौजूद हैं, उनमें कहीं भी साफ नहीं किया गया। फाउलर समिति की सिफारिशें क्या थीं? सामान्यत: यह बताया जाता है (और भारत सरकार को इससे शर्मिंदा होना चाहिये) कि फाउलर समिति ने कहा था (इसे यहां दोहराया जा रहा है) -

> "हम ब्रिटिश सावरेन को भारत में एक वैध मुद्रा और चालू सिक्का बनाने के पक्षधर हैं। हम यह भी मानते हैं कि उसी के साथ, भारतीय टकसालों को भी असीमित मात्रा में सोने के सिक्के ढालने की स्वतंत्रता होनी चाहिये.... जैसा कि हम स्वर्ण मानक की स्थापना करने के इच्छुक हैं और ऐसी मुद्रा चाहते हैं जो बेरोक-टोक सोने के आने-जाने के सिद्धांत पर आधारित हो। अत: हम इन उपायों को अपनाने की सिफारिश करते हैं।"

यह बात सच है। लेकिन जिन लोगों ने सरकार पर दोषारोपण किया है, वे भूल गये हैं कि उसी समिति द्वारा यह सिफारिश भी की गयी थी-

"रुपये के नये सिक्कों को ढालने का विशेषाधिकार भारत सरकार के पास ही होना चाहिये, और बेशक रुपयों का वर्तमान भंडार कुछ समय के लिये पर्याप्त हो, लेकिन अंततोगत्वा आवश्यकता होने पर चांदी की मुद्रा में और वृद्धि करने की ज़रूरत पड़ेगी ही। सरकार को सोने के बदले में रुपये देते रहने चाहियें, लेकिन रुपये के नये सिक्कों को ढालना तब तक स्थगित रखना चाहिये, जब तक कि मुद्रा में सोने की मात्रा जनता की ज़रूरतों से ज़्यादा न हो जाये। हम यह भी सिफारिश करते हैं कि रुपये के सिक्के ढालने से जो लाभ प्राप्त हो, उसे न तो राजस्व में जमा किया जाये और न ही सरकार के सामान्य शेष के एक अंश के तौर पर रखा जाये; बल्कि इसे सोने के रूप में एक विशेष रिज़र्व में रखना चाहिये जो कागजी मुद्रा के भंडार अथवा सामान्य खजाना बकाया से बिल्कुल अलग रखा जाये (और जब कभी विनिमय मूल्यवान धातु बिंदु (Specie Point) से नीचे गिर जाये तो विदेशी भुगतान करने के लिये उसे खुले तौर पर सुलभ कराया जाये)।

जब समिति की दोनों सिफारिशों को एक साथ अपनाया जाये, तो यह निर्धारित प्रक्रिया से अलग कहां है? सरकार ने ठीक वही किया है, जिसकी सिफारिश समिति द्वारा की गयी थी। यह अजीब प्रतीत होता है कि भारत सरकार अथवा चैम्बरलेन आयोग को एक पल के लिये यह समझ लेना चाहिये था कि इन सिफारिशों से अलग हटने में बिल्कुल भी विचित्र बात नहीं थी। क्योंकि सर एडवर्ड लॉ ने जो रिपोर्ट राज्य सचिव को भेजी थी, उसमें खुले तौर पर यह टिप्पणी की गयी थी, जो दर्शाती है कि सरकार पूरी ईमानदारी के साथ फाउलर समिति की सिफारिशों का अनुसरण कर रही थी। उसमें कहा गया है कि-

"अपने 24 अगस्त, 1899 के डिस्पेच सं. 301 में हमने भारतीय मुद्रा समिति (अर्थात् फाउलर समिति) के पैरा 60 के संबंध में, जिसमें लिखा था कि रुपये के सिक्के ढालने से जो लाभ होगा, उसे एक विशेष भंडार के तौर पर सोने के रूप में रखा जाये, वह पैरा हमारी दृष्टि से परे नहीं है, लेकिन अतिरिक्त रुपयों के लिये उम्मीद नहीं है कि कुछ समय तक सिक्के ढालने की ज़रूरत पड़ेगी और इस संबंध में बड़ी सरलता से इस निर्णय को कुछ समय के लिये टाला जा सकता है।"

सर एडवर्ड ने मात्र इतना ही किया कि जब भी अवसर पड़ा, उन्होंने इन सिफारिशों पर अमल किया। इस नज़रिये से, जब रुपये के सिक्के ढालने से सोने मुद्रा

सहित स्वर्ण मानक को अपनाने में विफलता मिली हो, इस स्थिति में भारत सरकार की आलोचना करने का कोई अर्थ ही नहीं है। हालांकि भारत सरकार ने अपनी अज्ञानता के चलते इस विफलता का दायित्व अपने सिर पर ले लिया है, जबकि वास्तव में उसे दोषी ठहराना सही नहीं कहा जा सकता। अगर रुपये के सिक्के ढालने के कारण यह परियोजना विफल रह गयी है, तो निश्चित तौर पर यह प्रश्न फाउलर समिति के सामने रखना चाहिये। आखिर इस समिति ने रुपये के सिक्के ढालने की स्वीकृति ही क्यों दी? इस बात का कोई सीधा उत्तर नहीं है, फिर भी अनुमान लगाया जा सकता है। ऐसा प्रतीत होता है कि समिति ने पहले भारत सरकार की इच्छा को ध्यान में रखते हुए यह निर्णय किया था कि सोने की मुद्रा के साथ स्वर्ण मानक होना चाहिये। लेकिन बाद में उन्हें इस प्रश्न से चिंता होने लगी कि उन्होंने जो आदर्श रूपरेखा तैयार की है, क्या उसमें रुपये के स्वर्ण मूल्य को बरकरार रखने का समुचित प्रावधान किया गया है। भारत सरकार के विरोधियों के विचार में या तो रुपये को एक परिवर्तनीय बैंक नोट बना देना चाहिये था अथवा शिलिंग के रूप में एक सीमित वैध मुद्रा बना देनी चाहिये थी। समिति ने इन दोनों मांगों को अनावश्यक घोषित करते हुए उन्हें रद्द कर दिया। समिति ने रुपये को कम करके उसे शिलिंग का दर्जा देने से मना कर देने के पीछे यह तर्क दिया कि-

> "यह सच है कि ग्रेट ब्रिटेन में चांदी की मुद्रा की निर्धारित सीमा 40 शिलिंग है... और उससे आगे ऋण के भुगतान के लिये इसका इस्तेमाल नहीं किया जा सकता। जबकि इस बात से इनकार नहीं किया जा सकता कि 40 शिलिंग की सीमा द्वारा इस बात पर जोर दिया गया है कि चांदी के सिक्के गौण प्रकार की हैं। फिर भी इन सांकेतिक सिक्कों को उनके अंकित मूल्य पर बरकरार रखने के लिये बुनियादी तौर पर महत्त्वपूर्ण बात उस राशि की वह वैधानिक सीमा नहीं है, जहां तक वह वैध मुद्रा है बल्कि वह सीमा यह है कि उसे कुल कितनी राशि तक जारी किया जा सकता है। अगर यह बाद वाली रोक काफी है तो यह कोई आवश्यक नहीं है कि इन सांकेतिक सिक्कों को वैध मुद्रा बनाने के लिये कोई सीमा निर्धारित की जाये।"

परिवर्तनीयता की ज़रूरत के संबंध में समिति ने कहा-

> "ग्रेट ब्रिटेन के बाहर केवल दो देशों का ही मुख्य उदाहरण मिलता है, जहां स्वर्ण मानक और सोने की मुद्रा मौजूद है जो चांदी के सिक्कों को असीमित मात्रा में

अपने यहां आने की अनुमति देते हैं। वे दो देश हैं फ्रांस और संयुक्त राज्य अमरीका। फ्रांस में 5 फ्रैंक का सिक्का एक असीमित मुद्रा है और व्यवहार में वह सोने के बराबर होता है। यही बात अमरीका के चांदी के डॉलर के संबंध में भी है.... अमरीका और फ्रांस दोनों ही देशों की टकसालों में असीमित वैध मुद्रा वाले चांदी के सिक्कों को ढालना बंद कर दिया गया है। इनमें से किसी भी देश में चांदी के सिक्कों को वैधानिक रूप से सोने में नहीं बदला जा सकता; दोनों ही देशों में ये अदरूनी कार्यों के लिये सोने के सिक्कों के बराबर होते हैं। जहां तक बहुमूल्य धातु का सवाल है, तो अंतर्राष्ट्रीय भुगतानों के लिये फ्रांस और संयुक्त राज्य अमरीका दोनों अंततः भुगतान के अंतर्राष्ट्रीय माध्यम अर्थात् सोने पर ही निर्भर हैं। अंत में, यह उनका अपना सोना ही होता है जो विदेशी विनिमय के माध्यम से अंदरूनी कार्यों के लिये उनकी मुद्रा का उसके अंकित मूल्य पर बनाये रखने में सहायता करता है।

"भारत में मुद्रा का सवाल ठीक वैसा ही है जैसा हमने पिछले अनुच्छेद में देखा है। इसलिये उस देश के लिये, जिस की स्थिति फ्रांस और अमरीका जैसी है, हम किसी अलग नीति की अनुशंसा नहीं करना चाहते और इसलिये भारत सरकार पर कोई ऐसी कानूनी जिम्मेदारी नहीं डालना चाहते कि उसे रुपये के बदले में सोना देने के लिये बाध्य होना पड़े या दूसरे शब्दों में, धारकों की मांग पर भारत सरकार को सोना देना पड़े। भारत सरकार पर ऐसी जिम्मेदारी डालने का तात्पर्य होगा कि एक क्षण के नोटिस पर ही भारत सरकार को इतने सोने का प्रबंध करना पड़ेगा जिसे पहले से नहीं बताया जा सकता, और यह देयता ऐसी है जिसे हमारे विचार में स्वीकार नहीं किया जाना चाहिये।"

हालांकि समिति को अपनी दी गयी राय पर पूरा भरोसा था, फिर भी वह उन लोगों की बात से बहुत प्रभावित थी जो बड़ी मात्रा में रुपयों के संचलन को देख कर इस पर शक जताते थे-

"कि भारतीय टकसालों में चांदी का सिक्का न ढालने से ही क्या व्यवहारिक रूप से, रुपये की मुद्रा पर इतनी रोक लग जायेगी कि वह स्थायी तौर पर रुपये को एक निर्धारित दर पर सोने को परिवर्तनीय बना देगी?"

ऐसे संदेहों ने समिति को इतना ज़्यादा उद्वेलित कर दिया था कि उसने यह मान लिया कि-

"जिन ताकतों का रुपये के स्वर्ण मूल्य पर असर होता है, उनकी कार्यप्रणाली इतनी अस्पष्ट और जटिल है कि हम पूरे विश्वास के साथ यह नहीं कह सकते है कि चांदी के लिये टकसालें बंद कर देने से ही, मांग के नज़रिये से रुपयों पर सीमा लग जायेगी जिससे रुपया स्थायी तौर पर एक निर्धारित दर पर सोने में विनिमेय (Exchangeable) बन जायेगा।"

समिति का मानना था कि ऐसी आकस्मिकता के ख़िलाफ़, जब भी रुपया एक विशेष बिंदु से नीचे आये, एक उपाय के रूप में भारत सरकार को विदेशी भुगतान हेतु रुपयों को सोने में परिवर्तित करने की जिम्मेदारी ले लेनी चाहिये। इतना आसान उपाय तलाश लेने के पश्चात् अगला प्रश्न यह था कि भारत सरकार को सोने के आरक्षित भंडार कहां से मिलेंगे? सोने के ऐसे आरक्षित भंडार अथवा स्वर्ण रिज़र्व बनाने का केवल एक ही तरीका था - उधार लेना। लेकिन समिति को किसी कारण से यह उपाय अरुचिकर प्रतीत हुआ। इसका कारण सम्भवत: यह है कि समिति ने अपनी रिपोर्ट के दूसरे भाग में इस कार्य के लिये भारत सरकार की आलोचना की थी कि-

"अपने पास मौजूद संसाधनों को किफायत से इस्तेमाल में लायें, एक दृढ़ अर्थनीति का प्रयोग करें और अपनी बहुमूल्य जिम्मेदारियों को बढ़ने से रोकें।" या इसलिये कि "स्वर्ण मानक की स्थापना करने के लिये अथवा उसके बनाये रखने के लिये उधार लेना एक महत्त्वपूर्ण सिद्धांत था इसलिये समिति उधार लेने के हक में नहीं थी।"

"लेकिन अगर उधार लेकर स्वर्ण रिज़र्व की स्थापना नहीं की जानी थी तो फिर यह और कैसे स्थापित किया जाता? प्रतीत होता है कि समिति रिज़र्व बनाने के किसी वैकल्पिक माध्यम को तलाश करने की समस्या से बहुत परेशान थी कि एकाएक इसके एक सदस्य के दिमाग़ में उस समय एक उपाय आया, जब उसकी बुद्धि ने पूर्णत: काम करना बंद कर दिया था। उसने यह प्रस्ताव रखा कि सरकार को रुपये ढालने की स्वीकृति क्यों न प्रदान कर दी जाये? अगर इसकी स्वीकृति दे दी गयी तो सरकार बग़ैर उधार लिये सरलता से स्वर्ण रिज़र्व की स्थापना कर सकेगी और उसके बाद विदेशों में भुगतान हेतु परिवर्तनीयता के लिये अपनी जिम्मेदारी को पूरा निभा सकेगी।" यह प्रस्ताव इतना सीधा - स्पष्ट प्रतीत होता था कि समिति ने पूरे दिल से इस प्रस्ताव को अपना लिया और इसे रिपोर्ट का एक

हिस्सा बना लिया और राहत की सांस ली जिसका निस्संदेह इसे लिखने की प्रभावकारी भाषा से पता चलता है।"

समिति ने सरकार को रुपये ढालने की स्वीकृति देने के जो कारण बताये थे, वे उचित भी हो सकते हैं, और नहीं भी। लेकिन तथ्य यह है कि कमेटी यह नहीं। समझ पायी कि इस प्रस्ताव में ऐसी क्या चीज़ है जो बहुत दुरूह है। सर्वप्रथम बात तो यह है कि अगर रुपये के सिक्कों का ढालना निरंतर चलता रहा तो स्वर्ण मानक और मुद्रा का क्या होगा? जब हम पाते हैं कि समिति एक तरफ तो स्वर्ण मानक व मुद्रा के आदर्श की बात करती है और दूसरी ओर रुपये ढालने की बात, तो ऐसी स्थिति में इस तरह की समिति के लिये क्या बहुत ज़्यादा सम्मान आ पाना संभव है, जितना कि बजट का बैंक ऑफ इंग्लैण्ड के निदेशकों के लिये था जिन्होंने 25 मार्च, 1819 को निम्नलिखित विख्यात प्रस्ताव पारित किया था-

"निदेशक मंडल यहां एक परामर्श की ओर ध्यान दिलाये बिना नहीं रह सकता, जिस पर कुछ लोगों ने बहुत ज़ोर दिया है, कि विनिमय को अनुकूल करने हेतु बैंक को मात्र जारी की जाने वाली मुद्रा में कमी करनी चाहिये, जिसके फलस्वरूप बहुमूल्य धातु का प्रवाह होने लगेगा। मंडल यह बताना अपना दायित्व समझता है कि ऐसी भावना के पीछे उसे कोई ठोस आधार दिखायी नहीं देता।"

अगर निदेशकों की राय विवेकहीनता की चरम थी तो क्या फाउलर समिति की राय उससे किसी भी प्रकार कमतर है? क्या उन दोनों में कोई फर्क है? इस प्रस्ताव में जो भावनायें दर्शायी गयी हैं, जो फाउलर समिति द्वारा की गयी अनुशंसाओं से अलग नहीं हैं, उन पर टिप्पणी करते हुए बैजहॉट ने कहा कि कुछ ऐसी घृणित परिस्थितियां हैं, जिनके कारण हम बैंक के निदेशकों को उनकी विवेकहीनता के लिये क्षमा करने के लिये विवश हैं। इन निदेशकों का जीवन ऐसे समय में बीता है, जब आर्थिक विवेक बहुत भ्रमपूर्ण स्थिति में होता था। वे सोने को भारी मात्रा में प्रवेश नहीं करने देना चाहते थे, क्योंकि वे कागजी मुद्रा से पूर्णतः संतुष्ट थे। लेकिन इन दोनों ही स्थितियों में फाउलर समिति की विवेकहीनता को क्षमा नहीं किया जा सकता। उन्होंने ऐसे समय में अपनी अनुशंसायें की थीं, जिस समय बैंक निदेशकों के कहने के विपरीत यह उस समय का स्वयंसिद्ध नियम था।

दूसरे, यह भी नहीं कह सकते कि वे भारी मात्रा में भारतीय मुद्रा में सोने को प्रवेश करने देने के समर्थक नहीं थे। दूसरी तरफ, यही बात वे चाहते थे। फलस्वरूप उन्हें

अपने विचार बहुत सोच-विचार के बाद व्यक्त करने चाहिये थे और ऐसा कुछ नहीं होने देना चाहिये था जो उनके मुख्य प्रयोजन के अनुसार न होता। ग्रेशम नियम के बुनियादी सिद्धांत पर समुचित रूप से ध्यान न देने से समिति ने न सिर्फ खुद को बेवकूफ बनाया बल्कि रिपोर्ट के प्रथम भाग में जो लक्ष्य उन्होंने अपने समक्ष रखा था, उस लक्ष्य को भी एक ओर कर दिया। इसके अलावा, क्या यह आवश्यक था कि सरकार को रुपये के सिक्के ढालने की स्वीकृति प्रदान की जाती? वह समस्या कैसी थी जिसके संबंध में समिति को निर्णय लेना था? आइये, हम इसे फिर से बताते हैं। हर्शल समिति द्वारा भारत सरकार के प्रस्तावों में सुधार करने के पश्चात् सन् 1892 में इसे देते समय एक प्रावधान किया गया था, जिसके तहत टकसालें जनता के लिये तो बन्द कर दी गयी थीं लेकिन सरकार के लिये रुपये ढालने के लिये वह खुली रखी जानी थीं। वह एक ऐसा प्रावधान था जो यह दिखाता है कि इतने प्रभावकारी सर्वेक्षण के उपरांत भी समिति इस रहस्य के प्रति बिल्कुल अनभिज्ञ बनी रही कि जिन मुद्रा प्रणालियों की उसके द्वारा जांच-पड़ताल की गयी थी, उसमें ने बगैर सोने के अथवा थोड़े से सोने के साथ भी सोने से समानता क्यों बनाये रखी। यदि वह इस चीज़ को समझ गयी होती कि जारी किये गये सिक्कों की सीमा के परिणामस्वरूप ही यह समानता बनी रही थी, तो सम्भवत: वह उस प्रावधान को शामिल न करती जो किया गया था। यह प्रावधान बेशक कितना भी हानिप्रद क्यों न हो, समिति को उसके इस बुद्धिहीनता वाले कृत्य के लिये माफ ज़रूर करना पड़ेगा, क्योंकि उसे इस बात का ही भय था कि टकसाल बंद होने से मुद्रा में अकस्मात संकुचन की स्थिति आ जायेगी, और चूंकि इसने सोने को सामान्य वैध मुद्रा नहीं बनाया है, अत: ज़रूरत होने पर उसे मुद्रा में शामिल करने के लिये ज़रूरी प्रबंध करना पड़ेगा और उसके विचार में उसका सबसे बेहतर तरीका यही होगा कि सरकार को रुपये के सिक्के ढालने का अधिकार प्राप्त हो जाये। सरकार के सौभाग्य से उसे कुछ समय तक यानी वर्ष 1898 तक नये सिक्कों को सम्मिलित करने की ज़रूरत ही नहीं पड़ी और इसी कारण उसे इस अधिकार का इस्तेमाल करने की भी कोई ज़रूरत नहीं पड़ी। लेकिन जब ऐसी ज़रूरत पड़ी, तो जैसा कि पहले वर्णन किया जा चुका है, सरकार ने उस अधिकार का इस्तेमाल करने से स्पष्ट इंकार कर दिया और इस विचार पर कायम रही कि भारतीय मुद्रा में बढ़ोतरी करने के लिये रुपये के सिक्के ढालने की अपेक्षा सोने को बड़ी मात्रा में प्रवेश करने देना चाहिये। सरकार मि. लिंडसे के घोर विरोध में थी जो उस समय

आंदोलन कर रहे थे कि सरकार को रुपये के सिक्के ढाल कर मुद्रा में ज़रूरी बढ़ोतरी करने के लिये बाध्य किया जाये जो सुरक्षित भी था और लाभप्रद भी। फाउलर समिति का गठन इसलिये किया गया था कि वह एक तरफ भारत सरकार तथा दूसरी तरफ मि. लिंडसे के विवाद में फैसला दे, जिसमें सरकार सोने के सिक्के बना कर और मि. लिंडसे चांदी के सिक्के बना कर मुद्रा में बढ़ोतरी करना चाहते थे। अगर सरकार इस बात के लिये इच्छुक होती कि ज़्यादा सोना मंगाने की अपेक्षा ज़्यादा रुपये बना कर मुद्रा में बढ़ोतरी की जाये, तो फाउलर समिति को नियुक्त करने की ज़रूरत ही नहीं होती। उसे यह अधिकार हर्शल समिति द्वारा पहले ही दे दिया गया था। चूंकि सरकार गलती से दिये गये उस अधिकार का इस्तेमाल करने की इच्छुक नहीं थी, इसलिये नयी समिति को अपील करना ज़रूरी हो गया। समिति के समक्ष उस समय यह समस्या थी कि मुद्रा के अभाव से बचने के लिये बचने के लिये मुद्रा को विस्तार कैसे प्रदान किया जाये। समिति द्वारा अपनी रिपोर्ट के एक अंश में इसके लिये सुझाव दिया गया कि सोने को वैध मुद्रा बना दिया जाये ताकि कोई भी ऋणी जिसे रुपये नहीं मिल रहे, उसके लिये ऋणदाताओं के पास अपना भुगतान सोने में करने का विकल्प होना चाहिये। अगर सोने को सामान्य तौर पर विनिमय का माध्यम बना दिया जाये, तो क्या चांदी के सिक्के ढालने का प्रस्ताव एक व्यर्थ प्रस्ताव नहीं था जिसकी कोई आवश्यकता ही नहीं थी?

तीसरे, क्या स्वर्ण रिज़र्व बनने के तरीके के तौर पर रुपये के सिक्के बनाने के प्रस्ताव को रुपये का मूल्य बनाये रखने के लिये तर्कसंगत माना जा सकता है? रुपये का मूल्य बनाये रखने के लिये एक अनिवार्य शर्त यह है कि उन्हें सीमित मात्रा में जारी किया जाये। समिति ने अत्यंत निपुणतापूर्वक इस बात की चर्चा की कि जारी करने की मात्रा की सीमा तय कर देने के परिणामस्वरूप शिलिंग किस तरह मूल्य को बरकरार रख रहा है। लेकिन समिति क्या इस बात को समझ पायी कि शिलिंग की मात्रा को किस प्रकार सीमा में रखा गया था? अगर यह बात सत्य है कि शिलिंग का मूल्य बनाये रखने के लिये वैध मुद्रा की सीमा नहीं बल्कि उसकी कुल मात्रा की सीमा तय करनी होती है, तो फिर शिलिंग को असीमित मात्रा में क्यों नहीं जारी किया जाता? शिलिंग के सिक्के ढालना उसी प्रकार लाभप्रद है जैसे रुपये के सिक्के ढालना। ब्रिटिश सरकार इसे असीमित मात्रा में क्यों नहीं ढालती? क्या सिर्फ इसलिये कि शिलिंग असीमित मात्रा में नहीं दिया जा सकता? अगर सरकार अपने वित्त मंत्री (Chancellor of Exchequer), केबिनेट मंत्रियों और अधिकारियों और क्लर्कों के समूह को भुगतान कर सकती और आगे वे अपने फुटकर दुकानदारों, दूधवालों, शराबवालों और कसाईयों को शिलिंग में भुगतान कर सकते, तो शिलिंग को बड़ी मात्रा में जारी करने से कोई नहीं रोक सकता था। लेकिन ऐसा इसलिये है कि कोई भी शिलिंग में असीमित मात्रा में भुगतान कर पाने में असमर्थ है, क्योंकि किसी के पास भी असीमित मात्रा में शिलिंग है ही नहीं। या फिर यों कहिये कि वैध मुद्रा की एक सीमा तय होने के कारण कोई थोक मंडी नहीं है, अतः सरकार खुद ही ज़रूरत से ज़्यादा शिलिंग जारी नहीं करती। इसलिये समिति का यह तर्क देना अनुचित था कि वैध मुद्रा पर सीमा लगाने का और शिलिंग का मूल्य बनाये रखने में कोई आपसी संबंध नहीं है। दूसरी ओर, अगर किसी सांकेतिक सिक्के का मूल्य बनाये रखने की पहली शर्त जारी किये गये सिक्कों की मात्रा की सीमा है तो ऐसी सीमा को प्रभावशाली बनाने का एक उपाय है- वैध मुद्रा की सीमा तय कर देना।

परिवर्तनीयता के संबंध में भी उसके तर्क उतने ही भ्रमपूर्ण थे। यह कहना कि जो वस्तु फ्रांस और अमरीका के लिये काफी है तो वह भारत के लिये भी काफी होगी, यह वैसा ही है जैसे एक अंधा दूसरे अन्धे को रास्ता दिखाये। यह तर्क देना पूरी तरह से अनुचित था कि परिवर्तनीयता की अपेक्षा सोना ही "विदेशी विनिमय के माध्यम से आंतरिक उद्देश्यों हेतु सारी मुद्रा को अंकित मूल्य पर बनाये रखता है।"

सच्चाई बिल्कुल इसके विपरीत है। फ्रांस और अमरीका को अपनी मुद्रा को बचाये रखने के लिये परिवर्तनीयता की कोई ज़रूरत नहीं थी। इसका कारण था कि चांदी के फ्रैंक (फ्रांस का दो पेंस का सिक्का) और चांदी के डॉलर पूरी तरह से सीमित मात्रा में होते थे। सोने के ज़्यादा मात्रा में आने से उसकी बचाव होना तो दूर, जारी की गयी मात्रा की एक सीमा तय होने से न सिर्फ उनका मूल्य बना रहा बल्कि उन देशों में जितना भी सोना था, उसे भी वहीं रहने की स्वीकृति प्राप्त हो गयी। अब समिति को लम्बे और ऊबड़-खाबड़ मार्गों पर चलने और व्यर्थ की जांच-पड़ताल करने के बजाय यह चाहिये था कि वह इस बात पर जोर देती कि जब आवश्यकता से अधिक मुद्रा जारी करने की सीमा तय करने के दूसरे तरीके मौजूद हैं, तो वैध मुद्रा की परिवर्तनीयता अथवा सीमा तय करने का जो प्रयोजन था, वह पूरा हो जाता था। अब, क्या टकसालें बंद कर देने से रुपयों की पर्याप्त सीमा तय न हो जाती? और अगर

टकसालें बंद कर देने से जारी किये गये रुपयों की सीमा नहीं बंध जाती तो फिर वह किस चीज से बंध सकती थी? क्या टकसालें बंद करना ठीक वैसा ही नहीं है जैसे कि निर्धारित संख्या में कागज़ी मुद्रा जारी करने पर नियंत्रण करने का सिद्धांत होता है? यह ऐसा ही था, इस बात से शायद ही इंकार किया जा सकता है। ऐसी हालत में केवल एक ही प्रश्न शेष रह जाता है कि मौजूदा स्थिति में रुपयों की संचलन मात्रा उस न्यूनतम वैध मुद्रा की मात्रा से साफ तौर पर कम है जो किसी भी समय आंतरिक संचलन के लिये अनिवार्य हो सकती है। भारत सरकार ने यह पहले से ही अनुमान लगा लिया था कि संचलन में रुपयों की मात्रा इस न्यूनतम मात्रा से ज़्यादा थी और इसी कारण उसने इस संबंध में पहले ही ज़रूरी प्रबंध कर लिया था। 3 मार्च, 1898 के अपने डिस्पेच में सरकार ने अपनी योजना की रूपरेखा के बारे में बताते हुए कहा था-

> "9. हमें ज्ञात है कि विफलता का (रुपये का विनिमय मूल्य बनाये रखने में) एक प्रमुख कारण यह था कि टकसालें बंद करने से पूर्व ही हमारे यहां रुपयों का संचलन इतना ज्यादा कर दिया गया था कि उससे व्यापार की सभी मांगें पूरी तरह, अपितु पूरी तरह से भी अधिक पूरी हो जातीं और सोने के रूप में उसमें और वृद्धि करने की कोई सम्भावना नहीं बची थी। ... दो देशों के मध्य विनिमय की निर्धारित दर की अनिवार्य शर्त यह होती है कि जब किसी अन्य देश की तुलना में एक देश की मुद्रा अधिक हो जाती है, तो उसे उस अधिकता को किसी एक समय तक कम करने के लिये अतिरिक्त सिक्कों को संचलन से हटाया जा सकता है, और इसलिये हमारी इच्छा है कि हम एक ऐसी हालत तक पहुंचें, जब हमारे संचलन का ज़रिया .... सिर्फ चांदी के सिक्के ही न हों जिनकी देश से बाहर कोई कीमत नहीं होती, अपितु उसमें थोड़ा-सा अंश सोने का भी होना चाहिये जिसका किसी और देश में भी सिक्के के तौर पर इस्तेमाल करना सम्भव है, और इस प्रकार वह स्वत: ही वहां पहुंच जायेगा, जहां उसकी सबसे ज़्यादा ज़रूरत है। आजकल हमारी रुपये की कुल मुद्रा 120 करोड़ रुपये की है जिसमें हमें संचलन में 10 करोड़ रुपये की आरक्षित कागजी मुद्रा और शामिल कर लेनी चाहिये।
>
> "10. यह ठीक-ठीक बता पाना मुश्किल है और सिर्फ वास्तविक रूप से अनुभव करके ही इसकी पुष्टि सम्भव है कि रुपये की अधिकता को कम करने के लिये रुपयों के संचलन में कितनी कमी की जानी चाहिये। ... लेकिन कुछ बातों से

अनुमान होता है कि इस राशि का प्रबंध सरलता से किया जा सकता है। उदाहरणार्थ, लगभग 24 करोड़ रुपये की कागजी मुद्रा संचलन अथवा सर्कुलेशन में है, जिसमें हमारे खजानों में रखी राशि भी सम्मिलित है। अगर हम यह कल्पना कर सकें कि वर्तमान में संचलन में जो मुद्रा कागज़ी नोटों के रूप में विद्यमान है, उसे अकस्मात 16,000,000 पाउंड सोने में परिवर्तित कर दिया जाये, तो यह असम्भव प्रतीत होता है कि भारतीय व्यापार, वास्तविक संचलन की राशि कुछ हिस्से के अभाव में चल पायेगा। दूसरे शब्दों में, यह मुमकिन नहीं होगा कि सोने के सिक्कों की वह राशि देश से बाहर चली जाये, जब तक कि रुपये का मूल्य मजबूर होकर उस बिंदु तक न पहुंच जाये जिससे निर्यात की गति थम जायेगी। अगर ऐसा है तो वह बाहरी सीमा 24 करोड़ रुपये की है जिसे सोने के सिक्कों में परिवर्तित करना चाहिये ताकि 16 पैंस की स्थायी विनिमय दर लागू करना सम्भव हो सके, और उसके साथ उसी तुलनात्मक मूल्य पर सोना भी सक्रिय या गैर-सक्रिय तरीके से संचलन में हो, और इस बात की गुंजाइश ज़्यादा है कि वास्तव में आवश्यक राशि की मात्रा उससे कम ही हो।

"11. संचलन की मात्रा उसी प्रकार कम की जा सकती है, जिस प्रकार सन् 1893 में की गयी थी, अर्थात् कौंसिल बिलों को वापस न किया जाये, जब तक कि, उदाहरणार्थ, हमारे पास अपने सामान्य संतुलन की तुलना में 20 करोड़ रुपये और जमा न हो जायें। लेकिन हमारा विचार है कि यह प्रक्रिया खर्चीली भी होगी और प्रभावकारी भी नहीं होगी। पहली बात, 20 करोड़ रुपये स्थायी तौर पर बंद करके रख देने का तात्पर्य यह होगा कि उस पर मिलने वाले ब्याज से वंचित रहना पड़ेगा अथवा जब उन्हें निकालना नहीं होगा तो इंग्लैण्ड से उधार लिये जाने वाले सोने के ब्याज का भी नुकसान उठाना होगा। और दूसरी बात यह है कि 20 करोड़ रुपये के इन चांदी के सिक्कों को जमा करके रखने से विनिमय बाज़ार पर हर समय एक ख़तरा मौजूद रहेगा और इस कारण रुपये के भविष्य पर से पूरी तरह भरोसा ख़त्म हो जायेगा। हमें न सिर्फ संचलन से वह राशि वापस निकाल लेनी चाहिये बल्कि हम जो विधि अपनाते हैं, उससे भी हमारा यह इरादा प्रदर्शित होना चाहिये कि वह राशि सिक्के के रूप में चलनी बंद हो जानी चाहिये और सिक्के के तौर पर उसका स्थान सोने को ले लेना चाहिये। अत: हमारा सुझाव यह है कि मौजूदा सिक्कों को पिघला देना चाहिये लेकिन उससे पूर्व (उधार लेकर) सोने का एक आरक्षित भंडार अवश्य बना लें जो दो काम करेगा - एक तो वह

व्यवहार रूप में चांदी की जगह ले ले, और दूसरे, हमारे द्वारा किये गये उपायों पर भरोसा जमा दे।"

जिस समय समिति द्वारा यह रिपोर्ट दी गयी, उस समय रुपया अत्यधिक मात्रा में संचलन में नहीं था और यह इस बात से प्रमाणित हो जाता है कि विनिमय की दर में वृद्धि हो रही थी और सोना आ रहा था। अत: यह बात तो निश्चित है कि टकसालें बंद करने से बड़े प्रभावकारी ढंग से सीमा लग गयी थी, और यह बात समिति द्वारा भी स्वीकार कर ली गयी है। लेकिन अगर मान लें कि टकसालें बंद करने से संचलन में रुपयों की मात्रा पर प्रभावशाली तरीके से सीमा नहीं लगती, तब इसका उपचार क्या था? तब क्या स्वर्ण रिज़र्व की योजना के द्वारा विदेशी भुगतान के लिये परिवर्तनीयता सुनिश्चित करके इस उद्देश्य को पाया जा सकता था, उस स्थिति में जब स्वर्ण रिज़र्व को रुपये के ज़्यादा सिक्के ढाल कर उस लक्ष्य को हासिल किया जा सकता था? अगर रुपयों पर सीमा लगा कर उनके मूल्य को बनाये रखना सम्भव है, जैसा कि शिलिंग के मूल्य की स्थिति में हुआ था, तो क्या तब सोने के रिज़र्व की स्थापना के लिये रुपये के सिक्कों की मात्रा में वृद्धि करने की स्वीकृति प्रदान करने से उनकी सीमा बंध जाती जबकि समिति को यह भय था कि अगर रुपयों की मात्रा आवश्यकता से अधिक नहीं थी, तो क्या तब भी उसकी अधिकता आवश्यक थी?

बिना किसी रोष के फाउलर समिति की रिपोर्ट को पढ़ पाना सम्भव नहीं हो सकता। रुपये बनाने की स्वीकृति प्रदान करना हर तरह से शरारतपूर्ण था। यह वास्तविक स्वर्ण मानक के लिये एक विनाशकारी कार्य था। मुद्रा का अभाव होने की स्थिति में राहत के रूप में इसकी कोई आवश्यकता नहीं थी और यह वास्तव में रुपये का मूल्य कम करने वाला था। अगर यह स्वर्ण मानक और मुद्रा के लिये चिंता की बात थी, जो कि निस्संदेह थी भी, तो इसे रुपये के सिक्के बनाना किसी भी हाल में रोक देना चाहिये था और उस अधिसूचना पर दबाव देना चाहिये था जिसमें सरकार को सोने के स्थान पर रुपये देने का दायित्व सौंपा गया था। ऐसा करने में असमर्थ होने के कारण, इससे न सिर्फ देश को एक सुदृढ़ मुद्रा प्रणाली से हाथ धोना पड़ा अपितु वास्तव में, अनजाने में ही सही, इसने कागज़ी मुद्रा सहित सम्पूर्ण भारतीय मुद्रा को एक अपरिवर्तनीय रुपये का आधार प्रदान करने में मदद की। बहुत कम लोग ऐसे थे जो हर्शेल समिति द्वारा शामिल किये गये विनाशकारी प्रावधान को समझ पाये थे और

फाउलर समिति ने भी जिसे निर्दयतापूर्वक बरकरार रखा था, वह प्रावधान यह था कि सरकार सदैव सोने के बदले में रुपये देने को तत्पर रहेगी। लेकिन इसमें कोई संदेह नहीं कि इसके प्रत्युत्तर में कोई प्रावधान न होने से कि सरकार सोने के बदले में रुपये देगी, सरकार को यह अधिकार प्राप्त हो गया कि वह असीमित वैध मुद्रा के तौर पर अपरिवर्तनीय रुपया उसी प्रकार जारी कर सकेगी जैसा कि बैंक ऑफ इंग्लैण्ड को बैंक प्रतिबंध से यह अधिकार हासिल हो गया था कि वह असीमित मात्रा में अपरिवर्तनीय नोट जारी कर सकता था। उचित दिशा में पहला कदम यह होगा कि इस रिपोर्ट को ख़ारिज कर दिया जाये और ऊपर दिये गये डिस्पेच में वर्णित सुरक्षित और मजबूत भारत सरकार के प्रस्तावों को शीघ्र ही अपना लिया जाये। इसके लिये प्रथम शर्त यह है कि रुपये के सिक्के ढालना बंद कर दिये जायें, न कि टकसालों को सिर्फ जनता के लिये बंद कर दिया जाये। रुपयों के एक अंश को पिघलाना ज़रूरी होगा अथवा नहीं, यह इस बात पर निर्भर करता है कि हम रुपये के बदले में कितना सोना चाहते हैं। एक बार जब रुपये का पूरी तरह से संकुचन हो जाता है और नये सिक्के ढालने रोक दिये जाते हैं, तो तब भारत इस स्थिति में पहुंच जायेगा कि भारत में एक प्रभावकारी स्वर्ण मानक हो जो सोने के मुक्त प्रवेश और निर्गम पर निर्भर हो। इसकी कोई ज़रूरत नहीं होगी कि रुपये को वैध मुद्रा बना कर रख दिया जाये और उसकी परिवर्तनीयता की व्यवस्था की जाये क्योंकि इसकी मात्रा सीमित होगी तो इसी के आधार पर इसका मूल्य बरकरार रहेगा लेकिन शर्त यह है कि संचलन में मुद्रा की मात्रा इतनी कम कर दी जाये कि वह न्यूनतम मांग से सदैव कम हो।

रुपया मुद्रा की मौजूदा प्रणाली के समर्थक इसके प्रारंभिक काल से ही कहते आ रहे हैं कि यह मुद्रा बहुत किफायती व पूरी तरह सुरक्षित है। सोने और वस्तुओं, दोनों के संदर्भ में ही इसके सुरक्षित होने के दावे की पड़ताल की गयी और ऐसा करते हुए इस अध्याय और पिछले अध्यायों में उसका विश्लेषण किया गया जिसमें यह दर्शाया गया है कि एक सुरक्षित मुद्रा का रूप लेने के लिये इसे कई और बातों पर खरा उतरना पड़ेगा। अब हम यह आकलन करने का प्रयास करते हैं कि क्या यह किफ़ायती है, क्योंकि अगर वाकई यह किफायती है तो इसे इसका विरोध करने वालों को उत्तर देने के लिये प्रयोग में लाया जा सकता है। अत: हमें रुपया मुद्रा के किफायत पर पड़ने वाले प्रभाव की बारीकी से जांच करनी चाहिये। केमेरर का कहना है-

"एक परिवर्तनीय मुद्रा अपने अस्तित्व की तर्कसंगतता इस बात से प्रमाणित करती है कि इससे बहुमूल्य धातुओं के इस्तेमाल में किफायत होती है और जिसके कारण समाज के लिये बचत करना मुमकिन हो जाता है। अगर मूल मुद्रा के स्थान पर कागजी मुद्रा अथवा सांकेतिक मुद्रा का इस्तेमाल किया जाता है तो इससे मूल्यवान धातुओं की मांग में इतनी कमी आ जाती है जितनी धातु जारी की गयी सांकेतिक मुद्रा के निर्माण में लगती है और उस मूल मुद्रा में लगती है जो प्रतिदान निधि (Redemption Fund) के लिये ज़रूरी होती है। बहुमूल्य धातुओं में किफायत का तात्पर्य यह होता है कि बाज़ार में मुद्रा अत्यधिक मात्रा में आ जाती है। यह आपूर्ति विदेशों में जाती है और कलाओं में लगती है और देश की ग़ैर-मौद्रिक सम्पदा को उतनी ही राशि से बढ़ा देती है। किफायती धातु के बदले में प्राप्त सोना समाज के लिये सही मायनों में लाभ होता है। केमेरेर कहते हैं कि इसी तरह का लाभ अपरिवर्तनीय मुद्रा इस्तेमाल में भी शामिल होता है, बल्कि उससे भी व्यापक पैमाने पर शामिल होता है। क्योंकि प्रतिदान निधि के लिये तो मूल मुद्रा की ज़रूरत होती ही नहीं जैसी कि परिवर्तनीय मुद्रा में होती है। ऐसे विचारों के कारण ही प्रो. केनेस का विचार था कि भारतीय मुद्रा प्रणाली किफायत का एक श्रेष्ठ उदाहरण है और अन्य ज़्यादा प्रगतिशील देशों को इस उदाहरण से फायदा उठाना चाहिये। इस आधार पर हम इस घृणित निष्कर्ष पर नहीं पहुंचेंगे कि प्रो. केमेरर अथवा प्रो. केनेस यह भी सुझाव दे देंगे कि अपरिवर्तनीय कागजी मुद्रा सबसे ज़्यादा किफायती होती है, अत: देश को बगैर किसी अफ़सोस के इसे स्वीकार कर लेना चाहिये। यहां हमारा उद्देश्य यह जानना है कि क्या रुपया मुद्रा वाकई किफ़ायती है। जब हम रुपये के अस्तित्व में आने की प्रक्रिया का सतर्कतापूर्वक विश्लेषण करते हैं तो इस तर्क को गंभीरता से लेना मुश्किल हो जाता है कि भारतीय मुद्रा किफायती है। सर्वप्रथम तो राज्य सचिव को लंदन में कौंसिल बिलों के लिये सोना देना पड़ता है अथवा भारत में भारत सरकार को करों का भुगतान करने अथवा दूसरी मदों के लिये सोना देना पड़ता है। इस सोने से राज्य सचिव चांदी क्रय करता है और रुपये के सिक्के बनाता है। चूंकि चांदी की कीमत अपनी दर से कम होती है, अत: रुपये की लागत और सोने में के विक्रय मूल्य में फर्क होता है। इसमें जितना फर्क होता है, यह सच है कि वही लाभ होता है। लेकिन सिक्के ढालने से होने वाले इस लाभ से समाज को कोई फायदा नहीं होता। यह वास्तव में जमाखोरी होती है और उस लिहाज़ से यह धन का बेकार अव्यावहारिक रूप होता है। अगर इस लाभ का इस्तेमाल समाज के

किसी मौजूदा प्रयोजन के लिये नहीं किया जा सकता तो फिर रुपये के सिक्के ढालने का लाभ ही क्या है?

अत: यहां यह बात साफ है कि जब तक यह लाभ भारत के राजस्व स्रोतों से अलग रखा जाता है, तब तक रुपये के सिक्के बनाने में नाममात्र के लिये भी किफ़ायत नहीं होती। एक अन्य नज़रिये से देखें तो भारत की मुद्रा समाज के लिये एक बेकार की अनावश्यक परिसंपत्ति (Asset) है। धातु की मुद्रा मुख्यत: एक पूंजीगत वस्तु होती है जो एक सामाजिक निवेश का रूप लेती है। इसलिये यह देखना ज़रूरी होता है कि मुद्रा का पूंजीगत मूल्य बरकरार रहे। यह बड़ी सुखद स्थिति है कि भारत सरकार कागजी मुद्रा रिजर्व के संबंध में समस्या के इस पक्ष से अनभिज्ञ नहीं है और अभी हाल ही में इसका पूंजीगत मूल्य बनाये रखने के लिये इसने एक मूल्यह्रास निधि का निर्माण किया है। अब जो बातें कागज़ी मुद्रा पर लागू होती है, वे रुपया मुद्रा पर भी लागू होनी चाहियें। क्या रुपया मुद्रा ने अपना पूंजीगत मूल्य बनाये रखा है? इसका स्वर्ण भाग, जिसे स्वर्ण मानक रिजर्व कहते हैं, उसका निवेश, ब्याज अर्जित करने वाली प्रतिभूतियों में किया जाता है। ब्याज निश्चित रूप से लाभ प्राप्ति का एक अन्य स्रोत होता है। लेकिन क्या इन प्रतिभूतियों द्वारा अपना पूंजीगत मूल्य बनाये रखा गया है? बिल्कुल नहीं। अब हम मुद्रा के आधे हिस्से अर्थात् रुपये को ही लें। क्या रुपये में मौजूद धातु अपना पूंजीगत मूल्य बनाये रख सकी है? कुछ अति उत्साही अर्थशास्त्रियों ने ढेरों चार्ट और रेखाचित्र बनाये हैं जिनमें काली रेखा जो रुपये के अंकित मूल्य को दर्शाती है, ऊपर की तरफ जाती है और लाल रेखा जो रुपये के धातु मूल्य को प्रदर्शित करती है, वह चांदी का स्वर्ण मूल्य में गिरावट के कारण नीचे की ओर गयी है। लेकिन इसका अर्थ क्या है? इसका सामान्य सा अर्थ यह है कि रुपया एक अनावश्यक सम्पत्ति है और भविष्य में इसका कोई मूल्य नहीं होगा जो इसके निर्माण के समय समाज के लिये एक लागत थी। निश्चित रूप से भारतीय रुपये की मुद्रा में मौजूद किफायत की तुलना में एक विक्षिप्त चीनी व्यक्ति के लिये उसमें अधिक किफायत थी, जब उसने सुअर को भूनने के लिये अपने मकान को आग लगा दी थी। यह भी सम्भव है कि उस चीनी का मकान बिल्कुल ही जीर्ण अवस्था में हो और वह रहने योग्य भी न हो। लेकिन स्वर्ण मानक को चांदी धन में परिवर्तित करने के संबंध में यह नहीं कहा जा सकता, क्योंकि हमें पता है कि सोने की तुलना में चांदी में निवेश

ख़राब होता है। इस पहलू से मुद्रा बिल्कुल भी किफायती नहीं है। ऐसा इसलिये महसूस होता है कि लोग सिर्फ रुपये को देखते हैं। लेकिन रुपया मुद्रा की लागत में स्वर्ण मानक रिज़र्व की लागत जोड़ देने के उपरांत भी क्या ऐसा कहा जा सकता है कि अगर भारत में रुपया मुद्रा के स्थान पर सोने की मुद्रा होती तो भारत को सोने की ज़्यादा ज़रूरत होती?

इस बात को ध्यान में रख कर कि रुपये जारी करने की एक निर्धारित सीमा तय कर देने पर स्वर्ण रिज़र्व रखने की ज़रूरत नहीं रह जाती, तब चांदी के सिक्कों का बनाना बंद कर देने का केवल यही नतीजा निकलेगा कि सोना आजकल, जिसका एक अंश ऋण शोधन निधि (Sinking Fund) में रहता है और दूसरा रुपया मुद्रा को भेज दिया जाता है, बिना इस हानिकारक व अनावश्यक प्रक्रिया का हिस्सा बने सीधे संचलन में आ जायेगा।

एक की अपेक्षा दूसरे मामले में सोने की ज़्यादा ज़रूरत नहीं होगी। इसलिये हम बिना किसी भय के यह कह सकते हैं, जिसे कोई चुनौती भी नहीं देगा, कि रुपये के सिक्के ढालना पूरी तरह रोक देने से भारतीय मुद्रा वास्तव में ही किफायती हो जायेगी, कीमतें बढ़नी बंद हो जायेंगी और विनिमय इस तरह सुरक्षित हो जायेगा, जैसा उसे सही मायने में होना चाहिये; और रुपया हालांकि अपरिवर्तनीय रहेगा लेकिन वह कोई समस्या नहीं बनेगा जैसा कि सन् 1873 से बना हुआ है।

लेकिन इस सबसे क्या देश को कोई लाभ होगा? बिल्कुल भी नहीं। प्रो. कैनन सन् 1797 के कागजी पाउंड की तुलना सन् 1914 के कागजी पाउंड से करते हुए बताते हैं कि-

> "इन दिनों इसमें कोई संदेह नहीं कि यह कार्य किसी के सुपुर्द करने का प्रयोग जो किसी समाज द्वारा किसी संस्था को नहीं सौंपना चाहिये अर्थात् बिना सीमा के मुद्रा बनाने का कार्य बैंक ऑफ इंग्लैण्ड को सौंपा गया था, उसकी तुलना कृपापूर्वक आजकल यह कार्य सरकार को सौंपने अथवा पूर्णत: सरकारी नियंत्रण वाले स्टेट बैंक को सौंपने से की जा सकती है। सन् 1914-18 के अपेक्षाकृत कम समय तक चले युद्ध में मुद्रायें, जिन पर लिखा था "निर्यात करने योग्य सिक्के में स्वेच्छा से परिवर्तनीय नहीं" सरकारों और सरकारी बैंकों के द्वारा इतनी ज़्यादा मात्रा में जारी की गयीं कि उसकी तुलना में 13 वर्षों में जारी की गयी मुद्रा में 100

> प्रतिशत की वृद्धि बहुत ही कम प्रतीत होती है हालांकि सन् 1810 में सर्राफा समिति ने उसकी कड़ी शिकायत की थी।"

एक समय था, जब यह कहा जा सकता था कि यह दोष भारत सरकार पर नहीं लगाया जा सकता। ऐसी सरकारें बहुत कम ही मिलेंगी जो एक समय भारत सरकार के समान मुद्रा की व्यवस्था से अपना कोई संबंध रखने की इच्छुक न हों। सन् 1861 में, जब भारत सरकार ने सर्वप्रथम कागजी मुद्रा जारी की थी, तब उसकी उत्सुकता प्रशंसनीय थी। एक ग़रीब सरकार को, जो विद्रोह के भारी बोझ तले निस्सहाय हो चुकी थी, लाभ के एक साधन के तौर पर कागजी मुद्रा की परियोजना का स्वागत करना चाहिये था। लेकिन उसकी जिम्मेदारी की भावना इतनी ज़्यादा थी कि सरकार इस बात से बिल्कुल संतुष्ट नहीं थी कि परिवर्तनीयता के कारण आवश्यकता से अधिक मुद्रा जारी करने पर बंदिश लग जायेगी। भारत की वित्तीय स्थिति में सुधार लाने के तरीके और साधन तलाशने हेतु सन् 1860 में तंगी से गुज़र रहे वित्तदाता मि. विल्सन ने कागजी मुद्रा की जो योजना बनायी थी, उसे खारिज कर दिया गया था जिसका एक मुख्य कारण का वर्णन उनके उत्तराधिकारी मि. लैंग ने अच्छे बहुत तरीके से किया था और आजकल की उन्माद से भरी वित्तीय स्थिति में उसे एक बार फिर यहां बताना उचित लगता है। उन्होंने कहा था-

> "एक अन्य महत्त्वपूर्ण कारण भी था कि उन्होंने (मि. लैंग) ऐसा क्यों सोचा कि सर चार्ल्स वुड का सिद्धांत सबसे अच्छा था। सभी पक्ष इस बात पर एकमत थे कि कागजी मुद्रा, जो धातु की मुद्रा का स्थान लेगी, बिल्कुल उस जैसी ही होनी चाहिये। लेकिन जैसा कि मि. विल्सन ने सुझाव दिया था कि यह दो तिहाई प्रतिभूतियों (Securities) और एक तिहाई मूल्यवान धातुओं के स्थान पर जारी की जानी चाहिये, तो उससे यह समरूपता सुनिश्चित नहीं हो सकेगी और इस बात की भारी आशंका रहेगी कि तेजी और सट्टेबाजी के समय संचलन में अनावश्यक रूप से वृद्धि हो जायेगी। उनका मत था कि यह बहुत महत्त्वपूर्ण विषय है, क्योंकि अगर हम यह देखें कि गत तीन वर्षों के दौरान भारत में क्या हुआ है तो हम पायेंगे कि श्रमिक की मजदूरी और वस्तुओं की कीमतें बहुत ज़्यादा बढ़ गयी हैं। हमें इस स्थिति को इस बात की चेतावनी मानना चाहिये कि जो प्रक्रिया पहले से ही बहुत तेजी से चल रही है, अगर हम कृत्रिम मुद्रास्फीति से इस प्रक्रिया को और तेज कर दें, तो उसके क्या नतीजे निकलेंगे। अगर आपने

कागजी मुद्रा के संचलन की मात्रा में वृद्धि करके कृत्रिम तरीके से कीमतों को बढ़ाया तो आपको इस बात का काफी जोखिम उठाना पड़ेगा कि वाणिज्य के स्वस्थ कार्यकलापों में बहुत उत्तेजनापूर्ण तेजी उत्पन्न हो जायेगी और फिर निश्चित तौर पर उसकी प्रतिक्रिया होना लाज़िमी हो जायेगा। अगर हम उसी प्रकार चलते रहे, जिस प्रकार गत दो या तीन वर्षों से चल रहे हैं, तो इसका नतीजा यह होगा कि अन्य देशों की प्रतिस्पर्धा के कारण भारत द्वारा निर्मित कई वस्तुओं को बाज़ार से बाहर हो जाना पड़ेगा। अत: उनका मत था कि सरकार को ऐसा कोई कदम उठाने से पूर्व सतर्कता बरतनी चाहिये जिससे आगे बढ़ने की सामान्य प्रवृत्ति अनावश्यक रूप से तीव्र न हो जाये। और यह कागजी मुद्रा प्रणाली के कारण सम्भव है क्योंकि उसके पीछे काफी हद तक प्रतिभूतियां होती हैं; बहुमूल्य धातु नहीं। अगर मजदूरी अथवा वेतन की दरों में और जीवन-निर्वाह के खर्चे में सामान्य बढ़ोतरी से मौजूदा वेतनमान और फौज के वेतन भत्ते पर्याप्त न रहें तो ऐसी प्रगति से हमारे समक्ष ऐसे भी स्थिति आ सकती है जो सरकार के लिये गम्भीर परेशानी का कारण बन सकती है। इसलिये उन्होंने सोचा कि सबसे अच्छा तरीका तो यही होगा कि हम उसी सिद्धांत पर अडिग रहें जिसे इंग्लैण्ड ने कागजी मुद्रा के संदर्भ में अपनाया है और जैसा कि सर चार्ल्स वुड के डिस्पेच में दिखाया गया है।"

सरकार न सिर्फ इस बात की इच्छुक थी कि इसे परिवर्तनीय बनाने के अलावा इसे जारी करने की भी सीमा होनी चाहिये लेकिन वह नोट जारी करने के वैधानिक अधिकार भी प्राप्त नहीं करना चाहती थी। तत्कालीन भारत सरकार ने 27 अप्रैल, 1859 को राज्य सचिव को भेजे गये अपने एक डिस्पेच में कहा कि-

"हमारा मानना है कि मांग के आधार पर नोटों की परिवर्तनीयता आवश्यकता से अधिक नोट जारी करने के लिये पर्याप्त सुनिश्चितता नहीं होगी। एक बार जब कागजी मुद्रा पर लोगों का भरोसा बैठ जायेगा, तब अगर पूरे अधिकार सिर्फ भारत सरकार के सुपुर्द कर दिये गये तो कठिनाई के समय सरकार के मन में यह लालच आ जायेगा कि लोगों के इस भरोसे का ख़तरनाक तरीके से फायदा उठाया जाये। हमारी राय में, कानून के माध्यम से रोक लगाना ज़रूरी होगा, बेशक वह रोक जारी की जाने वाली सम्पूर्ण राशि पर हो या फिर वह भारत में पड़े रोकड़ शेष से जुड़ी हो। हमें लगता है कि यह कानून संसद द्वारा पारित किया जाना चाहिये, न कि भारतीय विधान परिषद् द्वारा।"

रुपया मुद्रा के संदर्भ में सन् 1876 की सरकार का नज़रिया भी समान रूप से बुद्धिमतापूर्ण था। यहां यह बात स्मरण की जा सकती है कि बंगाल चैंबर ऑफ कामर्स ने भारत सरकार से आग्रह किया था कि मुक्त रूप से चांदी के सिक्के बनाने के लिये टकसालों को बंद कर देना चाहिये और उन्हें मुक्त रूप से सोने के सिक्के बनाने के लिये भी नहीं खोला जाना चाहिये। व्यावहारिक नजरिये से इसका अर्थ था कि सरकार रुपया मुद्रा के प्रबंधन का दायित्व स्वयं निभाये। भारत सरकार द्वारा इसका जवाब बड़ी फटकार के रूप में दिया गया। उसने घोषणा की कि -

> "8.... चैंबर ने सरकार को ऐसा उपाय करने के लिये आमंत्रित किया जिसका उद्देश्य था कि रुपये के मूल्य में अनिश्चित काल तक वृद्धि हो जाये और इसके लिये लम्बे समय से स्थापित सभी व्यक्तियों के उन अधिकारों पर रोक लगा दी जाये जिनके तहत वे सरकारी देखरेख में एक जैसी शर्तों पर चांदी की धातु देकर वैध मुद्रा की ढलाई करवा सकते थे और उसके स्थान पर वे अस्थायी तौर पर सरकार को अपने विवेक से सिक्के ढालने की एक प्रणाली देना चाहते थे
>
> * * * *
>
> 11. मुद्रा की एक मजबूत आधार वाली प्रणाली के लिये उसका स्वत: चालित होना आवश्यक है। कोई भी व्यक्ति अथवा कुछ व्यक्तियों का समूह यह नहीं जान सकता कि किसी विशेष क्षण में सम्पूर्ण समाज के कल्याण के लिये मुद्रा में कमी करनी चाहिये अथवा वृद्धि और इसका पता तो और भी कम चलता है कि ठीक-ठीक कितनी मुद्रा बढ़ाने अथवा घटाने की ज़रूरत होगी। कोई भी सरकार जो अपनी मुद्रा को सुदृढ़ स्थिति में रखने की इच्छुक है, वह ऐसा नामुमकिन कार्य करने का प्रयास करेगी, या फिर समाज को कुछ समय के लिये मूल्य के निश्चित धातु मानक के बग़ैर रखना चाहेगी तो उसे सही नहीं कहा जायेगा। "सिक्का बनाने की मुक्त प्रणाली" के तहत बिना सरकारी दखलंदाजी के ये चीजें स्वयं को नियंत्रित कर लेती हैं।"

अब इसकी तुलना सरकार द्वारा बाद में की गयी घोषणाओं से करें जो क्रमश: कागजी मुद्रा और रुपया मुद्रा का प्रबंधन करने वाले सिद्धांतों के संबंध में की गयी थी। युद्ध काल में, जब भारत सरकार कागजी मुद्रा को बढ़ाकर जारी करने लगी, तो सर्वोच्च विधान परिषद् के माननीय सदस्यों ने बताया कि इसका भारत में कीमतों पर क्या असर पड़ेगा। लेकिन स्वर्गीय सर विलियम मेयर ने, जिन्होंने पिछले युद्ध भारतीय

वित्त प्रणाली का संचालन किया था, भारतीय कागजी मुद्रा बिल (संशोधित) (Indian Paper Currency Bill (Amendment) दिनांक 6 सितंबर, 1917 पर भाषण देते हुए निम्नलिखित उत्तर दिया था-

> "युद्ध से संचलन में नोटों की संख्या 60 करोड़ थी जो वर्तमान में लगभग एक सौ करोड़ है। लेकिन माननीय मि. सरमा मुद्रास्फीति के विचार से ही सिहर उठे। किन्तु मैं उन्हें स्मरण कराना चाहूंगा कि अर्थशास्त्रियों में एक स्वीकृत (!) सिद्धांत यह होता है कि कागजी मुद्रा में कृत्रिम मुद्रास्फीति तभी होती है, जब नोटों का संचलन पूर्ण रूप से कवर न किया गया हो। अब हमने अपने संचलन के नोटों का एक-एक रुपया... प्रतिभूतियों से कवर कर रखा है। "(ऐसे में मुद्रास्फीति कैसे हो सकती है।)

रुपया मुद्रा के संबंध में भी सरकार के नज़रिये में आया बदलाव उतना ही ध्यान देने योग्य है। सन् 1908 में, जिस समय रुपये का विनिमय मूल्य उसके औसत मूल्य से कम हो गया, तब सरकार को स्मरण कराया गया कि ऐसा रुपये के आवश्यकता से अधिक सिक्के ढालने से हुआ है। लेकिन, हालांकि सन् 1876 में सरकार ऐसा मुमकिन नहीं समझती थी कि वाणिज्य व्यापार की ज़रूरतों को ध्यान में रखते हुए मुद्रा में इस प्रकार वृद्धि अथवा कमी की जा सकती है, फिर भी सन् 1908 में सरकार ने इसके ठीक विपरीत विचार पेश कर दिया। वित्त मंत्री माननीय मि. बेकर ने अपने उत्तर में निम्नलिखित तर्क दिया-

> "सर्वप्रथम बात तो यह है कि इस अवधि के दौरान हमने जितने भी नये सिक्के बनाये हैं; वे सिर्फ व्यापार की मांग को पूरा करने के लिये बनाये गये हैं। संचलन में एक भी रुपया ऐसा नहीं लाया गया जो हमें केवल इन मांगों को पूरा करने योग्य न बनाता हो ....।"

अब अगर यह बात ख़तरनाक है कि किसी सरकार को मुद्रा का प्रबंधन करने का अधिकार देना ख़तरनाक है, तो भारत सरकार को यह अधिकार सौंपना कितना ख़तरनाक है जो इस तरह के सिद्धांतों के आधार पर अपना दायित्व निभाना चाहती है। आज के युग में कोई भी व्यक्ति इतना अशिक्षित नहीं है जिसे यह लगता हो कि ये बहुत ठोस सिद्धांत हैं। अगर पर्याप्त रूप से सुरक्षा मौजूद है तो फिर परिवर्तनीयता की ज़रूरत ही क्या है? अगर सिर्फ व्यापार की मांग को पूरा करने कि लिये ही मुद्रा जारी की गयी है तो आवश्यकता से अधिक मुद्रा जारी करने का डर क्यों होता है? इस

सिद्धांत का पालन करने वाली सरकार बगैर किसी पश्चात्ताप के अनिश्चित मात्रा में मुद्रा में वृद्धि करती जायेगी। इतिहास में ऐसे उदाहरण प्रचुर मात्रा में मिल जाते हैं, जब ऐसे विवेकहीन सिद्धांतों के आधार पर मुद्रा का प्रबंधन करने के कारण कितना विनाश हुआ। यह देश का सौभाग्य है कि, देश की कागजी मुद्रा, जिसका आधार सन् 1920 में सरकार ने परिवर्तित कर दिया अथवा यह भी कह सकते हैं कि जिसके आधार के साथ अनुचित तरीके से छेड़छाड़ की गयी, लेकिन अभी भी सरकार ऐसी मुद्राओं से बहुत परे थी जिनका वित्त मंत्री द्वारा प्रस्तुत किये गये सिद्धांत द्वारा नियमन किया जाता है। टकसाल बंद होने के उपरांत से ही भारतीय मुद्रा देशवासियों के हितों के लिये सबसे बड़ा ख़तरा बन गयी है, विशेषतया उस सिद्धांत के कारण जिसके आधार पर मुद्रा जारी की जाती है। यह वास्तव में ही हैरानगी की बात है कि इस सिद्धांत को प्रो. केनेस, मि. शिराज और चैम्बरलेन आयोग जैसे प्रतिष्ठित विद्वानों आदि द्वारा समर्थन प्रदान किया गया है, फिर भी सरकार को भारतीय मुद्रा की व्यवस्था करने के अधिकार से वंचित नहीं किया जा सकता, क्योंकि यह सिद्धांत अनिवार्यत: तर्कसंगत नहीं है। यह तर्क भ्रामक है कि रुपयों की अधिकता सम्भव ही नहीं है, क्योंकि वे व्यापार की मांग के आधार पर जारी किये जाते हैं, लेकिन इस तर्क का मुद्रा के विशिष्ट गुणों के कारण ठहर पाना मुश्किल है। धन की इच्छा इसलिये की जाती है क्योंकि मुद्रा में क्रय-शक्ति होती है। इसमें कोई संदेह नहीं कि यह बात सच है लेकिन इससे इस बात की उचित व्याख्या नहीं होती कि लोग हर समय मुद्रा की इतनी अधिक मांग क्यों करते हैं यद्यपि उनको यह मालूम होता है कि मुद्रा का मूल्य में बहुत अस्थिर पायी जाती है। दरअसल, अगर क्रय-शक्ति ही धन की इच्छा करने का एकमात्र कारण होता तो वस्तुयें ख़रीदने के लिये मुद्रा की इतनी अधिक इच्छा न होती। इस इच्छा का कारण इस तथ्य से समझा जा सकता है कि अन्य वस्तुओं की तुलना में मुद्रा का एक और विशेष फायदा यह होता है कि इसमें, मेजर के शब्दों में, विक्रय योग्य होने का गुण सबसे ज़्यादा होता है। किसी लेनदेन में ख़रीदना सरल होता है, अपेक्षाकृत किसी लेनदेन में बेचने के। यह इसी बात को दूसरे ढंग से कहने की तरह है कि प्रत्येक व्यक्ति अपने साधन सबसे अधिक बिक्री योग्य धन अर्थात् मुद्रा के रूप में अपने पास रखना चाहता है। इस लिहाज़ से यह कहना पूर्णत: सच है कि मांग से अधिक जारी नहीं की जा सकती। लेकिन इससे यह नतीजा कदापि नहीं निकलता कि किसी ख़ास समय पर सिर्फ मुद्रा की ज़रूरतों के लिये ज़्यादा मुद्रा जारी नहीं की जा सकती। धन

की ज़रूरत व्यापार अथवा सेवाओं के लिये होती है, लेकिन सारा धन मुद्रा के रूप में नहीं रखा जाता। निश्चित ही सभी वस्तुओं का धन से आदान-प्रदान किया जा सकता है, क्योंकि ऐसा समझा जाता है कि धन के साथ यह विकल्प सदैव रहता है कि उसे गैर-मौद्रिक कार्यों के लिये भी इस्तेमाल में लाया जा सकता है। रुपये के संबंध में इस्तेमाल के विकल्प नहीं होते। इसलिये, हालांकि रुपया व्यापार की मांग पर जारी किया जाता है, लेकिन बेशक इसकी आवश्यकता हो अथवा न हो, यह मुद्रा के रूप में बना रहता है और इस प्रकार इसका मूल्य कम होने लगता है। मूल्यों में इस बड़ी गिरावट की सम्भावना को वे लोग भी नहीं नकार करते जिनका यह कहना है कि रुपये सिर्फ व्यापार की मांग के अनुसार ही जारी किये जाते हैं, वरना वे इस बात के लिये इतने अधिक इच्छुक क्यों होते कि देश के स्वर्ण रिज़र्व को बढ़ा दिया जाये। लेकिन रुपया मुद्रा को ख़तरा केवल सरकार के अविवेकपूर्ण कार्यों की सम्भावना से ही नहीं है। सरकार के अलावा, भारत में ऐसे कई नेतागण भी हैं, जो अपने देशवासियों के हितों में इतनी अधिक दिलचस्पी रखते हैं कि उन्होंने कई मौकों पर सरकार की आलोचना की है कि वह रुपये के सिक्के ढालने से होने वाले लाभ का इस्तेमाल देश की नैतिक और भौतिक प्रगति को बढ़ावा देने के लिये क्यों नहीं करती। और सन् 1907 में रुपये ढालने से होने वाले लाभ को वास्तव में रेलों के विस्तार में इस्तेमाल किया गया था। ऐसे कार्यों हेतु मुद्रा का अनुचित तरीके से इस्तेमाल करने के जो निश्चित नतीजे निकलेंगे, उससे प्रत्येक व्यक्ति में डर और निराशा फैल जायेगी। क्या अब वह समय नहीं आ पहुंचा है कि जब ख़तरे और लोभ के इस स्रोत को दूर भगाने के लिये सरकार को रुपया मुद्रा का प्रबंधन से हटा दिया जाये? लेकिन कौन से कदम उठा कर ऐसा किया जा सकता है? अगर इसके प्रबंध को दूर करना ज़रूरी है, तो इसके लिये परिवर्तनीयता पर्याप्त उपाय नहीं होगा, क्योकि परिवर्तनीयता के साथ रुपया फिर भी एक प्रबंधित मुद्रा (Managed Currency) बना रहेगा। मात्र रुपया मुद्रा को ढालने की प्रक्रिया को रोक देने से ही भारतीय मुद्रा के प्रबंधन में सरकारी दखलंदाजी को रोकना सम्भव होगा, और इस कारण से हमें यह मांग ज़रूर करनी चाहिये।

बेशक यह बात सनक से भरी ही क्यों न प्रतीत हो, लेकिन सुरक्षा केवल अपरिवर्तनीय रुपये में ही है जिसके जारी किये जाने की एक सीमा तय होनी चाहिये।